Marc F

LETTRES OU LE NÉANT

saison 2

L'APRÈS-MIDI D'UN APHONE

(de "Brain Arthrosis" à "Sticky Flowers")

UNE SAGA ÉPISTOLAIRE
ANNÉE 2019

TABLE DES MATIÈRES

PRO(cto)LOGUE

L'année 2018, riche en événements, a malgré tout laissé Brain Arthrosis vierge de tout concert. Nous retrouvons notre sympathique rock band plongé dans les affres de la playlist.

Après de multiples controverses, tergiversations et autres atermoiements, un consensus semble enfin avoir été trouvé sur une playlist, acquis de haute lutte à la "Villa Saint-Jacques" autour d'une pizza pas assez cuite.

Rappelons par ailleurs que ***Nico*** *trouvant le label* ***Brain Arthrosis*** *trop compliqué (nous rappelons à notre aimable lecteur que son groupe précédent portait le doux nom de "****Straight from the Spigot****", effectivement beaucoup plus simple - NdlR), a suscité un débat passionné sur un éventuel changement.*

*Les tenants et les détracteurs de l'A.O.C. "****Brain Arthrosis****" se déchirent. Les propositions les plus saugrenues fusent. Au final, comme on ne trouve pas pire et la lassitude aidant, nous décidons que* ***Brain Arthrosis*** *restera* ***Brain Arthrosis****. Bon, ça, c'est fait !*

Les choses continuent caha voire cahin et, point positif, les propositions de concerts affluent enfin : 17 mai, 21 juin, 6 juillet. Mais jusqu'où s'arrêteront-ils ?

Fin février, grosse déprime. Les TOC de **Claude,** *"Baby Blue" et "When I Still Have Thee" en tête, commencent à nous sortir par divers orifices parmi lesquels les yeux et les trous de nez. C'est le bordel, ça se délite grave, c'est limite la grosse cata.* **Brain Arthrosis** *est au bord du gouffre.*

Une réunion de crise se tient le 1er mars au "Ballon des Ternes", en l'absence de **Nico,** *retenu pour un séminaire ski-neige et qui nous suivra en visioconférence. Le repas se déroule malgré tout dans un calme relatif et se termine sur une sage décision : nous poursuivrons l'aventure moyennant concessions de part et d'autre.*

Let it be.

La recherche d'un clavier semble aboutir. Un certain **Christophe** *répond à notre petite annonce. Le 18 mars, nous dînons avec lui avant la répétition. Il nous émerveille, il connaît tout, il nous aime, il adore notre répertoire, il sait (presque) tout jouer... Au studio, ça se complique un chouia. Mis au pied du...piano, il devient étrangement contemplatif et le 20 mars, il nous informe par mail qu'il préfère renoncer.*

Ouf ! Exit **Christophe***. On l'a échappé belle !*

Parallèlement et en prévision des concerts à venir, **Marc** *fait appel aux services d'***Éric***, l'ingénieur du son qui officiait avec son ancien groupe, pour les prestations du 21 juin et du 6 juillet. Il nous en coûtera la modique somme de 700€ TTC la passe. Approuvé à l'unanimité. Ce partenariat se révèlera par la suite extrêmement précieux.*

***Claude** et **Nico** décident alors de prendre le taureau par les... euh... ah oui, par les cornes, et de contacter chacun de leur côté des anciens copains pianistes.*

Très rapidement, aucun des deux ne se manifeste ce qui nous laisse perplexes. Se sont-ils expatriés ? Ont-ils défunté ? N'en ont-ils rien à foutre ? Sont-ils allergiques aux prénoms "Claude" et "Nico" ?

*One month later ("un mois plus tard" - NdT) et le silence des pianos (HPCA, Humour Pour Cinéphiles Avertis - NdlR) perdupont, pardon, perdurant, **Marc** appelle un autre **Claude**, l'un de ses anciens condisciples, brillant scéno-phobo-pianiste. Contre toute attente, celui-ci acquiesce, du bout des lèvres certes, et accepte de participer à quelques répétitions. Une émotion indescriptible nous étreint et siffle trois fois (HPCA - NdlR). Allons-nous enfin réaliser ce rêve qui hante nos nuits, jouer "Johnny B. Goode" avec un clavier ?*

*Dans l'intervalle et histoire de se rendre intéressant, **Claude** fait une brutale bouffée délirante et se met à jargonaphaser (jargonaphasie : trouble du langage qui consiste à créer des mots, mêler des syllabes rendant le langage incompréhensible - NdlR), répétant à l'envi des trucs du genre "humbucker humbucker", terme dont nul ne connaît ni la signification (selon certaines rumeurs, il s'agirait de micros d'une marque obscure, Gibson semble-t-il - NdlR) ni l'orthographe exacte.*

*Bon camarade, histoire de le calmer un peu, **Philou** apporte à la répétition suivante une guitare habilement maquillée en Gibson noire sur laquelle il a grossièrement dessiné au feutre argenté ce qui pourrait ressembler de loin à ce fameux micro "humbucker". Et, ô mi-*

racle, le **Claude** *arbore une mine réjouie. Ouf ! La catastrophe on a frôlé (HPCA - NdlR)*

Une rechute reste malgré tout à craindre puisqu'on le surprend maintenant à marmonner en boucle "My Back Pages Rickenbacker 12-cordes". À surveiller.

Le 21 avril 2019, nouvelles tensions au sein du groupe. Pour des raisons pratiques que même un lecteur de base comprendra, on ne peut pas tolérer deux **Claude** *au sein de* **Brain Arthrosis**. **Marc** *propose "***Old Claude***" à* **Claude** *afin que* **Claude** *puisse simplement s'appeler* **Claude** *mais* **Claude** *s'offusque d'être appelé* **Old Claude** *(il refusera également par la suite que le groupe soit rebaptisé "***Claude et les Claudots***" - NdlR) et réclame d'être italianisé en* **Claudio** *après avoir été latinisé en* **Claudius**. *Dont acte.* **Claude** *deviendra* **Claudio** *et* **Claude** *sera le nouveau* **Claude**. *Nous craignons dès lors une dérive musicale vers du Adriano Celentano ou du Gino Paoli et nous restons vigilants.*

Dans ce ciel apparemment de nouveau dégagé arrive un nouveau nuage. **Claudio** *ne semble pas avoir apprécié d'avoir été traité de "chanteur psychopathe" par* **Marc**, *n'ayant pas perçu la connotation affectueuse de ce qualificatif. Pour être tout à fait juste,* **Marc**, *en son temps, n'avait pas non plus saisi immédiatement la bienveillance de* **Claudio** *lorsque ce dernier l'avait traité de "bolchévique" et avait qualifié ses goûts musicaux de "vieilleries".*

L'imbroglio se termine sur de vagues excuses et **Brain Arthrosis** *continue vaillamment son chemin chaotique.*

Le jeudi 25 avril est un grand jour. Nous avons enfin notre **Claude** *pianiste à la répétition. Nous lui avons communiqué une liste de quelques morceaux qu'il s'est empressé de ne pas travailler et nous frémissons à la pensée des nouveaux horizons qui vont s'ouvrir à nous !*

Nous pénétrons dans le studio où siège un splendide "Nord Stage 2" rouge avec des touches noires et même des blanches. L'émotion nous submerge, c'est beau à pleurer. Et d'ailleurs on pleure car il n'y a pas de mode d'emploi. Trente minutes plus tard, nous sommes enfin parvenus à l'allumer. **Claude** *réussira alors l'exploit de ne pas jouer une seule note pendant le reste de la séance. Du grand néant ! Du rien sublime ! Du non-clavier ! C'est l'extase ! Trop fort, le* **Claude** *!*

La désillusion est cruelle. **Marc** *hésite entre avaler ses baguettes et se jeter du haut de sa grosse caisse pour en finir !*

L'avenir de notre futur ex-clavier semblant dès lors singulièrement compromis, **Claudio**, *entre-temps redevenu* **Claude**, *rédige une petite annonce qu'il glisse subrepticement sur le comptoir du HF Studio le lundi 29 janvier à 7:00 PM. Six mois plus tard, nous n'avons toujours aucune réponse. Allez, courage, on y croit !*

C'est le moment que choisissent les pianistes contactés par **Nico** *et par* **Claude** *pour enfin se manifester. Avec un ensemble touchant, ils déclarent qu'ils n'en ont rien à cirer, de* **Brain Arthrosis**.

Retour à la case départ, on touche pas 20 000, circulez, y a rien à voir !

C'est la merde !!!

La soirée du 17 mai approche à grands pas. C'est notre premier concert et la fébrilité nous gagne quelque peu.

La bonne nouvelle, c'est que les costumes de scène de **Claude***, commandés à Londres, excusez du peu, sont enfin arrivés.*

La mauvaise nouvelle, c'est qu'ils sont un peu juste aux entournures. **Claude** *les a donc renvoyés et les nouveaux ne sont pas arrivés, ayant probablement fait les frais du Brexit. J'te raconte pas l'angoisse !!!*

C'est en catastrophe qu'il est allé chez Zara trouver de quoi se vêtir décemment. On a frôlé l'incident !

La setlist concoctée par **Claude** *pour son anniversaire est la suivante, rappels éventuels inclus :*

1. *Dead Flowers*
2. *My Back Pages*
3. *Sweet Virginia*
4. *Something*
5. *Twenty-Flight Rock*
6. *Eight Days A Week*
7. *Gaby, Oh Gaby*
8. *The Wind Cries Mary*
9. *Honky Tonk Women*
10. *Jumpin' Jack Flash*

LA CIPALE, vendredi 17 mai

Tout ce petit monde se retrouve au plateau de Gravelle, au vélodrome de la Cipale. La salle, prénommée "Forest Club", est trop sympa, toute en longueur, comme sur une péniche. Scène petite mais bien équipée.

***Shitty** prend les choses en main et nous concocte une sono aux petits oignons.*

*Nous faisons à cette occasion la connaissance de **Vincent**, le professeur de chant de **Claude**, personnage éminemment sympathique auquel nous demandons de participer aux choeurs. "Sweet Virginia" côtoiera ainsi les étoiles.*

*Les convives arrivent, parmi lesquels du beau linge (Ramon Pipin, Jacques Volcouve, la femme de **Claude**, sa voisine de palier, ses copains karatéK, L, M etc.) et la soirée peut commencer.*

***Claude** entame, en duo acoustique avec le susnommé **Vincent**, "Nearly Morning" (de Luke Sital-Singh) et "Both Sides Now" (de Joni Mitchell). L'assistance plonge dans un coma profond.*

*C'est alors que **Brain Arthrosis** investit la scène du Forest Club et lâche les chiens après avoir lâchement assassiné le "Birthday" des Beatles.*

*Le public est scotché, que dis-je, scotché, voire même scotché. Oui, n'ayons pas peur des mots, c'est un triomphe. En une heure, **Brain Arthrosis** a acquis ses lettres de noblesse et passe du statut d'obscur groupe de reprises à celui, envié, de groupe de reprises moins obscur.*

***Vincent** est sollicité pour tenir le rôle de claviériste-choriste au sein du groupe et ne dit pas non. Affaire à suivre…*

L'euphorie est de courte durée et les jours qui suivent donnent lieu à quelques échanges assez musclés entre **Claude** *et le reste du monde pour une question de notation des morceaux qui, à défaut d'être absconse, est pour le moins obscure. Il y est question d'un « 2 étoile sans S » ??? Puis vaille que vaille le calme revient et c'est dans la sérénité la plus incomplète que tout ce petit monde se prépare maintenant à affronter le 21 juin. Tout semble au point : préfecture, mairie, ingé son, setlist, météo.*

Et voilà-t-y pas que notre bassiste préféré, **Nico***, nous fait une péricardite ! Comme si c'était le moment ! Il a dû attraper froid avec ses éoliennes. On vous l'a dit et répété, Il ne faut pas faire équipe avec des vieux ! Bon, on va le materner, le* **Nico***, et on espère qu'il se remettra vite et sans encombres because on a quand même un peu besoin de lui et de sa Fender bass.*

KIOSQUE COURTELINE, vendredi 21 juin.

The J-day ! ***Marc*** *se pointe au kiosque et commence à installer son bordel lorsqu'il est pris à parti par le boss de "Gudule", le resto du coin, qui râle parce qu'il a déjà engagé un groupe à ses frais, lequel doit commencer à bégayer sur ses instruments vers 9:00 PM.*

Hey man, il avait qu'à s'inscrire sur le programme, ton groupe de nains ! OK, t'excite pas pépère, on va s'arranger, on commencera un peu plus tôt et puis c'est tout. Mais l'année prochaine, c'est nous que tu engages !

Tout se finira avec le sourire et dans la bonne humeur.

Puis arrive un gentil petit monsieur d'une centaine d'années qui s'étonne de notre présence because il a réservé le kiosque de 4:00 PM à 6:00 PM pour un spectacle de danses de salon (si si).

On ne peut qu'être admiratif devant la coordination qui existe entre les « Parcs et Jardins », responsables de l'animation des kiosques à musique, et « Facettes », le Comité Organisateur de la Fête de la Musique.

A la question "Combien serez-vous ?", il répond courageusement "Environ une quarantaine !". Très vite cependant, au vu primo du regard incrédule et légèrement assassin de ***Marc*** *et secundo de notre matos qui commence à s'accumuler, Tango Man s'avoue vaincu et propose d'installer son affligeant nano-ampli à l'extérieur du kiosque. Dont acte.*

Sur le coup des 4:00 PM arrive la première des quarante participants attendus, une belle dame sapée façon Yvette Horner coiffure comprise, qui a dû dans sa prime jeunesse être copine avec La Goulue et Valentin le

Désossé. Elle chope le débris et esquisse quelques pas d'un truc que l'on pourrait qualifier de, euh... de, bof...

Trente minutes plus tard, comme personne d'autre ne se pointe, les deux ancêtres et leur poste à galène s'évacuent.

On va pouvoir passer aux choses sérieuses. Les musicos sont là, le **Nico** *a remisé sa péricardite par devers lui, notre ingé son* **Éric** *a apporté de quoi sonoriser l'esplanade de la Tour Eiffel, le kiosque est bourré de matos jusqu'à la gueule. On attaque la balance et quelques badauds téméraires s'avancent déjà.*

La setlist est la suivante :

1. *The Last Time*
2. *Back In The USSR*
3. *Eight Days A Week*
4. *It's All Over Now*
5. *My Back Pages*
6. *Under My Thumb*
7. *Crazy Little Thing Called Love*
8. *Summertime Blues*
9. *Johnny B. Goode*
10. *The Wind Cries Mary*
11. *Something*
12. *I Can't Explain*
13. *Money For Nothing*
14. *Proud Mary*
15. *Rock n' Me*
16. *Gaby, Oh Gaby*
17. *Sweet Virginia*
18. *Little Wing*
19. *Dead Flowers*

20. *All Day And All Of The Night*
21. *Paint It Black*
22. *Jumpin' Jack Flash*
23. *Midnight Rambler*
24. *Twenty-Flight Rock*
25. *Sharp-Dressed Man*
26. *Honky Tonk Women*
27. *Rockin' In The Free World*

Il est maintenant 7:45 PM et le riff de « The Last Time » explose. C'est parti pour 90 minutes de rock à fond les manettes. ***Claude*** *gesticule, la basse vrombit, les guitares z'hurlent, la batterie martèle comme Charles en 732, le public jubile !*

Le solo final de "Rockin' In The Free World" explose et emballé c'est pesé.

La prestation aura été d'excellente qualité comme en témoignent les trois clodos du square Courteline.

À la stupéfaction quasi générale, le **Claude** *se barre fissa laissant aux autres le soin de remballer. Gudule, grande classe, dresse une table dans le kiosque et sert des hamburgers pour ceusses qui ont la dalle. Respect !*

Cap maintenant sur le prochain concert, le 6 juillet à Clairis.

*Dès le lendemain, écoute du super enregistrement d'***Éric** *et débriefing par mail. Tout le monde est ravi malgré les quelques 275 pains et une évidence s'impose à tous ou presque : notre prestation est un peu courte.*

S'ensuit donc une discussion animée sur le thème de la prochaine setlist. Y en a des qui, pour le concert du 6 juillet, proposent de modifier la setlist et de rajouter quelques titres à l'arrache, y en a même des qui trouvent que les tempos lents sont trop nombreux et mal répartis.

Claude *nous fait alors un gros caca nerveux genre "Non mais les gars, vous vous croyez où, là ? On touche pas à MA liste ! C'est qui qui sait mieux ? C'est qui c'est qui connaît le mieux le fonctionnement des groupes humains ? C'est Old Claude, point barre, alors vos gueules ! Je ne suis pas un marchand de légumes et arrêtez de me traiter de dictateur (sic)".*

L'imminence du concert aidant, tout le monde la ferme et, histoire de faire le point, on décide de se re-

trouver tous au dîner avant la répète du 1er juillet, la dernière avant le Clairis Tour.

De fait, le **Claude** *ne se présente pas au dit dîner et nous le retrouvons au studio, arborant un magnifique t-shirt portant la mention "paranoïaque". Ça promet...*

Malgré les réticences des 4/5e, c'est donc dans la jj...oie et la bb...onne humeur que nous consentons à conserver la même setlist pour Clairis. Nous aborderons les sujets qui fâchent le 8 juillet, 48 heures après le concert, autour d'une table pour justement tout mettre dessus.

La répétition se passe... euh, se passe.

CLAIRIS, samedi 6 juillet.

12:00 AM : à la demande de **Nico**, **Marc** *s'est rué vers* **Laure** *(HPCA - NdlR) et ses bambins à la gare de Villeneuve. Dans l'intervalle, la Sainte-Trinité* **Ranval** *est arrivée.* **Dominique** *joue les maîtresses de maison et tout ce petit monde déjeune sur la terrasse du ranch 297.*

3:30 PM : **Éric** *et son portefaix sont là avec la sono, le reste du groupe est arrivé, tout le monde est sur le pont et* **Claude** *fait paisiblement une sieste bien méritée pendant que le petit personnel monte le matos.*

Après une alerte pluie de courte durée, la météo nous sera définitivement favorable.

Installation, balance, la soirée peut commencer.

A 8:00 PM la première saucisse grille et à 9:45 PM ***Brain Arthrosis*** *entre en scène devant 5000 spectateurs selon les organisateurs, 92 selon la police.*

Petit aléa sous la forme d'une coupure de courant qui affecte le pédalier de ***Laurent****. Ça nous permet de massacrer joyeusement "Hey Joe" en attendant qu'il puisse se remettre pile poil à gratter.*

Le public est coi (comment ?), comme en témoigneront les nombreuses réactions notamment sur TrucBook. L'enregistrement sera à la hauteur.

Claude *et sa petite famille, qui avaient réservé la chambre sans toutefois avoir versé d'arrhes ni souscrit d'assurance annulation, décident finalement de se barrer vite fait pendant que les employés remballent le matos. Just routine.*

Un dernier petit verre au ranch avec exposé circonstancié de **Marina** *sur ses considérations relationnelles avec qui nous savons et tout le monde, bouche bée (des Anges, bien sûr - NdlR), regagne ses pénates.*

En dépit de ce succès, ça continue à se désagrège gentiment. **Claude** *sombre dans son délire et remet le couvert avec un manifeste de cinq pages détaillant l'absurdissime notation "2 étoile". On touche le fond !*

Le débriefing du 8 juillet doit malheureusement être annulé en raison de l'indisponibilité de **Nico**, *contrainte professionnelle oblige, et est reporté sine die.*

Fait ch..., **Nico** *!*

Dans cette ambiance délétère (sic), le 9 juillet à 9:41 AM, **Marc** *pète un câble et rend son tablier dans un mail dont* **Claude** *ne saisit pas clairement la tonalité amicale. Suite à la réponse affectueuse de ce dernier,* **Marc** *se plonge dans Internet pour savoir comment Fouquier-Tinville parvenait à jouer de la grosse caisse avec un petit pied.* **Philou** *(1:47 PM),* **Nico** *(8:01 PM) et* **Laurent** *(11:17 PM) en rajoutent une couche. C'est le big clash, ça fait "splash" et on splitte.*

Nico, **Philou** *et* **Laurent** *expriment dans la foulée leur désir de poursuivre ensemble.* **Marc** *leur propose alors un chanteur qui ne lui est pas inconnu en la personne de* **Didier**, *le chanteur de son ancien groupe. Rendez-vous est pris en septembre.*

Vincent, *le pianiste potentiel, s'évapore dans la nature, nous n'en entendrons plus parler.* **Catherine** *essaiera de justifier* **Claude** *dans un mail maladroit*

"BRAIN ARTHROSIS" IS DEAD LONG LIVE "STICKY FLOWERS"

*Vacances bien méritées for everybody. C'est la rentrée et tout s'annonce sous les meilleurs hospices (sic) puisque notre **Philou** préféré s'est sectionné l'index gauche jusqu'à l'os.*

*Affublé d'un nouveau label aussi débile que le précédent, **Sticky Flowers** commence les répétitions le 9 septembre avec un **Philou** remis sur doigts et with the new singer ("avec le nouveau chanteur" - NdT). En raison d'un amour partagé pour les pizzas mal cuites, l'entente est immédiate entre **Didier** et les autres musicos.*

*Un nouveau challenge pointe son nez. **Laurent** nous propose d'animer le 16 novembre à Lésigny une soirée de photographes médicalisés. Le groupe est enthousiaste et la tâche sera d'autant plus facile qu'il reste, tenez-vous bien, trois, je dis bien trois répétitions pleines pour mettre au point une vingtaine de titres dont certains totalement inédits. Qu'à cela ne tienne, **Sticky Flowers** ne va pas laisser filer l'occasion de passer à la radio (rires) !!!! Haut les choeurs !!!!*

*Répétition du 28 octobre : le **Laurent** arrive avec un index droit qu'il s'est quasiment amputé (ça devient une habitude chez nos guitaristes) en allant faire le beau dans une salle de sport. Pour un urologue qui joue en toucher (p..., l'humour !!! - NdlR), c'est la tuile mais il parvient tout de même à assurer, moyennant quelques lâchers de médiator.*

CHÂTEAU DE LÉSIGNY, samedi 16 novembre.

Marc *campe devant l'entrée du (magnifique) château, étant parti très légèrement en avance pour cause de blocages potentiels de gilets jaunes, en réalité totalement absents du parcours.*

Premier contact avec Jérôme le DJ, un poil plus glacial que la météo. La salle est petite, le DJ s'octroie d'office le coin à droite, **Marc** *est poliment prié d'installer sa batterie ailleurs.*

Initialement non prévu, un buffet d'apéro est dressé dans la pièce laissant ainsi, lorsque le matos sera en place, un passage d'environ 50cm de large pour accueillir les 200 personnes qui ne manqueront pas d'assister au concert du siècle.

Éric*, notre ingé son bien-aimé, arrive sur ces entrefaites avec une sono à peine plus puissante que celle de l'Arena. Le DJ fait un malaise.*

Tout le monde est là, le matos est installé, on fait la balance. On ne déplorera que deux perforations de tympans et trois pertes de connaissance sans gravité parmi le personnel présent. Le volume était peut-être un peu fort...

Sur l'insistance courtoise mais ferme de **Laurent***, les survivants acceptent, non sans mal, de pousser au max ce satané buffet d'apéro pour faire de la place et à 9:39:02 PM retentissent les premières notes de "Around and Around".*

Au programme, que du lourd, ça va pulser grave :

1. *Around And Around*
2. *Johnny B. Goode*
3. *Back In The USSR*
4. *Born To Be Wild*
5. *Gimme All Your Lovin'*
6. *London Calling*
7. *Lonely Boy*
8. *Seven Nation Army*
9. *Sarbacane*
10. *Crazy Little Thing Called Love*
11. *You Never Can Tell*
12. *I Love Rock'n'Roll*
13. *Ça C'est Vraiment Toi*
14. *Brown Sugar*
15. *Rockin' In The Free World*
16. *Sympathy For The Devil*
17. *Day Tripper*
18. *Eight Days A Week*
19. *Satisfaction*
20. *Jumpin' Jack Flash*
21. *Honky Tonk Women*
22. *Route 66*
23. *Sweet Home Chicago*
24. *Twenty-Flight Rock*

L'assistance négative (en noir et blanc, ce sont des radiologues - NdlR) réagit de façon positive et se trémousse à qui mieux mieux genre "à que c'est vachement bien vot' musique". Certains inconscients, probablement sous l'emprise de substances, iront jusqu'à monter sur scène pour participer au chant.

***Sticky Flowers** déroule avec brio, facilité, aisance et...euh...j'sais plus quoi d'autre, son rock en fusion. "Ça C'est Vraiment Toi" déclenche une véritable SFmania.*

***Didier**, **Nico** et **Philou** la jouent "bain de foule", **Laurent** reste comme d'hab très "billwyman-like". **Marc** se met en mode "repeat" sur ses toms pendant l'intro de "Sympathy For The Devil" pour cause de jongleur imprévu mais bon, personne n'y a vu que du feu, c'est le cas de le dire.*

*Fin de la soirée, les fab five ont assuré et sont contents, la bouffe était excellente, l'assistance était hypercool, on boit un coup, on remballe tout le matos, on se gratule et on se casse. Au moment où nous mettons sous presse, nous attendons toujours les vidéos de la prestation (**Laurent**, bouge-toi un peu, please !!!)*

*Pour la petite histoire, **Didier**, qui s'est désapé dehors, et **Marc**, qui a mouillé la chemise, chopent la crève et **Didier** mettra plusieurs jours à retrouver l'usage complet de ses membres inférieurs, tétanisés qu'ils ont été par son jeu de scène zébulonien.*

*Le 18 novembre, un certain **Will**, pianiste de son état, est contacté par **Marc** à la suite d'une petite annonce. Son répertoire correspond, son âge également. Il ne donnera malheureusement pas suite car "il ne souhaite pas payer le studio". Ben voyons, tu veux pas qu'on t'cire les pompes, non plus ?*

*Bon, v'là aut' chose ! Le 27 novembre, le **Laurent** doit se faire ablationner des z'hernies z'inguinales. Il nous* *avait bien dit qu'il avait un peu les boules mais de là à passer sur le billard !!!! Pas très rock, tout ça ! Et en plus, il nous sucre une répète, le bougre ! Renseignements pris, il a survécu. Ouf !!*

Scoop : le 28 novembre 2019 à 4:12 PM, ***Marc*** *accepte de jouer "Argent Trop Cher", un deuxième titre de Téléphone !?!?!? Les autres membres sont dubitatifs voire vaguement inquiets.*

Jeudi 12 décembre, dernière répétition de l'année. Les ***Sticky Flowers*** *ont du mérite, ils sont au complet malgré les grèves.* ***Didier*** *et* ***Laurent*** *ne s'en sont pas trop mal sortis,* ***Marc*** *a mis deux heures en bagnole, et* ***Nico*** *a fait douze bornes à pinces. Ils se retrouvent au restau.* ***Philou*** *les rejoint au studio avec trente minutes de retard. Les héros sont certes un peu fatigués mais la prestation reste cependant audible.*

Et voilà que 2020 pointe son nez. ***Sticky Flowers*** *doit faire face à un sérieux défi : comment travailler la synergie (dixit* ***Didier****) avec trois répétitions par an (dixit* ***Nico****) ? Bon courage les gars !!! Puisse la trêve des confiseurs vous porter conseil.*

Exit 2019, bonne et
heureuse année à tous
et rendez-vous le
jeudi 16 janvier 2020 à 21h00
pour de nouvelles aventures...

JANVIER

Philou, 6/01/2019 à 19:34

Hello hello,

J'ai une incertitude pour le 11, je serai chez les parents le week-end précédent. Il y a des chances que je déborde sur le lundi.

J'essaye de reprendre le fil de vos e-mails mais c'est coton...

En voyant quelques bribes je me suis dit qu'on pourrait s'appeler "The Useless Writers" ... :-)

Claude, 6/01/2019 à 19:45

The Useful Players ?

Marc, 7/01/2019 à 9:54

Je reviens sur le planning des répétitions.

Sont actuellement réservés :

- le jeudi 10 janvier à 20h
- le jeudi 17 janvier à 19h
- le jeudi 24 janvier à 19h
- le lundi 11 février à 21h
- le mercredi 13 février à 21h

Philou, tu avais validé le 11 janvier sur le framadate. Merci de préciser RAPIDEMENT si tu seras présent ou non car encore une fois les places sont chères au studio et il faut les bloquer rapidement.

Si tu es absent, ou pourrait annuler le 11 et le remplacer par le 7 puisque nous ne serons que 4 dans les deux cas.

Sinon, dois-je réserver le 7 février ?

Le jeudi 31 janvier avait été éliminé car il me semble qu'il y avait 2 absents : moi et ?

Le jeudi 14 février avait été récusé par Claude pour cause de Saint-Valentin.

La semaine du 18 février est éliminée car trop aléatoire.

Le jeudi 27 février est en passe d'être réservé. Nous serons au complet.

Bises.

Nico, 7/01/2019 à 10:24

Salut Marc,

Je suis pour que l'on réserve le 7 février dans tous les cas quitte à l'annuler plus tard.

Pour le 31 janvier je suis présent.

Ok pour moi pour tout le reste !

Bonne semaine.

Philou, 7/01/2019 à 11:02

Je ne serai pas là le 11 février.

Désolé c'est un peu compliqué pour moi les plannings je suis souvent en province.

Bonne semaine !

Marc, 7/01/2019 à 11:30

Salut à tous,

Les plannings sont peut-être compliqués mais les réservations, je vous dis pas !

Donc on reprend.

Sont réservés :

- le jeudi 10 janvier à 20h
- le jeudi 17 janvier à 19h
- le jeudi 24 janvier à 19h
- le lundi 11 février à 21h
- le mercredi 13 février à 21h

auxquels je viens d'ajouter le **JEUDI 7 FEVRIER DE 19H A 22H** (sans Philou).

Le lundi 11 février est pour le moment conservé (sans Philou).

Pour le 31 janvier, j'attends de savoir si vous êtes 4, moi je serai sur un golf à Agadir.

Suite au prochain épisode...

Nico, 7/01/2019 à 11:38

Merci beaucoup Marc !

Pour info préliminaire et ne pas être en reste, je serai sur les pistes à « Serre-Che » la semaine du 4 au 10 mars.

A jeudi les Useless Writers !

Marc, 7/01/2019 à 11:41

Tu voulais sans doute parler de Blind Ears ?

Laurent, 7/01/2019 à 12:55

Je serai absent le 31 janvier...
And then there were three...

Nico, 7/01/2019 à 13:55

Claude, Philippe que voulez-vous faire pour le 31 janvier ?

Personnellement je ne suis pas contre une répète à 3 axée sur les chœurs histoire de garder le rythme.

Claude, 7/01/2019 à 16:49

Nico, Philou, je ne suis pas contre, mais la dite répétition pourrait peut-être se faire en appartement, avec 2 guitares acoustiques, plutôt que de "gâcher" des heures de studio. Bises.

Nico, 7/01/2019 à 17:07

Pas contre cette idée, en revanche chez moi ça va être compliqué avec la marmaille dans les pattes !

Claude, 7/01/2019 à 17:14

Le 31 janvier, si c'est, par exemple, 18h-20h, je pourrais vous recevoir chez moi (métro Ranelagh) ; plus tard, c'est un peu plus compliqué.

Nico, 7/01/2019 à 17:43

Voyons ce que dit Philou mais 18h pour moi c'est compliqué.

Sinon pas bien grave, j'ai de quoi bosser de mon côté à la maison donc pas de pression.

Philou, 8/01/2019 à 9:24

Hello, on peut faire ça chez moi ou alors effectivement en profiter pour taffer nos parties instrumentales.

As you wish !

Claude, 8/01/2019 à 9:42

Cher Philou, bonne année, bonne santé, plein de musique et d'amour.

Si tu n'habites pas à deux heures de route (d'autant que je suis en transports en commun) et que tu as une bière au frigo, ça serait certainement intéressant.

De toutes façons, à jeudi. Bises à tous.

Nico, 8/01/2019 à 10:12

On en parle jeudi ! Et je peux amener les bières ;-).

Claude, 8/01/2019 à 11:43

Bonjour Marc, même si ce (bon) guitariste s'adresse d'abord et avant tout aux guitaristes, le batteur que tu es sera sans doute intéressé par ce qu'il dit.

D'autre part, toi qui es un spécialiste incontesté du Framadate, pourrais-tu m'aider à en créer un pour ma petite sauterie du mois de mai ? Je t'expliquerai brièvement jeudi, si tu es d'accord, sachant que nous ne ferons pas le voyage pour aller au studio ensemble.

Bises et à après-demain.

Marc, 8/01/2019 à 12:08

Pour le Framadate, rien de plus facile.

Il suffit d'indiquer un petit texte et le jour proposé et le truc se construit tout seul.

Pas besoin d'indiquer un choix d'horaire dans ce cas.

Ça devrait prendre entre 1'30" et 2'.

C'est quand tu veux.

Vidéo intéressante.

A jeudi.

Bises.

Claude, 9/01/2019 à 12:48

Lu dans la presse : 1 médecin sur 2 est en burn-out. Marc, on a bien fait de passer au rock n' roll. Laurent, qu'est-ce que t'attend ?

Également lu une chronique élogieuse du premier album d'un jeune groupe français : Vagina Lips. Le champ des possibles est infini. Bises et à demain.

Marc, 9/01/2019 à 15:55

Je pense qu'il faut vraiment être des Ass Holes pour s'appeler Vagina Lips.

Je me fais vieux !!!

Demain, on répète à 20h. Un peu tard pour dîner ensuite. On mange un morceau avant ?

Nico, 9/01/2019 à 16:38

Parfait pour moi, pizzeria habituelle un peu avant 19h ?

Claude, 9/01/2019 à 16:40

Dinez sans moi les copains, car je sortirai tard de la réunion au lycée.

Marc, 9/01/2019 à 16:46

J'y serai à 18h45.

Philou, 9/01/2019 à 17:04

J'y serai !
On tente tous les morceaux en vert ?

Marc, 9/01/2019 à 17:24

Moi, ça me va !

Marc, 9/01/2019 à 17:57

Je reviens vers vous une minute.

Désolé, Claude, tu as proposé que nous nous réunissions pour débattre des fameux morceaux "peut-être" mais je crains que cela ne soit remis aux calendes grecques.

J'ai rectifié mes choix en indiquant le pourquoi du comment dans la case "remarques". Je n'ai donc plus de "1".

Je vous enjoins fortement à faire de même rapidement (et en ce qui me concerne, votre choix n'a pas à être justifié, c'est "2" ou "0", point barre !) de façon à ce que nous puissions enfin avoir une liste cohérente et solide.

Mais ce n'est que mon avis...

Bises et à demain.

PS. J'ai une idée de nom de groupe : PACIFIC POLEMIC (PACIFIK POLEMIK fait trop teuton et PACIFIX POLEMIX fait trop gaulois).

Juste pour Nico : même nombre de lettres, même nombre de syllabes, euphonie parfaite...

Claude, 9/01/2019 à 18:58

Je crois, qu'en Anglais, pacifique ne se traduit pas par "pacific", et "polemic" n'existe pas.

J'ai déjà écrit que j'étais contre les rectifications de votes, quelles qu'elles soient, et que je ne comptais que sur la discussion pour régler les problèmes en suspens. Ce serait dommage que l'on n'arrive pas à discuter.

Mais rappelez-moi donc le nom de celui qui avait immédiatement dénoncé le classement des chansons en employant une méthode quantitative...

Nico, 9/01/2019 à 19:06

Marc je dis why not mais notre batteur n'aime pas les noms longs, il faudrait voir avec lui !

Laurent, 9/01/2019 à 19:42

Je ne suis pas près d'arrêter la médecine. D'ailleurs, en tant qu'urologue, ce sont plutôt mes patients qui ont les burnes out (oui je sais, elle est facile).

Sinon OK early pizza ou autre car leur pâte est un peu lourdingue.

Philou, comme tu as l'air chaud, on peut tenter tous les morceaux en vert puisqu'il faut bien profiter d'un moment où on est tous les 5. A Claude et Nico de voir.

Bizatous.

Marc, 9/01/2019 à 20:43

Laurent, tu devrais avoir honte ! Burnes out ! Non mais franchement !

Nico, je vais me convoquer et en parler !

Claude, c'est vrai, Pacific Polemic, ça ne veut rien dire, pas plus que Beatles ou Spotnicks. C'était juste pour dire...

Philou, chiche qu'on descend les 21 «verts» demain ?

Claude, 9/01/2019 à 20:57

C'est un coup d'état, comme on n'en a pas connu depuis le 18 brumaire.

Je rappelle que le programme a été déterminé par le citoyen Laurent, le week-end dernier.

Les ci-devants Marc et Philou abusent de leurs privilèges.

J'en appelle au Comité de Salut Public.

Claude, 10/0/2019 à 9:39

Chers amis, j'ai bien peur de ne pas pouvoir me munir de mon tambourin pour la répétition de ce soir (une voix, dans le lointain : « Pour ce que tu en fais ! ») et je vous prie de bien vouloir m'en excuser. Très bonne journée.

Marc, 10/01/2019 à 10:42

Pas impossible que tu en trouves un au studio !!!!

Claude, 10/01/2019 à 16:00

Un nom de groupe à la mode : Jill et John.

Nico, 10/01/2019 à 16:07

Pour le coup ça c'est très bon et drôle mon cher Claude !

Nico, 11/01/2019 à 12:17

Chers Arthrosés,

Petit debrief rapide de la répète d'hier que je soumets à votre sagacité.

Je pense que certains morceaux même ayant obtenu 10 doivent sauter ou être ré-examinés. J'ai ainsi apporté quelques commentaires et codes couleurs au fichier de chansons en mettant en orange celles pour lesquelles j'ai des réserves dans leur forme actuelle et en expliquant pourquoi en commentaire. Seulement mon avis évidemment !

J'ai également pris la liberté de mettre en vert pâle celles n'ayant pas obtenu 10 mais que l'on a déjà jouées et bien jouées pour me rendre compte qu'on avait une base d'environ 25 morceaux à travailler pour les améliorer. J'ai également remis "it's all over now" dont je ne vois pas pourquoi on ne la jouerait pas.

Je proposerais bien de se nous concentrer sur ces 25 morceaux pour l'instant, tout en tranchant sur les autres bien sûr pour se constituer une réserve.

Enfin, d'un point de vue plus technique, quelques notes pour ne pas oublier :

- "crazy little thing called love" : travailler le passage a capella mais sinon sonne bien.
- "ticket to ride" : Nico chant lead et falsetos de Claude sur les couplets. Claude en voix basse sur le refrain (Nico voix haute). Claude en voix principale et Nico en voix harmonisée sur le pont.
- "hotel california" : A voir, pour l'instant me semble toujours un peu haute pour ta voix Claude avec risque de fatigue et que ça sonne trop "forcé". Essayer avec Philou en chant lead ?. On a aussi besoin de la guitare qui fait des phrasés sur les couplets pour enrichir et compléter le bel arpège de Laurent;

- Son : bon hier ça n'allait pas mais ça arrive.

En revanche je pense qu'il faut qu'on travaille un peu les sons de guitare pour avoir au moins deux sons de base équilibrés (un son assez clair et un son plus saturé pour solos ou quand il faut envoyer). Pour moi pas forcément nécessaire d'aller chercher des réglages très complexes et effets compliqués à ce stade, mais il faut a minima deux sons de base comme décrits ci-dessus pour couvrir 90% de nos besoins et qu'on ne se pose pas trop de questions à chaque répète.

Pour finir, c'est peut être pendant les "mauvaises répètes" qu'on progresse le plus donc soyons positifs, on a plein d'atouts dans nos mains, avec un peu de boulot on va sonner super bien !

Laurent, 11/01/2019 à 12:57

OK OK OK !

A ce soir ou demain pour quelques éléments supplémentaires.

Marc, 11/01/2019 à 17:35

C'est drôle parce qu'au moment où j'ai reçu le mail, je m'apprêtais à vous en faire un également.

Je reprends donc celui de Nico d'abord, après avoir consulté ses modifs sur la liste :

Je suis d'accord pour laisser tomber :

"good times bad times"
"steady as she goes"
et je me pose des questions au sujet de "sunshine of your love"

Je laisserais volontiers une chance à :

"paint it, black"
"hotel california"
"I love rock'n'roll"

OK pour réintégrer :

"sharp dressed man"
"my back pages"

"when I still have thee"
"all day and all of the night"
"under my thumb"
"johnny b.goode"
"summertime blues"
"I can't explain"
"it's all over now"

Et, bien entendu, OK pour réhabiliter d'autres titres "tangents" avec, en ce qui me concerne :

"old time rock'n'roll"
"sweet virginia"
"don't stop"
"losing my religion"
"dancing with mr.D"
"rock'n me"
"twenty-flight rock"
"green river"
"all right now"
"long cool woman in a black dress"

Au sujet de la séance d'hier, j'ai eu la surprise d'entendre que ça tenait plutôt bien la route, en tenant compte du son particulièrement mauvais et des mauvaises conditions d'enregistrement :

"dead flowers" : un must, rien à ajouter
"the last time" : presque parfait
"paint it, black" : sonne beaucoup mieux que l'impression que nous en avons eue, ce qui explique la seconde chance que je demande
"proud mary" : rien à ajouter
"gaby, oh gaby" : à peaufiner mais quasiment dans la boîte
"little wing" : rien à dire
"back in the USSR" : quasiment dans la boîte, excellentes voix
"drive my car" : le plan est nickel, à peaufiner bien sûr
"I love rock'n'roll" : même remarque que pour "paint it, black"
"crazy little thing called love" : prêt à livrer après quelques ajustements

"day tripper" : idem "drive my car"
"sunshine of your love" : inécoutable; très réservé
"ticket to ride" : bon plan mais inécoutable car fait à la va-vite en dernier; à conserver

Je précise 1/ que je n'ai aucune complaisance, que nous avons encore beaucoup de boulot et que nous ne sommes pas des pros et 2/ que Dominique, pas plus complaisante que moi, a écouté ça et nous a trouvés bons quoique pas toujours assez pêchus !

Sur ce, bon WE et à jeudi.

Bises à tous.

Marc, 11/01/2019 à 17:51

Je n'ai pas résisté, je vous ai envoyé l'enregistrement par WeTransfer mais il est plus simple d'y accéder directement en cliquant sur le lien ci-dessous, valide pendant 7 jours.

Allez, courage, un mauvais moment à passer !!!!

Laurent, 11/01/2019 à 22:01

Bonsoir à tous. Nico, juste pour info par rapport aux sons. Je n'utilise en fait que très peu d'effets avec la pédale :

- distorsion
- son guitare acoustique
- son « stéréo chorus » pour "Hotel California"
- et pas de pédale pour le son naturel.

Le problème est surtout celui du nouvel ampli avec à chaque fois un nouveau réglage mais nous allons y arriver à la longue et rien ne résistera, le jour venu, à une bonne balance avant « the concert ».

Sinon tout à fait d'accord avec tes remarques à une près : je viens de réécouter "I love R n'R" et effectivement c'est simple. D'ailleurs, la version de The Arrows est encore plus simple. Je lui donnerais volontïers une dernière chance. Avec plus de conviction de la part de chacun et à condition d’être à 100% tous dans le bon tempo, ça serait bien. Mais bon...

Bises

Laurent, 11/01/2019 à 22:12

Marc d’accord avec toi aussi. Notamment sur les morceaux à garder, laisser, etc... Je ne rajouterai pas de commentaires pour ne pas alourdir.

Rebises.

Nico, 11/01/2019 à 22:26

Merci beaucoup Marc pour cette extraction des morceaux, c'est hyper utile d'avoir ça.

Et je dois dire que je suis d'accord avec le diagnostic du doc Pelta, c'est même totalement bluffant.

D'accord sur les commentaires sur les morceaux, à ceci près que je pense que ”sunshine of your love” peut bien donner si on met la bonne intention (et donc d'accord avec Marc et Laurent sur ”I love rock n roll” qui peut bien donner en effet contrairement à ce que je disais, il n'y a que les imbéciles... bref vous voyez !).

Pour le reste c'est vraiment très encourageant !

”Proud Mary” sonne par exemple étonnamment super bien, vraiment.

Merci beaucoup donc Marc, je serai preneur des ces extraits de répètes quand le temps et l'envie te le permettront bien entendu.

Enfin, d'accord avec toi Laurent, on va finir par apprivoiser ces studios et le matériel qui s'y trouve, quoi qu'il en soit le décalage entre la perception en live et le rendu réel doit nous inviter à beaucoup d’optimisme.

Claude, 11/01/2019 à 22:55

A moi de mettre mon grain de sel, et je passe en revue à peu près tout :

- "Dead Flowers", on le fait bien mais pourrait bénéficier d'un clavier.
- "The Last Time". Pour ça comme pour beaucoup d'autres choses, je suis parfaitement d'accord avec l'analyse de Nico, et ce qui pêche, parmi d'autres choses, ce sont les sons de guitare. Laurent tu t'es offert une usine à gaz extraordinaire, mais 2 ou 3 pédales basiques auraient bien fait l'affaire, et n'auraient pas nécessité des compétences d'ingénieur. Philou, une pédale de volume semble indispensable pour aborder les chorus, et vous jouez tous les deux sur Fender ce qui donne un son un peu trop monocolore.
- "Paint it black", on l'a déjà beaucoup mieux fait, donc laissons-lui sa chance. Ecoutez la version de Flashpoint et surtout celle du "Shine A Light" de Scorsese.
- "Proud Mary", tempo lent, très bien
- "Gaby", faute de sax, un clavier serait intéressant
- "Little Wing", bien, mais le son de guitare mériterait un peu plus de travail.
- "The Wind Cries Mary", même chose.
- "Hotel California", j'aimerais bien continuer à le chanter, même dans cette tonalité un peu limite. C'est vrai qu'un demi-ton plus bas ne nuirait pas, mais à l'impossible, nul n'est tenu
- "Money For Nothing", je suis prêt à lui mettre zéro à cause du son de la guitare ; c'est un peu trop loin de ce que ça devrait être, pour l'instant, mais je reconnais qu'il faut laisser sa chance au travail.
- "Back In The USSR", work in progress, mais j'y crois

- "Drive My Car", pour ce genre de chansons, je crois que la répète voix du 31/01 avec guitares acoustiques sera très utile
- "Sunshine Of Your Love", les voix, je crois que c'est sur le bon chemin. Problème avec le son des guitares, et il faut une batterie très présente.
- "Honky Tonk Women", je crois pas qu'on va la rater, celle-là.
- "I Love Rock n' Roll", vu ce qu'on en a fait hier, j'aurais envie de la virer, mais, en même temps, s'il y a les ingrédients pour que ça dépote, ça peut devenir...pertinent
- "Crazy Little Thing Called Love", contrairement à ce que Laurent prétend, j'aime beaucoup cette chanson, mais il n'y a pas photo, elle est pour Philou !
- "Day Tripper", peaufiner les voix, bien sûr ; ça serait plus simple si on s'appelait les Beatles, mais c'est déjà pris.
- "Ticket To Ride", j'y crois.
- "Rockin' In The Free World", toute la mise en place est à faire, mais ça peut être pas mal
- "Good Times, Bad Times", d'habitude c'est pas moi qui dit ça, mais : beaucoup trop ambitieux.
- "Steady As She Goes", je ne suis, en effet pas convaincu.
- "Sharp-dressed Man", je suis pour, mais il faut que le chorus soit en bottleneck
- "My Back Pages", je suis pour, et on le faisait de mieux en mieux
- "When I Still Have Thee", tout le monde connait l'affection que j'ai pour ce morceau, qui commençait à décoller très proprement. Qui veut venir voir Teenage Fanclub en concert, le 17 avril ?
- "All Day And All Of The Night", oui, on garde.

- ”Superstition”, j'insiste pour l'essayer. Je vous avais envoyé la vidéo d'une version rock qui nous irait bien.
- ”Tie Your Mother Down”, je continue à n'avoir pas d'avis et c'est bien comme ça
- ”Midnight Rambler”, j'entends le son de la Gibson SG de Taylor, mais on devrait pouvoir en faire quelque chose, n'est-ce-pas, Laurent ?
- ”Brown Sugar”, j'étais le moins chaud pour celui-là et je le reste, mais pas d'opposition
- ”Can't Get Enough”, vraiment, j'ai pas la voix.
- ”Old Time Rock n' Roll”, j'aime bien, j'ai pas la voix
- "Wish You Were Here”, pourquoi pas ? un Pink Floyd fait toujours de l'effet
- ”Highway To Hell”, j'ai pas la voix
- ”Sweet Virginia”, excellente proposition de Nico
- ”Comfortably Numb”, soit celui au dessus (WYWH) soit celui-là, mais pas les deux.
- Don't Stop”, repose sur les voix
- ”Born To Be Wild”, j'ai pas la voix
- ”Under My Thumb” je suis loin d'être enthousiaste
- ”Johnny b. Goode”, je pourrais facilement mettre 0
- ”Summertime Blues”, je pourrais facilement mettre 0
- ”I Can't Explain”, très bien, mais la tonalité ne va pas tellement à Philou.
- ”Sweet Home Alabama”, je ne vais pas le privilégier
- ”Losing My Religion”, je ne me battrai pas pour lui
- ”Dancing With Mr.D”, on le faisait plutôt correctement, c'est comme vous voulez
- ”Need You Tonight”, voilà un truc original, très 80's. Ne soyons pas trop monotones dans nos inspirations (Stones, Beatles, bâillements)
- ”Seven Nation Army”, trop stade de foot

- "All Along The Watchtower", trop ambitieux, je pense
- "Purple Haze", casse-gueule ; et puis, 2 Hendrix, je crois que c'est suffisant
- "Shoot To Thrill", la voix !
- "You Shook Me All Night Long", la voix !
- "Rock n' Me", l'un des quelques morceaux de cette liste complémentaire que j'ai vraiment envie de travailler
- "A Kind Of Magic", connais pas assez bien
- "I Want To Break Free", me semble trop ambitieux
- "Twenty Flight Rock", je le verrais bien prendre la place de "Summertime Blues" ou ""Johnny B. Goode"
- "Baby Blue", voilà encore un morceau que je ressusciterais bien, parce que Nico lui apporterait ce qui lui a manqué, jusque là
- "All Right Now", j'ai peur de ne pas avoir la voix
- "Tush", pas d'avis
- "Californication", pas d'avis
- "Green River", pas d'avis
- "Don't Let It Bring You Down", moi, j'aime bien, et il est dans nos cordes.
- "Long Cool Woman", ça fait plaisir à Marc, je ne m'y oppose pas
- "She Said, She Said", voilà un Beatles un peu moins convenu, et vu la facilité avec laquelle on les enchaîne, maintenant !...
- "The River", à part par Marc, un morceau malaimé semble t-il. Je pense qu'il aurait suffi d'un piano...
- "What I Like About You", je ne me battrai pas pour ça
- "Keep Your Hands To Yourself", je ne battrai pas pour ça
- "It's All Over Now", je ne battrai pas pour ça

En résumé, les morceaux auxquels je tiens, dans la liste complémentaire : "Baby Blue", "Rock n' Me", "Sweet Virginia", "Superstition", "When I Still Have Thee", "My Back Pages".

Claude, 12/01/2019 à 22:05

Merci, Philippe pour t'être occupé de ce sondage Doodle à propos de ma soirée du 17 mai, mais j'ai réussi, tout seul comme un grand, à créer un sondage Doodle qui semble fonctionner.

Merci, Marc d'avoir exploré les limites du Framadate ; il semblerait que Doodle soit plus souple et complet.

Je vais commencer à envoyer ça en fin de semaine prochaine.

Bises.

Marc, 12/01/2019 à 9:02

Salut les copains,

J'ai tout lu et relu.

Je vais encore jouer les casse-burnes (oui, je sais, j'ai un sale caractère, on m'appelait le "père ronchon", dans mon groupe précédent !) mais il serait franchement temps que nous abandonnions le conditionnel pour le présent de l'indicatif et que nous mettions du rouge ou du vert à la place du jaune.

Claude, tu écris au sujet de "Johnny B. Goode" ou de "Summertime Blues" "je pourrais facilement mettre un "0" : mets-le, on n'en parle plus et on passe à autre chose !!!!

Laurent : "Je ne rajouterai pas de commentaires pour ne pas alourdir". C'est louable, mais la meilleure façon de définitivement alléger le truc, c'est de supprimer tes "1", non ?

Philou, je sais bien que tu es favorable aux économies d'énergie mais trouves-en juste un petit peu pour répondre, please !

Nico, merci pour ton implication et ton attitude hyper-positive. Je t'informe que je garde un CD de toutes les répétitions dans lesquelles nous sommes au complet, que celui-ci est le premier qui soit vraiment montrable et qu'il ne me posera aucun problème de vous faire parvenir les suivants. Je reste persuadé que nous écouter contribuera beaucoup à notre amélioration et ce malgré les conditions ultra défavorables de l'enregistrement.

Allez, un petit effort, on se mouille, on dégage 25 ou 30 titres et on arrête de se perdre dans des discussions interminables.

Le résultat de nos prestations étant loin d'être aussi mauvais que nous le pensions, une vraie liste de travail, bien solide, bien consensuelle et constamment ouverte, serait maintenant la bienvenue pour que nous avancions plus rapidement.

Bises à tous et vivement jeudi prochain !!!

P.S. Vous pouvez me virer, mais j'exige des indemnités conséquentes. C'est la lutteuh finaleuh....

Claude, 12/01/2019 à 9:49

Marc, j'ai déjà écrit que je ne m'arrogeais pas le pouvoir de tripatouiller un vote déjà émis. Pourquoi pas un second référendum sur le Brexit, pendant que tu y es ? Plus sérieusement, la mise en œuvre de ce fantasme de toute-puissance représenterait la fin de tous nos efforts pour élaborer un répertoire qui tienne compte de toutes les sensibilités.

Imagine un instant que chacun ne pense qu'à ses goûts et à son plaisir purement personnel de ne jouer que ce qui l'intéresse, le résultat sera évident, on tombera d'accord sur 4 ou 5 morceaux, et encore !

Transformer les votes est la pire chose qui puisse nous arriver et aboutirait sans doute à un éclatement de Brain Arthrosis. Souviens-toi de ce qui s'est passé avec la première mouture de BA, où je ne voulais faire que de la powerpop : échec total, dont j'ai bien tiré les leçons. Et pourtant, tu nous proposes la même chose qui pourrait se traduire par : je n'en ferais qu'à ma tête.

Bon, ben d'accord, je vais mettre 0 à "Dead Flowers". Et après ? On sera bien avancés.

Soyez dans la mesure et le respect de toutes les sensibilités, chers amis, et ne commettez pas l'irréparable. Amen, et bon week-end.

Claude, 12/01/2019 à 10:03

Encore un mot sur l'incroyable conseil de "supprimer les 1" donné par par mon cher et irascible batteur.
Qu'est-ce que ça voulait dire 1 ? Ça ne voulait pas dire c'est moins bien que 2, ce qui n'a aucun sens, et qui explique en partie pourquoi je ne voulais pas de cette notation arithmétique, ça voulait dire : je n'ai pas les moyens de trancher, ça représente un vote blanc, ma voix ne compte pas pour déterminer la pertinence de ce morceau, je me rangerai à ce qui sera la décision finale.

Si on vote blanc, c'est justement parce qu'on ne veut pas voter A ou B, et l'injonction de Marc à supprimer les 1 ignore tout simplement ce principe démocratique.

Marc, 12/01/2019 à 10:38

Alors là, j'avoue ne plus rien comprendre !

Tripatouiller un vote déjà émis ? Un vote ? Plutôt une opinion, qu'il serait donc impossible de corriger ?

Et qui parle de plaisir purement PERSONNEL ? Tu nous prends pour des décérébrés ?

Il s'agit simplement de réfléchir à ce qui est le mieux POUR LE GROUPE !!! Putain, c'est quand même pas compliqué !

J'aime, j'adore, je bande pour AC/DC et je mettrai "0" à toute proposition de jouer un de leur titre PARCE QUE C'EST IMPOSSIBLE POUR LE GROUPE !

Brexit, démocratie, irréparable, arithmétique, toute puissance, vote blanc !!!!

Que de grands mots pour si peu de choses ! Il y a tant de problèmes plus importants...

Et si on s'amusait, tout simplement....

Nico, 12/01/2019 à 10:49

Du calme les amis, on est en train de s'énerver pour rien !

Je propose une solution intermédiaire et en même temps compatible avec vos deux approches.

Chacun revoit la liste à tête reposée et se fait une idée de chaque morceau, et on met ça sur la table et on en discute tranquillement au resto après la prochaine répète, et on tranche.

Et sans parler de bourrage d'urnes ou autres concepts politiques totalement démesurés au regard de l'enjeu, on s'autorise après réflexion à revoir son jugement sur une chanson et à la condamner même si on lui avait mis 1 initialement.

J'ai réécouté la répète et on a vraiment de quoi s'amuser déjà avec les 25-30 morceaux sur la table qu'on va super bien jouer, mais aussi du boulot quand même, notamment sur les voix qui ne sont pas toujours d'une justesse totale (on n'est pas des pros on est bien d'accord).

On peut également noter que le batteur est absolument irréprochable sur l'intégralité de la répète ce qui constitue une fondation inestimable pour un groupe de rock.

L'important c'est quand même de s'amuser bon sang de bois !

Claude, 12/01/2019) 11:03

Je n'emploie pas de grands mots. Je mets des choses en perspective, parce que je crois savoir, un peu plus que d'autres, vu ma formation, comment fonctionnent les groupes humains.

Cette liste de chansons dans laquelle nous allons puiser, et dans la mesure où nos chiffres ont été inscrits avec un minimum de réflexion représente une base consensuelle, que nous respectons tous. C'est en fonction de ça que chacun a accepté la règle émise dès le départ qui voulait que un NON ou 0 soit éliminatoire. Ont ainsi disparus un certain nombre de morceaux que certains auraient pourtant aimé conserver.

Mais les choses étaient claires dès le départ, chacun s'est soumis à ce qui était prévu, et c'était très bien comme ça.

La transformation ou l'abolition a posteriori des règles va transformer ce fonctionnement harmonieux en foire d'empoigne. Tu dis que tu as éliminé AC/DC en pensant au groupe, et j'ai fait la même chose en éliminant "Red House". Parfait. Mais c'est justement parce que je ne vous prends pas pour des décérébrés que j'écris tout ça et que je mets en garde.

Tout le monde est d'accord avec le fait qu'on est tous là pour s'amuser, d'abord et avant tout (et pour produire un résultat dont on pourra être fiers). Mais dans tous les jeux quels qu'ils soient, on ne peut jouer qu'en respectant des règles.

Bises amicales à TOUS.

Claude, 12/01/2019 à 11:47

Cher Nico,

Je commence par louer ta modération et ton sens de la recherche d'une solution raisonnable. Mais pourquoi vouloir absolument modifier cette liste ? Les morceaux que nous voulions éliminer ont déjà été éliminés grâce à ce 0. Pourquoi ne pas considérer que TOUS les autres font partie de ce vivier dans lequel nous avons toute liberté de puiser ? Il est probable que nous ne jouerons pas la moindre note de la majorité de ces morceaux, mais au fur et à mesure, certains seront incorporés à notre setlist, à l'issue de discussions amicales. Vous savez déjà que je défendrai les 6 chansons citées à la fin de mon mail d'hier. Je ne m'attends pas à ce que toutes soient acceptées par le groupe, mais dans la mesure où aucune n'a été éliminée en première instance, ça me donne le droit de les défendre. Et chacun peut dire la même chose pour les chansons qui lui tiennent particulièrement à cœur. Qu'y a-t-il de compliqué là-dedans ? Le premier temps, celui du vote solitaire, est clos, on n'y touche plus ; on passe au deuxième temps, qui est celui d'une confrontation des opinions, dans la joie, la bonne humeur et l'amusement. Parce que les règles ont été respectées.

Laurent, 12/01/2019 à 15:06

Ah ! les joutes oratoires! Athènes, Rome, le sénat, Cicéron (quousque tandem Catilina...)... Et plus près, Danton et Robespierre, la Convention, 1793. On sait comment ça s'est conclu. Enfin, c'est un raccourci.

T'inquiète pas Nico, y nous font une petite poussée de fièvre de temps en temps puis tout rentre dans l'ordre.

We stay focus sur les 25 morceaux et on discutera des autres, liste en main et fourchette dans l'autre.

Peace and love à tous.

Marc, 12/01/2019 à 19:34

Nico, tu exagères mais j'apprécie le compliment et je te le retourne volontiers.

Laurent, je me perds un peu dans les listes. Peux-tu m'indiquer le titre des 25 morceaux que nous avons à travailler, please ?

Claude, OK, tu as raison, je ne dis plus rien. Je me conformerai à vos conclusions sans aucune arrière-pensée.

Bises à tous et à jeudi.

Claude, 12/01/2019 à 20:01

J'ai raison sur quoi ? Et puis, c'est vrai, Marc a raison, quand on a un programme de répétition précis, c'est bien mieux. Bon week-end

Laurent, 13/01/2019 à 16:33

J'ai donc lu vos proses respectives et ai tenté d'en tirer une synthèse utile en vue de nos prochaines répés.

J'ai classé les titres en catégories pratiques. J'en tire une conclusion pratique. Je peux avoir fait des omissions - bien sûr involontaires. Vous me direz.

1) Déjà joués et a priori indiscutables, même si amélioration possible. En gros, à n'abandonner que si gros problème à l'audition, ce que je ne crois pas.

Dead flowers
The last time
Jumpin' Jack flash
Proud Mary
Little wing
The wind cries Mary
Crazy little thing called love (Philou)
Back in the USSR
Drive my car
Day tripper
Ticket to ride
My back pages
All day and all of the night
When I still have thee
Gaby
Hotel California

2) Déjà joués mais discutés parce que problème (chacun se reconnaîtra dans ses réticences) :

Paint it black
I love rock and roll
Sunshine of your love
It's all over now
Under my thumb
Johnny B. Goode
Summertime blues
Sharp dressed man
Dancing with Mr.D
I can't explain

3) Jamais joués (par NOUS 5) et qui semblent convenir à tous :

Honky tonk women
Rocking in the Free world

4) Jamais joués (par NOUS 5) et qui semblent jouables mais qui posent problème avant même (chacun se reconnaîtra dans ses réticences) :

Money for nothing
Rock'n me

Midnight rambler
Don't stop
Losing my religion
The river
Green river
Baby blue
Superstition
20 Flight rock
Wish you were here
Comfortably numb
Brown sugar
Sweet Virginia

5) D'autres que je ne mentionne pas soit parce que Claude les a récusés (pour la voix), soit par flemme de ré-écouter ce que je ne connais pas bien, soit parce qu'ils semblent inaccessibles (Queen.... sniff).

Voilà.

Vous pouvez constater que 1+2+3 = déjà 28 titres

Je vous propose donc pour la prochaine fois de jouer :

Les 4 Beatles et Hotel California qui méritent effectivement du travail

Les 9 titres du 2) pour lesquels il faudra alors fermement dire OUI ou NON.

Les 2 titres du 3)

Et de discuter de vive voix, liste en main et fourchette (pas couteau) dans l'autre les 4) et 5).

Je vous remercie de vos applaudissements pour le travail que m'a demandé cette motion de synthèse.

Bises.

Claude, 13/01/2019 à 18:59

Ah ! Laurent, Heureusement que tu es là !

Claude, 13/01/2019 à 19:25

Peut-être, mon cher cousin, aurait-il été nécessaire que tu développât ta rubrique numéro 5.

Les inaccessibles restent inaccessibles, et pour ceux-là, ce n'est pas la peine, ceux que tu as la flemme de réécouter méritent peut-être un effort pas si insurmontable que ça (genre, en voiture en revenant du boulot).

Mais, je voudrais préciser les choses par rapport à ceux que j'ai "récusés pour la voix". On ne peut pas dire que je les ai récusés, je les ai notés 1, et jamais 0. Je pense, simplement, que je ne serais pas le meilleur chanteur pour les défendre, et je le regrette.

Mais il se trouve que ce magnifique groupe possède DEUX autres chanteurs : Philou, qui fait bien mieux que moi sur "I Can't Explain" et "Crazy Little Thing Called Love", en attendant d'autres, et, une sorte de Sting, en mieux, j'ai nommé Nico qui est parfaitement capable d'être lead singer sur pas mal de trucs.

J'aurais donc envie de te suggérer une fusion des listes 4 et 5 (cette dernière, détaillée), et après, on voit.
Bises à tous.

Laurent, 13/01/2019 à 19:46

On fera comme tu veux.

Claude, 13/01/2019 à 21:31

C'est gentil, mais, en apportant cette précision, je ne fais que me conformer aux règles que j'ai voulu rappeler.

Philou, 14/01/2019 à 12:07

Chers tous,

Devant le grand nombre d'emails reçus, je vous avoue que j'ai lu un peu en diagonale.

Je suis pour travailler sur notre bible : la setlist. Je suis pour un nouveau scrutin avec 2 choix possibles : 2 on la joue, 0 on ne la joue pas.

Si 2 il y a c'est que la personne en question y croit, est prête à la faire à fond même si c'est pas son morceau préféré.

Il faut donc y mettre de l'entrain. On peut poster un lien vers une version live adéquate (ex: comme disait Claude - "Paint it Black" de "Shine a Light" bcp plus péchue que la version studio) et éventuellement des remarques constructives (tonalité, qui joue telle ou telle partie guitare, tones guitare).

Mais des choses comme "pas d'avis", "pourquoi pas?", "je pourrais facilement mettre 0" , "je ne me battrai pas pour" ne mènent à rien. Disons les choses clairement et faisons avancer le schmilblick.

Je pense qu'on a pas assez pris en compte la difficulté des chants en proposant les morceaux (Led Zep, Joan Jett par ex). Donc si re-vote il faut essayer de bien prendre en compte cette composante.

Nouveau scrutin pour arriver à un total oscillant entre 25 et 30 titres (qu'on fait à fond bordel ! chacun connait ses parties, ses solos, les breaks, les paroles par coeur, etc). Même avec ce nouveau type de vote on arrivera à trouver autant de titres.

Faute de temps il y a des morceaux que certains n'ont/auront pas eu le temps de bosser (moi en premier) donc pour chaque répète on créé une colonne avec la date : à chaque morceau chaque membre y ajoute OK (ses initiales) si c'est OK pour la répète en question.

PAR CONTRE il y quelque chose qui me rend dingue c'est de revenir sur des morceaux que l'on joue depuis l'époque où Shitty était avec nous (donc des morceaux que les 1er membres de BA on choisit). On les joue depuis d'innombrables répètes, on les rentre(-ait) très bien, on a passé du temps dessus... Il est aberrant de revenir dessus, ils remplissent notre set et franchement... ça m'énerve (pour être poli). Pour moi ces titres n'auraient même pas du être soumis au vote et j'ai pas le temps de perdre du temps ainsi.

Titres en question :

Under My Thumb
Summertime Blues
Johnny B Good (Claude tu y arriveras)
It's All Over Now
My Back Pages
All Day And All of the night
Can't explain

Désolé d'être aussi cash.
Alors nouveau scrutin ?

Nico, 14/01/2019 à 12:49

Chaud le Philou !!!!

Pour aller dans ton sens je ne vois aucune raison de virer des morceaux déjà dans la boite.

Pour le reste j'ai déjà donné ma avis et je pense qu'on a déjà de quoi bien travailler en l'état avec ce qu'a proposé Laurent.

La bise !

Claude, 14/01/2019 à 12:53

Nico, c'est bien ça qui est intéressant. Chacun va maintenant défendre des morceaux auxquels il tient, et petit à petit, notre setlist grandira.

D'autre part, je rappelle à tout le monde que la liste des contributions n'est jamais close, qu'on pourra toujours rajouter une chanson, qui sera alors soumise au vote (0, 1 ou 2), lequel n'a pas vocation à être secondairement modifié.

Bises à tous.

Claude, 14/01/2019 à 15:44

Cher Philou, je t'adore, mais je vois que tu fais partie des « épurateurs". Or, nul besoin d'épurer, maintenant. Les éliminés restent éliminés, et les autres seront ou ne seront pas joués, on verra bien. On proposera des titres, et l'un d'entre nous, Laurent, je suppose fera le programme de la répétition suivante, qui mélangera des titres connus et des nouveaux.

Où est le problème ?

Bises à tous.

Nico, 14/01/2019 à 15:54

Merci beaucoup Laurent pour la synthèse et le programme.

Mon seul commentaire est que je ne connais pas "Dancing with Mr D." mais je vais essayer de le bosser d'ici à jeudi (superbe ligne de basse).

Pour le reste c'est parfait et je dirais juste pour anticiper sur les débats à venir que je reste favorable au fait d'essayer de jouer les deux Hendrix que j'ai proposés car on ne peut pas dire que 2 Hendrix est largement suffisant quand on joue une dizaine de Stones!

Blague à part, Philou jouant magnifiquement les morceaux du maître qui en plus ont à mon sens le bon gout d'être dans une tonalité convenant bien à la voix de notre chanteur, avouez que ce serait dommage de ne pas essayer.

Bon début de semaine à tous et vive le rock'n'roll !

Philou, 14/01/2019 à 17:14

"ont choisi" dsl

il doit y avoir d'autres phautes ki trènent.

Claude, 15/01/2019 à 20:49

Chers brainarthrosiens,

Comme certains adorent voter, je vous propose un nouveau jeu à bases de votes.

Il s'agit, pour notre mini-concert du 17 mai, de choisir les chansons que nous allons interpréter à un public d'avance conquis

Chacun va créer une liste A et une liste B.

La liste A comprendra 4 chansons, chaque chanson obtenant 1 point ; les 4 chansons qui auront obtenu le plus de points seront notre setlist de ce soir-là.

La liste B comprendra une seule chanson : le rappel. 1 point pour chaque chanson nominée. Certains d'entre vous pourraient penser que la liste B est aléatoire et présomptueuse, mais n'oubliez pas que je n'invite que des amis !

Cela dit, moi, je vais attendre début avril pour jouer à ces listes, car nous allons introduire pas mal de nouveaux morceaux d'ici là, et des hiérarchies bien établies risquent de bouger. Certains nouveaux morceaux peuvent se révéler d'éblouissantes découvertes, alors que d'autres, qui nous paraissent mirifiques, a priori, pourraient avoir le destin des pets foireux.

Et il faudrait réfléchir à la nécessité (ou pas) d'aller un jour dans cette salle (75012), histoire de voir si le matériel sur place nous convient (amplis, batterie...) auquel cas, Marc pourrait nous préparer un Framadate dont il a le secret, pour qu'on s'y retrouve tous les cinq (+ le DJ, c'est important) entre le 15 février et le 15 mars.

Vivement Jeudi ! Bises.

Claude, 16/01/2019 à 17:05

Je n'arrive pas facilement à retrouver la liste de tous les morceaux sur Excel, non pas que je veuille modifier mes votes, horreur et damnation, mais je souhaiterais ajouter 2 chansons, afin de les soumettre aux votes... Bises.

Marc, 16/01/2019 à 17:08

Clique sur le lien.

Claude, 16/01/2019 à 17:26

Pourquoi "Vertige De L'Amour" se retrouve-t-il dans les éliminés alors qu'il n'a récolté aucune note éliminatoire ?

Marc, 16/01/2019 à 17:59

Erreur réparée !

Claude, 16/01/2019 à 18:49

Merci beaucoup !

Claude, 16/01/2019 à 19:12

Et puis, ce serait bien que Philou note le "The One I Love" de REM, car il s'agit d'un excellent morceau, facile à jouer, dans ma tessiture, etc...

Claude, 17/01/2019 à 10:16

Bonjour Marc, 18h15 ne serait-il pas suffisant, ce soir ?

Marc, 17/01/2019 à 10:17

Ma devise : no stress inutile. Je veux bien transiger à 18h05.

Claude, 17/01/2019 à 10:18

18h09 ?

Marc, 17/01/2019 à 10:19

18h06 dernier carat !

Claude, 17/01/2019 à 10:20

Adjugé !

Marc, 17/01/2019 à 10:21

Eh ben tu vois, quand tu veux !

Claude, 17/01/2019 à 10:22

Je suis ton obligé, très cher, et plutôt facile à vivre, quoique attaché à certains principes.

Marc, 17/01/2019 à 10:23

C'est la chose la plus drôle que j'ai entendue ces derniers temps !

Claude, 17/01/2019 à 11:43

Regardez un groupe de reprises assez correct. Comme le remarque justement un commentateur, le guitariste joue les notes correctes, et pourtant, ce n'est pas ça, la dynamique n'y est pas et le son est assez éloigné de celui de Knopfler.

Il faudra que l'on fasse mieux que ça, pour convaincre.

Claude, 17/01/2019 à 11:48

Là aussi, la guitare double-manche est une Epiphone Pffff.!!!!!

Philou, 17/01/2019 à 11:49

Euh c'est pas si mal quand même !

Claude, 17/01/2019 à 12:02

En revanche, leur "Stairway To Heaven" est sauvé par le chanteur, qui s'en tire plutôt bien.

Laurent, 17/01/2019 à 13:10

Si tu considères que ce groupe est « assez correct », on peut alors dire que nous, nous sommes « assez nuls ». Et les pédales et guitares n'ont rien à voir dans l'écart de qualité.

Quant au riff de Knopfler, il n'y a que Knopfler qui sait le faire.

Et les commentaires sur le net proviennent probablement de mecs qui n'ont jamais tenu de guitare en main. Mais c'est juste mon opinion. Bises.

Claude, 17/01/2019 à 13:28

Oui, cher Laurent, il s'agit d'un groupe de reprises assez correct, mais, ce sont des professionnels, et c'est le moins qu'on puisse attendre d'eux.

D'autre part, leur ambition, qui n'est pas la nôtre, est de reproduire l'original, à la note près, et avec un son qui soit quasiment identique à l'original. Nous sommes des amateurs, et je ne me comparerais pas à eux.

Il n'empêche, et c'est la seule leçon à tirer de tout cela, que nous devons, à notre humble niveau, s'inspirer de leur perfectionnisme (encore assez éloigné de la perfection).

Bonne journée, et à ce soir.

Laurent, 17/01/2019 à 13:33

Le meilleur groupe de reprises : les Stones par les Stones. Ça, c'est une super version!

Marc, 17/01/2019 à 13:34

La prochaine navette pour le retour sur Terre est à 19h ce soir.

Bises.

Claude, 17/01/2019 à 13:40

Et leur Hendrix n'est pas ridicule ; ça devrait être facile pour nous, parce que c'est le son Fender (mais, Philou, c'est impossible sans wah-wah !)

Claude, 17/01/2019 à 13:45

Encore une remarque, cher cousin ; tu écris que les pédales et les guitares n'ont rien à voir dans l'écart de qualité. Bien sûr que si, car il y a deux choses.

La plus importante, et de loin, est la qualité, les dons artistiques du bonhomme, et il n'y a pas photo, M. K. est bien au dessus du guitariste du Classic Rock Show, lequel a probablement une technique voire une musicalité encore légèrement supérieure à celle de Philou ou de toi (j'espère que tu ne m'en voudras pas d'avoir à écrire quelque chose qui ne diminue en rien tes mérites ni le plaisir que j'ai à jouer avec toi).

Mais, toutes choses étant égales par ailleurs, un matériel de qualité, et une recherche sur le son ne peuvent qu'améliorer le résultat final et diminuer ce que tu appelles l'écart de qualité. Bises.

Claude, 17/01/2019 à 15:52

Pour préciser encore les choses, voilà une vidéo de l'Israélien Alon Tamir qui nous interprète "Purple Haze" en slappant sur sa Stratocaster. Eh bien, ce garçon, sur sa guitare est à des kilomètres au-dessus du niveau du chevelu qui jouait avec le Classic Rock Show.

Histoire de vous montrer que j'ai tout à fait le sens des hiérarchies !

Marc, 17/01/2019 à 16:25

Voilà pourquoi je ne suis pas capable de jouer les WHO !

Claude, 17/01/2019 à 21:14

Je vous épargne leur "Bohemian Rhapsody", mais il faut reconnaître que le guitariste joue sur une guitare qui ressemble beaucoup à celle de Brian May. C'est loin d'être ridicule.

Claude, 17/01/2019 à 21:59

Mais Marc, tu n'y penses pas ! On ne te demande pas du tout ça. Et d'ailleurs, pour Keith, ça a mal fini.

En résumé, tu joues comme lui, mais tu ne détruis pas et tu ne TE détruis pas comme lui !

Marc, 18/01/2019 à 8:44

Salut à tous,

Après notre brillante soirée et conformément aux conclusions de nos agapes, j'ai relooké la liste.

Claude, j'ai mis une colonne avec des "1" : il ne s'agit pas d'une note mais simplement de l'indication des titres à préparer, ce qui permet de reclasser automatiquement la liste. Donc on se calme.

Bon boulot, y a du taf ! Bises à tous.

Claude, 18/01/2019 à 8:48

Oui, en effet, il s'agit du concert du 27 mai 1995. Choristes, claviers, cuivres, il faut bien ça pour faire sonner un peu plus moderne ce magnifique morceau de l'ère Brian Jones que je continue à trouver peu pertinent. D'ailleurs ils ne l'ont plus rejoué sur scène depuis près d'un quart de siècle. Il doit y avoir une raison (le texte ci-dessus paraîtra dans le tome 2 de Lettres Ou Le Néant - Marc Pelta - éditions Amazon)

Marc, 18/01/2019 à 9:48

Voici le lien pour la répétition d'hier soir.
Valable 7 jours. Bises.

Marc, 18/01/2019 à 15:03

Tout le génie des Stones est là. Un bordel intégral réglé au millimètre. Ça ne s'écoute pas, ça se ressent !
Moi je dis RESPECT !

Claude, 18/01/2019 à 17h38

Je vous l'avoue, je suis tout à fait excité à la perspective d'accueillir dans notre répertoire l'extraordinaire chanson d'Harrison, "Something". Enfin, un tempo lent, enfin une chanson sur laquelle je vais pouvoir crooner, tel un Frank Sinatra de poche (qui l'a reprise, et qui disait que c'était la plus belle chanson de ces 50 dernières années), enfin une chanson qui va faire fondre de bonheur nos admiratrices, enfin de la sensualité, des grands sentiments.

C'est la version d'Abbey Road qui nous guidera, mais écoutez l'interprétation de George, le jour de son 26ème anniversaire, avec sa guitare, que vous trouvez sur le CD 2 d'Anthology 3. Magique !

Laurent, 18/01/2019 à 9:14

Et la performance de Jagger dans la rythmique et la tonalité notamment du refrain est parfaite. Il pourrait presque le faire a capella ou seul avec Charlie.

Claude, 19/01/2019 à 14:37

Bonjour à vous quatre. Je me disais que ce serait bien de connaître le programme pour Jeudi prochain, car je ne sais plus du tout où on en est. Laurent ? Bon week-end à tous.

Laurent, 19/01/2019 à 17:49

Bien chers tous,

Avant de bâtir le programme de jeudi prochain 24/1, j'aimerais connaître votre point de vue (ou plutôt point d'écoute) sur ce que nous a envoyé Marc de notre dernière répé. Je note que personne ne s'est encore mouillé à ce sujet. Et pour cause ?

Je dirais que mon impression est à l'opposé de l'avant-dernière fois : autant nous n'avions pas aimé pendant, autant nous avions été surpris du rendu audio qui n'était pas si catastrophique. Cette fois, pour moi en tous cas, c'est exactement le contraire... Je pèse mes mots et je tiens compte des conditions techniques de l'enregistrement.

Merci de me remonter le moral. Mais si votre impression est la même, mon sentiment est qu'il va falloir se diablement se recentrer sur 15-20 titres que nous faisons bien (le modèle étant l'increvable Dead flowers) et garder le reste pour se faire plaisir entre nous mais pas pour jouer devant un public.

Voilà. C'était l'hypothermie du samedi soir.

Bises.

Claude, 19/01/2019 à 17:59

Je n'ai pas écouté l'envoi de Marc (j'en profite pour le remercier), et je ne l'écouterai pas.

Le "juge de paix" reste mon impression pendant la répétition.

Point final.

Il est, par ailleurs, évident que si nous étions enregistrés dans des conditions décentes (plusieurs micros, post-production et mixage) je n'aurais pas la même position.

Philou, 19/1/2019 à 18:12

Hello, je n'ai pas reçu le lien WeTransfer. Quelqu'un pourrait me le renvoyer ? Merci.

Marc, 19/01/2019 à 18:26

Laurent, mon point de vue est le même que le tien, je trouve le résultat à l'écoute très décevant, mais je ne partage pas totalement ton pessimisme.

Il s'agit essentiellement de titres que nous n'avons travaillés que très peu, à l'inverse de l'enregistrement précédent, qui comportait plus de titres déjà bien rodés.

On ne peut pas comparer le nombre d'heures de vol de "Dead Flowers" et de "Day Tripper".

Et puis on ne peut pas être excellent tout le temps.

Ceci étant, il y aura certainement un nouveau tri à faire après plusieurs essais.

Claude, désolé pour la qualité de l'enregistrement mais nous n'avons pas les moyens de faire mieux.

Et je crois que s'écouter, même si c'est parfois un peu dur, ne peut que nous faire progresser et peut-être nous ramener à un peu de clairvoyance sur nos possibilités.

Mais je respecte ta décision.

Pour changer un instant de sujet, je viens de recevoir un mail de Doodle disant que tu m'avais supprimé.

Dois-je comprendre que je suis viré ?

Philou, voici le lien.

Pour le programme de la semaine prochaine, j'ai, comme je vous le disais précédemment, relooké la liste selon nos décisions du dîner.

A nous de taper dedans.

Bises à tous et à jeudi.

Claude, 19/01/2019 à 18:31

Cher Marc, mais tu es le pilier, l'assise rythmique de cette soirée ! Rien ne peut me faire plus plaisir que de vous avoir, Dominique et toi, pour franchir cette barrière symbolique.

Je pense que j'avais envoyé mon doodle à deux adresses docpelta différentes et une a dû être notée comme un doublon.

Bises.

Claude, 19/01/2019 à 18:50

Cher Marc, je ne voulais évidemment pas te mettre en cause pour la qualité de l'enregistrement, car, à l'impossible nul n'est tenu.

Disons que je ne souhaite pas, à tort ou à raison, me laisser influencer par ce document sonore.

La dernière répétition était, pour moi, bien plus satisfaisante que la précédente, et ce constat me suffit. En ce qui me concerne, je sais très bien à quel moment j'ai chanté faux, à quel moment je n'avais plus de voix, à quel moment, je n'étais pas en rythme, etc. Je ne manque pas de sévérité avec moi-même, en fait.

Je crois simplement que mon appréciation subjective pourrait être assez proche de celle d'un éventuel public, plus sensible à l'énergie, au dynamisme, au plaisir de jouer, au son, qu'à quelques fausses notes…

Marc, 19/01/2019 à 18:57

C’est bien pour ça que j’ai dit que je respectais ta décision…

Claude, 19/01/2019 à 18:59

Tu vois bien qu'on a beau essayer de ne pas être d'accord, on finit toujours par être d'accord !

Nico, 19/01/2019 à 20:03

Je crois que comme Philou j’avais mystérieusement disparu de l’envoi initial du lien.

Je vais écouter ça et vous dirai.

Quoi qu’il en soit, ne jamais renier le sentiment sur l’instant qui est ce que ressentira un public, et en même temps il est important de s’écouter pour s’améliorer et aussi éviter de massacrer des monuments si on est à côté de la plaque.

Et je suis dans l'absolu d'accord avec la remarque de Laurent, commençons par jouer 15/20 morceaux correctement avant de vouloir en avoir 50.

Pour moi on ne passe pas assez de temps sur chaque morceau dans la façon dont nous les répétons pour l'instant.

Conclusion, de la mesure, de la mesure ! (Et de préférence du 4/4).

Claude, 19/01/2019 à 20:21

Lorsqu'il y a quelques semaines, j'ai été en charge du programme de la répétition suivante (par exemple le 13 décembre), j'ai pris soin d'élaborer une liste qui :

- mette de côté les morceaux considérés comme bien acquis.
- revoie rapidement les chansons qui posent quelques problèmes
- s'appesantisse sur les chansons peu maîtrisées
- ajoute assez parcimonieusement des chansons nouvelles et jamais travaillées (de 1 à 3, au maximum)
- détermine l'ordre dans lequel les morceaux de la répétition pourraient être joués, ordre tenant compte des accordages (toutes les open de sol ensemble) et de la fragilité extrême de mon larynx.

C'est un petit peu ça que j'attends pour pouvoir commencer à travailler pour Jeudi prochain. Très bon week-end à tous.

Laurent, 19/01/2019 à 20:35

La nuit portera conseil.

Laurent, 19/01/2019 à 23:50

Effectivement, Claude, les listes précédentes n'ont pas assez pris en compte l'état de ton larynx. Et tu es clairement le meilleur juge pour cela.

Je te propose donc d'élaborer la liste pour jeudi prochain. En piochant dans les 28 premières chansons de la setlist ce qui n'est déjà pas mal.

Qu'en penses-tu? Que du bien j'espère.

Nico, 20/01/2019 à 3:41

Chers tous,

L'horaire est tardif mais je rentre d'une soirée arrosée d'une amie chère qui fêtait ses 40 ans (musicienne classique de son état).

Bref, j'ai pu un peu écouter la répétition sur le chemin, et je dirais que tout n'est pas à jeter mais qu'on est quand même globalement assez faux sur les parties vocales (je m'inclus évidemment dans le lot).

Je ne pense pas que ce soit dramatique ou irréversible, mais cela doit incontestablement être notre axe de travail principal pour la suite.

En l'état, quand je nous écoute, je me dis que l'on a une base rythmique solide, un son de guitare en nette amélioration avec notamment le son de Philou qui envoie comme il se doit sur les solos, mais du boulot sur les voix pour sonner bien.

De deux choses l'une comme dirait ma Maman, soit on se dit que ce n'est pas bien grave et on continue bille en tête comme ça en enchaînant les nouveaux morceaux, soit on se dit qu'on veut un certain niveau de qualité, et on reprend les 15/20 morceaux faisant la base de notre répertoire et on les bosse jusqu'à ce que l'on soit tous d'accord pour se dire qu'on les joue de manière satisfaisante.

Bon Dimanche à tous, sous vos applaudissements !

Claude, 20/01/2019 à 8:18

Il est difficile, à mon âge de trouver sa voie, mais en ce qui concerne sa voix, je me fais moins de soucis.
Nico a raison. Je n'ai pas écouté l'enregistrement, mais je sais que je suis le principal responsable de la catastrophe auditive de Jeudi. Fondamentalement, je ne chante pas plus faux que d'autres, mais quand je ne connais pas parfaitement une ligne mélodique (Beatles et la plupart des nouveaux morceaux), surtout lorsqu'il y a plusieurs voix, je déraille très facilement, parce que je cherche ma voix en même temps.

Nico, c'est bien sûr la solution du travail vocal, éventuellement en petit comité, que je choisis, car me virer tout de suite ne vous permettrait pas de constater que je suis encore capable de progrès.

Bises à tous.

Claude, 20/01/2019 à 9:36

Cher Laurent, il n'y a pas que l'état de mon larynx, les catastrophes étant, en général, multi-factorielles.
Cela dit, je veux bien faire une proposition pour Jeudi, à condition d'avoir carte blanche. Je te la soumettrai cet après-midi car la responsabilité de ce travail devrait idéalement nous incomber à tous les 5.

Il est vrai que lorsqu'on voit dans la rue les dégâts de la démocratie directe, on se dit que la démocratie représentative a encore des attraits.

Nico, 20/01/2019 à 10:15

Il va sans dire que je suis bien évidemment d'accord et confiant dans le fait que nous allons y arriver avec un peu de travail.

Je comprends bien ce que tu veux dire sur la différence entre le fait de connaître une ligne de chant par cœur et le fait de devoir se concentrer dessus au détriment du coup de la justesse.

Nous serons prêts le 17 mai, puis le 21 juin, 6 juillet etc.

Laurent, 20/01/2019 à 10:32

Mon cher cousin,

Pour décider il faut être en nombre impair et 3 c'est déjà trop...

Claude, 20/01/2019 à 11:04

Bien sûr, Nico, il ne peut en être autrement.

Ma liste pour Jeudi est déjà prête. Étant donné que je pense, comme Nico, qu'il faut faire et refaire une chanson jusqu'à ce qu'elle soit aussi bonne que possible (avec la limite que je ne me vois pas chanter 15 fois de suite "Hotel California" !) je limite cette liste à 15 chansons, ce qui me semble le grand maximum en 3 heures.

Qu'en pensez-vous ?

Nico, 20/01/209 à 11:14

Je suis d'accord.

Laurent, 20/01/2019 à 11:24

Moi aussi.

Marc, 20/01/2019 à 12:15

Moi vous me connaissez, je suis toujours d'accord pour tout ce que vous voulez mais où est-elle, cette liste ?

Marc, 20/01/2019 à 13:52

En attendant LA liste, qui justement se fait attendre, je vous soumets dès à présent le Framadate pour Mars, pour le cas où le groupe n'aurait pas encore splitté !

Bises.

Je vous rappelle les dates pour février :

- jeudi 7 février 19 - 22 sans Philou
- mercredi 13 février 21 - 24
- lundi 25 février 20 - 23

Claude, 20/01/2019 à 14:53

Cher Marc, dans mon mail de 9h36, j'annonçais que la liste ne serait prête que cet après-midi, et que je demandais carte blanche. Vos cheveux ont dû se dresser sur votre tête en lisant cette exigence, laquelle voulait simplement dire que je m'affranchissais de l'injonction de Laurent de ne considérer que les 28 premières chansons de l'Excel. Cela dit, pas de panique, 14 des 15 chansons appartiennent à ce groupe de 28, vous l'avez échappé belle.

Cela dit, la lecture de mes œuvres complètes, et, en particulier, d'un petit mail dans lequel je frétillais d'aise à la pensée que nous avions intégré "Something" dans cet Excel aurait pu vous mettre la puce à l'oreille.

Mais trêve de paroles comme disait Fidel Castro vers la fin de sa 3ème heure de discours, voici le programme du Jeudi 24 janvier, et dans l'ordre, s'il vous plaît :

1. Dead Flowers
2. Honky Tonk Women
3. Paint It Black
4. Ticket To Ride
5. Drive My Car
6. Day Tripper
7. Back In The USSR
8. Something
9. When I Still Have Thee
10. Hotel California
11. Crazy Little Thing Called Love

12. I Can't Explain
13. Sunshine Of Your Love
14. I Love Rock n' Roll
15. Rockin' In The Free World

Le bureau des récriminations est ouvert !

P. S. : Je constate, avec un certain plaisir que "The One I Love" de REM figure toujours dans l'Excel, à la 48ème place. Si c'est moi qui continue à concocter les programmes, vous allez finir par le voir apparaître, car je le faisais avec mon ancien groupe, et c'est un morceau qui plaît beaucoup.

Nico, 20/01/2019 à 15:21

Je suis réservé sur le fait d'attaquer "Something" dès jeudi étant donnés :

- l'état du chantier BA par ailleurs.
- la difficulté de la chanson notamment dans de le fait de se passer de la magnifique orchestration de l'originale.

C'est juste une double observation.

Marc, 20/01/2019 à 15:47

« Alea jacta est » comme disait le chaud latin !

Claude, 20/01/2019 à 15:52

Je fais grand cas de tes remarques, cher Nico, mais je rétorquerais que l'état du chantier de BA pourrait tout aussi bien nous conduire à n'intégrer un nouveau morceau qu'après les grandes vacances. Or, mine de rien, au début de l'année nous avons intégré un nombre assez considérable de nouvelles chansons (Beatles, Cream, N. Young, J. Jett) et les quelques symptômes d'indigestion qui se sont manifestés ont montré que nous avions quand même un solide estomac ! Un nouveau morceau est toujours source de remotivation.

D'autre part, celui-ci est assez particulier, car nous n'en avons aucun autre de ce style dans notre setlist. Et si l'orchestre classique t'effraie, il est temps d'étudier ce qu'Harrison en a fait avec Clapton au Japon, et surtout la prestation de George pendant le concert pour le Bangla Desh ; il n'y avait pas d'orchestre dans les deux cas.

Bises.

Nico, 20/01/2019 à 15:57

Inch Allah !

Claude, 20/01/2019 à 16:23

J'ai également regardé le concert de Paul à Liverpool en 2008. Il commence "Something" tout seul, sur le ukulélé que George lui avait offert (émotion !), et est rejoint par son groupe (basse, batterie, guitares, orgue Hammond).

A ce propos, le chorus de guitare est suffisamment emblématique (George l'a fait en une prise, pendant que l'orchestre classique jouait !) pour que Philou nous en donne bientôt une transcription note-à-note dans le style de ce qu'il fait pour "Hotel California".

Nico, 20/01/2019 à 17:21

C'est fait boss.

Je suis donc absent la première semaine de mars et ne suis pas dispo non plus le jeudi 21 mars (à l'Olympia a priori pour voir Trombone Shorty pour les amateurs).

Marc, 20/01/2019 à 19:37

Merci de revenir sur le Framadate de mars.

Je propose le mercredi 20 mars puisque Nico est absent le jeudi 21.

Claude est absent le jeudi 14. Ne sachant pas si c'est juste ce jour ou toute la semaine, je propose à tout hasard le mercredi 13. Merci et bises.

Nico, 20/01/2019 à 19:49

Après une dernière écoute plus attentive, je pense que ce que tu expliques Claude est bien illustré par cette répétition. Les Stones sonnent globalement bien et on sent que tu connais la ligne de chant comme ta poche.

Donc cela semble confirmer ton commentaire sur la nécessité de connaître la ligne par cœur pour se concentrer sur la justesse.

Hauts les cœurs !

Laurent, 20/01/2019 à 19:55

Haut les chœurs !

Claude, 20/01/2019 à 20:15

Je n'ai pas de problème pour le 13 mars. En revanche je serai indisponible le 20 mars.

Nico, 20/01/2019 à 20:20

Le 13 me va aussi.

Marc peut-être peut-on proposer 19, 20 et 21 mars et voir ce que ça donne ?

Claude, 20/01/2019 à 20:40

A l'heure où, cédant à l'amicale pression de mon cher Laurent, je suis appelé aux hautes fonctions de Directeur des Programmes de Répétitions de Brain Arthrosis, je mesure avec gravité l'honneur qui m'est fait. Mais il faut maintenant que je vous précise mon programme, pour qu'il se déroule conformément au mandat que j'ai reçu.

J'ai l'intention, pour toutes les répétitions où nous serons au complet, de proposer 15 chansons. 14 d'entre elles seront choisies parmi des titres que nous aurons déjà plus ou moins travaillés, tous les cinq. Aidé par les ordinateurs de la Défense Nationale, je m'astreindrai à un roulement qui aura pour effet de faire revenir périodiquement des titres négligés, mais qui, bien sûr, mettra surtout en valeur ce qui nous confronte aux difficultés les plus grandes, afin qu'aucun ne reste au bord du chemin.

Vous aurez compris que le 15ème titre sera, chaque semaine, réservé à une chanson jamais travaillée, tout au moins à 5.

C'est dans cet esprit d'efforts et d'abnégation que je compte sur vous, chers amis, pour me conforter dans le mandat qui m'échoit, afin que, bientôt, le soleil de la réussite artistique nous éblouisse de ses glorieux rayons.

P. S. : vous avez certainement remarqué que je travaille beaucoup dans l'optique d'une parution dans le tome II de "*Lettres Ou Le Néant*".

Claude, 20/01/2019 à 20:44

Exactement, Nico. Et, comme une ligne de chant n'a pas tout à fait la même rigueur qu'une suite d'accords sur une guitare, la savoir n'est pas tout à fait similaire au fait de la faire sienne, si tu vois ce que je veux dire.

Bref, il me faut un peu plus de temps que si j'avais un instrument entre les mains.

Nico, 20/01/2019 à 21:15

Je vois très bien et cela me semble tout à fait naturel.

Quant à moi ces enregistrements confirment quelque chose que j'ai toujours su : je peux faire de jolies harmonies ou chœurs, mais je n'ai ni puissance ni joli timbre et ne pourrai donc jamais prétendre à être un vrai chanteur et c'est très bien comme ça.

A jeudi !

Marc, 20/01/2019 à 21:42

Stoooooop !!!!!!!!!!

J'en peux plus, là ! On peut mourir de rire ? Si oui, je suis proche de la fin ! Tiens, il me vient à l'idée de colliger toutes ces élucubrations et d'en faire un bouquin ! Je vais sérieusement y penser.

Bon, on descend de son nuage et on reconsulte le framadate que j'ai de nouveau modifié.

Bises à tous et à jeudi !

Nico, 20/01/2019 à 21:51

Il s'est bien lâché, Paul, sur la ligne de basse de "Something", quand même. C'est beau !

Claude, 21/01/2019 à 8:02

George voulait quelque chose de plus sobre !

Philou, 22/01/2019 à 20:06

Je partirai avant, j'ai un dîner important de dernière minute.

Laurent, 22/01/2019 à 21:41

Avant, c'est quelle heure ?

Claude, 22/01/2019 à 21:47

Le Queen et le Who sont en 11e et 12e positions.

Philou, 22/01/2019 à 21:55

21h.

Nico, 22/01/2019 à 22:03

Est-il envisageable d'avancer le Queen et le Who ou inconcevable maintenant que le programme a été gravé dans le marbre (ce qui serait un peu dommage tout de même) ?

Claude, 22/01/2019 à 22:38

Ce n'est pas tellement le Queen ou le Who, mais toute la partie de la répétition marquée par l'absence de Philou qui sera compromise. En d'autres termes, je lui fais parfaitement confiance pour chanter ses 2 chansons mais je ne nous fais pas confiance pour jouer en l'absence d'un lead guitar.

Il s'agirait donc, dans l'urgence, de refaire une liste qui tiendrait compte de l'absence de Philou dans la dernière heure. Je vous ferai une proposition en ce sens, demain matin.

Claude, 22/01/2019 à 23:00

On va considérer, assez schématiquement, que Philou sera là pour 10 morceaux (et qu'il sera donc absent pour les 5 derniers morceaux que nous ferons à 4) :

1. Dead Flowers
2. When I Still Have Thee
3. Hotel California
4. Crazy Little Thing Called Love
5. I Can't Explain
6. Something
7. Ticket To Ride
8. Drive My Car
9. Day Tripper
10. Back In The Ussr

Départ de Philou

1. Sunshine Of Your Love
2. Honky Tonk Women
3. Paint It Black
4. I Love Rock n' Roll
5. Rockin' In The Free World

Si quelqu'un a une meilleure idée, qu'il le fasse savoir. Good night.

Laurent, 22/01/2019 à 23:31

"Honky Tonk" : Philou (et 2 grattes) indispensable.

"Ticket to Ride" et "Day Tripper" Philou moins indispensable dans le cadre d'une répé.

Nico, 23/01/2019 à 0:01

Quelques observations et après j'arrête.

J'en remets donc une couche et paraphrase Laurent mais je continue à penser qu'il faut qu'on se concentre sur ce qui semble atteignable (et pour l'instant pas au point) avant de s'attaquer à l'Everest.

En l'état j'aurais privilégié des chansons parmi les Stones et les Beatles déjà jouées + les deux chansons chantées par Philou + "sunshine of your love".

10 chansons Max, ce qui étant donné le temps qu'il nous faut pour nous installer et régler le son laisse 15 minutes par chanson, déjà pas énorme pour bien travailler.

Claude, 23/01/2019 à 8:46

Je vais, bien évidemment, tenir compte de vos observations et vous soumettre à nouveau une liste en 2 parties.

Cela dit, cette mésaventure m'apprend 2 choses ; tout d'abord, la nécessité d'avoir, effectivement, un programme de répétition rigide ; on ne peut pas improviser une liste de morceaux ni l'ordre dans lequel ils sont joués.

Ensuite, les différentes remarques de Nico sur le temps passé sur un morceau sont justes : bien souvent, nous

n'approfondissons pas suffisamment.
J'aimerais que vous me donniez votre avis.

J'avais imaginé 15 morceaux par répétition, c'est peut-être irréaliste, quel serait le nombre idéal, sachant que certains demandent 5 mn ("Dead Flowers") et d'autres 30 mn ("Ticket To Ride", "Something" ou tous les nouveaux à introduire) ?

Comme je l'écrivais, il faut les ordinateurs de la Défense Nationale !

Bises.

Nico, 23/01/2019 à 8:56

Au risque de faire saturer le serveur mail de Marc, je continue mes recherches de pistes d'amélioration et je propose donc de prendre le temps jeudi de régler le son et peut être de réfléchir au positionnement des uns et des autres.

Claude il me semble notamment qu'à la dernière répétition tu étais « derrière » les enceintes de la sono chant, ce qui du coup n'aide pas pour que tu t'entendes bien. Je pense qu'il faut te placer plutôt face à elles.

Et ne pas imposer à Laurent d'être dans la droite ligne des mêmes enceintes pour ne pas trop solliciter ses oreilles.

Peut être de mettre en position « concert » i.e. en ligne devant Marc, à voir.

Pensées du matin du RER A !

Laurent, 23/01/2019 à 9:44

Ah ! Le RER A...

Sa profondeur, ses grèves, ses retards, ses suicidés, sa bonne odeur prolétarienne le matin.

Mais vachement pratique quand même.

On peut parler d'autre chose de temps en temps.

Marc, 23/01/2019 à 10:14

Désolé, les copains, je prends connaissance seulement maintenant des abondantes missives de la fin de journée d'hier, mon mardi soir étant consacré à une activité extra-musicale nommée bridge, qui a l'avantage de simplifier les problèmes puisqu'on n'y joue qu'à 2 au lieu de 5 !

Oui, **Laurent**, on peut parler d'autre chose mais franchement, le RER… ! Et le "A", en plus !!! (je vais vous faire un aveu qui me coûte énormément : c'est quoi, le RER ?)

Tout d'abord, 3 points techniques :

- jeudi soir, il va falloir reprendre un forfait (36€ par tête)
- j'ai ajouté à la liste "Excel" une colonne "tempo"; une colonne supplémentaire indiquant la tonalité serait peut-être utile également ?
- **Laurent**, es-tu absent tout le mois de mars ou as-tu omis de remplir le framadate ? Il y a ton nom mais aucune indication !

Bon, ça c'est fait !

Claude, j'ai un peu de mal à comprendre ce que tu as écrit : "je ne nous fais pas confiance pour jouer en l'absence d'un lead guitar".

Je suis le premier à regretter que nous ne soyons pas au complet mais rien ne nous empêche de mettre à profit cette heure à 4 pour peaufiner une structure, des voix, un tempo etc…, ou aller dîner plus tôt !!!

Il faudra simplement que **Philou** nous apporte un mot d'excuse circonstancié en l'absence duquel nous nous verrons contraints de l'exclure du studio jusqu'à la semaine suivante !

Je serai en bas de chez toi à 18h...

Nico, tu paraphrases **Laurent** en insistant sur ce qui est "atteignable", j'aurais bien aimé y être associé, ayant toujours, contre vents et marées et au risque de me répéter inlassablement, prêché pour les 3 principes qui me paraissent incontournables (mais qui n'engagent que moi) :

1. jouer ce qui nous plaît à tous
2. jouer ce que nous sommes capables de jouer
3. jouer ce qui est susceptible de plaire à un public "lambda"

Tes remarques sur notre placement dans le studio sont judicieuses. A tester jeudi. Jouer en position "scène" me paraît également très intéressant mais peut-être un peu plus tard, quand nous maîtriserons mieux les morceaux ? Je crois que nous avons encore besoin, pour l'instant, de nous regarder...

Quant au programme et au nombre de titres, là mon avis compte peu. Tout le monde sait qu'un groupe est composé de musiciens et d'un batteur. Je n'ai donc pas d'états d'âme particuliers sur cette question.

Bises et à jeudi.

Claude, 23/01/209 à 10:16

Nouveau projet pour demain.
Je vous redis que même si le projet se doit d'être rigide, le concepteur ne l'est pas et je suis à l'affût de toutes vos remarques, observations, critiques…

La première partie (avec Philou) ne comptera que 9 morceaux, la seconde (sans lui), 6.

1. Dead Flowers
2. When I Still Have Thee
3. Hotel California
4. Crazy Little Thing Called Love
5. I Can't Explain
6. Something
7. Drive My Car
8. Sunshine Of Your Love
9. Honky Tonk Women

1. Ticket To Ride
2. Day Tripper
3. Back In The USSR

4. Paint It Black
5. I Love Rock n' Roll
6. Rockin' In The Free World

Pour le reste, je vous renvoie à mes interrogations de mon mail de 8 h 38.

Bises.

Claude, 23/01/2019 à 10:47

Cher Marc, je voulais simplement dire que contrairement à Cream, Hendrix, les Who, etc (mais pas les Beatles ou les Stones) nous avons absolument besoin de 2 guitaristes (ou, bien sûr, 1 guitariste et un clavier) pour produire une répétition digne de ce nom.

En dehors de ça, il existe un travail pas inutile qui consisterait à travailler les voix (prévu le 31/01) ou le tambourin (imagine un instant une réunion batterie-tambourin au cours de laquelle tu tenterais de me faire taper en rythme sur mon petit cerceau rouge !), mais ça vient s'ajouter au travail de répétition à 5 et pas remplacer celui-ci.

D'autre part, je suis d'accord avec tes principes 2 et 3, mais je rédigerais ton principe 1 de la façon suivante : Jouer des morceaux qui ne heurtent pas nos aspirations artistiques. Plus précisément, et après que nous ayons attribués la note éliminatoire à un certain nombre de chansons, on peut considérer que nous aimons tous, dans ce qui reste, un certain nombre de titres, et que pour les autres, nous avons soit une bienveillance, soit une indifférence qui nous permet de les jouer le plus correctement possible. Le "plaire à tous" est un idéal qui me semble (et je ne dirais pas "malheureusement") inatteignable.

Bien sûr, 18 h.

Bises.

Claude, 23/01/2019 à 11:32

Cher Nico,

Ton principe est le bon ! Moins nous aurons de chansons au cours d'une répétition, plus nous pourrons approfondir chacune d'entre elles, avec un résultat de plus en plus satisfaisant. Pour aller au bout de ta logique, 4 chansons en 3 heures pourrait représenter l'idéal d'un groupe. Mais, pour rester dans l'idéal, ce serait un groupe qui répéterait quotidiennement, avec une ambition professionnelle.

Notre groupe d'amateurs plus ou moins doués ne peut pas suivre une logique de ce genre, car je rappelle qu'il nous faut posséder une trentaine de titres pour pouvoir passer sur scène. Cela signifie qu'il faut, avec une certaine dextérité, mélanger, chaque semaine, des morceaux qui présentent un statut différent : des morceaux connus, qui nous rassurent et nous dynamisent, des morceaux très imparfaits, qui demandent encore beaucoup de travail, des morceaux pas joués depuis longtemps, dont le statut est devenu très imprécis, des nouveaux morceaux, à dose très modérée, mais pas nulle, afin de les tester, éventuellement de les éliminer, mais dont l'apport régulier me semble indispensable.

Ta liste de 10h45 creuse un sillon parfaitement valable, logique et fructueux, alors qu'il faut creuser 4 sillons à la fois pour espérer arriver à nos fins ! C'est un vrai casse-tête et j'ai besoin de l'avis de chacun. Peut-être, comme je le suggérais plus haut, faudrait-il, d'une manière générale, pour toutes les répétitions, se contenter de 12 morceaux et pas de 15 (avec les avantages, mais également les inconvénients qui vont avec). J'ai vraiment l'impression que ce nombre de chansons au programme d'une répétition a un caractère assez crucial. Mais qu'ensuite, ce programme ayant été établi, doit nous obliger.

J'attends vos réflexions, pas seulement pour demain mais pour notre futur.

Bises.

Laurent, 23/01/2019 à 13:28

Au train où c'est parti, le tome 2, ce sera sur papier bible !

Marc, 23/01/2019 à 14:09

Laurent, j'envisage maintenant un volume par mois et non plus par an. Qu'en penses-tu ?

Claude, je suis d'accord pour reformuler le principe n°1 : jouer ce qui est accepté par tous.

Bon, c'est pas tout ça, faut que j'vais travailler l'intro de "Something" ! A demain.

Nico, 23/01/2019 à 15:46

Cher Marc, je t'associe évidemment à ma paraphrase ! Concernant tes remarques avec lesquelles je suis d'accord sans exception, le plus importante pour moi concerne celle sur ce que nous sommes capables de jouer.

Cher Claude, je loue ta flexibilité qui est une qualité de haute importance à mes yeux.

Du coup je pense m'être mal exprimé dans mes précédents mails puisque j'aurais fait à peu près l'inverse de ce que tu proposes (my bad comme on dit), c'est à dire que j'aurais gardé **10 chansons seulement** en tout pour bien les bosser, et aurais privilégié celles qui sonnent déjà un peu ou dont on peut penser qu'elles sont raisonnablement à notre portée. Cela aurait donné quelque chose comme ça:

1. Dead Flowers
2. Crazy Little Thing Called Love
3. I Can't Explain
4. Drive My Car
5. Sunshine Of Your Love
6. Honky Tonk Women
7. Ticket To Ride
8. Day Tripper

9. Back In The USSR
10. Paint It Black
11. Rockin' in the free world à la fin pour se défouler.

Just my opinion though et cette fois j'arrête jusqu'à jeudi, promis !

Marc, 23/01/2019 à 17:15

Bon, les copains, dès que Laurent aura rempli le Framadate, nous nous apercevrons qu'avec un peu de chance, la seule date où nous serons 5 sera, s'il est dispo, le jeudi 28 mars....

On continue ou on arrête tout de suite ?

Je vais refaire un framadate au jour le jour, on discutera des heures ensuite.

Nico, 23/01/2019 à 20:02

Framadate rempli chef !

Marc, 23/01/2019 à 20:06

Merci mais je ne suis que le secrétaire...

Nico, 23/01/2019 à 20:08

Oh dans BA j'ai l'impression que tout le monde est un peu tout le monde et qu'il n'y a pas vraiment de chef ! :-)

Laurent, 23/01/2019 à 20:12

Oui, chef !

Claude, 23/01/2019 à 21:32

Je suis Directeur Général des Programmes de Répétitions.

Claude, 24/01/2019 à 0:31

A propos de "Something" que je travaille inlassablement, et qui est, je pense, en Do, y aurait-il une possibilité de transposition un poil plus bas ? Oui, George, à cause de son mysticisme, montait assez haut. De là, à dire qu'il était perché....

Enfin, bref, merci pour moi.

Marc, 24/01/2019 à 10:39

Mon cher Directeur Général de la Programmation des Répétitions,

Tu vas te retrouver au chômage technique durant le mois de Mars.

Le calendrier s'annonce le suivant :

- jeudi 7 mars : Nico absent
- jeudi 14 mars : Laurent et Philou absents
- mercredi 20 mars : Claude absent
- jeudi 21 mars : Nico absent
- **jeudi 28 mars** : tout le monde est présent

C'est le bordel !!!

Claude, 24/01/2019 à 19:49

Tu as raison, Marc. Il va être nécessaire de prévoir des répétitions à 4, même si ce n'est pas idéal, mais il est essentiel de ne pas perdre le fil, car des échéances importantes approchent.

Nico, 25/01/2019 à 9:04

Salut l'équipe.

Je suis impatient d'entendre l'enregistrement d'hier.

Dans tous les cas je trouve qu'on a fait un grand pas en avant dans notre approche des morceaux avec une critique constructive, c'est ainsi qu'on progresse je pense.

Mes notes d'hier, notamment sur les tonalités (pour ne pas oublier):

"Rocking in a free world" à jouer en D plutôt que E. Je le jouais ainsi dans un de mes anciens groupes, ça passe et après le test d'hier, définitivement plus confortable pour Claude.

"Back in the USSR" à descendre d'un ton donc à attaquer en D (intro) puis G. Idem ci-dessus, beaucoup plus adapté à la tessiture de Claude, du coup ça sonne beaucoup mieux.

"Hotel California" à tenter en E. Là-aussi on sent que ça peut tout changer.

Plus généralement pour les équilibres de voix, attention aux distances aux micros en fonction des passages (Claude, se reculer sur les falsetto et Philou quand tu chantes en lead tu dois être en avant donc bouffer le micro).

A priori on va laisser tomber «Day Tripper», trop dur trop haut, non transposable.

Pour jeudi prochain et la session vocals chez Philou, je propose le programme suivant sachant qu'on prévoit seulement un léger accompagnement guitare:

"Hotel California": travail intensif en Mi avec prise à deux de Philou et moi sur Claude :-)

"Back in the USSR" en G donc

"Keep on Rockin" en D

"Drive my Car"

"Ticket to ride"

"Something"

"When I still have thee" (j'ai besoin d'avoir chauffé la voix sous peine de la perdre tôt dans la répétition)

"I can't explain"

"Baby blue"

"Money for nothing "

J'amène des bières !

Bon voyage Marc, Laurent remets-toi bien et Claude et Philou a jeudi.

Claude, 25/01/2019 à 9:23

Cher Nico, je n'écris plus rien car tu as parfaitement fait le point. Encore merci !

Marc, 25/01/2019 à 22:30

Salut les musicos,

J'ai profité des 3 heures d'avion pour faire le montage puis de quelques minutes à l'hôtel pour tout envoyer.

Il y a deux liens, le second étant consacré à "Back in the USSR", que j'avais oublié dans le premier envoi.

J'attends vos commentaires.

Bises à tous.

Nico, 26/01/2019 à 18:31

Marc tu es un seigneur !

Je suis en pleine écoute attentive des différents morceaux.

A première vue je dirais que les ajustements sont efficaces, certains des morceaux sonnent beaucoup mieux.

Debrief complet à suivre !

Nico, 27/01/2019 à 10:16

Hello, voici mes impressions suite à une écoute attentive des morceaux :

De manière générale, je pense qu'il est impératif pour chaque morceau de ne pas demander à Claude d'aller se casser la voix sur des tonalités trop élevées. Pour ce faire, il faut donc soit adapter la tonalité, soit que Claude prenne une ligne de chant basse et que Philou ou moi doublions quand nécessaire avec une voix plus haut perchée.

Je pense que le fait que tu sois positionné face aux enceintes Claude change beaucoup de choses, de manière générale je trouve que c'est beaucoup plus juste.

Pour les guitares je trouve que le pédalier de Laurent nous rend de grands services, notamment avec le phaser qui rend vraiment bien sur "Something", idem "Hotel California" etc... Cette répétition tronquée n'était pas idéale du point de vue des guitares et des équilibres mais permet quand même de se dire qu'il faut encore travailler certains morceaux notamment le "qui joue quoi" entre Philou et Laurent pour ne pas perdre de temps pour savoir qui joue l'intro d'un morceau par exemple. Il faut aussi prendre le temps de régler ce fameux équilibre son clair Vs son solos plus saturé pour Philou. Et faire un peu attention aux bends qui sont parfois un peu faux sur certains solos mais rien de méchant pour moi.

Et mes remarques morceau par morceau:

- "Can't explain" : A garder. Je vais bosser la structure des chœurs mais sinon c'est assez correct dans l'ensemble. Claude suggérait qu'on la descende en D pour soulager Philou au chant. Peut être à tester car ça semble un peu haut en effet mais pas non plus la cata.

- "I love Rock n Roll" : Je trouve que ça ne sonne pas, je reste sur ma première impression, pas notre style, dénote dans le répertoire, à abandonner pour moi (ce n'est que mon avis).

- "Crazy little thing called love : A garder, chant à travailler un peu peut être pour Philou + passage a capella mais globalement ça sonne.

- "Day Tripper" : Trop dure à chanter et non transposable. A abandonner je pense.

- "Dead Flowers" : Superbe, beaucoup beaucoup mieux que sur le précédent enregistrement. Claude le fait de prendre un peu distance par rapport au micro sur la dernière partie du refrain change tout, on retrouve l'ambiance de l'original.

- "Drive my car" : A garder mais il faut encore travailler les voix (jeudi).

- "Paint it black" : pas si mal, à garder. Attention à la justesse sur les fins de phrases Claude (notamment les "black").

- "Keep n rockin'..." : A descendre en D, définitivement. Trop haut et inchantable en E pour Claude, prometteur en D.

- "Something" : la très bonne surprise et je dois donc m'excuser d'avoir parié sur le fait qu'on n'arriverait pas à le jouer. Il faut encore voir certains détails, notamment la descente chromatique (le rythme) et mettre au carré les voix, mais ça va sonner je pense.

- "Sunshine of your love" : Un peu de boulot sur le son des guitares mais sinon je trouve que ce n'est pas si mal donc je la garderais.

- "Ticket to ride" : Là c'est moi qui doit bosser la ligne de chant, je m'y mets de ce pas. J'aimerais qu'on la garde quand même car si je progresse sur la justesse je pense qu'elle peut bien sonner in fine.

- "When I still have thee" : Là pour moi c'est trop dur, trop aléatoire sur le chant, trop haut. Je ne la garderais pas car je pense qu'on va se prendre les pieds dans le tapis. Mais comme elle te tient à cœur Claude je ne veux pas être définitif, mais je n'y crois pas.

- "Hotel California" : A essayer en E.

- "Back in the USSR : A descendre d'un ton comme expliqué dans mon mail précédent.

Pour la prochaine répétition tous ensemble, je suggèrerais de continuer à jouer au moins une fois ce qui commence à rentrer et raviver certains morceaux qu'on n'a pas joués depuis un moment et dont l'enregistrement nous permettrait je l'espère de confirmer qu'ils sonnent: Les Hendrix, "Jumpin Jack Flash", "My back pages" notamment.

A bientôt.

Claude, 27/01/2019 à 11:26

Cher Nico, je commence, bien sûr, par avouer, que je n'ai pas écouté la moindre note de ce que Marc a envoyé, et pourtant, je sais que tu as raison à 100%, et je suis absolument d'accord avec TOUT ce que tu as écrit.

Y compris, malheureusement avec "When I Still Have Thee" que je vais essayer de défendre : jeudi dernier, on l'a très mal joué : les guitares ne jouent pas les accords comme ils devraient être joués, le chorus de Philou commençait bien mais s'est très mal fini ; dans le disque, l'orgue apporte une touche inimitable (mais s'il faut faire sans, on fera sans). Mais le pire, c'était moi ! C'est objectivement difficile à chanter, car il y a des passages très précis en falsetto, avec retour immédiat en voix de poitrine. Je ne l'avais pas fait depuis longtemps ce qui tendrait à prouver que les morceaux réputés difficiles doivent être joués plus souvent que les autres.

Donc beaucoup de lacunes, je sais que je peux y arriver, mais tout le monde doit être au top également. Pas incurable, mais le traitement est connu : beaucoup de travail.

Donc, bien sûr d'accord pour virer "Day Tripper" et "I Love Rock N' Roll".

Marc, 27/01/2019 à 16:16

Salut à tous,

Merci Nico pour tes remerciements, que j'apprécie, et pour tous ces commentaires précis et avisés que je partage en presque totalité, notre désaccord portant sur "I love rock'n'roll », que je trouve intéressant à jouer et propre à dynamiser les foules. Mais je ne ferai pas un caca nerveux s'il devait disparaître. Je reviendrai plus loin sur un autre désaccord, « Sunshine of your love ».

L'heureuse surprise provient bien sûr de « Something » qui pour un premier essai est déjà bien loin devant beaucoup d'autres de nos titres.

Il existe un livre de golf intitulé « jouer au golf sans viser la perfection », écrit par un psychologue américain. Passionnant et si riche d'enseignement ! J'écrirais volontiers, si j'en avais le talent, son alter ego "jouer de la musique sans viser la perfection ».

Je commence à croire que nous nous mettons nous-mêmes des bâtons dans les roues à vouloir viser trop haut.

En toute lucidité, le seul objectif auquel nous pouvons prétendre est de bien faire ce que nous sommes capables de faire, et rien de plus (ce qui est déjà beaucoup) ! Je ne suis pas en train de dire qu'il faut bâcler le travail et livrer un produit médiocre (c'est loin d'être ma conception, je pense que vous l'aurez remarqué) mais simplement d'avoir le bon sens d'accepter que nous ne serons jamais ni les Beatles ni les Who ni les Stones ni même Fountains of Wayne.

Nous devons donc arriver à produire des morceaux accessibles, bien ficelés et sans (trop) fausses notes et bannir systématiquement tout ce qui est hors de notre portée. Il y a une énorme différence entre choisir des morceaux difficiles, stimulants, et viser des morceaux impossibles, déprimants par essence.

Nous avons eu la sagesse d'abandonner « Day Tripper », c'est un premier pas.

« When I still have thee » est un morceau magnifique qui ne présente véritablement aucune difficulté instrumentale (guitares, basse, batterie) mais qui est de toute évidence hors de nos possibilités vocales. Et parler de « passages en falsetto avec retour immédiat en voix de poitrine » qui pourraient s'améliorer avec du travail est un non-sens. Des années de travail ne régleront pas le problème de la tessiture inadaptée. Et en plus, il y a la « touche inimitable fournie par l'orgue » ? Nous devrions peut-être éliminer d'office tous les titres qui bénéficient d'un instrument que nous n'avons pas (clavier, sax etc.).

Nico parle de « Sunshine of your love » en disant qu'il faut un peu de boulot sur les guitares. Il a la gentillesse d'oublier que je suis à des années-lumière du jeu de Ginger Baker, qui est justement la colonne vertébrale de ce titre que je vénère. J'accepte sans hésiter mon insuffisance (après tout, moi, je fais beaucoup mieux les infiltrations que Ginger, chacun son job !), ce qui me fait réfléchir à l'opportunité du morceau.

Ou alors, nous acceptons le fait de garder le morceau mais sans plus chercher à le faire à l'identique, ce qui peut être intéressant également, et plus simple puisqu'il n'y aura plus de référence.

En résumé, il faut que nous puissions être satisfaits de notre résultat, ce qui sera toujours impossible si nous orientons mal nos choix.

Un dernier mot pour Claude : je me suis donné la peine de vous faire parvenir avec célérité et dans des conditions pour le moins inhabituelles, l'enregistrement de la séance en me disant que ce pourrait être utile pour votre répétition voix du 31. Tu aurais pu te donner la peine de l'écouter, ne serait-ce que pour me faire plaisir.

Bon, fin du message.

Je reste en contact.

Bises à tous.

Nico, 27/01/2019 à 17:47

Tout me va dans ton message Marc.

Ok pour garder « I love rock'n'roll », quant à « sunshine of your love » ça m'est un peu égal, je trouve que ce n'est pas si mal mais je ne suis pas non plus un immense fan du morceau donc aucun problème pour moi dans tous les cas.

Tout à fait d'accord aussi pour ne pas viser la perfection, mais des choses simples et bien faites susceptibles de faire plaisir à un public indulgent mais dont l'idée n'est pas non plus de casser les oreilles.

On est sur la bonne voix (non ce n'est pas une faute !).

Laurent, 27/01/2019 à 18:02

Salut à tous !

J'ai bien écouté tout / merci Marc ++.

J'ai bien lu vos remarques. Je suis d'accord. Nous sommes sur la bonne voie mais encore loin de ce que nous pouvons espérer faire dans la mesure de nos moyens. Donc encore pas mal de taf, quelques coupes claires et ça va le faire.

N'ayant rien de bien « pertinent » à ajouter, je vous fais la bise.

Claude, 27/01/2019 à 18:20

Ah, enfin ! Je me disais bien ! ça faisait bien longtemps que je n'avais pas été en désaccord avec Marc, mais voilà, les choses redeviennent normales.

Je commence d'abord par mon refus d'écouter les enregistrements de séance. Ce n'est pas pour te déplaire Marc, et ces enregistrements sont certainement extrêmement utiles, d'ailleurs je les ai tous gardés, mais en ce moment, j'ai envie de me fier à mon ressenti purement subjectif, lequel, ô miracle, recoupait exactement l'analyse objective et détaillée de Nico. Je n'ai pas perdu de vue l'envie de te faire plaisir, mais ce sera peut-être d'une autre façon, par exemple en réussissant un bon concert.

Nico a raison : on ne fait pas bien ce bon morceau qu'est "I Love Rock N' Roll", et je pourrais écrire plusieurs pages sur les raisons qui font que ce n'est pas bien, mais ce qu'écrit Nico est suffisant.

Viser trop haut. Voilà un reproche récurrent porté aussi bien par Marc que par Laurent qui ne me paraît pas correspondre à quoi que ce soit qu'on aurait fait depuis la période powerpop.

A-t-on essayé de jouer du Yes, du Haken, du Mahavishnu Orchestra, du Gentle Giant, ou quoi que ce soit qui s'en rapproche ? Non.

Nico doit-il jouer comme Anton Davydyants ? Marc doit-il être l'égal de Virgil Donati ? Laurent, jouer comme Jeff Lang ? Philou comme Guthrie Govan ? Et moi, chanter comme Jeff Buckley ? Non !

Mais s'il s'agit d'essayer de donner le meilleur de nous-même, alors 100 fois oui, s'il s'agit de ne pas être je-m'en-foutiste, bien entendu ! S'il s'agit de délivrer des chansons qui atteignent un niveau minimal de qualité pour pouvoir être jouées sans qu'elles nous fassent honte, évidemment. Je crois, au contraire qu'il faut toujours viser un peu plus haut que ce qu'on est capables de faire. Et, en même temps, accepter de jeter "Day Tripper", car celui-là est beaucoup trop « haut ».

En fait, je crois que je ne comprends pas du tout ce que tu veux dire.

Donc, Marc, personne ne te demande de jouer comme Ginger Baker, mais la seule question est : SOYL sonne-t-il bien ou pas ? La réponse, aujourd'hui n'est pas encore complètement positive, mais n'est pas, à mon avis, liée à une quelconque insuffisance de ton jeu de batterie.

Tu te trompes complètement pour "When I Still Have Thee" qui ne me pose AUCUN problème de tessiture, mais un problème technique de passage de registre, comme je l'ai écrit dans un précédent mail, problème que j'avais commencé à maîtriser pendant nos répétitions de fin 2018 et qu'une trop longue interruption a fait s'évaporer.

Quoi qu'il en soit, bises à tout le monde.

P.S : je change la taille de ma police pour Laurent qui me disait ne plus me lire, car mon Georgia 12 lui déplaisait. C'est mieux, comme ça ?

Claude, 27/01/2019 à 18:24

Nico, comme je l'écrivais, je partage tes conclusions totalement, et même si j'aime bien le Joan Jett, je crois qu'il faut le virer.

Claude, 27/01/2019 à 18:30

Programme du 31 janvier

1. Money For Nothing
2. I Can't Explain
3. Back In The USSR
4. Something
5. Drive My Car
6. Ticket To Ride
7. When I Still Have Thee
8. Baby Blue
9. Hotel California
10. Rockin' In The Free World

A jeudi, Philou et Nico.

Claude, 27/01/2019 à 19:34

Dans cette vidéo, Teenage Fanclub adopte un tempo plus lent, et d'autre part, Raymond exécute le chorus avec les doigts, sans médiator.

D'autre part, si, avant de jouer un morceau, nous devons "éliminer d'office tous les titres qui bénéficient d'un instrument que nous n'avons pas" nous éliminons :

- "When I Still Have Thee" , orgue
- "Hotel California", douze-cordes, claviers, etc
- "Money For Nothing", synthétiseur
- "Paint It Black", sitar
- "Back In The USSR", piano
- "Johnny B. Goode", piano
- "Sharp-Dressed Man", slide guitar
- "My Back Pages", 12-cordes
- "Dead Flowers", piano
- "Gaby", sax, claviers.
- "Losing My Religion", mandoline
- "Little Wing", glockenspiel
- "Something", orchestre à cordes

Le programme du 7 février sera donc entièrement consacré à "Be-Bop-A-Lula" et "Au Clair De La Lune".

Bons baisers à tous.

Nico, 28/01/2019 à 15:37

Hello Philou et Claude, à quelle heure voulez-vous qu'on se retrouve jeudi ?

Si possible pas trop tard pour moi car idéalement il faudrait que je décolle vers 21h.

Claude, 28/01/2019 à 15:39

Bonjour Nico, je suis tout à fait libre et ton heure sera la mienne.

Attendons la réponse du maître de maison.

Philou, 30/01/2019 à 8:57

Hello, désolé du retard, je ne reçois pas les notifications.

On peut dire 18h chez moi ?

Claude, 30/01/2019 à 9:03

Pas de problème.
J'apporte des trucs à grignoter.

Nico, 30/01/2019 à 9:10

Probablement un petit peu tôt pour moi, je peux être là pour 18h30, 19h max.

Je n'ai plus d'impératif après la répétition.

Claude, 30/01/2019 à 9:39

Je suis OK pour 18h30.

Philou, 30/01/2019 à 9:39

OK pour 18h30 également.

Nico, 30/01/2019 à 9:43

Cool guys. J'amène les bières.

Claude, 30/01/2019 à 9:44

Claude, 31/01/2019 à 12:22

La laryngite ne va pas améliorer mes possibilités vocales, mais après une ou deux bières, ça devrait aller.
A tout'.

Nico, 31/01/2019 à 12:24

Ah pas top, ça !
Tu n'es pas contagieux, rassure-moi !

Claude, 31/01/2019 à 12:25

Seulement lors des baisers profonds.

Non, je ne pense pas, mais je peux acheter un masque en pharmacie.

Nico, 31/01/2019 à 12:27

Ça ira !

Philou, 31/01/2019 à 12:41

T'es sûr ? Je pars en vacances demain, j'ai pas envie de passer ma semaine dans le mal !

Claude, 31/01/2019 à 12:43

Voir ci-dessus.

Je resterai loin mais rien à craindre, je n'ai aucun symptôme général.

Philou, 31/01/2019 à 14:14

OK.

Je vais m'absenter 20mn pendant le répète, faut que je récupère un disque dur à côté de chez moi.

Nico, 31/01/2019 à 14:16

Ça roule. On sera sage.

Y a un petit Franprix près de chez toi, pour les bières ?

Philou, 31/01/2019 à 14:31

Yes, rue Jouffroy d'Abbans.

Nico, 31/01/2019 à 14:31

Thx.

Laurent, 31/01/2019 à 15:30

Hello, vous êtes censés chanter, pas vous la coller, qui plus est à a bière !

Nico, 31/01/2019 à 15:30

Hey, tu vas chanter aussi, hein ?

Claude, 31/01/2019 à 15:32

Un peu d'alcool a un effet relaxant et améliore le chant. Burp !

Claude, 31/01/2019 à 17:57

Désolé, j'aurai 10mn de retard.

Nico, 31/01/2019 à 17:59

Peut-être un peu de retard aussi, je fais le max.

Nico, 31/01/2019 à 18:39

Philou, le métro, sur la 2, c'est Ternes ?

Claude, 31/01/2019 à 18:43

Wagram, plutôt.

Philou, 31/01/2019 à 18:44

3 Wagram

Nico, 31/01/2019 à 18:44

OK thanks, je suis à Villiers.

FÉVRIER

Claude, 1/02/2019 à 10:30

Bonjour les vacanciers et les autres.

Donc, hier soir, répétition très agréable chez Philou. Les bières de Nico étaient très bonnes et nous n'en avons pas abusé. Je n'avais pas de voix, hier soir (un peu comme d'habitude hurle une voix anonyme) du fait d'une laryngite pénalisante, mais malgré cela, ces 3 heures ont été très utiles. Nous avions 10 chansons au programme. La manque de temps nous a empêché d'aborder « Rockin' In The Free World », mais, pour les autres, voici ce qu'on peut en dire :

- "Money For Nothing". J'ai beaucoup avancé dans la mise en place, et Nico fait un Sting très proche de l'original. Travail personnel à compléter, en ce qui me concerne.
- "I Can't Explain". La tonalité habituelle convient à Philou. Les choeurs sont quasiment en place.
- "Back In The USSR". 1 ton plus bas que sur le disque.
- "Something". Repose sur moi, or, j'existais à peine, hier soir.
- "Drive My Car". Le problème de cette soirée. Il semblerait que ce soit au-dessus de nos possibilités vocales (toute laryngite mise à part) et nous posons la question de son éviction.
- "Ticket To Ride". Difficile, mais reste dans la course.
- "When I Still Have Thee". Si je ne fais pas de faute technique, c'est sans problèmes
- "Baby Blue". Nos deux voix, à Nico et à moi transfigurent la chanson, qu'il faut transposer en La (notre tonalité d'avant). Il reste à peaufiner le refrain, mais, c'est dans la poche.
- "Hotel California". Si je peux le chanter en Mi, ça sera bien. Sinon...

Muni de tout cela, il ne me reste plus qu'à vous communiquer le programme du jeudi 7 février, marqué par l'absence de Philou.

Je propose la liste suivante :

1. Dead Flowers
2. My Back Pages
3. When I Still Have Thee
4. Money For Nothing
5. Something
6. Ticket To Ride
7. Back In The USSR
8. Baby Blue
9. Hotel California
10. Midnight Rambler

Je limite à 10 morceaux, et, en gros ceux d'hier soir, moins « I Can't Explain », évidemment. Nous remettons « Baby Blue » sur l'ouvrage, et nous réintroduisons « Midnight Rambler », car il repose essentiellement sur la rythmique de Laurent en open de Sol. Et je vais ressortir mon harmonica. J'espère que j'aurai plus de voix que hier soir (n'y compte pas, tu étais à ton maximum, hurle une voix anonyme). Si vous avez des observations ou des contestations, ma ligne reste ouverte.

Bonne semaine.

Bises à tous.

Nico, 1/02/2019 à 10:47

Merci Claude, juste un point, nous avons joué « Can't Explain » en D non en E comme habituellement et c'est beaucoup mieux pour les voix.

Comme je te le disais hier, il y a une incertitude quant à ma dispo jeudi prochain, une semaine chargée s'annonce au boulot. Je vous tiens au courant lundi au plus tard de sorte que l'on puisse annuler à temps si besoin.

Je confirme que « Baby Blue » sonne très bien !

Bon weekend à tous.

Marc, 1/02/2019 à 15:33

Dommage, j'avais travaillé «Be-bop-a-lula» et «Au Clair de la Lune» !

Claude, 1/02/2019 à 16:50

Ah ! cher Marc, j'espère que tu as amélioré ton handicap à Agadir, pour te consoler des désillusions que t'occasionne ton chanteur, je veux parler de moi.

Au début de la prochaine répétition, je ferai les réglages micro sur "Au Clair De La Lune", promis.

Bises.

Nico, 1/02/2019 à 17:29

Chers amis,

Malheureusement je viens de me faire officiellement réquisitionner par le boulot pour jeudi prochain (déplacement) et la semaine est par ailleurs très chargée ne m'autorisant donc aucun plan B un autre soir.

Je suis désolé de cet imprévu, je rentre dans une période un peu plus dense (ce qui est une bonne nouvelle professionnellement).

Je vais néanmoins travailler « Baby Blue » d'arrache pied pour être prêt à la prochaine répétition.

Claude, 1/02/2019 à 17:36

Je crois que l'absence de Nico et de Philou, pour le 7 février, nous impose d'annuler (ou de prévoir une répé batterie-tambourin, pour que j'apprenne à taper en rythme).

Marc, 1/02/2019 à 18:00

OK pour annuler le 7.

Il reste pour février 2 répétitions :

- le mercredi 13 de 21h à 0h
- le lundi 25 de 20h à 23h

Le planning du mercredi 13 est complet mais je suggère de rajouter 1h le lundi 25 (20-24).

Et je me demande s'il ne serait pas bien de faire pareil pour LA répétition de mars.

Mais bon, moi, c'que j'en dis, hein !

Claude, 1/02/2019 à 18:23

Marc, youpi !

Je suis à nouveau parfaitement d'accord avec toi !

Claude, 1/02/2019 à 18:57

Pourquoi avais-je noté également une répétition le lundi 11 février ? Je présume que ce doit être une erreur…

Nico, 1/02/2019 à 18:57

Ok pour Marc et encore désolé de cette défection.

Bon week-end !

Marc, 1/02/2019 à 20:40

Philou étant absent le 7 et le 11, nous avions privilégié le 7 et annulé le 11 puisque le 13, nous étions au complet.

J'ai regardé le planning du studio pour le 11 : tout est complet.

Marc, 5/02/2019 à 8:37

Salut à tous,

Retour aux affaires.

Quelqu'un a-t-il pensé à annuler la répétition du 7 février 19h-23h ?

Claude, 5/02/2019 à 11:04

Bienvenue, Marc. Non, pour moi. On pourra se téléphoner cet après-midi, si tu veux. Bises.

Marc, 5/02/2019 à 11:06

Annulé le 7 février et rajouté 1h le 25 (20h-minuit).

Nico, 5/02/2019 à 11:24

Salut Marc, je viens aussi d'appeler et du coup j'ai du passer juste après toi, pas assez rapide petit scarabée !

Merci.

Claude, 5/02/2019 à 17:57

Je suis certain que tu seras intéressé par la vidéo ci-dessus. Et voir ces charmantes jeunes filles s'intéresser à des musiques qui ont 3 fois leur âge est assez réconfortant !

Marc, 5/02/2019 à 21:28

Je connais toutes les vidéos de Sina. Elle a fait les covers d'à peu près tous les hits de l'âge d'or.

Je l'aime bien.

Claude, 6/02/2019 à 10:08

Chers amis,

Marc me confiait, il n'y a pas longtemps, qu'avec le groupe dans lequel il jouait auparavant, leur répertoire comprenait, sauf erreur, une soixantaine de morceaux ! E t dire qu'après des années de répétitions, Brain Arthrosis peut à peine en aligner une vingtaine !

Il y a donc toujours à résoudre cette quadrature du cercle du nombre de chansons à caser dans une répétition de 3h (2h et demi, en fait, à cause des indispensables réglages et accordages), et le choix sera toujours insatisfaisant, quoi qu'il arrive, même si je me dis que l'idéal serait probablement 10 morceaux/répétition, mais avec 2 répétitions/semaine ! Nous sommes loin du compte.

Bref, ci-après ma proposition pour le programme du mercredi 13 février (3 heures, 5 musiciens) dans l'ordre de travail :

1. Dead Flowers
2. Honky Tonk Women
3. Jumpin' Jack Flash
4. Midnight Rambler
5. Money For Nothing
6. When I Still Have Thee
7. I Can't Explain
8. Baby Blue
9. Something
10. Day Tripper
11. Ticket To Ride
12. Back In The USSR.

Je rappelle que "BITUSSR" est 1 ton plus bas que par les Beatles, que je vais ressortir mon harmonica en Mi pour "Mid. Ram.", que "I Can't Explain" est en Ré, que pour "Baby Blue" la tonalité originale est Si, mais nous le jouons en La, que je n'ai pas retenu "Hotel California" pour cette répétition, car il ne pose aucun problème de chant depuis la transposition en Mi, mais Philou doit résoudre la question de la transposition du chorus.

Je reste à votre disposition pour toutes observations, contestations, réclamations, etc. Bises à tous.

Nico, 6/02/2019 à 10:26

Hello,

Euh, on n'a pas dit qu'on virait "day tripper" ?

Pour "ticket to ride", le seul espoir serait de le descendre du ton i.e. de le jouer en G.

L'horaire est bien 21h-minuit ?
A bientôt.

Claude, 6/02/2019 à 10:39

Tu as parfaitement raison, Nico, il s'agit d'une erreur de ma part.
Voici donc le programme, rectifié :

1. Dead Flowers
2. Honky Tonk Women
3. Jumpin' Jack Flash
4. Midnight Rambler
5. Money For Nothing
6. When I Still Have Thee
7. I Can't Explain
8. Baby Blue
9. Sunshine Of Your Love
10. Something
11. Ticket To Ride
12. Back in The USSR

avec "TicketTR" en Sol. Désolé !

Bonne semaine à tous.

Claude, 6/02/2019 à 10:52

Désolé pour ces envois successifs, mais, oui, l'horaire est bien 21h - minuit, ce qui pourrait peut-être nous permettre de dîner ensemble.

Marc, 6/02/2019 à 18:09

Bonsoir à tous,
Non Claude, le répertoire de Why Not, que je viens de retrouver dans un de mes dossiers du Cloud et que je me fais le plaisir de joindre à ce courrier, ne comprenait pas une soixantaine de morceaux mais plutôt 130 titres que nous maî-

trisions à peu près correctement, suffisamment en tout cas pour nous attirer les faveurs d'un public indulgent.

J'ai adoré jouer TOUS ces morceaux et j'interdis à tous ceux dont le prénom commence par un "C" de ricaner !

Nous avions trois avantages sur Brain Arthrosis :

1. nous avions 1 piano ET 1 synthé : chant, lead guitar, rhythm guitar, basse, piano-chant, synthé-chant, batterie;
2. nous disposions de notre propre local de répétition, ce qui nous affranchissait du carcan des réservations et de la perte de temps de l'installation et des réglages;
3. nous répétions très régulièrement et quand le besoin s'en faisait sentir, nous passions un samedi ou un dimanche sur place.

Voici pour la quadrature du cercle.

Bises et à mercredi prochain.

Claude, 6/02/2019 à 19:45

Oh la belle liste que voilà ! Il y a même un titre de "Bridges To Babylon", mais, pour le reste très classique, beaucoup de goût et de culture, non, sans blague.

J'ai juste tiqué sur le Francis Cabrel, admiré le "She's A Woman" et "Whole Lotta Love" (vous aviez du pot, vous deviez avoir un bon chanteur).

Bien sûr, il manque "When I Still Have Thee", mais nul n'est parfait.

Bises, car je te signale que je n'ai pas ricané.

Marc, 6/02/2019 à 20:19

Juste un petit mot, Claude.

Il n'est peut-être pas forcément utile de doubler tes mails en police plus grosse pour Laurent.

Je crains sinon que le tome II ne soit plus aisément transportable.

Disons que tu n'as qu'à écrire TOUS tes mails en plus gros, une seule fois !

Claude, 6/02/2019 à 21:03

Tu ne vas quand même pas, mon cher Marc, me soupçonner de ne pas y avoir pensé ! Mais je suis tellement dans le feu de l'action que mes mails partent comme des balles de tennis à Roland-Garros (si j'avais écrit balles de fusil, on aurait pointé mon agressivité), et ce n'est qu'après-coup que me revient la phrase de Laurent qui m'a fait tant de peine : "Claude, je ne lis plus tes mails depuis que tu écris avec cette police (Georgia 12, en fait) illisible".

Laurent, 7/02/2019 à 12:00

Salut à tous !

Retour aux affaires après un intermède neigeux et un début de semaine laborieux. Je suis heureux que votre réunion de jeudi dernier ait été utile et attends avec une impatience certaine mercredi prochain.

Commentaires en vrac (là, je m'allonge sur le divan):

- belle liste effectivement que celle de "Why not" dont oh ! surprise, je connais 98% des morceaux ! Du classique qui sent bon la sueur rock poplétarienne. Nous sommes évidemment loin, avec BA, des 130 titres mais comme le souligne Marc, la rareté des répétitions, le nombre plus restreint d'instruments et l'absence de local dédié ne nous avantagent pas.

- une réflexion en découle : pour une raison qui n'est pas très claire, je ressens plus d'exigence sur la ressemblance dans l'exécution avec les titres originaux que lorsque nous étions plus jeunes (je ne parle pas de Nico et Philou et je me réfère à mon passé avec les "Hyènes de Levallois"). A l'époque, point n'était besoin de note à note, d'effets spéciaux ou d'instrument dédié. Si ça sonnait bien et que le morceau était reconnaissable, tout le monde était content... Mais c'est peut-être cela qu'on appelle la "brain arthrosis". De plus, le fait de n'avoir que 2 guitares nous oblige à plus de précision : il n'y a pas de clavier ou autre pour rattraper le son global en cas de blanc ou de défaillance.

Bref, pour rester optimiste, nous avons un certain mérite et il ne faut pas se décourager - je parle pour moi qui ai une certaine tendance à la remise en question.

Bon, après cette séance - gratuite ! - d'analyse, je vous fais la bise.

Marc, 7/02/2019 à 13:05

Hi Folks,

Laurent, merci pour cette séance d'analyse que je partage à peu près totalement à ceci près, et je vais encore m'attirer les foudres de notre psy en titre mais je m'en fous, je suis vacciné (ah m..., c'est contre la grippe, seulement), qu'il ne faut pas non plus que nous soyons trop prisonniers de cette exigence (à toi, Claude !)

En reprenant le Framadate de mars, je vois que tu es absent le lundi 18. Or, dans l'un de tes précédents courriers, tu écrivais que tu étais absent la semaine du 10 au 17.

Qu'en est-il exactement ? Une répétition serait possible à 4 (Philou absent) ce fameux lundi 18.

Par ailleurs, les répétitions à 4, sans Nico, vous paraissent-elles jouables (jeudi 7 et jeudi 21).

Je rappelle que notre créneau horaire étant le plus demandé, il n'est pas inutile de s'y prendre d'avance.

Bises en attendant, également avec une certaine impatience, la prochaine répète (mercredi 13 à 21h). Je suis OK pour dîner avant, of course !

Laurent, 7/02/2019 à 13:30

Effectivement, je pourrai être présent le lundi 18 mars, mais pas après 23h car je me lève tôt le lendemain et je je peux plus trop tirer sur la corde (de la fatigue s'entend).

Ok pour moi aussi les jeudi 7 et 21 sans Nico : on pourrait jouer des titres où il ne chante pas ou peu. Et je pourrais refaire vivre ma Höfner si besoin.

Marc, 7/02/2019 à 13:40

On pourrait alors articuler les répétitions de mars de la façon suivante :

- jeudi 7 à 19h sans Nico
- lundi 18 à 19h sans Philou
- jeudi 21 à 19h sans Nico
- jeudi 28 à 19h au complet

What do you think ?

Marc, 7/02/2019 à 13:58

Bon, c'est pas simple.

Il ne reste qu'un seul studio libre le jeudi 7 à 19h, 22m² (un 30m² était dispo mais à 21h, ce qui ne convenait pas à Laurent). Je l'ai réservé d'office (19h-22h)

Le 18, il reste un 30m² à 19h

Le 21, tout est pris à 19h, il reste un 30m² à 21h

Le 28, il reste un 28m² à 19h

Répondez-moi vite, y a urgence ! Bises.

Nico, 7/02/2019 à 14:34

Ok pour moi Marc !!

Claude, 7/02/2019 à 14:41

Bonjour à tous ; je suis d'accord pour ces 3 répétitions de mars qui me semblent très bienvenues, même à 4.

Quant à la réflexion de Laurent, je crois même que je la trouve étonnante. Mais oui, Laurent, le temps a passé ; le XXème siècle est derrière nous, le siècle où l'on pouvait passer sur scène après 3 répétitions, et en sachant à peine jouer, ou, dans un autre domaine, le siècle où je pouvais devenir médecin en étant nul en maths. Tout ça est fini.

Le niveau d'exigence pour n'importe quelle activité est devenu incroyablement élevé (et, à côté de ça, j'essaie de joindre en vain depuis 15 jours mon chargé de compte bancaire) ; ce qui était amusant et léger est devenu incroyablement lourd et sérieux. Aujourd'hui, les "Hyènes de Levallois" ou "Au Bonheur Des Dames" se feraient proprement virer de scène avant la fin de la 2ème chanson.

Tout ça pour dire qu'un groupe de reprises se doit de proposer des chansons qui sans être du copié-collé (ce sont les meilleurs qui peuvent se permettre de faire du copié-collé : The Analogues, ou les tribute bands professionnels) se rapprochent le plus possible de l'original.

D'où mes sempiternelles divagations sur la nécessité, pour les guitaristes, de pouvoir disposer d'une vraie palette sonore avec les resources technologiques les plus modernes.
Bises à tous.

Claude, 7/02/2019 à 14:46

Il manque un "s" à ressource.

Désolé, j'écris plus vite qu'une balle de tennis à Roland-Garros.

Claude, 7/02/2019 à 15:32

Comme je suis un peu en verve, cet après-midi, je vais vous en faire une petite tartine…

Je me suis demandé pourquoi Marc avait peur que je ricane (je cite) à la lecture des 130 titres qu'il avait le bonheur de jouer avec Why Not. A part une dizaine d'entre eux, je connaissais, et j'appréciais, et, à part sur Francis Cabrel, il n'y avait pas beaucoup de chances que je ricane.

Mais Marc avait peur que je ricane en m'apercevant qu'il avait confié la clé de tout ce qui nous rassemble depuis des années, je veux dire par là que le fantasme de Marc est tout simplement que Brain Arthrosis soit un nouveau Why Not. Franchement, ça ne me fait pas ricaner, au contraire, je trouve ça très touchant, très mignon.

Parce qu'il ne faut pas se leurrer, on en est tous au même point (je parle des 3 toubibs du groupe), on essaye d'arrêter le temps. Moi, c'est un peu moins que vous dans la musique, parce que j'ai toujours essayé de suivre d'assez près l'évolution de cet art mineur, mais, dans le cinéma, je n'aime que Scorsese, De Palma, Cimino, Bergman, bref, les réalisateurs des 60's et des 70's, et ce qui sort aujourd'hui dans les salles m'intéresse assez peu.

Et pourquoi croyez-vous que je fréquente le même club de sport depuis 45 ans ? Parce qu'à chaque fois, c'est la même chose et que le temps s'y écoule différemment.

Je peux éprouver un peu d'ennui à chanter "Jumpin' Jack Flash", mais je peux aussi, en même temps (merci, Macron), éprouver une joie profonde que 1969 se lève, à nouveau, et nous fasse ressentir à quel point la mort n'est pas aussi proche que ça.

En fonction de ce qui précède, j'ai l'impression qu'on proposerait à Marc de reprendre n'importe laquelle des chansons du répertoire de Why Not, il serait d'accord.

Dis, Marc, tu sais que j'adorerais chanter "Nights In White Satin" ?

Laurent, 7/02/2019 à 17:34

OK pour moi.

Je prendrai un remontant du 21e siècle.

Laurent, 7/02/2019 à 18:17

Polémiquons donc.

Oui, je suis d'accord. Les temps ont changé et le niveau d'exigence ambiant est supérieur à ce qu'il était. Mais c'est une exigence technique : il y a plus d'arrangements, de technique de son et de production derrière les morceaux. Ce que j'écris sur l'ordi est plus lisible et mieux mis en page qu'une lettre manuscrite. Mais ce n'est pas du Victor Hugo pour autant.

J'insiste sur le fait que si nous nous contentions à l'époque de morceaux qui sonnaient bien, sans trucages, c'était parce qu'ils sonnaient alors réellement bien. Et tout simplement parce que nous avions une qualité très banale : la grâce de la jeunesse.

Tu dis toi-même que nous cherchons à arrêter le temps. Et jouer de la musique est un moyen d'y parvenir. Mais les pédales et autres ne sont pour nous que des orthèses masquant nos insuffisances : elles ne remplacent pas l'allant et le talent.

Bon, un rocker a le droit d'avoir un petit coup de blues de temps en temps...

Promis, mon prochain mail sera joyeux, tonique et tourné vers des lendemains qui groovent.

Bises.

Claude, 7/02/2019 à 20:29

Je suis d'accord avec beaucoup de choses que tu écris, et, à l'évidence, les avancées technologiques ne remplacent pas le talent. Mais elles permettent à ce talent de s'exprimer d'une manière plus fine et plus personnelle.

Donne à un peintre deux couleurs pour exprimer son talent ; il y arrivera, certes ; mais donne-lui vingt couleurs, et demande-toi si le résultat ne sera pas plus proche de ce qu'il a dans la tête.

Quant au talent, chacun d'entre nous a celui que ses chromosomes, son éducation, sa culture, son intelligence, et surtout, son travail et ses efforts lui ont permis d'obtenir, et tout ça ne fait pas de nous des professionnels de la musique, sinon, ça se saurait. Mais, permets-moi de penser que la somme de tout ça n'est pas, non plus, complètement nulle.

Je t'embrasse.

Marc, 7/02/2019 à 23:33

Claude, j'ai cru un moment que tu plaisantais dans ton mail mais non, il est sérieux, le bougre !

Ton impression est la bonne : tu me proposerais de reprendre n'importe laquelle des chansons de mon ancien répertoire et je serais 200% d'accord. Avec le même allant...

Ce n'est ni touchant ni mignon et peu me chaut que ce soit Why Not ou Brain Arthrosis. C'est simplement que c'est cette musique-là, jouissive et jubilatoire, que j'aime JOUER ! Point barre.

C'est mon goût, je le revendique, toutes les pédales du monde n'y changeront rien et ça ne m'empêche nullement ni de jouer d'autres titres avec vous ni d'ECOUTER plein d'autres choses.

"Arrêter le temps" ? Mais non, juste faire que le temps passe le plus agréablement possible...

"Ressentir à quel point la mort n'est pas aussi proche que ça" ? Merde, ça devient mystique ou quoi ?

Hey, on parle juste de musique, de 7 notes plus ou moins agrémentées de quelques dièses et autres bémols !

Un petit mot sur "Sarbacane" : un bonheur pour un batteur, comme "Gaby oh Gaby" !

A mercredi, pour approcher la perfection !

Bises.

Claude, 8/02/2019 à 8:29

Bon, c'est ma façon d'exprimer les choses. Il faut toujours conceptualiser. J'écouterai "Sarbacane" et j'étais très sérieux pour tout y compris pour le Moody Blues.

Pas d'observations pour le programme de Mercredi ?

Bon week-end.

Nico, 8/02/2019 à 8:52

Moi j'ai toujours adoré Cabrel (j'avoue tout) Sarbacane y compris.

Pour le reste, je me dis que vous avez une pêche d'enfer et que l'important c'est que ça sonne et qu'on prenne du plaisir.

Après qu'on ait la bonne guitare, le bon effet... dans une certaine mesure, on s'en fiche.

Bon week-end, je m'envole pour Liverpool ce soir, je penserai forcément à vous et aux 4 autres.

Marc, 8/02/2019 à 9:34

Salut Nico,

Liverpool ? Wow, la chance !

J'ai fait ce "Beatles' tour" il y a quelques années et c'est un vrai régal : Hard day's night hotel, Magical Mystery Tour, concert au Cavern Club, pèlerinage à Penny Lane et à Strawberry Field et tous les moindres coins de rues, qui fourmillent de petits détails.

Sans oublier l'incontournable "Beatles Story Exhibition".

Tu vas kiffer grave.

Tu peux voir quelques (modestes) photos sur mon blog (www.leblogtrotteur.com, <Monde> <Royaume-Uni> <Merseyside>, ou en passant par l'index <Liverpool>)

Toi tu vas peut-être penser à nous mais moi, je penserai certainement à toi !

Eclate-toi un max et raconte-nous tout ça mercredi au dîner.

La bise aux Fab Four.

Laurent, 8/02/2019 à 13:25

Super. Je compte bien y aller un jour. J'aimerais bien aussi voir un match à Anfield rd mais c'est coton pour avoir des places. Enjoy !!

Marc, 8/02/2019 à 17:43

J'ai pris l'initiative de faire les réservations pour les répétitions de mars, en me référant aux données du Framadate.

Ça donne :

1. mercredi 13 février 21h-24h (3h, au complet)
2. lundi 25 février 20h-24h (4h, au complet)
3. jeudi 7 mars 19h-22h (3h, sans Nico)
4. lundi 18 mars 19h-22h (3h, sans Philou)
5. jeudi 21 mars 21h-24h (3h, sans Nico)
6. jeudi 28 mars 19h-23h (4h, au complet)

J'espère que ça convient à tout le monde...

Bon Liverpool à Nico et à mercredi prochain.

Claude, 8/02/2019 à 17:55

Ça me convient très bien.

Bravo Marc, tu as réussi à rétablir une situation qui était assez compromise ; grâce à toi, nous allons pouvoir continuer à faire des progrès.

Laurent, 10/02/2019 à 19:21

Salut à tous,

En vue de la prochaine répé et par souci de commodité, j'ai :

- mis les tons des morceaux ainsi que quelques précisions directement sur la setlist du Cloud, avec mes interrogations quand j'avais un doute puisque je n'étais pas là lors de la dernière répé. Facile donc d'y apporter des corrections - comme l'avait suggéré il était une fois Philou...

- établi une suggestion de canevas de "midnight rambler" que je vous mets en pièce jointe. Juste pour avoir des repères et ne pas s'égarer dans des longueurs fatales car nous ne sommes pas les Stones.

Tout cela pour éviter de se perdre dans des enchaînements de mails car je vous avoue avoir eu du mal à retrouver la liste établie par Claude pour ce mercredi prochain. Bises.

Marc, 10/02/2019 à 20:11

Merci Laurent pour ce précieux découpage de "Midnight Rambler".

Je me permets simplement de préciser que ce que tu intitules "accélération" est en fait le passage d'un rythme ternaire en rythme binaire, puis inversement. Explication mercredi.

Je me suis également permis de remettre en forme la setlist avec tes indications.

Qui dîne mercredi ?

Bises.

Claude, 10/02/2019 : 21:27

Merci Laurent, pour ce découpage, même si j'avais passé une partie de l'après-midi à tenter de suivre le plus fidèlement possible la version du Madison Square Garden. Quant à la tonalité, je me suis calé sur celle des Stones dans la mesure où j'emploie le même harmonica que Mick, en tonalité de Mi.

Pour le reste, Marc, je suis à ta disposition, si tu passes me chercher, en particulier pour débuter par un dîner.

Marc, 11/02/2019 à 8h44

Claude, 18h30 en bas de chez toi jeudi, pour aller dîner tranquillement ?

Claude, 11/02/2019 à 8/47

Avec grand plaisir ! À Mercredi.

Marc, 11/02/2019 à 8:48

Mercredi, bien sûr ! Pas jeudi !

Nico, 11/02/2019 à 9/26

Hello, Jj ne suis pas certain d'être du dîner, possible qu'il faille que je repasse chez moi avant la répétition pour des questions de logistique enfants.

A mercredi.

Marc, 11/02/2019 à 15:25

Salut les musicos,

Je vous transfère la réponse du responsable de l'animation (un copain) que j'ai eue suite à ma proposition de concert à Clairis le 6 juillet.

À nous maintenant d'assurer, il y va notamment de ma réputation locale.

J'aime assez la traduction de notre nom de groupe. Il ne croit pas si bien dire.

On en parle mercredi et je recontacte mon pote.

"Bonjour Marc,

Superbe proposition ! Il faut qu'on cale ensemble les modalités en intégrant a priori l'hypothèse d'une météo défavorable, quitte à envisager le plein air si c'est finalement possible. Dis-moi ce dont vous avez besoin pour que cela se passe le mieux possible.

Un grand merci,

PS : Très bien le nom de ton Groupe. Si on devait absolument traduire (les Français ne sont pas doués pour les langues) on mettrait "Prise de tête" ? :-)"

Nico, 11/02/2019 à 15/34

Whoua, super nouvelle Marc, merci !

Au boulot !!!!!! :-)

Claude, 11/02/2019 à 16/57

Je ne comprends pas pourquoi Marc écrit : "il ne croit pas si bien dire".

Je commence dès maintenant à chercher un costume de scène !

Laurent, 11/02/2019 à 22:50

Évite une tenue nombril à l'air s'il te plaît !

Marc, 12/02/2019 à 14:32

Hi guys,

Claude, j'ai comme l'impression qu'on va se retrouver tous les deux pour dîner demain soir.

Ceci étant, c'est plus simple pour moi que de manger un morceau avant de partir.

What do you think ?

Claude, 12/02/2019 à 20:26

Bonsoir Marc, désolé, je n'ai pas été très connecté aujourd'hui, mais, bien sûr, ce sera un grand plaisir de dîner en tête-à-tête avec toi, d'autant qu'on peut même éviter cette pizzeria de merde, en s'y prenant bien. A demain !

Marc, 12/02/2019 à 20:55

Ça marche. A demain.

Nico, 13/02/2019 à 9:42

Hello, finalement je suis dégagé de toutes responsabilités parentales ce soir et pourrai donc, si c'est encore d'actualité, me joindre à vous pour le dîner avant la répète.

Claude, 13/02/2019 à 10:11

Parfait, les amis ! Je me disais seulement qu'on pourrait tenter de s'affranchir de la pizzeria d'à côté...

Claude, 13/02/2019 à 10:14

Le "Vaudésir".

On dirait que ça a l'air pas mal. C'est au 41 de la rue Dareau.

Nico, 13/02/2019 à 10:24

Perfect.

Claude, 13/02/2019 à 10:40

Bonjour les gastronomes ; j'ai réservé une table, ce soir à 19h30 au bistrot "Le Vaudésir", 41 rue Dareau.
J'ai donné mon nom et dit qu'on serait entre 3 et 5 personnes.

Si Laurent et Philou se manifestent, ça sera plus simple.

Philou, 13/02/2019 à 11:33

Hello,
Je vous rejoins directement au studio !
Bon app' !

Marc, 14/02/2019 à 9:13

Salut à tous,

Après cette brillante répétition (je le dis parce que je n'ai pas encore écouté l'enregistrement, dont vous aurez bientôt la primeur), j'ai besoin de quelques précisions:

1. tout d'abord que vous me précisiez bien que vous êtes tous OK pour le 6 juillet
2. et ensuite que nous fassions le point sur le matos dont chacun dispose et sur le nombre d'entrées dont chacun a besoin sur la table de mixage.

Ce serait assez sympa de me répondre rapidement.

Bises à tous et je m'attaque à l'enregistrement dès dans pas longtemps.

Nico, 14/02/2019 à 9:33

Hello Marc !

J'ai donc un ampli basse deux corps Ampeg: tête V4BH 100W tout lampe et cabinet 4*10 in. Aussi un micro Shure SM58 et XLR et pied de micro.

Je suis dispo le 6 juillet ! Merci patron.

Claude, 14/02/2019 à 9:35

Bonjour Marc.

J'affirme, à nouveau, mon plein accord pour le 6 juillet ainsi que pour tout engagement national ou international qui serait proposé à Brain Arthrosis.

Les questions techniques sont plus délicates à résoudre du fait de mes lacunes sur l'évolution des matériels de sonorisation (coût d'un équipement de retours « in ear ») mais j'ai mon micro personnel et je ne vois pas de quoi je pourrais avoir besoin, à part ça (des cordes vocales neuves ?), donc, 1 entrée.

Bises.

Marc, 14/02/2019 à 9:39

Merci Nico, c'est bien mais tu devras passer l'oral de rattrapage, tu as oublié de dire que tu avais aussi une basse !

Marc, 14/02/2019 à 9:41

Claude Ranval : clair et en progrès pour la concision, reçu !

Nico, 14/02/2019 à 10:03

J'en ai même deux ! :-)

Nico, 14/02/2019 à 11:15

Salut les amis.

Il y a peut être une possibilité d'utiliser un studio de répétition de folie en bas de ma tour à La Défense mais a priori le mardi soir (20h minuit). Quelqu'un a-t-il une objection pour le mercredi soir dans l'absolu ?

Claude, 14/02/2019 à 11:16

Pas moi.

Marc, 14/02/2019 à 11:25

Le mardi impossible mais le mercredi sans problème !

Claude, 14/02/2019 à 11:54

Bonjour les amis. Dans la mesure où Marc nous demande de fournir les éléments nécessaires à la constitution de la fiche technique de Brain Arthrosis, je pense utile que vous preniez connaissance des documents ci-joints.

Bonne lecture !

Nico, 14/02/2019 à 12:00

Merci Claude.

Sur le même thème, si on commence à jouer pas mal et à vouloir pouvoir jouer un peu partout, la constitution d'une association loi 1901 peut être une bonne idée.

Ça donne un statut juridique qui permet de couvrir notamment les aspects assurances. Nécessaire pour jouer dans certaines salles.

Claude, 14/02/209 à 12:03

Voilà "Life During Wartime" des Talking Heads (1979) en version studio, et en public. Je le redis, pas inaccessible techniquement, et un rythme, un groove qui devrait faire bouger tout le public, et le rendre heureux, pour reprendre une expression chère à Marc. Et je pense que c'est un régal, tant pour le bassiste que pour le batteur.

Je n'envoie pas ça à nos guitaristes pour l'instant, pour ne pas les traumatiser.

Bises.

Laurent, 14/02/2019 à 12:11

J'ai l'impression d'être spammé par l'un d'entre vous car mes messages me reviennent... Celui-ci passera-t-il ?

J'ai une guitare, une pédale multi effets et une basse Höfner de secours. Ok pour le 6/7.

Nico, 14/02/2019 à 12:14

Pas d'opposition ça peut effectivement bien marcher. Après honnêtement je ne suis pas fan du morceau, mais en concert ça peut donner en effet.

Ah si tu me prêtais la Höfner ça pourrait avoir de la gueule pour les Beatles! :-)

Laurent, 14/02/2019 à 12:26

Très belle idée. Elle meurt d'envie de revivre.

Philou, 14/02/2019 à 13:03

Ok pour le 6, j'ai une Stratocaster et une pédale de disto (sans pile pour l'instant :-)

Claude, 14/02/2019 à 13:22

Chers amis,

Je vous propose le programme suivant pour les 4 heures de la répétition du lundi 25 février. Je me suis limité à 12 morceaux, dans la mesure où il y a des nouveautés absolues, et puis rien ne nous empêchera, s'il nous reste du temps de répondre aux demandes individuelles de ceux qui estiment que l'on n'a pas joué tel ou tel morceau depuis longtemps. Quelques commentaires, après.

1. Honky Tonk Women
2. Midnight Rambler
3. Sweet Virginia
4. Ticket To Ride
5. Eight Days A Week
6. Something
7. Money For Nothing
8. When I Still Have Thee
9. Baby Blue
10. Need You Tonight
11. Crazy Little Thing Called Love
12. I Can't Explain

"Sweet Virginia" n'a, à mon avis, aucun sens si ce n'est pas joué sur une acoustique. En tout cas, ma tonalité harmonica est La (comme Jagger).

"Eight Days A Week" ne devrait pas poser trop de problèmes

"Need You Tonight" est la grosse nouveauté, et le gros point d'interrogation. On devrait pouvoir surmonter l'absence de synthétiseur ; d'ailleurs, vous jetterez une oreille sur la reprise qu'en fait Bonnie Raitt dont le moins qu'on puisse dire est qu'elle n'a pas pas une sensibilité très électro. Regardez aussi la reprise de Liv Tyler, simplement parce que Liv est "hot".

Comme d'habitude, je reste ouvert à toutes les corrections, objections, etc que vous voudrez bien me renvoyer.

Bises à tous ; je m'occupe de chercher un ou plutôt une spécialiste des touches blanches et noires ; et si elle chante, en plus, ça pourra pas faire de mal.

Nico, 14/02/2019 à 13:49

Je veux bien juste mettre "ticket to ride" vers la fin si possible.

Claude, 14/02/2019 à 14:03

C'est une option possible, cher Nico. Cependant si j'ai choisi de mettre "Ticket To Ride" en 4ème position, c'est parce que mon registre aigu avait salement disparu, hier soir, dans la dernière heure de répétition. J'essaie de caser les difficultés vocales au début...

Nico, 14/02/2019 à 14:25

Ok pas de problème.

Claude, 14/02/2019 à 14:25

"groupe reprises (des 60's à nos jours) pop et rock, (chanteur, basse, batterie, 2 guitaristes) cherche son ou de préférence sa pianiste/synthétiseurs. Quelques talents de choriste sont bienvenus. Répétitions chaque semaine dans local équipé parisien. Concerts à venir. "

Ci-dessus le texte de l'annonce que je viens de déposer sur Oazic.

Claude, 14/02/2019 à 14:28

Et puis "Ticket To Ride" n'est tout de même pas en ouverture. Les 3 premiers morceaux vont nous permettre de nous chauffer la voix.

Claude, 14/02/2019 à 14/:51

J'ai passé à peu près la même annonce sur Audiofanzine, et j'ai pris l'initiative de payer 29€ pour 1 mois, afin que mon annonce se retrouve chaque jour automatiquement en haut de la première page. On n'a rien sans rien !

Laurent, 14/02/2019 à 15:15

20h ça risque d'être short car je viens de Nogent sur Marne... Mais pourquoi pas de temps en temps tout en conservant des jeudis à 19h dans le 14e.

Nico, 14/02/2019 à 15:16

D'acc on peut l'envisager comme un backup/créneau additionnel last minute.

Marc, 14/02/2019 à 16:53

Salut à tous,

Merci à Claude pour la petite annonce, en espérant que ça va porter quelques fruits, et pour le programme à venir sur lequel je n'ai pas d'objection particulière.

Merci à Nico pour la proposition de salle de répete. Puisque Laurent risque d'être short à 20h, on pourrait peut-être envisager 20h30 ?

Merci à tous pour les précisions concernant le matos. Je vais mettre ça à profit dès que possible.

Voici le lien pour télécharger la répétition d'hier soir que je prendrai le temps d'écouter ce WE.

Je joins également le projet d'affiche pour notre concert du 6 juillet. Ce n'est qu'un premier jet, à peaufiner selon vos suggestions.

Bises à tous.

Claude, 14/02/2019 à 17:52

Pas mal, l'affiche ! Y'en a 3 qui sont un peu moins sexy que les 2 autres, mais à part ça...

Marc, 14/02/2019 à 19:02

Oui, c'est vrai que les deux de la section rythmique…

Marc, 17/02/2019 à 18:44

Salut les musicos,

Je suis actuellement à Cannes chez mon fils.

Je vous ai envoyé un mail concernant le matériel dispo à Clairis pour le 6 juillet mais je ne suis pas sûr qu'il soit arrivé à destination.

Je le renvoie et désolé s'il fait double emploi.

Clairis met donc à notre disposition une table de mixage 8 entrées et 2 retours de scène sur pied.

Nous avons besoin d'une entrée pour Claude et de deux entrées pour chacun des trois guitaristes soit 7 au total. Il semblerait que les retours se branchent sur une sortie auxiliaire. Reste 1 entrée pour la batterie : dois-je faire l'acquisition d'une petite table perso que l'on reprendra ensuite sur la table principale ?

Comme je n'y connais rien, j'ai contacté Shitty par mail pour qu'il me renseigne et qu'il nous fasse un schéma de branchement.

Je dois l'avoir au téléphone demain pour de plus amples explications.

Je vous tiens au courant bien entendu.

Bises.

Nico, 17/02/2019 à 19:12

Hello Marc,

La question que je me pose est: est il nécessaire de repiquer les amplis guitare et basse ?

Je ne me rends pas compte de la taille de la scène.

Les retours dont tu parles sont-il amplifiés ? Sinon il manque un ampli dans la configuration que tu décris.

In fine, je me demande si on ne va pas avoir besoin de louer carrément une sono un peu costaud.

Claude, 18/02/2019 à 20:30

Chers amis,

Je vous confirme, par le présent mail, que la réunion des prestataires et intervenants pour la soirée du Vendredi 17 mai aura bien lieu, autour de M. Bruno Frédéric, au restaurant "La Cipale", 51 avenue de Gravelle, (75012 Paris, tél. : 01 43 75 54 53) le Jeudi 14 mars, à 10 heures.

Nico, 19/02/2019 à 11:02

Hello les amis. Personne n'a écouté la répétition de mercredi dernier où personne ne veut se prononcer...?

Nico, 19/02/2019 à 11:04

Sauf erreur de ma part on n'a qu'une répétition par mois tous ensemble dans le mois et demi qui vient. Il serait à mon sens de bon ton d'identifier les priorités dans les devoirs à la maison a faire pour avancer. Je crains sinon qu'on en soit au même point dans deux mois.

Claude, 19/02/2019 à 11:04

Bonjour Nico, je l'ai écoutée entièrement. Beaucoup de fausseté dans les voix mais on s'entendait très mal.

Nico, 19/02/2019 à 11:05

Je suis d'accord avec ce constat.

Claude, 19/02/2019 à &11:05

Tu as raison, le temps presse.

Nico, 19/02/2019 à 11:05

En particulier en ce qui me concerne, complètement à côté de la plaque sur les chœurs. Je m'en excuse et vais faire attention à bien m'entendre à la prochaine repet.

Claude, 19/02/2019 à 11:06

Ne te flagelle pas trop.

Nico, 19/02/2019 à 11:07

Je suis juste objectif. Rien d'alarmant, mais comme tu le dis il est vital que l'on s'entende un minimum.

Claude, 19/02/2019 à 11:11

Excellent concert de mon frère Dimanche même si les voix étaient pas toujours justes, comme quoi l'essentiel n'est pas là.

Marc, 19/02/2019 à 17:22

Les amis,

Je réponds aux échanges de Claude et Nico sur WhatsApp.

Bien sûr que j'ai écouté le dernier enregistrement puisque j'en ai fait le montage, et j'ai abouti aux mêmes conclusions.

Je pense que nous avons chacun une oreille suffisamment exercée pour déceler nos imperfections et tenter de les corriger.

Mais encore une fois, nous n'aboutirons à rien de satisfaisant si régularité et motivation ne sont pas au rendez-vous.

Je vais donc donner mon sentiment. Je ne prends pas en compte les fins hasardeuses qui ne sont qu'un point de détail à régler facilement.

1. Dead Flowers : oui
2. Honky Tonk Women : oui
3. Jumpin' Jack Flash : oui
4. Midnight Rambler : oui
5. Money For Nothing : oui
6. When I Still Have Thee : voix
7. I Can't Explain : batterie et solo
8. Baby Blue : pont et solo
9. Sunshine Of Your Love : batterie
10. Something : oui
11. Ticket To Ride : voix
12. Back In The USSR : oui

J'ai eu Shitty au téléphone qui me conseille une table à 12 entrées, soit amplifiée soit avec ampli extérieur, 2 grosses enceintes dirigées vers le public et deux retours pour nous.

Il est pour le repiquage des amplis guitares avec des micros (de simples micro chants suffiront).

En ce qui me concerne, j'ai 3 micros pour les fûts, 1 micro pour la grosse caisse, 2 overheads pour les cymbales et le charley, tous les pieds et les câbles.

Il conseille de louer tout ça au plus près, (j'ai trouvé une adresse à Sens). Le prix est variable selon la puissance demandée, probablement entre 300 et 500€. C'est le loueur qui définira la puissance en fonction du lieu et du nombre de personnes.

J'ai par ailleurs contacté mon copain qui avait fait l'année dernière le même genre de concert au même endroit. Il s'en était sorti avec le matos local, déjà décrit : 2 chanteurs, 2 guitares, 1 basse, 1 clavier et 1 batterie électronique.

Les 8 entrées étaient suffisantes puisque la batterie ne nécessitait qu'une seule entrée. La table est amplifiée. On trouve des tables de mixage neuves à 12 voire 16 voies pour moins de 500€.

Un micro pour reprise d'ampli guitare coûte une trentaine d'euros.

Un système d'amplification complet (table, ampli, enceintes) tourne autour de 1200€ et il existe beaucoup de sites de matériel d'occasion.

Au final, personnellement je n'y connais rien et n'y comprends rien.

Comme dirait l'autre, we keep in touch.

Claude, 21/02/2019 à 8:27

Bonjour. Je suis en contact avec un type qui joue des claviers. Au cas où, pourrais-je lui dire de nous rejoindre le 7 mars au studio ? Serons-nous tous les 5 ce jour-là ? Bises.

Marc, 21/02/2019 à 8:33

Il me semble que Nico est absent le 7 mars.

Claude, 21/02/2019 à 8:34

Fâcheux.

Marc, 21/02/2019 à 8:34

Mais on peut tout de même l'accrocher, non ?

Nico, 21/02/2019 à 8:36

En effet je serai absent mais pour rappel nous n'avons que deux répètes au complet dans les deux mois qui viennent donc il serait préférable qu'il vienne le 7 même si je ne suis pas là.

Et ce peu de répètes nécessite qu'on bosse vraiment en amont et qu'on soit efficace.

Claude, 21/02/2019 à 8:48

D'accord.

Laurent, 21/02/2019 à 9:55

Salut les copains ! Il ne peut pas venir lundi prochain où nous serons au complet ?

Marc, 21/02/2019 à 10:44

Ce serait effectivement excellent d'autant que nous avons 4h.

Mais j'imagine que Claude l'a proposé !

Claude, 21/02/2019 à 10:44

Non, nous avons un programme très particulier lundi prochain. Je préfère concocter un programme "spécial claviers" pour le 7/03.

Marc, 21/02/2019 à 10:45

Ah non, pas d'accord, là ! Il faut profiter du fait que nous sommes au complet !

Claude, 21/02/2019 à 10:47

Ce serait idéal. Après lundi prochain quel jour seront-nous au complet ?

Nico, 21/02/2019 à 10:47

Le 28 mars...
Qu'il vienne une heure lundi pour un test.

Claude, 21/02/2019 à 10:52

Tout ça demande réflexion. Je travaille un peu ce matin, et vais à un enterrement cet après-midi.

Marc, pourrais-je te demander de me refaire un mail avec la liste des présents pour les répétitions de mars. D'avance, merci.

Et, de toutes façons je n'ai pas encore eu le dénommé Christophe au téléphone !

Laurent, 21/02/2019 à 10:57

Je pense que pour un premier contact, le programme importe peu. Il suffit de le voir et de l'entendre jouer qq minutes et nous saurons tout de suite. Lui aussi d'ailleurs.

Et la première conversation téléphonique avec lui suffira peut-être...

Claude, 21/02/2019 à 10:58

Je vous tiens au courant.

Marc, 21/02/2019 à 11:02

Claude, je ne suis pas chez moi mais aux toboggans et balançoires cannois.

Tu vas devoir attendre pour le mail, que tu devrais retrouver dans tes archives !

Philou, 21/02/2019 à 11:06

Hello ! Bad news, je ne serai pas à Paris la semaine du 22 au 28 mars... on peut envisager 2 répétitions sur 1 semaine?

Marc, 21/02/2019 à 12:33

Les mains m'en tombent des bras !

Claude, 21/02/2019 à 12:34

Ce qui est gênant pour un batteur.

Nico, 21/02/2019 à 13:17

Je propose qu'on recrute un deuxième bassiste et un 3ème guitariste pour avoir une chance de faire plus d'une répète à 5 par semestre !

Blague à part on est quand même un peu mal barré à ce rythme...

Marc, 21/02/2019 à 13:22

Je ne te le fais pas dire !

Claude, 21/02/2019 à 13:26

En tout cas j'ai eu un bon contact avec le Christophe en question.

Marc, 21/02/2019 à 13:29

Alors tu le fais venir rapidos et on se cale sur quelques titres dans lesquels il assurera le solo.

Nico, 21/02/2019 à 13:20

Claude, je viens de te renvoyer le planning des répétitions de février mars.

Claude, 21/02/2019 à 13:35

Merci. Je vais essayer de faire au mieux.

Nico, 21/02/2019 à 13:37

Au risque de paraître insistant, je sais bien que nous sommes dans une démarche amateur pour laquelle le niveau d'exigence doit être adapté, mais en l'état après des débuts prometteurs je nous trouve en recul. Y'a-t-il un problème de motivation ? Pas en ce qui me concerne malgré les deux absences préjudiciables de mars mais c'est tout à fait conjoncturel soyez en assurés.

Ça me rassurerait que tout le monde confirme sa motivation pour notre sympathique projet. Point de drame, mais dans ces vies bien remplies, il faut quand même assurer le minimum de régularité et de préparation pour prendre du plaisir in fine.

Espérant ne pas être trop direct, mais il fallait que ce soit dit. Vous pouvez me virer pour insubordination si mon ton est trop brutal !

Marc, 21/02/2019 à 13:41

Totalement d'accord avec Nico.

Mis à part le fait que je serai absent la 1ère semaine d'avril, je pense avoir donné tous les gages de ma motivation.

Mais là, je commence à perdre courage...

Claude, 21/02/2019 à 13:43

100% d'accord avec toi et il se pourrait même que je me montrasse plus brutal. Ne vous laissez pas aller au découragement, je vous en prie.

Imparfait du subjonctif dans un SMS, faut le faire !

Philou, 21/02/2019 à 13:59

Je suis motivé ! Mise à part la tuile de fin mars qui vient de tomber mes dispos le prouvent également. Je suis dispo pour trouver un autre créneau mi-mars.

Laurent, 21/02/2019 à 14:03

Je suis, et vous le savez, totalement motivé.

Marc, 21/02/2019 à 14:06

Aucun autre créneau où nous soyons au complet en mars (cf framadate).

Nico, 21/02/2019 à 14:07

Top tout ça, du coup en avant Guingamp ! Une répète voix comme chez Philou l'autre fois peut valoir le coup !

Laurent, 21/02/2019 à 14:09

Absolutely ! Je pense que même si nous ne sommes que 4 au studio, on avance quand même. Et 3 ou 4 ailleurs pour les voix aussi.

Bravo Nico d'avoir remonté le moral à tous !

Nico, 21/02/2019 à 14:13

Lundi prochain on envoie du gros rock'n'roll !!

Claude, 21/02/2019 à 18:58

Bonjour Christophe,

Notre groupe porte le nom très improbable de BRAIN ARTHROSIS...

Les membres :

- Philippe, dit Philou, lead guitar, chant
- Laurent, guitare rythmique
- Nico, guitare basse, chant
- Marc, drums.
- Claude (moi-même), chant, harmonica.

Voici une liste assez complète de tous les morceaux que nous travaillons ou que nous allons travailler, liste non fermée, bien évidemment, et qui s'enrichira, par exemple, de tes contributions, si tu intègres BA. N'apprends, pour l'instant, aucun morceau ; contente-toi de les imprimer, les écouter, et éventuellement de les classer (par exemple, j'aime, j'aime moyen, j'aime pas) ; si tu as 90% de j'aime pas, il vaut peut-être mieux me prévenir, et qu'on en reste là !

1. Superstition - Stevie Wonder
2. Rock N' Me - Steve Miller Band
3. Born To Be Wild - Steppenwolf
4. Sweet Virginia - Rolling Stones
5. Start Me Up - Rolling Stones
6. Paint It Black - Rolling Stones

7. Dancing With Mr. D - Rolling Stones
8. I Want To Break Free - Queen
9. Crazy Little Thing Called Love - Queen
10. Wish You Were Here - Pink Floyd
11. Rockin' In The Free World - Neil Young
12. Communication Breakdown - Led Zeppelin
13. I Love Rock N' Roll - Joan Jett
14. Purple Haze - Jimi Hendrix
15. All Along The Watchtower - Jimi Hendrix
16. Need You Tonight - INXS
17. Long Cool Woman - Hollies
18. Twenty Flight Rock - Eddie Cochran
19. Hotel California - Eagles
20. Green River - Creedence Clearwater Revival
21. Down On The Corner - Creedence Clearwater Revival
22. Drive My Car - Beatles
23. You Shook Me All Night Long - AC/DC
24. Shoot To Thrill - AC/DC
25. Highway To Hell - AC/DC
26. Sharp-Dressed Man - ZZ Top
27. Under My Thumb - Rolling Stones
28. The Last Time - Rolling Stones
29. It's All Over Now - Rolling Stones
30. The One I Love - REM
31. All Day And All Of The Night - Kinks
32. The Wind Cries Mary - Jimi Hendrix
33. Little Wing - Jimi Hendrix
34. Call Me The Breeze - J.J. Cale
35. Summertime Blues - Eddie Cochran
36. Proud Mary - Creedence Clearwater Revival
37. Johnny B.Goode - Chuck Berry
38. My Back Pages - The Byrds
39. Eight Days A Week - The Beatles
40. Gaby, Oh Gaby - Alain Bashung
41. Back In The USSR - Beatles
42. Ticket To Ride - The Beatles
43. Something - The Beatles
44. Sunshine Of Your Love - Cream
45. Baby Blue - Badfinger

46. I Can't Explain -The Who
47. When I Still Have Thee - Teenage Fanclub
48. Money For Nothing - Dire Straits
49. Midnight Rambler - Rolling Stones
50. Jumpin' Jack Flash - Rolling Stones
51. Honky Tonk Women - Rolling Stones
52. Dead Flowers - Rolling Stones

Certains morceaux ont d'ores et déjà été abandonnés, mais ce n'est pas grave, ça te donnera une idée de nos goûts (lesquels sont multiples et parfois opposés).

Je te le confirmerai très bientôt, mais il n'est pas impossible que la première répétition au cours de laquelle nous t'accueillerons soit le **Lundi 18 mars de 19 à 22 h**. Il manquera malheureusement, ce jour-là, notre talentueux guitariste soliste, mais au moins, ça donnera toute la place au clavier. J'essaierai, au moins une semaine avant cette date, de te communiquer un programme d'une dizaine de morceaux, pris dans la liste ci-dessus, et qu'il faudra APPRENDRE, dans la mesure du possible.

Je suis à ta disposition pour toute question, remarque, explication.

A très bientôt, bien amicalement.

Nico, 22/02/2019 à 16:14

Philou, je t'amène un peu de matos lundi, avec power supply !

Claude, 22/02/2019 à 16:15

Belle initiative !

Philou, 22/02/2019 à 16:32

Whouah pas mal !

Laurent, 22/02/2019 à 18:10

Avec ma p'tite pédale j'aurai l'air d'un c..., ma mère,
Avec ma p'tite pédale j'aurai l'air d'un c...
Et si on jouait du Brassens ?

Claude, 22/02/2019 à 18:11

Laurent, tu devrais te mettre à la trompette, tu n'aurais plus de problème.

Claude, 22/02/2019 à 18:15

Très chers musiciens et poètes,

J'ai repris la liste des 52 chansons qui ont l'honneur de faire partie de la liste que nous avions, à grand peine, réussi à faire nôtre, et je les ai classées par année de parution.

On a quelques rockabilly dans les années 50, mais le gros de la troupe se concentre dans les années 60 ainsi que vous pourrez le vérifier sur l'histogramme ci-joint. Les années 70 et 80 sont correctement représentées, mais ensuite, c'est le grand désert, à part l'incongruité représentée par le Teenage Fanclub de 2010.

Il s'agit d'un grave échec de notre tentative de balayer l'histoire de la musique de 1957 à nos jours, et il est de la plus haute importance que la période 1990-2019 soit dignement représentée. Il faudra absolument se mettre à l'ouvrage pour enrichir notre setlist en ce sens. Cela s'appelle la parité et vous savez que c'est l'une des valeurs cardinales de notre glorieux siècle.

Dans le même ordre d'idées, j'ai remarqué un net déséquilibre en faveur des musiciens de sexe masculin au sein de Brain Arthrosis, lequel va à l'encontre des valeurs républicaines. Je suggèrerais, sur la base du volontariat, évidemment, que Laurent s'occupe de châtrer un ou deux d'entre nous, de façon à rétablir cette parité, clé de l'harmonie universelle. Pensez-y. La perfection de cet équilibre sera la source de notre bonheur.

Nico, 23/02/2019 à 10:35

Pour les ceusses qui auraient du mal à retrouver les mails, la liste à bosser ou re-bosser pour lundi !

1. Honky Tonk Women
2. Midnight Rambler
3. Sweet Virginia
4. Ticket To Ride
5. Eight Days A Week
6. Something
7. Money For Nothing
8. When I Still Have Thee
9. Baby Blue
10. Need You Tonight
11. Crazy Little Thing Called Love
12. I Can't Explain

Philou, 23/02/2019 à 10:54

"Sweet Virginia" sans acoustique ça va être étrange. Laurent t'as un effet acoustique ?

Claude, 23/02/2019 à 10:56

J'avais effectivement indiqué que "Sweet Virginia" n'avait pas de sens sans guitares acoustiques.

Nico, 23/02/2019 à 11:03

Du coup on la garde pour plus tard ? En même temps ce n'est pas une chanson qui nécessite beaucoup de pratique, d'une simplicité enfantine et pouvant être jouée un peu à l'arrache à mon sens.

Claude, 23/02/2019 à 11:06

Je pense que l'on peut voir ce que ça donne sur nos instruments électriques car il y a des choses à mettre en place sur la section rythmique, les voix, mais sur scène, la seule option sera acoustique.

Laurent, 23/02/2019 à 14:18

Oui, j'ai acoustique.
Et pour le jour J, j'ai guitare acoustique, œuf corse.

Claude, 23/02/2019 à 14:21

Donc, tout baigne !

Nico, 23/02/2019 à 19:22

Claude, pour "8 days a week" tu as pu te pencher sur la tonalité ? Ça me semble trop haut sur l'originale.

Claude, 23/02/2019 à 19:24

Je le chante dans la tonalité originale mais en répétition ça sera peut-être plus compliqué. Je vais y retourner.

Nico, 23/02/2019 à 19:27

J'ai du mal à le chanter de bout en bout sur l'originale ça me semble vraiment haut perché.

Claude, 23/02/2019 à 19:28

Je fais le point et je te dis.

Nico, 23/02/2019 à 19:28

Perfect !

Laurent, 23/02/2019 à 19:44

J'me disais bien aussi…

Marc, 23/02/2019 à 19:59

Les amis,

Mes obligations de papy rocker ayant pris fin, j'ai prêté un oeil attentif à vos nombreux échanges épistolaires et je suis effondré.

Personne n'a abordé le véritable sujet : mange-t-on un morceau demain soir avant la répétition de 20h ?

Claude, 23/02/2019 à 20:43

Ce serait très sympathique.

Laurent, 23/02/2019 à 20:43

Fort sympathique mais sans moi.

Claude, 23/02/2019 à 21:04

Après vérification, je dirais que la tonalité originale me convient.

Nico, 23/02/2019 à 21:16

OK.

Nico, 23/02/2019 à 23:38

Ça me dit bien sachant que j'aurai du mal à être sur zone avant 19h, donc peut être un peu juste mais jouable.

J'ai bien aimé le petit troquet de la dernière fois.

Claude, 23/02/2019 à 23:54

Je vote pour le Vaudésir.

Claude, 24/02/2019 à 7:58

Quant à "Need You Tonight", aucun souci de tonalité et pas de chorus de guitare à apprendre pour Philou !

Marc, 24/02/2019 à 8:27

Je pensais plutôt juste à une salade au Marriott, rapidos !

Le Vaudésir sera trop juste !

Nico, 24/02/2019 à 8:40

Et bon anniversaire Marc et Laurent si j'ai bien compris! Février, les mois des champions !

Vaudésir sont des ordres !

Marc, 24/02/2019 à 8:41

Merci Nico, on va faire avec !!!

Marc, 24/02/2019 à 8:49

C'était juste une suggestion.

Claude, je passe te prendre à 18h10 ?

Laurent, 24/02/2019 à 9:10

Merci Nico. On avance, on avance, on avance... Et si on jouait du Souchon ?

Nico, 24/02/2019 à 9:17

Ah là si vous voulez que je quitte le groupe on peut effectivement regarder du côté de Souchon et Voulzy !

Marc, 24/02/2019 à 9:18

Souchon, Voulzy, tout de suite les gros mots !!!!

Claude, 24/02/2019 à 9:19

Toute proposition de chanson nouvelle doit être soumise au vote et éventuellement au veto de chacun. Ce n'est pas un problème.

Marc, 24/02/2019 à 9:21

Je propose Téléphone !

Nico, 25/02/2019 à 18:56

Claude, Marc, je suis en route. Auriez vous l'extrême bonté de me commander une salade Cesar ?

Marc, 25/02/2019 à 18:57

Bien sûr !

Claude, 25/02/2019 à 18:57

Il y a un sauté de veau en plat du jour.

Nico, 25/02/2019 à 19:02

Je reste sur la salade Cesar !

Marc, 25/02/2019 à 19:03

Pas de problème !

Philou, 25/02/2019 à 19:04

Je vous rejoins directement au studio.
Bon ap' !

Marc, 26/02/2019 à 12:09

A écouter avec abnégation !!!
Je propose les solutions suivantes.

Nico, 26/02/2019 à 15:44

Aïe, ça fait mal....

Marc on est exposé à quelles pénalités pour l'annulation du concert du 6 juillet ?

Plus sérieusement, c'est un peu préoccupant.

Marc, 26/02/2019 à 16:17

Le plus inquiétant, c'est qu'on donne l'impression de se faire ch... grave !

Outre le fait que, comme d'hab, la balance est catastrophique, la cohésion est nulle, c'est totalement insipide !

Je ne suis plus très optimiste, sur ce coup-là !

Nico, 26/02/2019 à 16:46

Mais alors on laisse tomber ?

Je t'avoue que ça fait tellement longtemps que je cherche à jouer avec un batteur bon comme toi que c'est ma principale source de motivation actuellement pour BA.

Pour le reste je suis effectivement pessimiste, je crois qu'on n'y arrivera pas,

il manque trop de choses.

Pensées du jour...

Claude, 26/02/2019 à 17:45

Mes chers amis,

La Méditerranée et la température clémente ne suffisent en effet pas à me mettre en joie en écoutant la plus grande partie de l'enregistrement d'hier (j'ai sauté les inutiles confirmations d'un désastre annoncé).

Cependant, et j'en ai dit quelques mots à certains d'entre vous, hier, je pense que je commence à devenir le vrai problème de BA : par rapport à mes possibilités, il y a seulement quelques semaines, je trouve que mes possibilités, dans les aigus, ont gravement régressé, et ma voix se fatigue à une vitesse inquiétante. La conséquence est immédiate, je me place en retrait et ne joue plus ce rôle de liant qui assurerait la cohésion du groupe. Cela porte un nom : sénescence, et il s'agit d'un processus contre lequel personne n'a de solution. Je vais très rapidement consulter un ORL pour savoir si c'est bien de cela dont il s'agit.

Croyez bien que tout cela ne me fait pas plaisir, mais ça me fait encore moins plaisir de savoir que je suis l'élément qui empêche BA de se révéler comme un groupe de qualité. Il n'est tout simplement pas possible de continuer avec un chanteur qui ne peut plus chanter. Le lendemain du 17 mai nous discuterons de tout cela ensemble, et s'il y a des décisions douloureuses à prendre, il faudra s'y résoudre sans trembler.

Je vous embrasse.

Claude, 26/02/2019 à 18:01

Je viens, dans la foulée, de relancer Christophe, le candidat aux claviers, pour savoir où il en est par rapport à notre répertoire.

Nico, 26/02/2019 à 19:10

Nul besoin de prendre toute la faute sur toi Claude.

Mon sentiment est plus que globalement la mayonnaise ne prend pas, ça ne s'explique pas forcément de manière très rationnelle.

J'espère que tu vas récupérer toutes tes possibilités en tout cas, vraiment pas drôle cette affaire.

Claude, 26/02/2019 à 19:29

Merci Nico, cependant, s'il apparaît que je ne suis tout simplement plus capable, **physiquement**, de chanter, j'en tirerai les conséquences, de façon à ne pas pénaliser le groupe.

Dès demain, je prendrai un rendez-vous avec la phoniatre la plus réputée, celle qui s'occupe des chanteurs professionnels (je l'avais déjà consultée), et elle me dira ce qu'il y a à faire. Nodules ou kystes peuvent s'opérer mais les années ne peuvent être effacées.

Marc, 26/02/2019 à 20:16

Bon, Claude, arrête de jouer les martyrs.

Que tu aies perdu des aigus, c'est normal et personne ne t'en veut. Il suffit simplement d'éliminer tout ce qui se balade trop haut (à peu près la moitié des titres actuels).

Que ta voix fatigue un peu plus vite, ben oui, c'est normal aussi. Raison de plus pour bannir tout ce qui t'oblige à forcer. Ça me paraît tellement évident...

Il est grand temps de laisser tomber ce répertoire absurde, qui nous est aussi bien musicalement que vocalement inaccessible, et de revenir sur Terre.

Nous avons déjà à notre actif un certain nombre de morceaux acceptables*, je ne veux plus perdre mon temps à balbutier lamentablement des "Need You Tonight", "When I Still Have Thee" et autres "Baby Blue".

Il est hors de question que je monte sur scène dans ces conditions, aussi bien le 17 mai que le 6 juillet (et heureusement, nous n'avons pas encore de réponse pour la Fête de la Musique).

Alors soit on revisite complètement le répertoire en s'orientant vers des choses plus simples, on arrive tous à la répète en connaissant parfaitement les tonalités, les accords, les chorus, les plans de batterie et de basse, et on consacre notre temps aux mises en place, soit je tire ma révérence.

Je ne vous fais pas du chantage et je n'ai aucune envie de partir, mais si musique n'est plus synonyme de plaisir, je ne suis plus intéressé. La musique est une affaire trop sérieuse pour être bafouée.

* Proposition de liste, classée par ordre alphabétique, tirée de celle que nous avions établie, à discuter et à compléter si d'aventure nous recrutions un futur clavier:

1. all day and all of the night
2. back in the USSR
3. crazy little thing called love
4. dancing with mr.D
5. dead flowers
6. eight days a week
7. gaby

8. honky tonk women
9. I can't explain
10. It's all over now
11. johnny b. goode
12. jumpin' jack flash
13. little wing
14. midnight rambler
15. money for nothing
16. my back pages
17. paint it, black
18. proud mary
19. rockin' in the free world
20. sharp-dressed man
21. something
22. summertime blues
23. the last time
24. the wind cries mary
25. twenty-flight rock
26. under my thumb

Arrêtons une fois pour toutes de péter plus haut que notre cul, ça devient pathétique.

NOUS NE SERONS CRÉDIBLES QUE SI NOUS FAISONS BIEN CE QUE NOUS SOMMES CAPABLES DE FAIRE.

Cette discussion, c'est maintenant que nous devons l'avoir, avant le 17 mai, pas après !

Bises à tous.

Claude, 26/02/2019 à 20:43

Marc, ce n'est pas la peine que tu tires ta révérence, c'est moi qui la tire avec cette élimination arbitraire de morceaux qui étaient loins d'être les pires dans ce répertoire.

Je vous souhaite le meilleur, pour la suite.

Nico, 26/02/2019 à 22:44

Je suis d'accord avec Marc, on ne va pas attendre 3 mois comme ça.

Je suis d'accord avec le fait d'essayer de se recentrer sur un répertoire jouable, celui que tu proposes Marc l'est, encore que pour "8 days a week" ce ne soit pas gagné mais éventuellement en adaptant la tonalité (elle ne peut être chantée comme hier avec une voix un octave en-dessous, ça ne va pas du tout).

Ça permettra d'avoir une majorité de chansons qui tournent rapidement sans perdre notre temps avec des objectifs trop élevés.

Et même comme ça, il y'a beaucoup de boulot avant de monter sur scène.

Bref, on peut encore le tenter comme ça, sinon rien de très grave, on aura mangé quelques pizzas mal cuites et eu de bonnes discussions ensemble, c'est toujours positif !

Laurent, 27/02/2019 à 0:07

Bonsoir à tous,

J'ai lu vos échanges avant d'écouter l'enregistrement et franchement, je m'attendais à bien pire même si effectivement c'est moche. Cependant, Claude, tu n'es pas plus en cause que tout le monde.

Nos esprits se rencontrent. En y repensant hier dans mon coin, je me suis dit que nous avions totalement manqué de justesse et d'entrain : quand on ne maîtrise pas bien un morceau, ou quand on sent que les autres pataugent, on le joue de façon hésitante; il y a des fausses notes, on essaie de se cacher et l'ensemble devient mou et nul. Il en est ainsi des morceaux trop difficiles à chanter - il suffit d'un passage raté et ça fout tout par terre. Il en est ainsi des morceaux trop difficiles à jouer ou à rendre avec 4 instruments seulement. Il en est ainsi des morceaux que l'un d'entre nous n'a pas vraiment envie de jouer... Toujours, le morceau s'aligne sur le maillon faible.

Je partage donc totalement le constat négatif de Marc et Nico. Et pas du tout le battage de coulpe de Claude. Quand nous resterons dans nos tessitures, que ce soit pour le lead ou pour les chœurs ("I can't explain" par exemple pose problème), tout ira beaucoup mieux d'un coup. D'ailleurs, Claude, pense à ce que sera(it) ta voix au bout de 25 chansons, même strictement dans des tonalités ou tu es parfaitement à l'aise ! Alors, si tu dois en plus faire des prouesses!...

Donc, OK pour l'ORL et autre phoniatre, voire un petit coup de corticoïdes le jour J, mais avant tout en chantant à l'aise et sans jamais forcer.

J'approuve la liste de Marc. C'est déjà bien. Et nous serons bien plus satisfaits. Je reste optimiste. Et je ne me contenterai pas du souvenir de mauvaises pizzas !

Bises.

Marc, 27/02/2019 à 7:37

Un mot avant de partir essayer les belles balles de golf.

Claude, encore une fois, tout ça n'a rien de personnel, c'est bien évident.

Quand je parle de « balbutiements lamentables », il s'agit bien sûr de nous tous.

Quant à cette liste, dans laquelle j'ai malencontreusement omis « Sweet Virginia », elle n'est que celle pour laquelle nous avons tous opté.

Mon seul souhait, sincère, est que nous continuions à avaler ces mauvaises pizzas...

Claude, 27/02/2019 à 8:38

Bien évidemment, tout ça n'a rien de personnel, et nos divergences ou désaccords musicaux ne vont pas entacher ou modifier l'amitié ou l'affection que j'ai pour chacun d'entre vous.

Par exemple, mon invitation pour le 17 mai reste maintenue même si, malheureusement, il n'y aura évidemment pas une prestation de Brain Arthrosis, avec ou sans moi.

Nico, 27/02/2019 à 9:01

Bon,

Voyons nous comme convenu le 18 mars (au complet peut être) et faisons le point.

Claude, ton dernier message me laisse penser que tu es totalement découragé et/ou que les concessions proposées par Marc sur la setlist ne sont pas de ton goût.

Si c'est le cas n'hésite pas à le dire.

Et en effet, même si BA doit s'arrêter brutalement, j'aurai grand plaisir à continuer à partager de bons moments avec vous (mais du coup on pourra changer de resto !).

Philou, 27/02/2019 à 9:48

Bonjour à tous,

J'ai lu avec attention vos retours et je dois dire que je vais dans le sens de Laurent : je m'attendais à pire. Effectivement il y a beaucoup de points d'amélioration, surtout au niveau des voix.

Pour m'amuser j'ai comparé mon enregistrement à celui de Marc : je pense que notre avis est légèrement biaisé par la qualité de ce dernier. Le gain plus présent sur mes enregistrements y est pour beaucoup. Je vous mets en copie "Something" et "8 Days a Week" enregistrés sur mon iPhone. Je trouve qu'on retrouve moins le côté "mollasson" et surtout met en lumière la qualité de l'assise rythmique (ce qui est déjà mieux que la plupart des cover bands qui se produisent le 21 juin).

Question setlist je te suis à 100% Marc. Maintenant que l'abcès est crevé... "When I still have thee" "Baby blue" "I need you tonight" me font carrément ch... durs à jouer et hors-sujet avec le reste.

Il y a 26 titres dans cette liste c'est super ! J'ai des doutes sur "Dancing With Mr D" (on va se casser les dents sur la structure et pas connue de toute façon), "Money For Nothing" (mine de rien très dure à chanter, éviter le yaourt sera un vrai challenge) ainsi que "Rocking In the Freeworld" (c'est très/trop haut perché). On est capable de faire le reste.

De manière générale il faut jeter les titres pas trop connus qui vont nous demander beaucoup de boulot, garder que les standards, "straight forward" ! Un peu comme les Stones depuis 40 ans en fait :-).

Par contre si on ne joue pas le 17 mai je ne vois pas pourquoi on devrait continuer...

Kiss.

Nico, 27/02/2019 à 10:38

Effectivement Philou, ton enregistrement est rassurant, "Something" notamment n'est pas si mal.

Je pense qu'il faudrait baisser d'un ton "8 days a week" et le chanter comme les Beatles, càd en haut. Ta voix très basse Claude plombe la dynamique du morceau.

Pour l'assise rythmique je te suis, et c'est pour moi la fondation d'un groupe, donc si on a déjà ça, on fera mieux que pas mal de groupes en effet. Et c'est d'ailleurs la raison qui a fait que j'ai quitté mon précédent groupe, je ne pouvais pas m'appuyer sur le batteur.

Comme je l'ai dit à Marc, j'ai retrouvé avec lui le plaisir de jouer avec un batteur ultra carré, fiable et qui bosse. Plus besoin de m'inquiéter d'un break à côté ou d'une perte de tempo, je revis !

On est donc 4 à converger sur une setlist jouable autant pour le chant que pour les zicos. Claude, on aurait besoin que tu valides cette ré-orientation. Dans le cas contraire, on s'arrête là.

Si tu réponds favorablement à ce souhait, et puisqu'on en est à tout se dire, voilà quelques remarques vitales à mon sens:

- Philou il te faut une pédale d'accordeur, et tu dois vérifier ton accordage entre deux morceaux, ça prend deux secondes je le fais systématiquement et ne suis jamais faux (je parle de la basse pas du chant! :-)). Le même que le mien, 20 euros sur le bon coin, le mec habite dans le 1er, no excuse:

- Philou again, il te faut aussi une disto/boost comme celle que j'ai amenée lundi. Le pote qui me l'avait prêtée en vend une similaire pour 50 euros max:

Avec ça tu es sûr d'avoir la réserve de gain nécessaire à le fois pour tes sons distos et pour te booster un peu sur les solos. Il faut que tu m'ouvres ces micros de strat ! Hendrix et tous ces successeurs jouaient avec les micros fully open pour avoir le son, il faut qu'on t'entende parce que tu joues bien!

- Laurent, on te doit de bosser la structure de "Midnight Rambler", je m'y engage ! A mon avis les 3/4 sons que tu as préparés font bien l'affaire. En revanche je pense qu'il faut que tu participes plus aux choeurs, tu chantes certainement plus juste que moi, alors joins toi à la fête ! Et il faut aussi regarder l'accordage régulièrement, notamment avec l'utilisation du capo dont j'ai l'impression qu'il fausse ta Telecaster systématiquement (je peux me tromper).

Autre observation sur mes contre-performances vocales: Je n'aurai jamais la voix, le coffre ou l'endurance d'un chanteur lead. Je peux donc faire des choeurs ponctuels bien travaillés, mais dès qu'il va falloir faire plus, je vais perdre ma voix, ma justesse et tout va devenir moche.

Cela va donc dans le sens de jouer des morceaux qui en premier lieu te conviennent vocalement Claude, et d'y apposer ensuite quelques choeurs bien sentis. Bien sûr Philou s'en sort bien en lead sur "Crazy Little Thing Called Love" et "Can't Explain", pas de raison de changer. Mais en ce qui me concerne, il faut que je me limite à du soutien sur des refrains. ça je crois pouvoir le faire.

Voilà, Claude, on attend ta réponse !

Claude, 27/02/2019 à 11:02

Je pense qu'il est urgent que vous passiez une petite annonce pour trouver un lead singer, afin de pouvoir assurer les concerts de juin et juillet. Ce ne devrait pas être trop difficile car beaucoup de bons chanteurs peuvent se retrouver sur le répertoire assez classique que vous proposez.

Les remarques de Philou me confortent dans ma décision de ne pas continuer avec BA. Si on décide qu'à priori, une chanson est hors-sujet, et donc qu'on ne lui accorde pas l'attention ou le travail nécessaires, elle devient, en effet hors-sujet. Par exemple, Lundi, « When I Still Have Thee » a été carrément sabotée et ne ressemblait en rien aux quelques tentatives réussies de la sortir proprement qui furent les nôtres lors de certaines répétitions. Sur un plan plus général, la setlist, résultat d'un vote, semblait satisfaire tout le monde, car un vote crée une légitimité. La liste proposée par Marc, malgré toutes ses qualités, n'a aucune légitimité. Maintenant, réjouissez-vous, vous avez échappé à ma proposition d'ajouter à la setlist des titres comme « Nights In White Satin » des Moody Blues ou « Life During Wartime » des Talking Heads sans compter les innombrables merveilles sorties entre 1990 et aujourd'hui qui sont absentes de votre répertoire de vieilleries.

Il était pourtant admis que notre répertoire ne devait exclure aucune époque ; cette condition n'est pas réalisée et ne correspond ni aux voeux de Nico, semble-t-il, ni aux miens. Il est clair que vous serez bien mieux sans moi, même si je dois avouer que j'en suis triste et que vous me manquerez.

Nico, 27/02/2019 à 11:27

Claude, comme on dit dans mon métier, il y a la théorie, et il y a la pratique.

Si on n'est pas capable de s'adapter à la réalité des choses, en effet rien ne sert de continuer.

J'adorerais jouer "Everlong", "Under Pressure" et plein d'autres morceaux. Malheureusement c'est impossible.

Bref, on ne va pas chercher de nouveau chanteur, en tout cas pas moi, mais plutôt un autre projet.

See you around comme on dit.

Claude, 27/02/2019 à 13:02

Cher Nico,

Ce gâchis me navre autant que toi. Cependant, relis les différents mails échangés. Le mail de Marc était sans équivoque, et représentait bien un chantage en dépit du déni de ce terme. «si on ne joue pas la liste ci-dessous, j'arrête» écrivait-il.

Ce que j'étais incapable de chanter Lundi, c'étaient les choeurs de "I Can't Explain", les voix aiguës des Beatles, mais le Teenage Fanclub ou le Badfinger, sans être parfaits n'étaient pas plus ratés que d'autres. Il y a donc un problème quand les décisions se prennent d'une part, unilatéralement, et d'autre part en fonction de critères qui ne sont pas purement techniques ou artistiques.

Si la liste de Marc s'adaptait à la « réalité des choses » elle n'aurait pas dû comprendre « Money For Nothing », qui était nul, ce soir-là ou « Paint It Black » qui n'est jamais sorti correctement. Je refuse d'être le seul à porter la responsabilité de cet échec. Si ont été exclus 3 morceaux labellisés « Claude » et seulement ces 3-là, c'est à cause de quelque chose qui s'appelle « manque de bonne volonté ». Cette expression ne vise pas que Marc, bien entendu, mais c'est bien ça et pas des impossibilités techniques largement surestimées qui précipite la triste fin de ce groupe.

Claude, 27/02/2019 à 13:38

Une dernière chose : se baser sur l'enregistrement de Marc, et uniquement sur celui-là pour prendre des décisions définitives après avoir décidé que tout était nul s'est révélé très franchement contre-productif.

C'est comme si on choisissait une photo en se mettant à 5 mètres de distance, impossible d'avoir la moindre objectivité, c'est purement projectif.

C'est dommage parce que que Brain Arthrosis faisait des progrès et m'apportait beaucoup de plaisir. Le tuer de cette façon est vraiment très triste.

Nico, 27/02/2019 à 13:53

Claude, mon point de vue est de ne pas insister sur des morceaux qui ne sonnent pas.

Assez d'accord sur "money for nothing" d'ailleurs.

Beaucoup plus frappant pour moi, "Hotel California". Très difficile et ne sonne pas du tout. En ça je rejoins Marc sur le décalage entre nos possibilités et ce qu'on veut faire. Pourquoi s'obstiner ? Ce n'est pas parce que tout le monde est d'accord a priori qu'il faut s'obliger à jouer mal un morceau une fois celui-ci essayé plusieurs fois vainement.

"Paint it black" n'était pas si mal.

En tout état de cause, que les choses puissent partir en vrille aussi vite révèle effectivement d'un malaise profond, surtout aussi tôt dans la vie d'un groupe (on devrait en être a s'éclater et s'ébahir de nos performances pour ne réaliser que plus tard qu'on n'est peut-être pas toujours aussi fantastiques que ça).

Laurent, 27/02/2019 à 14:08

Je soutiens toute proposition qui permettrait de continuer.

Claude, 27/02/2019 à 14:29

"Hotel California" était, pour moi, accessible en Mi. Si ça ne sonnait pas en Mi, ce que je peux comprendre, il y avait deux possibilités : ne pas le faire (il n'est pas dans la liste de Marc) ou essayer que quelqu'un d'autre le chante dans la tonalité d'origine. Je suis donc parfaitement d'accord avec toi.

On ne garde pas ce qui ne fonctionne pas. Sur ce principe, examinons les 3 morceaux exclus d'autorité par Marc :

"Need You Tonight" : ne fonctionnait à l'évidence pas, mais il aurait fallu, avant de le virer que les guitares soient parfaitement calées. Lorsque je le répétais chez moi sur une bande karaoké, je n'ai eu aucun problème. En studio, j'ai été obligé de me caler sur ta basse parce que les guitares bougeaient trop. Mais c'est normal on le faisait pour la première fois et il aurait été nécessaire de laisser sa chance à un travail plus approfondi.

"Baby Blue" : admettons que je n'étais pas très en voix. Cela dit ce n'était pas indigne, et je continue à ne pas comprendre pourquoi ça a été sabré de cette façon. La version de la précédente répétition nous montre qu'avec un peu de persévérance ça aurait pu être très bien.

"When I Still Have Thee" : Marc et toi êtes au dessus de tout soupçon, mais, sans penser un instant que c'était volontaire, les guitares ont saboté ce morceau, comme jamais auparavant. Dans cette cacophonie je ne pouvais être moi-même qu'assez médiocre. Lorsque je me suis retourné vers Marc, à la fin du morceau, il m'a dit : "c'est pas mal, comme ça, façon hard-rock", ce qui montre qu'il avait bien saisi l'ampleur du désastre. C'est ce que j'ai préféré appeler « manque de bonne volonté ».

Nico, 27/02/2019 à 14:58

C'est là où je pense qu'on touche au fait d'insister inutilement.

Jouer "hôtel California" en mi revient à le dénaturer totalement. Ou alors on décide de le jouer vraiment differemment en version folk par exemple, pourquoi pas.

Mais pour revenir aux fondamentaux, quand je nous écoute j'en tire quelques conclusions très simples et rapides: les Stones sonnent globalement bien parce que ta voix s'y prête bien. "Something" est prometteur. Les autres Beatles demandent du boulot. Hendrix ça passe bien aussi, voix adaptée.

Les trucs haut perchés qu'on peine à sortir en répétition, dans des conditions live où on n'entendra rien, désastre assuré.

C'est en ça que je rejoins Marc sur le fait de jouer ce qu'on peut faire correctement en fonction de nos possibilités.

En plus ça m'aurait semblé raisonnable par rapport à ton inquiétude vocale.

Bref...

Claude, 27/02/2019 à 15:22

"Need You Tonight" ne répond pas du tout à cette définition et n'est aucunement haut perché. Et "Baby Blue" est tout à fait accessible. "When I Still Have Thee" se fait obligatoirement en voix de tête et je reconnais qu'elle ne brille pas par sa qualité, en ce moment, ce qui est effectivement un problème. Il n'en était pas ainsi il y a quelques semaines.

Ne peut-on décider de mettre ce morceau entre parenthèses jusqu'à ce que je récupère ma voix ? Mais pour cela, il faut se parler, bien sûr, et pas rédiger des oukases qui ne laissent aucune place à la discussion ! Lorsqu'il est apparu que j'étais incapable de chanter "Hotel California" dans la tonalité souhaitable, je n'ai pas insisté...

Claude, 27/02/2019 à 16:12

Très simple, Laurent. Que les menaces, les chantages et l'arbitraire laissent la place à la discussion. Si cette condition est remplie (et que Marc sache qu'il n'y a rien de personnel, bien évidemment sinon je n'aurais pas réitéré mon souhait que nous poursuivions malgré tout des relations amicales), je suggère une répétition à laquelle assisterait un grand professionnel (genre Alain Ranval, ou n'importe qui de cet acabit) qui ferait un audit (dans tous les sens du terme) et qui répondrait à toutes les questions qui se posent : chansons à garder ou à virer, problèmes de son, etc. Et si ce professionnel nous dit qu'il faut virer le chanteur, eh bien, je l'accepterais sans broncher !

Je ne vois, à ce stade, aucune autre porte de sortie de la crise.

Nico, 27/02/2019 à 16:53

Pour le coup un peu de coaching je trouve que c'est une bonne idée.

A condition d'être prêt à entendre des choses pas forcément agréables, mais là-dessus je pense qu'on est bon.

Attendons de voir ce que Marc nous dit après tous ces échanges.

Claude, 27/02/2019 à 17:30

Il ne faut pas oublier que les Beatles ne sont devenus les Beatles que quand Brian Epstein est arrivé.
Seul un intervenant extérieur compétent, c'est-à-dire un professionnel de la musique (et s'il faut lui filer un billet pour le temps passé, j'y suis prêt) peut nous donner les conseils, les directions ou tout ce que vous voudrez, que son autorité reconnue nous fera accepter et mettre en œuvre.

Je vois que Nico est d'accord, plus que trois. Mais la condition préalable est encore plus importante.

Claude, 27/02/2019 à 17:58

Quand Marc écrit, avant de partir jouer au golf, que nous tous opté pour cette liste de 26 morceaux c'est inexact. Nous avons déterminé une liste de 52 morceaux, et qui a encore vocation à grandir.

Bien évidemment un certain nombre de titres inchantables ou injouables ont été mis de côté AC/DC, par exemple, mais ces décisions ont toujours été consensuelles (Joan Jett). Marc ou qui que ce soit a toujours le droit, voire le devoir, de pousser des coups de gueule, car l'absence de conflit est toujours très inquiétante. Mais il y a un abîme entre un coup de gueule et un diktat assorti d'un chantage.

Nico, 27/02/2019 à 18:12

Je trouve tout ça un peu exagéré Claude.

Ce que je comprends de Marc c'est qu'en l'état ça ne lui convient pas et que seuls des changements d'approche fondamentaux peuvent nous sortir de cette situation.

Je suis assez d'accord. Et la proposition de liste réaliste consiste ni plus ni moins à revisiter la liste initiale en mettant 0 à des morceaux jugés initialement comme jouables et finalement jugés inaudibles, et ce de manière unilatérale comme pour l'évaluation initiale (il suffit d'un 0 pour tuer un morceau).

Pourquoi n'aurions nous pas le droit de réviser notre jugement sur pièce ? Ça ne me semble pas absurde.

Bref, je comprends que ce n'est pas gagné tout ça.

Claude, 27/02/2019 à 18:55

Je ne vois pas ce que mes propositions comportent comme exagération, et ce qui se passe en ce moment montre qu'il faut être très prudents dans notre façon de procéder.

Imagine un instant qu'on rouvre les notations de la liste de 52 (laquelle comportait plein de choses magnifiques qui ont été écartées), j'en connais 3 ou 4 qui vont coller vite fait un zéro à Baby Blue, When I Still... ou Superstition pour les plus prévoyants, et la question sera réglée.

Non, faisons confiance à notre capacité de discussion, notre sens critique et, en dernière instance, à un intervenant extérieur indiscutable dont nous accepterons, par avance, les prescriptions.

Nico, 27/02/2019 à 19:15

Je faisais référence au « diktat assorti d'un chantage » concernant l'exagération.

A mon sens ça manque de mesure (à 4 temps !).

Il y avait plus tôt dans la journée une proposition qui convenait à 4 personnes sur 5 donc je n'irais pas trop vite sur le terrain du diktat ou de la question démocratique.

Sur ce enough for today en ce qui me concerne.

Marc, 27/02/2019 à 19:19

Salut à tous,

J'ai bien entendu tout lu et je vais donc répondre point par point puisque je suis directement mis en cause par Claude.

Le chantage et les menaces :

« si on ne joue pas la liste ci-dessous, j'arrête ». Non, Claude, j'ai écrit que si on ne revisitait pas le répertoire, j'arrêtais, et j'ai extrait de NOTRE liste ce qui paraissait plus accessible en précisant bien que cette liste devait être discutée et complétée le cas échéant. Je pense que la nuance est perceptible.

Les titres litigieux :

"Baby Blue" : le projet Brain Arthrosis est né vers le milieu de l'année 2016 et voilà donc presque 3 ans que ce titre est au programme de nombre de répétitions avec nombre de musiciens différents et que nous n'arrivons toujours pas à maîtriser ce putain de pont. On ne peut donc vraiment pas parler de mauvaise volonté.

Il en est à peu près de même pour "When I Still Have Thee", qui est également sur le métier depuis cette date.

Penses-tu vraiment qu'il soit légitime de continuer encore à plancher sur ces deux titres que, je te le rappelle, tu m'as fait connaître et que j'ai immédiatement adoptés ?

J'ai écouté les enregistrements de Philou, bien meilleurs que le mien, et la conclusion saute immédiatement aux oreilles : "Something" (2 répétitions) et "Eight Days A Week" (1 répétition) sont déjà quasiment dans la boîte. CQFD.

"Need you tonight" : j'aime beaucoup écouter ce titre mais nous voici ravalés moi au rang de boîte à rythme et les guitaristes au rang de sampleurs. A jouer, c'est chiantissime ! As-tu un moment pensé que nous, pauvres serviteurs du lead singer, pouvions également réclamer notre part du plaisir ?

Ce qui est frappant dans nos répétitions, c'est que nous arrivons tous gonflés à bloc, avec une pêche d'enfer, on attaque avec des trucs qui pulsent, on se fait plaisir, on se dit qu'on est les meilleurs, et arrive fatalement le moment où…

Je rappelle également que nous av(i)ons des échéances qui arrivent à grands pas, que nous avons un nombre restreint de répétitions prévu, et que nous n'avons plus de temps à perdre pour constituer une setlist viable, d'où cette fameuse liste "arbitraire", "autoritaire", "unilatérale", "illégitime".

Ces qualificatifs me font sourire, j'ai déjà été traité de "bolchévique" dans un passé pas si lointain, je ne suis plus à ça près. Ce qui me peine plus, c'est le qualificatif de "répertoire de vieilleries".

Bigre, OldClaude serait-il la référence unique ? le Blues ? Berk ! Clapton ? Nul ! Vous avez dit "diktat" ?

L'enregistrement : "*se baser sur l'enregistrement de Marc, et uniquement sur celui-là pour prendre des décisions définitives après avoir décidé que tout était nul s'est révélé très franchement contre-productif* ". Ben oui, il n'y a que celui-là de dispo pour reproduire la totalité de la séance et je serais le premier heureux si quelqu'un investissait dans du matos plus sophistiqué pour améliorer les choses.

Les responsabilités :

"*Je refuse d'être le seul à porter la responsabilité de cet échec*".

Tu ne serais pas un peu parano, des fois ? Il serait temps que tu cesses de dire "je" pour penser "nous". Nous sommes un groupe, chacun porte sa part de responsabilité dans ce qui fonctionne et dans ce qui ne fonctionne pas. Seul compte l'intérêt du groupe.

Tu nous prends la tête avec tes trois malheureux titres mais nous avons tous fait le deuil de beaucoup de titres que nous aurions aimé jouer et personne n'a écrit des tonnes là-dessus !

Tu veux nous faire répéter devant un professionnel "*Et si ce professionnel nous dit qu'il faut virer le chanteur, eh bien, je l'accepterais sans broncher !* ". T'as vraiment besoin d'une nounou pour te dire ce que tu dois faire ? Et nous, on compte pour du beurre ?

Au risque de me répéter, si nous revenions sur Terre, un peu ! Nous sommes une bande de nazes comme il en existe à chaque coin de chaque rue, nous avons une passion commune et nous ne cherchons qu'à prendre du bon temps. Et nous n'arrivons pas à la partager ? Alors oui, nous sommes vraiment une bande de nazes !

"*Il ne faut pas oublier que les Beatles ne sont devenus les Beatles que quand Brian Epstein est arrivé.*"

Il ne faut pas non plus oublier que nous ne sommes pas les Beatles. Désolé, nous ne serons jamais ton frère non plus, que cela te plaise ou non, et tu sais j'espère que je l'admire beaucoup et que je vous aime tous les deux.

Je suis bien entendu d'accord pour que nous nous asseyons autour d'une table ou chez l'un d'entre nous pour en discuter sérieusement.

Il n'a jamais été honteux de revenir sur des décisions ni de changer d'avis. Bises à tous.

Laurent, 27/02/2019 à 20:53

Mes enfants m'ont offert pour mon anniversaire un micro pour enregistrer et écouter sur iPad. En tous cas c'est ce que j'ai compris, la boîte n'étant pas encore ouverte. Je l'apporterai à la prochaine répète. Si prochaine répète il y a...

Bises à tous.

Claude, 27/02/2019 à 21:45

Bon, je ne peux pas répondre sur tout car je suis battu à plate couture en ce qui concerne la longueur des mails.

Soit on revisite complètement le répertoire, soit je tire ma révérence. Si c'est pas mettre un couteau sous la gorge (virtuel, je sais que tu ne ferais pas de mal à une mouche), comment ça s'appelle. Surtout après avoir sué sang et eau sur une liste de 52 titres aussi consensuelle que possible.

Lorsque "Baby Blue" et "When I Still Have Thee" ont été écartés du répertoire, j'avais été le 1er à reconnaître que c'était la seule solution. Leur résurrection est la conséquence bienvenue et directe de l'arrivée de Nico parmi nous et, oui, il est légitime de, non pas continuer, mais commencer à plancher sur eux. Nous l'avons fait, Nico et moi, lors de la répétition chez Philou, et avec un résultat (en acoustique) qui nous a enchantés l'un et l'autre. Il n'y avait aucune raison que ça ne fonctionne pas à 5. Sauf qu'il y avait des raisons, que je ne détaillerai pas plus, mais qui me mettent un peu en colère. S'il faut en parler, j'en parlerai de vive voix. Pour WISHT de TFC, j'ai employé le terme de « sabotage » dans un récent mail, et s'il faut vraiment en dire plus, j'en dirais plus.

En revanche, j'entends votre déplaisir général en face de la monotonie du INXS, qui est pourtant un titre que les auditeurs adorent. Il était dans les 52, je l'ai proposé tout naturellement, vous n'en voulez pas ? Pas de problème.

OldClaude référence unique ? Bigre. Il ne s'agit que de mes goûts et la liste de 52 ne comprend que 6 ou 7 titres qui figurent dans le blog d'OldClaude. De plus j'ai sans doute été celui qui a le moins récusé les propositions venant des 4 autres.

Vieilleries ? Ben oui, c'est comme ça, être vieux est un état, j'en sais quelque chose, et je répète que l'un de mes souhaits est que nous nous ouvrions à une modernité musicale riche de choses magnifiques.

Tes enregistrements ? Bravo. Mais quand ils nous plombent, nous découragent et faussent notre jugement semaine après semaine, je n'hésite pas à écrire : contre-productifs.

Pour en arriver à ma proposition, qui je te le rappelle est faite pour arranger les choses, sauf si tu ne veux pas qu'elles s'arrangent.

Aucun artiste quel qu'il soit n'a le recul ou la lucidité nécessaires pour juger son propre travail. D'où, pour les musiciens, le recours à des managers ou, dans le domaine artistique, à des producteurs. Je n'ai pas besoin d'une nounou, mais, dans la difficulté où nous sommes, je serais très heureux que quelqu'un me dise si nous sommes dans la bonne direction pour produire de la musique dont nous soyons fiers et qu'un public puisse apprécier ou s'il est préférable de se consacrer uniquement au golf ou au karaté.

Il y a des professionnels qui en savent plus que nous, et dans la merde dans laquelle nous nous trouvons l'avis de l'un d'entre eux me semble la seule réponse possible. C'est aussi, en quelque sorte, ce que, dans le domaine de la santé mentale, on appelle les groupes Balint. C'est mon expérience dans ce domaine qui m'a conduit à vous faire cette proposition car comme Nico l'a noté, Brain Arthrosis est « malade » et la méthode Balint soigne parfaitement ce genre de maladie. Maintenant, si vous préférez laisser mourir le patient...

Mais bises quand même car ça n'a rien à voir avec l'estime et l'amitié que j'ai pour toi.

Claude, 27/02/2019 à 21:55

Mon mail à Christophe le pianiste date d'hier à 18h. Toujours pas de réponse à cette heure...

Claude, 27/02/2019 à 23:15

Tes enfants t'ont fait un beau cadeau, mais s'il te plaît, ne l'apporte pas à la prochaine répétition, s'il y en a une, car si tu relis ma réponse à Marc, tu pourras constater que je pense que cette technologie nous aliène, qu'elle nous donne une image très imparfaite de la réalité musicale, que nous finissons par prendre pour la réalité ce qui conduit à l'auto-dépréciation et au découragement.

Marc, 28/02/2019 à 9:28

Bonjour à tous,

OK Claude.

Je viens de réaliser une chose importante et je le dis avec le plus grand sérieux et sans ironie aucune.

Il existe entre nous une différence fondamentale : tu es un artiste et je ne le suis pas.

Le seul art que je maîtrise est celui des infiltrations, c'est le métier que j'ai appris, j'ai été jugé par mes pairs et je n'y étais pas trop mauvais.

Le reste (musique, golf, photo, voyages) n'est que hobbies, ô combien importants, passionnants, addictifs, indispensables, mais pour lesquels je n'ai aucune qualification et donc aucune prétention.

Je frappe maladroitement sur des tambours, je tapote la balle de golf très modestement, mes photos sont d'une banalité affligeante et je suis un touriste voyeur des plus communs.

Je sais que je n'y excellerai jamais, je me contente d'essayer de faire du moins mal que je peux et ça suffit largement à mon bonheur car ça me permet de partager du bon temps avec de bons amis.

Imaginer que la musique puisse s'arrêter est un crève-coeur et si la majorité d'entre nous pense qu'un coach puisse être "la seule réponse possible", je m'y plierai, avec la plus grande sympathie pour le pauvre hère qui assumera la lourde tâche de nous subir.

Sur un plan plus pratique, il faut décider rapidement si nous conservons ou non le studio de jeudi prochain.

Bises.

Claude, 28/02/2019 à 10:27

Je suis abasourdi.

À partir du moment où un être humain choisit de transmettre à d'autres êtres humains une émotion, par le truchement d'une activité (photo, écriture, musique...) il acquiert le statut d'artiste. Après, tout le monde n'est pas Mozart ou Proust.

Par rapport à la définition ci-dessus, tu es, comme les autres membres de Brain Arthrosis, un artiste en devenir, dans la mesure où nous ne nous sommes jamais confrontés à un public.

Tu as vraiment des conceptions curieuses, Marc !

Claude, 28/02/2019 à 10:37

Si le statut de "Baby Blue" et de "WISHT" reste en suspens jusqu'à ce qu'on me prouve que nous en faisons des bouses infâmes (et à condition que PERSONNE ne fasse tout pour en faire des bouses infâmes) et si, d'autre part, Philou et Laurent donnent leur accord pour organiser un audit par un professionnel reconnu, c'est avec JOIE que je me rendrai au studio, jeudi prochain.

Marc, 28/02/2019 à 11:06

Claude, je suis un peu fatigué, là.

Nous vivons sur deux planètes différentes et la tienne est de toute évidence la bonne.

Tu as gagné.

Que les autres se manifestent, je me contenterai de lire et je ferai où l'on me dira de faire.

Philou, 28/02/2019 à 11:56

Hello les zikos,

Je suis également un peu fatigué de toutes ces logorrhées (même si tome 2 de "Lettres ou le Néant" sera plein de suspens !).

Je vais faire dans le pragmatisme (désolé mais je ne suis pas encore à la retraite).

1. Je reste sur ma position concernant les 3 titres qui cristallisent toutes les tensions. Je ne trouve plus la setlist avec nos votes mais il me semble que je leur avais adossé un "0".

2. Jouer devant un professionnel me semble délicat. Il va nous dire de jouer plus juste, trouver une tonalité plus adéquate et réaliser de meilleures balances ? Oui on avait deviné. Si vous insistez OK.

3. Je reste encore et toujours sur ma position de mon précédent mail : si le concert du 17 mai est annulé quoi qu'il arrive, je tire ma révérence.

Bref, ça serait tellement plus simple de faire les morceaux que tout le monde connaît et apprécie (cf. dernier set envoyé par Marc). Moi je n'ai pas des heures à consacrer à BA. Je préfère m'amuser et prendre du plaisir plutôt que de jouer des titres qui me plaisent que moyennement voire pas du tout (Marc Pelta a un jour dit : "*As-tu un moment pensé que nous, pauvres serviteurs du lead singer, pouvions également réclamer notre part du plaisir ?*") et ce malgré la "*modernité musicale*" qui en émane.

Mais si nos différences de goûts musicaux nous déchirent de la sorte il vaut mieux arrêter. J'ai l'impression que c'est une histoire que ne finit jamais.

Nico, 28/02/2019 à 11:59

Personnellement je vais un peu me débrancher et attendre de voir où en sera le groupe après les vacances.

J'ai quitté un groupe pour a priori en intégrer un rôdé dans lequel j'espérais n'avoir qu'à m'intégrer. Si vous ne m'étiez pas tous aussi sympathiques, j'aurais déjà mis les voiles face au psychodrame permanent (désolé d'être aussi direct mais au point où on en est...).

Que de complications pour pas grand chose (much ado about nothing comme le disait si bien ce bon William).

Bon courage pour les jours qui viennent « décisifs pour l'avenir de Brain Arthrosis », qui n'a jamais aussi bien porté son nom.

Claude, 28/02/2019 à 15:39

Après un déjeuner en face de la Grande Bleue, voici ce que j'ai à dire :

À Marc : la perspective d'un éclatement de BA m'a également fatigué, voire terrifié et nous ne sommes pas passés loin du désastre. BA traverse une maladie infantile mais comme ses 5 membres sont sains, le pronostic est bon à condition de faire appel à un praticien extérieur qui saura nous prescrire la bonne ordonnance.

Nous ne sommes pas sur des planètes différentes, éventuellement sur des continents éloignés, mais tant que la communication fonctionne, il n'y a pas de souci à se faire.

L'échange intellectuel ne me fatigue jamais, ce qui me fatigue ce sont les cons ou ceux qui ne comprennent rien à rien, catégories dont tu es très éloigné.

Et pour terminer, le fait de gagner ne me préoccupe pas, je n'ai rien gagné du tout, mais si BA a gagné sa possibilité de vivre, c'est une bonne chose.

À Nico : Je ne suis pas tout à fait d'accord avec toi, BA ne vit pas un psychodrame permanent, il sort à peine d'une crise qui aurait pu être évitée et pour laquelle je propose une solution dont on verra ce qu'elle vaut.

À Philou : Non, Philou, tu n'avais pas mis zéro à aucun de ces trois titres, car, dans le cas contraire, nous n'en aurions même pas parlé.

Le professionnel, de par sa position non impliquée voit mieux les choses que nous. Ce qu'il nous dira sera important, et ça sera au-delà du fait de jouer plus juste, ce qui reste à notre portée. Nous cherchons une sortie de crise, laquelle devrait nous permettre de jouer le 17 mai et au-delà . Ce petit chantage sur je quitte le groupe si on ne joue pas le 17 mai est superflu. Si on ne joue pas le 17/05, c'est que BA n'existe plus.

C'est quoi les morceaux que tout le monde connaît et apprécie ? Pour l'instant, pour moi, c'est cette liste de 52 morceaux qui a été construite par nous cinq, et donc personne ne peut dire qu'il ne se reconnaît pas là-dedans. Si on fait mal un titre, on le virera et mon seul désaccord avec vous quatre c'est que "Baby Blue", par exemple, ne méritait pas cette indignité. Pour chacun des titres de notre liste chaque musicien doit donner le meilleur de lui-même qu'il l'aime un peu, beaucoup ou passionnément. Cette condition n'a pas toujours été respectée. Nous avons tous des goûts différents, et il faut bien que tu admettes qu'à partir du moment où tu souhaites jouer en groupe, tu dois tenir compte des quatre autres et du fait qu'ils peuvent être fatigués par les Rolling Stones ou Jimi Hendrix. Il y a un certain nombre de titres de BA qui ne correspondent pas à mes goûts, à ce que j'écoute. Je les chante avec la même implication, le même souci de perfection (jamais atteinte, hélas) que tous les autres.

Je ne suis bien entendu pas du tout d'accord avec la formulation de Marc qui ferait des 4 instrumentistes les serviteurs du lead singer (!!). Je suis, comme tout le monde, au service de BA et de la musique. J'aimerais que tout le monde ait ce discours-là.

À Laurent : tu es le seul qui n'a pas répondu à ma proposition de sortie de crise. Il serait bon, pourtant, que tu me donnes ton accord; dans le cas contraire, il paraît difficile d'avancer.

MARS

Laurent, 1/03/2019 à 0:10

Je suis extrêmement triste que chacun d'entre vous ait, à sa manière, évoqué la possibilité d'arrêter le groupe. Mais je comprends. Ces polémiques incessantes sont usantes et improductives car sans fin. Nous sommes dans un processus de tunnélisation (comme en aéronautique ou en chirurgie par exemple) qui mène au crash.

C'est pourquoi je vous propose ce qui suit pour en sortir - ce que ferait une personne extérieure appelée en renfort.

1) Claude se fonde sur son expérience. Je me fonde sur la mienne : lors d'un processus chirurgical, quand on n'arrive plus à avancer car la dissection est trop difficile et dangereuse, on arrête, on dissèque ailleurs là où ça passe et on termine par le plus difficile. Je vous propose donc par souci d'efficacité et en vue des échéances à venir - car elles seules sont propres à nous faire avancer :

- de travailler à partir de maintenant avec sérieux toutes les chansons qui font l'unanimité et elles seules,
- mais de vraiment et honnêtement s'engager à travailler ensuite celles qui posent problème aux uns ou aux autres. Vous me direz que c'est reculer pour mieux sauter. Je vous réponds que nous aurons alors derrière nous pas mal de titres “dans la boîte“, et comme disent les footeux “nous aurons engrangé un capital de confiance“ qui nous permettra alors de travailler avec plus de sérénité et d'entrain ces fameux titres qui pour l'instant nous prennent trop de notre temps et nous donnent l'impression de faire du sur place ou de régresser. Solution centriste, eau tiède, mi-figue mi-raisin ? Oui, pourquoi pas ? Compte-tenu de tout ce que vous avez écrit, je ne vois pas mieux si on veut continuer.

2) Si auditeur extérieur il y a - why not ? - je pense que cela a un sens si nous sommes tous les 5, donc le 28 mars. D'ici là, faut-il annuler les autres répétitions de mars où nous

ne serons pas au complet ? Et pour commencer, nous voyons-nous le 7 ? Pour ma part, je suis pour vous voir jeudi prochain.

Bises.

Marc, 1/03/2019 à 8:26

Bonjour à tous,

Une petite précision pour Laurent : nous ne serons pas au complet le 28 mars (Philou absent).

Je refuse catégoriquement 2 choses :

1. de laisser sombrer Brain Arthrosis sans avoir tout tenter pour le sauver
2. de poursuivre ces échanges de mails lassants et stériles

Malgré les apparences, il semblerait que nous soyons tout de même des adultes ayant dépassé le stade du "na na ni na nère".

Si je comprends bien, personne ne souhaite que Brain Arthrosis cesse mais personne ne veut continuer en l'état.

Je demande donc que l'on se réunisse le plus rapidement possible, et si possible avant le jeudi 7 (à moins d'annuler la répétition, ce que je ne souhaite pas), pour en PARLER enfin ouvertement et calmement.

Nico part samedi matin pour une semaine et sera donc absent. Il nous dira s'il est d'accord pour que cette réunion se fasse sans lui.

Bises.

Nico, 1/03/2019 à 9:29

Je suis bien sûr d'accord Marc et ne souhaite qu'une chose : qu'un modus operandi qui convienne à tout le monde soit trouvé et que je réintègre BA à mon retour de vacances comme si j'arrivais dans un groupe qui sait où il va et où la bonne humeur prévaut (à ceci près que j'ai déjà en poche une trentaine de morceaux du controversé répertoire de BA !).

Je pense être assez flexible donc ce qui vous conviendra a de grandes chances de m'aller.

Du coup je donne mes quelques idées/points de vue pour le débat.

- je suis d'accord avec la proposition de Laurent, moi le centre ça a toujours été mon truc, de la mesure en toutes choses. Donc partant pour cette approche raisonnable.

- pour le futur, un point technique à prendre en compte égoïstement, "WISHT" et "Baby Blue" sont difficiles à chanter pour moi en ce sens que je dois les chanter de bout en bout et qu'elles sont haut perchées. J'aime bien ces chansons et les ai bossées dûment je pense. Mais Claude, il se peut qu'elles me posent problème en concert en termes d'endurance i.e. que je n'ai plus de voix après. Et là il ne s'agit pas d'un tableau Excel démocratiquement rempli mais de l'expérience des dernières répétitions. A garder en tête pour la suite. La même chose pour "Ticket to Ride" hélas.

- je le redis, on doit être accordé en répétition, donc Philou je t'encourage vivement à acquérir une pédale à cet effet d'autant que ta Strat qui sonne super bien par ailleurs m'a l'air de pas mal bouger. Et une disto/boost pour les solos quand même.

- dernier point : il faut bosser les morceaux avant les répétitions c'est évident, et aussi mettre l'intention une fois en repet. On sait très bien qu'un morceau joué sans conviction ne donne rien et peut, dans la minute qui suit, avoir une énergie dingue si on met ce qu'il faut dedans. C'est l'essence même du rock pour moi.

A bientôt les amis.

Marc, 1/03/2019 à 9:42

Bien noté Nico.
Bonnes vacances.

"personne ne souhaite que Brain Arthrosis CESSE" et non pas "cesses", j'ai honte !

Claude, 1/03/2019 à 10:14

Je serais d'accord pour cette réunion proposée par Marc avant le 7, et j'arrête d'écrire des mails.

Suis-je toujours mandaté pour proposer un programme pour la répétition du 7 ?

Bonnes vacances, Nico.

Bises à vous trois.

Marc, 1/03/2019 à 10:30

Claude, en ce qui me concerne, tu es toujours le chanteur de BA, en charge du programme.

Pour la réunion, je suis dispo le lundi 4 et le mercredi 6. Je peux vous accueillir ou aller n'importe où ailleurs.

Bises.

Laurent, 1/03/2019 à 10:37

Compte tenu de mes horaires de bureau la semaine prochaine avant jeudi, je ne pourrai que le soir un peu tard et encore... Par contre je suis plus libre cette fin de semaine. Sinon tout simplement jeudi avant la répète. Que nous maintenons et puis voilà !

Claude, 1/03/2019 à 11:00

Quatre musiciens

1. Little Wing
2. The Wind Cries Mary
3. Rockin' In The Free World
4. Sweet Virginia
5. Hotel California
6. Honky Tonk Women
7. Twenty Flight Rock
8. Midnight Rambler
9. My Back Pages
10. The Last Time

2 remarques : pour une fois ce programme n'est pas dans l'ordre. Je proposerai un ordre de répétition d'ici peu.

"Hotel California" n'est sur cette liste que pour tenter de le sauver : mes cordes vocales sont tranquilles en Mi. Or Mi ne sonne pas et pose des problèmes pour le chorus. La question est : peut-on trouver une tonalité qui permette de le jouer en prenant en compte le confort de tout le monde et la satisfaction des auditeurs potentiels ? Si on répond par la négative, on vire !

Bises.

Nico, 1/03/2019 à 11:23

N'oubliez pas que "My Back Pages" et "Rockin' in the Free World" doivent être jouées en Ré !

Marc, 1/03/2019 à 12:16

Je pense que ce coup de gueule aura eu au moins le mérite de mettre les choses à plat.

C'est de toute évidence le **choix du répertoire** qui nous pose problème et c'est de là que découlent toutes nos difficultés.

J'ai toujours pensé, et je continue à le faire, qu'à moins d'être les Shadows, que j'ai vénérés, le leader d'un groupe est le chanteur puisque c'est lui qui est en première ligne et c'est d'abord de lui dont dépend la faisabilité du morceau et c'est déjà là que le bât blesse.

Je crois que la musicologie a pris le pas sur la musique. Ta culture musicale dépasse de très loin la nôtre, nul ne conteste tes goûts et je suis le premier à te remercier de m'avoir fait connaître et apprécier beaucoup de choses que je ne connaissais pas.

Il n'en reste pas moins que le fossé est grand, et il l'est pour nous tous, entre ce que nous aimons et ce que nous pouvons. Je ne reviens pas sur ce discours que nous avons eu de maintes fois.

Entre parenthèses, je te pardonne, mais assez difficilement, le terme de "vieilleries". la musique est intemporelle, une belle mélodie reste une belle mélodie et la modernité n'est pas forcément un gage de qualité. fin de la parenthèse.

Tu dois malheureusement, comme nous le devons tous bien évidemment, admettre tes limites et composer avec. il est simplement étonnant que tu ne t'en rendes pas mieux compte. l'oreille est tout de même le meilleur juge que nous possédions et tu dois bien réaliser que "baby blue" ou "when i still have thee" t'obligent à forcer ta voix constamment, pour un résultat toujours décevant et épuisant.

Je n'ai rien, et tu le sais, contre ces deux titres, que j'ai plébiscités au début. cette constatation s'impose également dans par exemple "the river" et "hotel california", deux titres que je me damnerais pour pouvoir jouer et que j'accepte sans arrière-pensée de mettre au rebut.

Nico l'a bien dit d'ailleurs, et les heures passées ne me semblent pas avoir permis d'améliorer les choses.

La question que nous devons maintenant nous poser est de savoir si cette limite vocale est **rédhibitoire** ou non. la réponse est évidemment "non". j'en prends pour preuve "something".

Voici un titre que tu nous a proposé, que nous n'imaginions pas un instant pouvoir faire (je rappelle que dans l'un de ses mails, Nico l'a qualifié d'"Everest"), et qui, du premier coup, est sorti pratiquement fini. pour quelles raisons ? Bonne tonalité pour toi donc chant cool et détendu, bonne acceptation par nous tous, avec comme conséquence excellent travail de philou pour le solo et de Nico pour la basse. les petits détails qui restent à régler sont peanuts et je serai fier de pouvoir jouer ce morceau sur scène. Laurent, je ne t'oublie pas mais je pense que nous sommes moins sollicités dans ce morceau.

Le deuxième paramètre que nous devons prendre en compte rapidement est l'**imminence de nos échéances**.

La liste que j'ai extraite et qui m'a été reprochée n'est que celle des titres que nous possédons à peu près ou du moins que nous avons déjà abordés sérieusement. il me semblait qu'elle était susceptible de nous fournir une setlist relativement facile à mettre en place et sans trop de risques, compte-tenu du peu de répétitions qu'il nous reste. je regrette qu'elle ait été qualifiée d'autoritaire ou d'arbitraire. désolé mais nous n'avons rien d'autre à nous mettre sous la dent pour le moment et encore une fois personne n'a dit qu'elle était figée. il faut bien qu'à un moment donné nous arrêtions une liste et nous nous fixions un objectif à court terme.

Je pense sincèrement qu'ouvrir notre set par "honky tonk women" ou "dead flowers" n'a rien de honteux et fera plaisir à nombre de personnes dans l'assistance, sans compter que ça nous mettra en pleine confiance.

Laurent a forcément raison lorsqu'il écrit que la qualité d'un morceau dépend de son maillon faible. dans ce type de morceau, nous n'en avons pas. à nous de faire une liste en ce sens.

Un mot sur le **travail avant les répétitions**.

Il fut un temps où je travaillais, je me levais à 6h, j'arrivais au cabinet à 7h30 et j'en repartais à 20h, après un break de 30mn pour déjeuner.

Le soir, je n'avais pas forcément l'énergie pour travailler mes plans de batterie. et il fallait tout de même répéter tous les jeudis soirs de 21h à minuit.

Le week-end était plutôt consacré à la famille, aux amis, au sport. j'arrivais à trouver une heure ou deux dans la semaine pour bosser la musique.

Je m'en sortais pas trop mal parce que le batteur, finalement, il n'a pas grand chose à faire. Un volant de voiture dans les embouteillages suffit largement.

Je comprends donc assez bien nos guitaristes et bassiste travailleurs. ils n'ont pas beaucoup de temps donc ils le consacrent en priorité aux titres qui leur plaisent.

Un mot sur le **matériel**.

Oui, je sais, les pédales, la RickenbaCker 12 cordes... je vous remercie en passant de ne jamais m'avoir fait de remarques sur toutes ces batteries qui sonnent comme des casseroles.

Les pédales, je ne suis pas spécialiste en la matière mais ça améliorerait certainement des choses. je laisse les pros en discuter.

Quant à la RickenbaCker, parlons-en à Angus Young qui n'avait qu'une seule guitare et une seule pédale. Il ne s'en sortait pas trop mal !

Le **coaching**.

Avec mon groupe précédent, nous avons cédé une fois à cette sirène et nous avons convié à l'une de nos répétitions un guitariste professionnel que je connais bien. Ce type est un musicien hors pair, avec quasiment l'oreille absolue comme il en existe des milliers comme lui, non reconnus. Il traîne la savate et joue dans des endroits minables, c'est un crève-coeur.

Cette séance est l'un des pires souvenirs de ma vie.

Non pas pour les critiques qu'il n'a pas osé nous faire, mais pour la honte qu'il m'a fait ressentir. Je m'imaginais ce que pouvais penser ce vrai musicien en écoutant une bande de gosses de riches étaler sa nullité en quémandant son approbation. Je le revois en train de nous expliquer vainement le plan de guitare de "back in the ussr" à la note près.

Parce qu'il ne faut pas rêver : soit le type est sympa et va te dire que c'est pas mal et que tout le monde est correct, soit il est honnête et on arrête dans la minute qui suit.

Résultats des courses : bénéfice néant.

Nous avons continué notre bonhomme de chemin en nous contentant de ce que nous savions faire de façon à satisfaire un public pas trop exigeant.

Je ne suis ni cynique ni défaitiste, juste lucide.

De plus, Laurent a raison, nous devons être tous présents pour la circonstance, et ça nous amène assez loin.

Mais si tout le monde le souhaite…

Je crois avoir terminé et je vous laisse la parole.

Marc, 1/03/2019 à 12:31

OK pour la liste.

Pour la réunion, samedi, dimanche et mardi impossibles pour moi. Laurent propose de se voir avant la répétition de jeudi mais elle est à 19h.

Pas possible ce soir, tout simplement ?

Ou lundi ou mercredi, même tard ?

Philou, 1/03/2019 à 12:47

Impossible pour moi avant jeudi à part ce soir.

Laurent, 1/03/2019 à 13:03

OK pour moi ce soir. Dès 19h possible.

Philou, 1/03/2019 à 13:04

Quelqu'un peut ajouter Claude qui est parti de ce groupe ...?

Philou, 1/03/2019 à 13:08

Tout le monde serait OK pour 19h ?

Marc, 1/03/2019 à 13:10

20 heures c'est bon pour moi.

Philou, 1/03/2019 à 13:15

J'ai un rdv pro qui vient de tomber vendredi matin en Alsace...

Dans le cas où je nous trouve un studio ce soir, ça vous dirait de jouer (remplacer la repet de jeudi) ? Sinon pas grave, je fais avec.

Marc, 1/03/2019 à 13:54

19h trop tôt. Je peux ce soir à partir de 20h.

Prévenez-moi par SMS, je ne serai pas chez moi jusque-là et je vous rejoindrai où vous serez.

Marc, 1/03/2019 à 14:17

Mercredi ?

Claude, 1/03/2019 à 14:18

Je suis pris Mercredi soir.
Autrement libre tous les soirs y compris week-end.

Laurent, 1/03/2019 à 14:53

Où en est-on déjà pour ce soir ?

Claude, 1/03/2019 à 15:42

Je viens de rentrer chez moi et lire qu'il pourrait y avoir une réunion ce soir. Possible pour moi à partir de 20 h. Où ?

Marc, 1/03/2019 à 15:53

Moi je suis dispo où vous voulez à partir de 20h.

Tenez-moi au courant par WhatsApp, je ne suis pas chez moi.

Laurent, 1/03/2019 à 16:34

OK 20h. Philou ?

Philou, 1/03/2019 à 16:37

Ok mais on va se dire en quoi en fait ? Nos e-mails sont déjà bien longs. Vous ne voulez pas jouer ?

Laurent, 1/03/2019 à 16:57

Oui mais où ?

Philou, 1/03/2019 à 17:13

Je cherche si vous voulez.

Laurent, 1/03/2019 à 17:16

OK pour moi et dis-nous si possibilité.

Philou, 1/03/2019 à 17:22

Ok c'est réservé 20H à LeStudio 38-40 Rue de la Victoire, Paris. Désolé si c'est pas facile pour se garer.
Ça nous permettra de tester le matos.

C'est OK, les amis ?

Laurent, 1/03/2019 à 17:31

Jouable pour moi.

Philou, 1/03/2019 à 17:32

C'est réservé en tout cas.

Philou, 1/03/2019 à 18:25

Vous pouvez répondre sur WhatsApp SVP.
Nous avons un studio ce soir à 20h.

Laurent, 1/03/2019 à 18:45

On pourra toujours discuter qd même.

Claude, 1/03/2019 à 18:45

Curieux.

Ce groupe a failli exploser il y a quelques jours et la seule réponse est de jouer, je ne sais pas quoi, à quatre.

Les mails échangés n'ont pas réglé grand chose, pourtant.

Laurent, 1/03/2019 à 18:47

C'est une forme de thérapie comme une autre. On est toujours vivants.

Claude, 1/03/2019 à 18:47

Je serai certainement en retard, car, pour moi, ce n'est pas la porte à côté.

Laurent, 1/03/2019 à 18:48

Marc ?

Marc, 1/03/2019 à 19:03

Je viens de lire et je ne comprends rien. Jouer ce soir, rue de la Victoire, un vendredi soir ? Une plombe pour y aller, impossible de se garer ?

Un resto dans le 17ème pour causer, c'était bien aussi...

Ce sera sans moi, sorry !

Claude, 1/03/2019 à 19:05

Je serai sans micro, sans paroles de chansons, sans harmonicas.

Philou, 1/03/2019 à 19:06

J'annule alors.

Laurent, 1/03/2019 à 19:08

Un resto dans le 17ème alors ?

Claude, 1/03/2019 à 19:16

J'aurais dîné et ce sera difficile avant 20h30.
Mais s'il s'agit de discuter je reste d'accord.

Laurent, 1/03/2019 à 19:17

Tu prendras un dessert et un café et tu nous regarderas nous empiffrer !

Claude, 1/03/2019 à 19:19

No problem !

Laurent, 1/03/2019 à 19:20

Philou tu seras tout près de chez toi.

Claude, 1/03/2019 à 19:20

Je suis au restaurant avec Ruben et Catherine. Envoyez-moi un sms.

Marc, 1/03/2019 à 19:21

20h30 OK. Où ?

Laurent, 1/03/2019 à 19:23

Si Philou OK je trouve qq chose et j'vous dis quoi.

Marc, 1/03/2019 à 19:23

Impec !

Philou, 1/03/2019 à 19:44

Ok 20h30.

Laurent, 1/03/2019 à 19:52

Le "Ballon des Ternes"
103 avenue des Ternes 20h30

Marc, 1/03/2019 à 19:53

Merci Laurent. J'arrive.

Philou, 1/03/2019 à 20:01

Go ! Je pars.

Claude, 1/03/2019 à 20:04

Je suis tributaire des autobus. J'attends le 22 !

Nico, 1/03/2019 à 21:41

Vous me ferez un petit debrief les BAs ? J'espère que les pizzas sont bonnes !

Marc, 1/03/2019 à 21:43

Claude est ensanglanté, Philou gît inanimé, Laurent et moi savourons notre plat.

Débriefing à suivre.

Nico, 1/03/2019 à 21:44

J'espère que tu as pris ton appareil photo pour «immortaliser» !

Marc, 1/03/2019 à 22:27

Finalement nous avons décidé de continuer. Par ailleurs, nous aurons un clavier pour la répétition du 18 et Philou sera finalement présent également.

Nous avons établi une liste à peu près définitive pour nos prochaines échéances. Nous la mettons au propre et te la faisons parvenir. L'horizon semble s'éclaircir, tu peux partir tranquille.

Nico, 1/03/2019 à 23:26

Merci Marc, de bonnes nouvelles ! A bientôt.

Marc, 2/03/2019 à 8:13

Brain Arthrosis 2.0 !

Claude, 2/03/2019 à 9:14

B.A. 4.0 !

Nico, 2/03/2019 à 10:10

Et alors cette playlist 12.0 ? L'attente est insoutenable !

Claude, 2/03/2019 à 11:37

Je salue le groupe-phénix.

Pour Jeudi 7, j'attends l'horaire ; si la répétition a lieu dans le 9ème, 14 h ou 14 h 30 me vont largement. Pour HF Studio, il vaut mieux viser 15 h-15 h 30.

Voici l'ordre dans lequel nous allons passer en revue les 10 morceaux choisis (vous remarquerez ma prescience, ils appartiennent tous, sauf erreur, à la liste raccourcie sur laquelle nous allons concentrer nos efforts d'ici les Grandes Vacances).

1. My Back Pages
2. Twenty-Flight Rock
3. The Last Time
4. Sweet Virginia
5. Honky Tonk Women
6. Midnight Rambler
7. The Wind Cries Mary
8. Little Wing
9. Hotel California
10. Rockin' In The Free World

Travaillez bien. Et comme cadeau pour le week-end, la vidéo du concert d'Haken où ils ne font que des reprises. Meilleur groupe du monde !

Laurent, 2/03/2019 à 15:10

I'm free jeudi prochain à partir de 14h.
Donc où vous voulez.

Philou, 2/03/2019 à 15:11

J'appelle et après je vous tiens au courant.

Philou, 2/03/2019 à 15:38

C'est réservé jeudi de 14h à 17h
38-40 Rue de la Victoire, Paris, LeStudio

Laurent, 2/03/2019 à 19:55

Nico, 2/03/2019 à 19:56

Je vais avoir du retard au retour de vacances !

Marc, 2/03/2019 à 22:04

Merci Philou.
J'annule demain HF studio.

Marc, 3/02/2019 à 12:40

Salut les rescapés,
Voici donc le framadate pour avril
Je propose dans un premier temps de le faire par jour puis, dans un 2e temps, de fixer les horaires, de façon à alléger le truc.
Y a plus qu'à !
Nico, mets ton casque et regarde devant toi.
Bises et à jeudi.

Philou, 4/03/2019 à 9:11

Hello, j'ai mis à jour la liste.

Marc, 4/03/2019 à 9:14

Bien vu.
Jette également un œil sur le framadate.

Laurent, 4/03/2019 à 9:57

J'ai pour "hotel calif.... "

Pour "20 flight" regardez aussi les versions de Paul Mc.

Marc, 4/03/2019 à 10:22

Framadate affiné.

Philou, 4/03/2019 à 10:48

 ?

Laurent, 4/03/2019 à 11:14

 De vive voix jeudi. Suspense insoutenable !

Nico, 4/03/2019 à 13:28

Bon pour moi tel quel Marc, à partir du moment où je suis bon pour le jour, tous les horaires sont ok pour moi.
Merci !

Claude, 4/03/2019 à 17:59

Bonjour. Où trouve-t-on cette liste "dégraissée" qui va nous occuper dans les prochains mois ?

Marc, 4/03/2019 à 19:04

Il s'agit toujours de la liste « Excel » mise à jour par Philou et sur laquelle j'ai grisé comme d'hab les titres de la prochaine répétition.

Claude, 4/03/2019 à 19:13

OK doc !

Claude, 7/03/2019 à 13:53

Tributaire des autobus et de la circulation, j'aurai sans doute 10 mn de retard. Désolé.

Marc, 7/03/2019 18:40

Salut à tous,

1/ Philou, je pense que tu seras d'accord avec Laurent, Claude et moi pour dire que ce studio n'est pas suffisamment mieux que le précédent et trop difficile d'accès pour que nous laissions tomber HF studio.

2/ A la demande de Laurent, la répétition du 18 mars est reculée à de 19h-22h à 20h-23h.

3/ Conformément au Framadate d'avril, j'ai fait les réservations suivantes :

lundi 1er avril : 20h-23h (je serai absent mais Claude et Laurent ont souhaité conserver la répétition)

jeudi 11 avril : 20h-23h (au complet)

lundi 15 avril : 20h-23h (au complet)

Je ferai les réservations suivantes un peu plus tard.

4/ Claude, j'ai ajouté les tonalités à la liste.

5/ Nico, bonne fin de séjour.

Bises.

Nico, 7/03/2019 à 18:53

J'en conclus que la répétition s'est mieux passée que le match d'hier soir du PSG ?

Marc, 7/03/2019 à 18:59

C'est quoi, le PSG ?

Philou, 7/03/2019 à 19:00

Oui pas de pb pour garder l'autre studio.

Claude, 7/03/2019 à 19:16

Au fait, "Start Me Up" ne m'excite pas plus que ça, et je n'aime pas du tout "Down On The Corner".

Pour le reste, oui, répétition intéressante en dépit de l'absence de Nico, et le studio de la rue de la Victoire, malgré quelques qualités est à oublier.

Nico, désolé pour le match d'hier soir, je fournis volontiers du Prozac.

Mais tu sortiras de ta dépression quand je t'aurai dit que nous avons sauvé "Hotel California" en le transposant en Fa !

De même "Rockin' In The Free World" est dans mes cordes (vocales) en Si bémol.

Je vous fais un mail très vite avec le programme du 18 mars.

Bises à tous.

Nico, 7/03/2019 à 19:16

11 mecs qui se font pipi dessus quand la pression monte légèrement (tout l'inverse de BA !).

Nico, 7/03/2019 à 19:25

Parfait tout ça.

Hâte d'être au 18 mars.

Pour le PSG t'inquiète pas je suis fan de l'OM, il y a donc bien longtemps que j'ai appris à relativiser !

A bientôt.

Claude, 7/03/2019 à 19:52

Chers tous,

Pour la première fois, ce mail est également adressé à Christophe dont nous saurons bientôt s'il a vocation à devenir notre pianiste-claviériste (on dit comme ça ?)

Bonjour Christophe, tu trouveras ci-après une liste de 11 titres que nous allons tenter d'interpréter le 18 mars prochain de 20 h à 23 h à HF Music Studio, 5 rue Dareau, 75014 Paris. Pour dire les choses très clairement, tu n'auras pas à régler, ce soir-là, une quelconque participation financière, mais tu devras tout de même téléphoner au studio (01 45 88 56 19) pour louer un clavier électronique, à tes frais, mais je pense que c'est peu onéreux. Le studio est réservé à mon nom.

Les 7 premiers titres de la liste bénéficieront de l'apport d'un clavier, et nous te demandons de les étudier le mieux possible. Pour les 4 suivants, il faudra voir quelle pourrait être ta place, et tu auras plus que ton mot à dire.

1. Dead Flowers-Rolling Stones-Ré
2. Twenty Flight Rock-Eddie Cochran
3. Johnny B. Goode-Chuck Berry-Mi
4. Money For Nothing-Dire Straits-Sol
5. Something-The Beatles-
6. Back In The USSR-The Beatles-Sol
7. Gaby, Oh Gaby-Alain Bashung-Mi
8. Eight Days A Week-The Beatles
9. Hotel California-Eagles-Fa
10. Little Wing-Jimi Hendrix Experience-Mi
11. Midnight Rambler-Rolling Stones-Si

Comme tu vois, je n'ai pas pu inscrire les tonalités pour 3 de ces titres, et je demande à l'un de mes camarades de bien vouloir éclairer Christophe sur ce point. En ce qui concerne ”Twenty Flight Rock”, l'écoute de la version des Rolling Stones que tu trouves sur "Still Life" (1982) te sera utile.

Je reste à ta disposition pour toutes les questions que tu auras envie de poser, et je suis déjà impatient d'être au 18/03.

Bien amicalement, et bises aux 4 autres.

Marc, 7/03/2019 à 20:07

Bienvenu à Christophe.

Marc, 7/03/2019 à 20:08

Saloperie de correcteur : BienvenuE

Claude, 7/03/2019 à 20:21

Pourquoi tu mets un E, c'est pas une fille ?

Marc, 7/03/2019) 20:30

Ah ben j'm'ai gouré, alors ?

Claude, 7/03/2019 à 20:52

J'fais des recherches.

Laurent, 7/03/2019 à 22:37

Bonsoir à tous, bienvenue à Christophe, ”20 flight rock” Sol, ”Something” Do, ”8 days a week” Ré.

Voilà.

Marc, 9/03/2019 à 15:24

Salut les musicos,

En regardant le planning du HF, j'ai vu qu'il restait très peu de dispos pour avril.

J'ai donc dès maintenant complété nos réservations pour avril, toujours en tenant compte du Framadate:

lundi 18 mars 19h-22h
jeudi 21 mars 21h-24h
jeudi 28 mars 19h-23h
lundi 1er avril 20h-23h (Marc absent)
jeudi 11 avril 20h-23h
lundi 15 avril 20h-23h
jeudi 18 avril 19h-22h dans le dernier studio dispo ($25m^2$)
jeudi 25 avril 21h-24h

Christophe doit impérativement appeler rapidement pour réserver un clavier les jours de répétition.
(HF Music Studio au 01 45 88 56 19)

Bises à tous.

Claude, 9/03/2019 à 15:32

Bonjour Marc ; tu as tout à fait raison de rappeler à Christophe qu'il doit réserver un clavier pour le 18 mars (après, nous l'espérons, mais il est difficile de se prononcer à l'heure qu'il est).

En revanche, en ce qui concerne l'horaire du 18 mars, n'avions-nous pas parlé de nous retrouver à 20 h et non à 19 h du fait des obligations professionnelles de Laurent ?

Bises.

Nico, 12/03/2019 à 9:47

Nouveau joujou que je t'apporte lundi Philou ! Est ce que t'as choppé un accordeur ? Tu me dis sinon j'essaie de t'en trouver un d'occasion.

Claude, 12/03/2019 à 9:47

C'est beau !

Marc, 12/03/2019 à 9:54

Je dirais même, c'est émouvant !

Claude, 12/03/2019 à 12:37

Christophe vient de me confirmer qu'il a loué un clavier au studio pour le 18/03.

Nico, 12/03/2019 à 12:40

Top !

Marc, 12/03/2019 à 12:40

Aurait-il vraiment envie de jouer avec nous ?

Philou, 13/03/2019 à 10:18

Magnifique !
J'en achète un ce week-end :-)
Quelle est la setlist de lundi ?

Nico, 13/03/2019 à 10:22

"Dead Flowers-Rolling Stones"-Ré
"Twenty Flight Rock"-Eddie Cochran-Sol
"Johnny B. Goode"-Chuck Berry-Mi
"Money For Nothing"-Dire Straits-Sol
"Something"-The Beatles-Do
"Back In The USSR"-The Beatles-Sol
"Gaby, Oh Gaby"-Alain Bashung-Mi

"Eight Days A Week"-The Beatles-Ré
"Hotel California"-Eagles-Fa
"Little Wing"-Jimi Hendrix Experience-Mi
"Midnight Rambler"-Rolling Stones-Si
There you go
Tu sais tout!
Et la full drive ça crache, pour le coup celle-ci mon pote la vend d'occase.

Philou, 13/03/2019 à 10:27

"Eight days a week" en D on a bien dit que c'était trop haut non ?

Nico, 13/03/2019 à 10:32

Je suis d'accord oui, en tout cas pour moi ça ne peut pas être chante un ton en-dessous par rapport à l'originale. On essaierait pas en C ?

Claude, 13/03/2019 à 10:34

Merci de transmettre les modifications à Christophe.

Nico, 13/03/2019 à 10:36

Ok mais vous êtes d'accord du coup ? Je ne veux rien imposer mais j'ai l'impression que c'est plus un oubli.

Philou, 13/03/2019 à 10:37

Oui Claude c'est à toi de nous dire.

Nico, 14/03/2019 à 9:12

Bonjour à tous et bienvenue Christophe.

Une petite précision sur les tonalités, il me semble que nous étions convenus de descendre ”8 days a week” d’un ton et de le jouer donc en Do.

A lundi.

Philou, 14/03/2019 à 9:15

Hello ! Du coup on valide, ”8 Days a Week” en Do ?

Nico, 14/03/2019 à 9:16

J’ai pris la liberté d’envoyer un mail en ce sens Philou, à l’instant.

Claude, 14/03/2019 à 12:33

Dans ce groupe, il y a les musiciens, qui s'occupent des tonalités et des choses sérieuses, et puis, il y a Marc et moi, qui vous proposons de dîner avant la répétition au restau du Marriott, 17 boulevard Saint-Jacques à 19h , puisqu'on répète à 20h.

Bon week-end à tous et bossez bien.

Bises.

Nico, 14/03/2019 à 12:38

Avec grand plaisir pour moi.

Marc, 14/03/2019 à 12:45

J’en suis !

Marc, 14/03/2019 à 13:44

Salut à tous, comme je vous l'ai signalé, j'ai réservé le dernier studio disponible à 19h ce jour-là. Il ne fait que 25m², ce qui me paraît vraiment petit.

Je suis retourné sur le site et 2 studios plus grands (38m² et 60m²) se sont libérés mais de 21h à minuit.

3 options :

1. nous restons en l'état
2. nous reculons la répète à 21h
3. je vois au Luna Rossa s'il y a une possibilité.

Répondez-vite, les places deviennent très chères.

Claude, 14/03/2019 à 14:02

Merci Marc pour ton zèle afin de nous rendre la vie plus facile.

Je rejette l'option 1, et le choix entre 2 et 3 m'est un peu indifférent.

Bises.

Nico, 14/03/2019 à 14:24

Je suis pour l'option 2 !

Marc, 14/03/2019 à 15:02

Laurent et Philou, merci de répondre rapidement à mon mail concernant la répète du jeudi 18 avril.

Bises.

Claude, 14/03/2019 à 15:04

Marc, sinon, t'es le chef pour ça et tu décides pour le groupe.

Marc, 14/03/2019 à 15:19

Je ne suis le chef de rien du tout, rien qu'un obscur gratte-papier qui tente péniblement de nous trouver un toit !

Y aurait pas un divan sur lequel je puisse m'allonger ?

Laurent, 14/03/2019 à 15:23

OK 2.

Claude, 14/03/2019 à 15:25

En tout cas, moi je n'ai pas grand chose à dire, je suis convoyé par tes soins.

Marc, 14/03/2019 à 17:19

Merci de bien vouloir noter la modification d'horaire de la répétition du **jeudi 18 avril**, qui aura lieu de **21h à minuit** dans le Carnegie Hall (60m²). Bises.

Philou, 14/03/2019 à 17:38

Merci Marc !

Désolé pour le retard 👀

Nico, 16/03/2019 à 15:30

Hello! Laurent, j'essaie de revoir "Midnight Rambler" avec la structure que tu as proposée et je m'y retrouve pas à partir si solo d'harmonica en gros. Tu avais pas pris quelle version en référence?

Je pense qu'il va falloir suivre ta structure au début mais à partir de ce solo j'ai l'impression qu'il a plutôt falloir se la faire avec des appels de l'un ou l'autre pour s'y retrouver.

Laurent, 16/03/2019 à 17:29

Les versions des Stones sont toutes les mêmes pour ce qui est de la structure, jusqu'au passage en rythme binaire. Les différences apparentes viennent des hésitations de Jagger et/ou de l'état plus ou moins high de Keith...

Je pense qu'il faut tenir cette structure parfaitement au moins jusque là. Après on peut se débrouiller plus facilement, notamment à partir du moment où ça s'arrête et où ça repart lentement.

Nico, 16/03/2019 à 17:33

D'acc !

Marc, 18/03/2019 à 18:56

Nico, une Cesar poulet ?

Nico, 18/03/2019 à 18:57

Avec plaisir Marc, merci !

Marc, 18/03/2019 à 18:57

C'est vendu !

Laurent, 18/03/2019 à 19:37

Retard 20' + ou -

Philou, 19/03/2019 à 10:42

Hello 

Jeudi ça va pas le faire pour moi, j'ai un empêchement. Vous pouvez garder le studio ou dites moi si je l'annule.

Désolé c'est pas cool de ma part...

Claude, 19/03/2019 à 11:05

Moi, je crois que c'est râpé.
Je préviens Christophe.

Nico, 19/03/2019 à 11:08

Notes pour la prochaine répète, il faudrait vraiment qu'on arrive à se mettre en place plus vite + qu'on enchaîne plus vite entre les morceaux i.e. arriver à ne plus avoir besoin de changer les sons, volumes etc... bref gagner un peu en efficacité !

A part ça c'était pas mal hier !

Claude, 19/03/2019 à 11:10

Prochaine répétition sauf erreur jeudi 28 mars à 19 h. Tous présents ?

Nico, 19/03/2019 à 11:13

Chef oui chef et j'ai noté une répétition de 4 heures (?)

Marc, 19/03/2019 à 11:13

Que quelqu'un annule la répète rapidement, please !

Claude, 19/03/2019 à 11:14

Affirmatif !
Ce quelqu'un ça va être Philou.

Claude, 19/03/2019 à 14:28

Chers amis, la répétition du 21 ayant été annulée, faute de combattants, voici ce que je vous propose pour le 28 : nous allons reprendre les mêmes 7 premiers morceaux de la répétition du 18, c'est-à-dire :

1. Dead Flowers
2. Twenty-Flight Rock
3. Johnny B. Goode
4. Something
5. Back In The USSR
6. Money For Nothing
7. Gaby Oh Gaby

Ce choix est motivé par le fait que la prestation de notre ami Christophe ne fut pas concluante, tout le monde, y compris lui, en convient. Il est de bonne guerre de lui laisser une seconde chance, à charge pour lui de prouver que, dans les 7 chansons ci-dessus, il apporte une vraie valeur ajoutée à celles-ci, et qu'il est capable de s'intégrer harmonieusement, efficacement et durablement à notre petit groupe. La balle est dans son camp.

Je pense qu'il est assez pertinent d'y ajouter "Rock N' Me" du Steve Miller Band, car j'ai l'intuition que c'est le genre de chanson qui nous apportera la même bonne surprise que "Sweet Virginia" ou "Something" : "en dix minutes, c'est dans la boîte" !

S'il nous reste du temps (et il nous en restera, puisque nous aurons 4 heures de répétition !), je ne vais pas abuser de ma directivité, et vous laisse réfléchir à 2-3 morceaux qui vous posent des problèmes, que nous n'avons pas joués depuis longtemps, etc.

S'il y a des remarques ou des questions, je suis votre homme.

Bises amicales.

Nico, 19/03/2019 à 15:21

Petit coup de pression à Christophe !

Bravo Claude, ça c'est du leadership !

Philou, 19/03/2019 à 15:40

Done !

Claude, 19/03/2019 à 15:41

Good. Thanks !

Marc, 19/03/2019 à 17:13

OK bien sûr pour cette liste "de rattrapage".

Nous pouvons donc a priori considérer comme adoptés les titres suivants :

1. back in the USSR
2. crazy little thing called love
3. dead flowers
4. eight days a week
5. gaby oh gaby
6. honky tonk women
7. I can't explain
8. johnny b. goode
9. jumpin' jack flash
10. little wing
11. midnight rambler
12. money for nothing
13. my back pages
14. proud mary
15. something

16. summertime blues
17. sweet virginia
18. the wind cries mary
19. twenty-flight rock
20. under my thumb

Quel sort réserve-t-on à :

1. all day and all of the night
2. it's all over now
3. paint it, black
4. rockin' in the free world
5. sharp-dressed man
6. the last time

Il nous faut en outre tester :

1. green river
2. rock'n me

Il y a donc encore du taf d'ici au 21 juin.

Sans compter que Claude ne nous a pas communiqué sa liste pour le 17 mai...

Bises à tous.

Claude, 19/03/2019 à 17:31

Cher Marc,

La démocratie directe ne fonctionne certainement pas à l'échelle d'un pays, mais je la crois applicable au niveau de notre groupe.

Il s'agira de notre premier passage sur scène, et ce sera une bonne chose que tout le monde se sente bien avec nos propositions.

Bref, je crois que "Something" et "Sweet Virginia" sont indiscutables ; "Twenty-Flight Rock" pourra plaire à la tranche la plus âgée de notre public. Si Alain passait sa Rickenbacker-12 cordes à Laurent, "My Back Pages" serait tentant. Et, en rappel, l'hésitation entre "Jumpin'Jack Flash" et "Honky Tonk Women" est compréhensible. Sans oublier que si le "miracle du clavier" advenait cela ouvrirait la voie à "Back In The USSR" ou "Dead Flowers", sans même parler de "Gaby, Oh Gaby".

Bref, vos avis permettront d'y voir plus clair.
Bises.

Nico, 19/03/2019 à 17:41

Pour moi on garde tout !

Claude, 19/03/2019 à 17:56

Je rappelle que c'est une soirée dansante et pas une soirée plombante et que je ne me vois pas infliger à mes invités plus d'une demi-heure de musique live, d'autant que, tout le monde ne le sait peut-être pas, mais je vais, en compagnie de mon prof de chant, commencer par 2 chansons acoustiques, légèrement soporifiques…

C'est ce qui s'appelle préparer la voie pour Brain Arthrosis.

Nico, 20/03/2019 à 8:54

Et bien moi je trouve que ce recentrage du répertoire est très bénéfique et on sent une vraie bonne énergie et beaucoup plus de maîtrise dans cette répétition.

Je pense qu'on est vraiment sur la bonne voie.

Claude, 20/03/2019 à 9:00

Tout à fait d'accord Nico, même si tu connais mon ambition d'aller à terme vers un répertoire plus diversifié et surtout plus orienté vers la musique de ces 30 dernières années.

Nico, 20/03/2019 à 9:03

Of course. Et on doit retenir les leçons de l'histoire de BA c'est à dire choisir des morceaux à notre portée, notamment vocalement.

Claude, 20/03/2019 à 9:03

Bien entendu.

Nico, 20/03/2019 à 9:06

Mais en tout cas je trouve que c'est une des meilleurs répètes qu'on ait faite, dans des circonstances pourtant pas idéales.

Et je suis d'accord avec Marc, les rares interventions réussies de Christophe donnent effectivement envie de voir un clavier sur nos morceaux, ça apporte clairement quelque chose au son.

Claude, 20/03/2019 à 9:07

Tout à fait d'accord.

Nico, 20/03/2019 à 9:08

Ce qui me fait penser qu'un ami de mes parents est un fantastique pianiste (plutôt jazz au départ) et qu'il habite à Paris... lui pour le coup maîtrise tout de l'impro etc... un sacré personnage.

Claude, 20/03/2019 à 9:12

Comme je ne mettrai pas ma main au feu sur la pérennité de Christophe chez BA, voilà une piste que tu pourrais explorer.

Nico, 20/03/2019 à 9:15

Je vais tâter le terrain, ça ne coûte rien. J'ai eu ce flash de souvenir d'enfance de soirées chez moi où il se mettait au piano et mettait le feu sur des morceaux d'Elton John, Joe Cocker, Ray Charles. Il chantait pas mal en plus de mémoire. Le gars dont tu te dis « ah ouais il joue quand même ».

Claude, 20/03/2019 à 9:18

Je crois que le qualificatif de « pote » est exagéré, et DJ et sonorisateur sont deux métiers très différents.

Je suis d'accord avec le fait qu'il faut commencer à agir, mais ce n'est certainement pas la bonne direction. Shitty aurait peut-être quelques noms à nous donner ?

Laurent, 20/03/2019 à 9:39

Continuez, les gars, ça me distrait, entre deux prostates !

Marc, 20/03/2019 à 9:39

Attends, Nico, je rêve, là ! T'as ce mec en or sous le coude et tu ne lui as pas encore proposé d'intégrer Brain Arthrosis ? Comme s'il pouvait refuser une telle opportunité ?

Je dois avouer qu'au prime abord je ne suis pas totalement séduit par le Christophe !

Il parle beaucoup trop et a un côté « je sais tout faire » qui m'agace un peu. Et puis un type qui nous a trouvé bons est forcément suspect, non ?

Mais en même temps (comme dirait l'autre) ce n'est pas forcément facile d'arriver dans une structure aussi cohérente et soudée (rires gras de l'assistance) que la nôtre et je suis tout à fait disposé à lui laisser sa chance bien que, comme Claude, je ne le sente pas trop !

Bon, bouge toi un peu et ramène-nous vite ce piano man !

Concernant la précédente répète, j'ai effectivement assez aimé.

Il y a un bout de temps que je n'avais pas transpiré, c'est bon signe.

Vite, au 28 !

Claude, je voulais surtout savoir s'il n'avait pas quelqu'un à nous conseiller !

J'ai déjà demandé à Shitty et il n'a pas donné de réponse à ce sujet.

Laurent, y a pas que le cul, dans la vie !

Claude, 20/03/2019 à 9:43

Ah bon ?

Marc, 20/03/2019 à 9:46

J'suis tombé dans un groupe de beaufs !

Nico, 20/03/2019 à 10:49

Je suis d'accord avec tout !

Je vois si le piano man est toujours dans le circuit, je vous tiens au courant !

Marc, 20/03/2019 à 11:04

Super !

En passant, merci, de corriger cette faute impardonnable : un type qui nous a trouvé(S) bons.

Insupportable !

Pendant que Potin Félix, Méphistophélès !!

Claude, 20/03/2019 à 15:14

Hello ! Je note que personne ne m'a donné de réponse précise par rapport à mon mail d'hier dans lequel je notais parmi les titres envisageables pour le 17 mai : « Something », « Twenty-Flight Rock », « Jumpin' Jack Flash », « Dead Flowers », « Back In The USSR », « Gaby Oh Gaby », « Honky Tonk Women », « My Back Pages » et « Sweet Virginia ».

Help ! (non, pas « Help » des Beatles, help...).

Nico, 20/03/2019 à 15:26

Mes préférences:
"Something"
"Sweet Virginia"
"Midnight rambler"
"Dead flowers" (j'aurais du le mettre en prems).
"20 flight rock"
"Jumpin"

Claude, 20/03/2019 à 15:33

Oui, Nico, tes préférences rejoignent assez les miennes, mais je me disais aussi que 3 Stones sur 5 chansons, c'était peut-être un peu trop...

Marc, 20/03/2019 à 15:47

Voici mon choix.

Ce n'est pas tant ce que je préfère que ce que je pense être "présentable".

Pas d'ordre particulier.

- Dead Flowers
- Honky Tonk Women
- Sweet Virginia
- Something

- Proud Mary
- Rock'n Me (je le sens tellement bien !)

Trois Stones, encore !

Claude, 20/03/2019 à 15:55

Tout à fait d'accord, c'est ce qu'on fait le mieux, même si mes goûts pouvaient me porter vers autre chose.

Et je suis content de voir que tu penses comme moi que le Steve Miller pourrait trouver sa place dans ce mini-concert. Il sera "dans la boîte" dans 8 jours !

Christophe, 20/03/2019 à 20:31

Salut Claude,

Voilà, après mure réflexion et en rapport avec mes affaires de famille, je préfère ne pas poursuivre avec vous.

J'en suis désolé et vous m'êtes très sympathiques tous, mais je pense que je ne trouverai pas assez de temps aujourd'hui pour intégrer votre groupe et mener à bien avec vous les projets.

Merci de ta compréhension.

Bonne continuation à tous.

Claude, 20/03/2019 à 21:42

Sans commentaires, les gars, sauf que je vais revoir le programme de la prochaine répétition. Et à moins que Nico ne nous sorte son joker de sa manche !

Nico, 20/03/2019 à 22:25

J'ai essayé de contacter le joker (ça lui va pas mal, il a un vague air de Jack Nicholson!), mais pas de réponse jusque là...

Je ne suis pas trop surpris pour notre ami, et en même temps on n'y croyait moyennement.

Mieux vaut une bonne répète à 5 que la foire de lundi soir même si on en a quand même fait quelque chose de bien.

Marc, 20/03/2019 à 23:09

Exit Christophe !
Comme vous, je ne suis pas plus étonné que ça !
Attendons Jack de pied ferme.

Laurent, 21/03/2019 à 9:59

Salut à tous!

J'ai écouté la répé de lundi et il faut bien se rendre à l'évidence... Nous sommes en progrès ! Tout n'est pas parfait évidemment mais il y a plus de punch. Je reste convaincu par ailleurs que les conditions techniques sont un facteur essentiel pour le résultat final. Le concert du 17 mai nous permettra une première mise au point.

Bon, je vais voir comment Steve Miller Band. Mais avant que nous ne nous penchions sur "Rock'n Me" il faudrait que notre chanteur bien-aimé nous donne ne serait-ce qu'un soupçon d'idée de la tonalité qui lui convient, car l'originale en Si est peut-être trop élevée.

Bises.

Claude, 21/03/2019 à 10:36

Ah oui ! Tonalité beaucoup trop élevée. Je réponds très vite.

Marc, 21/03/2019 à 14:11

En jetant un oeil sur la liste EXCEL, je vois qu'il avait été noté de jouer "Rock'n Me" en D.

Marc, 21/03/2019 à 15:12

Salut à tous,

Je crois qu'on va tout de même avoir un sacré problème pour nos concerts à venir, c'est celui du matos.

J'ai mis une petite annonce sur ZikInf à la recherche d'un ingénieur son avec matériel.

J'ai eu pour l'instant une réponse avec un devis de 950€ par concert.

Si vous avez des idées à ce sujet…

Claude, 21/03/2019 à 16:28

Bonjour, chers compagnons.

Le cas Christophe s'étant réglé de lui-même, nous sommes dans l'attente de quelque chose qui viendrait du côté de Nico, car j'estime que cette question du clavier est cruciale.

On va commencer par le programme du 28/03, qui a vocation à être pléthorique, puisque nous aurons 4 heures. De quoi mettre 16 morceaux dont un nouveau !

1. Twenty-Flight Rock
2. Something
3. Eight Days A Week
4. My Back Pages
5. Rock N' Me
6. Crazy Little Thing Called Love
7. I Can't Explain
8. The Last Time
9. Under My Thumb
10. It's All Over, Now
11. Paint It Black
12. Midnight Rambler
13. Money For Nothing
14. Sharp-Dressed Man
15. All Day And All Of The Night
16. Rockin' In The Free World

On va les aborder dans cet ordre-là et l'idée de Marc de se référer au tableau Excel était la bonne : nous tenterons le Steve Miller en D !

Ce programme permettra également de répondre à la question que posait Marc dans son mail du 19/03, 17h13.

Quant à la question non moins importante de l'ingénieur son avec matos, je vais questionner de mon côté, mais Shitty est quand même le mieux placé pour répondre précisément à cette question.

Pour le 17/05, voilà où j'en suis dans mes réflexions :

1. Sweet Virginia
2. je ne sais pas encore comment remplir cette case. La facilité est Dead Flowers, mais 3 Stones, ça me paraît trop.
3. Twenty-Flight Rock
4. Something

Rappel après 15 mn d'applaudissements : Honky Tonk Women

On reste en contact, parce qu'on a du pain sur la planche.

Bises.

Marc, 21/03/2019 à 17:04

Tout ça me semble parfait à ceci près qu'il me paraît dommage d'abandonner "Dead Flowers", qui est de loin le titre qui sort le plus facilement. Mais c'est toi le capitaine de la soirée. Au boulot.

Au sujet du matos, j'ai bien entendu recontacté Shitty, qui vient de me répondre.

C'est pas loin des prix normaux !

Demain je déjeune avec mon fils et je vais lui demander s'il peut faire quelque chose.

Mais il faudra quand même un sonorisateur et en plus il faudra lui donner un coup de main

Il faudra compter lui donner 150 euros au black et louer une camionnette, aller chercher le matos, payer les frais et l'aider à monter et démonter le matos

Et le lendemain ramener le tout.

On verra à combien Antoine peut sortir le tout, mais ça dépend pas que de lui, c'était mieux quand j'étais le patron !

J'ai par ailleurs retrouvé le n° de portable de l'ingénieur du son qui s'occupait de mon groupe il y a une dizaine d'années et lui ai renvoyé un SMS en lui demandant s'il était toujours en activité. J'attends sa réponse.

Je prends l'avion demain matin pour Budapest et serai de retour lundi soir. Je reste bien entendu au contact par WhatsApp.

Bises à tous.

Nico, 21/03/2019 à 17:07

Pour moi deux cas de figure:

- petit lieu où on peut jouer sans sonoriser la batterie et éventuellement sans repiquer les amplis, dans ce cas on s'en sort avec une petite sono et table pour le chant et micros. J'aurais pensé que ça aurait pu être le cas pour le 17 mai mais je n'ai pas vu le lieu, Shitty doit avoir une bonne idée.
- lieu plus grand et/ou extérieur, là ça va nous coûter...

Dans tous les cas le problème des amplis guitare demeure, mais ça se loue.

Marc, 21/03/2019 à 17:31

Pour le 17 mai peu de problèmes puisqu'il y a déjà une sono sur place, Shitty la complète et la gère et j'apporte de quoi sonoriser ma batterie. Reste effectivement le problème des amplis guitares.

Ce sont les concerts du 21 juin et du 6 juillet qui sont compliqués.

Continuons à explorer toutes les pistes.

Marc, 21/03/2019 à 18:49

Les copains, l'horizon s'éclaircit peut-être.

Le type qui nous sonorisait il y a 10 ans est toujours en service et vient de me répondre qu'il était dispo pour sonorisation tous lieux.

On doit s'appeler en début de semaine prochaine mais je lui envoie déjà par mail nos besoins.

Bises.

Nico, 22/03/2019 à 0:18

Génial !

Pas de nouvelles de Jack de mon côté, étrange...

Je vous tiens au jus !

Claude, 24/03/2019 à 19:36

Eh les copains ! J'ai un plan de clavier ! Cela dit, j'attends de savoir ce que donnera le copain de Nico pour bouger, mais voilà ce dont il s'agit : mon frangin m'a dit que l'ancien pianiste de "Au Bonheur Des Dames", que je connais bien, que Laurent connais aussi, je crois, pourrait être très intéressé par Brain Arthrosis. Il s'appelle Eric Vivié, et portait, dans ABDD, le beau pseudo de Gérard Manjoué. Ingénieur acousticien, très sympa, il s'intégrerait sans problème. Qu'en pensez-vous ?

Bises.

Nico, 24/03/2019 à 20:34

Hello Claude !

Je pense que ça vaut le coup de contacter Gérard Manjoué (excellent) car l'autre Gerard aka Jack, ou plutôt Elton après vérification avec ma mère (une quinzaine complète sans payer un verre dans les boîtes à Ibiza pour mes parents et leur clique grâce à Gérard qui se serait fait passer pour Elton John, récital de piano/chant à l'appui) bref, Gérard ne m'a pour l'instant pas répondu donc j'ai un petit doute sur sa dispo.

Tentons donc l'autre Gérard, au pire ça nous fera un bon « vivié » de pianistes.

Claude, 24/03/2019 à 20:52

Je lui téléphonerai donc demain soir.

Bises à tous.

Marc, 24/03/2019 à 21:58

Mais voilà une nouvelle qu'elle est bonne !

Je rentre demain soir de Budapest.

Tenez-moi au courant.

Bises.

Laurent, 24/03/2019 à 22:20

OK bien sûr pour Manjoué (qui avait d'ailleurs joué aussi avec les Hyènes de Levallois).

Ça va pas faire baisser la moyenne d'âge du groupe mais la jeunesse est dans la tête et les doigts.

Claude, 25/03/2019 à 17:42

J'ai donc eu Eric au téléphone, je lui ai expliqué notre projet, lui ai parlé du répertoire, du studio de répète', des concerts prévus...

Il me donne sa réponse sous 48h, ce qui fait que je vous en parlerai jeudi.

Bizatous.

Nico, 25/03/2019 à 18:09

Suspense insoutenable ! Tu l'as senti comment, tenté ou réservant juste sa réponse par politesse ?

Toujours pas de réponse de Jack/Elton mais d'après ma mère ça pourrait bien le brancher, le seul problème étant qu'il est souvent par monts et par vaux, et pourrait donc craindre de ne pas pouvoir être assez assidu...

Attendons de voir ce que dit Eric !

Claude, 25/03/2019 à 18:35

Je pense qu'il a effectivement besoin d'un peu de temps pour savoir s'il pourra se rendre disponible, mais je l'ai senti intéressé.

Marc, 25/03/2019 à 19:18

Quoi ? On lui offre l'opportunité unique d'intégrer BRAIN ARTHROSIS et il a besoin de 48h pour réfléchir ??? Si c'est pas malheureux !

Marc, 26/03/2019 à 22:40

Salut les zikos,

De retour aux affaires, j'ai contacté Eric, mon copain ingénieur du son.

Il nous en coûtera 700€ par prestation (les tarifs habituels sont plutôt de l'ordre de 950€, dixit Shitty).

Pour ce prix, payable en espèces, il gère TOUT :

- il vient avec un assistant
- il a son camion
- il charge, décharge, installe, remballe, recharge et rapporte son matos
- il fournit la lumière
- il peut nous enregistrer si nous le souhaitons.

En revanche, il ne fournit pas les amplis guitares.

Nous avons collaboré à pas mal de reprises, le mec est fiable 100%.

On est 5 voire 6 sur le coup, moi ça me paraît correct.

Et nous sommes assurés d'avoir LE son.

La balle est dans votre camp.

Je dois le rappeler après notre répète de jeudi.

Claude, 18h10 jeudi ?

Bises.

Claude, 26/03/2019 à 23:20

Marc, ton Éric me va bien, quant à mon Éric, il ne s'est pas encore manifesté.

À jeudi, 18h10.

Bises à tous.

Laurent, 26/03/2019 à 23:33

Je clap ton Éric.

Nico, 26/03/2019 à 23:36

Salut Marc,

C'est imbattable et tellement moins galère que de se taper tout ça nous-mêmes sans aucune garantie sur la qualité sonore finale.

Je suis pour à 100% d'autant que tu le connais et sais donc qu'il fera ça bien. Perfect !

Nico, 27/03/2019 à 8:33

Je remets la liste pour demain en haut de la pile pour faciliter la vie de ceux qui réviseraient ce soir.

Nico, 28/03/2019 à 19:06

Je viens de m'extraire difficilement du boulot, je suis donc à la bourre.

Marc, 28/03/2019 à 19:22

Philou, la répète est 19-23.
Kesse tu fous ?

Nico, 28/03/2019 à 21:55

Philou fais nous signe si tu peux on s'inquiète !

Philou, 28/03/2019 à 22:18

Désolé les gars je suis pas à Paris cette semaine.
J'aurais pu vous le redire j'ai zappé dsl.

Marc, 28/03/2019 à 22:21

Oui sauf que tu nous as dit ensuite que tu serais finalement présent, raison pour laquelle nous avons réservé 4 heures ....

Nous ne l'aurions pas fait si tu avais été absent !

Philou, 28/03/2019 à 22:25

Je vous ai dit que serai présent le 18 (repet avec Christophe) pas le 28. Désolé pour le quiproquo.

Marc, 29/03/2019 à 10:09

Bonjour Eric,

Ce petit mail pour t'informer mes copains du groupe sont tous d'accord avec ta proposition de sonorisation.

J'attends des précisions concernant la puissance électrique pour le 6 juillet dans l'Yonne et l'accord de la Préfecture pour le 21 juin.

Je te tiens au courant dès que j'ai du nouveau.

A très bientôt.

Eric, 29/03/2019 à 17:21

Bonjour Marc.

Bien reçu, c'est parfait.

Voilà en gros le matériel prévu :

Façade : 2 x NEXO PS15 + 2 x subs NEXO LS1200 + rappel latéral 2 x APG DS12

Retours : 4 x NEXO PS8 + 2 x APG DS15

Console Behringer-Midas X32 avec télécommande iPAD

Kit micros, câbles et pieds.

Kit lumière au sol : 4 projecteurs Martin LED + 4 projecteurs 750W

Inclus transport et 2 techniciens.

Pour le courant, 2 x 16 ampères devraient suffire.

À bientôt.

Marc, 29/03/2019 à 17:32

Merci Eric,

L'un des guitaristes va probablement louer un ampli et me demande de quelle puissance il a besoin dans la mesure où l'ampli sera repris par un micro.

Marc, 29/03/2019 à 17:40

Salut les BA,

Je vous transfère pour info le mail de notre ingénieur du son suite à mon accord.

C'est un peu trop technique pour moi.

Laurent, je lui ai posé la question concernant la puissance nécessaire de l'ampli guitare.

Bises.

Claude, 29/03/2019 à 17:43

Good job, Marc.

Eric, 29/03/2019 à 17:50

Inutile qu'il soit très puissant, en effet.

Il y a des amplis de 10W à 40W très bien, neufs, à moins de 100€.

Nico, 29/03/2019 à 17:55

Ça m'a l'air parfait tout ça, merci encore Marc !

Laurent, 29/03/2019 à 18:48

Eh ben voilà !

Nico, 29/03/2019 à 23:07

Salut les BAs, on répète toujours lundi finalement ?

Claude, 29/03/2019 à 23:29

Puis-je réserver ma réponse jusqu'à demain ?

Nico, 29/03/2019 à 23:47

Moi tout me va, je pensais au fait d'annuler le studio si besoin.

Laurent, 29/03/2019 à 23:53

Effectivement la nuit va porter conseil.

Nico, 29/03/2019 à 23:53

Diantre !

Claude, 30/03/2019 à 13:39

Cher Laurent, bonjour.

Des résultats de ta mise au point avec Philou dépendra ma décision, dont j'assumerai toute la responsabilité, de maintenir ou d'annuler la répétition de lundi prochain. Il serait bon que nous puissions être fixés avant 18 h.

Bises à tous.

Claude, 30/03/2019 à 17:21

Nous nous retrouverons donc tous les quatre, lundi 1 avril, à 20 heures.

Je vais essayer de concocter un programme de répétitions qui tienne compte de l'absence de Marc, mais pour des raisons logistiques, je ne vous le communiquerai que demain. Il n'y aura quand même pas de surprises.

Bonne fin de week-end.

Claude, 30/03/2019 à 17:57

Je propose le programme suivant pour lundi soir :

1. Back In The USSR
2. Eight Days A Week
3. Something
4. My Back Pages
5. Rock 'N Me
6. Sweet Virginia
7. Paint It Black
8. Twenty Flight Rock
9. Crazy Little Thing Called Love
10. Johnny B. Goode
11. I Can't Explain
12. All Day And All Of The Night

Philou, 30/03/2019 à 18:06

Ok pour moi !

Je vais prendre mon acoustique pour essayer « Sweet Virginia ». Ça m'a l'air pas mal du tout. Faut que je regarde pour l'ampli guitare si je peux m'en faire prêter un.

Il faut 4 kits micros et des portes partition si possible.

Bises !

Claude, 30/03/2019 à 18:26

Parfait, Philou, mais n'oublie pas qu'en dépit de l'absence de Marc, il faudrait que « Rock ´N Me », en particulier, soit nickel, d'autant que notre ami Laurent a un peu de mal avec le riff. Bises.

Nico, 30/03/2019 à 19:11

Je crois que le pote de Marc précisait dans son envoi initial qu'il avait les kits micro.

En tout cas j'en ai un avec pied et XLR !

AVRIL

Philou, 1/04/2010 à 14:10

Hello,
« 8 Days a Week » est en quelle tonalité ?

Nico, 1/04/2019 à 14:21

Hello Philou,
On a fini en B la dernière fois il me semble, et ça sonnait pas mal! :-).
À toute.

Philou, 1/04/2019 à 14:24

Il me semblait bien qu'en B était la bonne ;-)
A tte.

Marc, 1/04/2019 à 16:12

Bonne répète, les gars !!
Je veux tout savoir !!!
Bises.

Nico, 1/04/2019 à 16:54

Ça va dépoter ! Qui mange un morceau avant ?

Claude, 1/04/2019 à 16:55

Malheureusement je ne pourrais arriver que pour 20h.

Nico, 1/04/2019 à 16:56

No pb.

Philou, 1/04/2019 à 17:08

Je ne peux pas non plus. Sorry.

Nico, 2/04/2019 à 9:31

Hello les BAs. Marc, compte rendu express:

On a un pris un moment en début de répétition pour travailler les sons de guitare (et remplacer l'ampli de Philou qui déconnait).

Philou avait apporté une armée de pédales (de son hein), Laurent s'est calé sur 2/3 sons de référence et normalement on a mémorisé les réglages d'ampli.

Bref, on peut espérer s'installer et avoir un son pas mal rapidement pour les prochaines répétitions.

Pour les morceaux en eux-mêmes, quelques révisions à prévoir mais rien d'alarmant, on commence à les avoir bien dans la boîte. On a fait toute la liste + quelques extras.

Bon sans batterie c'est le degré ultime de la frustration mais on a quand même bien bossé je crois même si j'étais cuit sur la fin (grosse fatigue!).

Ça commence à prendre une bonne tournure tout ça, notamment les voix pour lesquelles je pense qu'on est en net progrès.

Remarque de Philou en fin de répétition que je partage, on a quand même intérêt à jouer à un volume maîtrisé/raisonnable pour bien s'entendre et produire quelque chose de qualité.

Claude, 2/04/2019 à 11:28

Très chers camarades, je ne saurais pas ajouter grand-chose au très complet WhatsApp de Nico à propos de la répétition d'hier soir. Je dirais simplement que sa gentillesse lui a fait considérer que la question du son des guitares était à peu près réglée. Même s'il faut bien reconnaître qu'il y a du progrès et que l'embryon de pédalier de Philou arrange bien les choses, on est encore un peu loin du compte, et il reste beaucoup de travail à fournir sur cette question-là, sans compter quelques imprécisions dans les chorus de Philou (et dans mes parties vocales également, y'a pas de raison).

Nico suggérait qu'en fonction des échéances qui nous attendent, nous devrions maintenant (peut-être pas tout le temps) faire des filages, c'est-à-dire TOUT notre répertoire, dans l'ordre de scène, tel que nous le ferons le 21 juin (?), et le 6 juillet. Excellente idée évidemment, applicable uniquement quand on est tous les cinq (la perspective d'avoir un clavier s'éloigne, malheureusement). Dites-moi rapidement si vous souhaitez que l'on fasse ça le 11 avril, afin que je concocte une setlist qui tienne debout.

En ce qui concerne le 17 mai, j'avais une conversation avec Laurent qui me disait que mes invités du 17 mai ne vont pas se contenter de 5 chansons, et qu'il faudrait en prévoir le double ! Je suis un peu sceptique concernant cette affirmation car les gens viennent à une fête pour boire et danser, pas pour assister à un concert. Là encore, qu'en pensez-vous ?

Et enfin, il m'est toujours aussi difficile d'arrêter la mini-liste du 17 mai (4 chansons plus un rappel, sauf émeute généralisée pour nous contraindre à jouer plus longtemps, voir ci-dessus), mais je dois reconnaître qu'il est <u>impossible</u> de ne pas y mettre "Dead Flowers". On le fait tellement bien qu'on dirait que c'est nous qui l'avons créé !

Je vous embrasse.

P. S. : je pose explicitement TROIS questions dans ce mail. J'attends des réponses claires de vous quatre, en particulier que chacun me donne sa liste pour le 17 mai. Je trancherai, s'il faut trancher.

Philou, 2/04/2019 à 13:52

Bonjour à tous,
Je suis pour jouer tous nos morceaux le 11 avril.

J'abonde dans le sens de Laurent concernant le 17 mai. 5 chansons me paraît un peu light, surtout si on envoie du lourd... "Faire la fête" "boire" "danser" ? C'est exactement ce que je fais pendant un concert ! De toute façon d'ici là on saura jouer tout notre répertoire parfaitement ;-)

Proposition de 5 chansons (pas forcément dans l'ordre de passage) pour le 17 mai :

- Dead Flowers
- Something
- The Wind Cries Mary
- Jumping Jack Flash
- Honky Tonk Women

Effectivement hier j'ai eu du mal a me mettre dans le bain. J'étais à l'instar de Nico KO. D'ailleurs je suis dans la salle d'attente de mon toubib (et j'ai pas touché de gratte depuis 10 jours au passage).

Par contre Claude je te trouve sévère sur "l'embryon de pédalier". J'ai une chorus, disto, reverb, tuner soit l'équivalent de 99% des pédaliers de guitaristes pop/rock. Donc pour l'instant je reste sur ce setup, il faut bien sur que je travaille les réglages (je viens de les acheter).

Bises.

Nico, 2/04/2019 à 14:16

Alors, dans l'ordre.

Je suis en effet pour filer la plupart des morceaux, et passer peut être un peu de temps sur ceux qui posent encore problème ou nécessitent un poil de boulot :

- Rock'n Me
- Money For Nothing

J'ajoute qu'il faut qu'on commence à enchaîner les morceaux sans passer 10 minutes à faire des sons divers et variés et autres vérifications.

Il faut qu'on soit capables d'enchaîner proprement, ce qui veut aussi dire commencer et finir proprement les morceaux.

Je pense aussi qu'il faut prévoir 10 morceaux pour le 17 même si on n'en joue moins in fine.

La liste de Philou me plait bien, je réfléchis à d'autres morceaux à ajouter.

Pour les sons de guitare, je répète ce que j'ai dit, il faut démarrer la prochaine répétition avec le même son que celui avec lequel on a fini la dernière, ce sera déjà une bonne base.

A mon sens quatre pédales suffisent amplement si elles sont bien équilibrées et réglées.

Claude, 2/04/2019 à 16:15

Chers tous, vous trouverez, en pièce jointe, ma proposition pour le filage ET les concerts, soit nos 26 morceaux. Vous remarquerez, à ce propos, que « Johnny B. Goode » a disparu, rien n'étant enthousiasmant dans notre interprétation de ce classique.

Il est bien évident que ma proposition n'est qu'une possible parmi des centaines d'autres, et je suis, comme d'habitude, à l'écoute de toutes vos critiques, objections, demandes, etc, par rapport à cette liste, dont je vous assure qu'elle n'est pas le fruit d'un hasard. Elle respecte, en effet, une certaine progression, tient compte de la fragilité des cordes vocales de votre serviteur, des accordages, des moments forts, faibles, etc.

Il n'y a pas de rappel, c'est pas tous les jours le 17 mai...

Bises.

P.S. One more thing, nous avons procédé, hier soir à quelques ajustements de tonalité, il serait bon que quelqu'un les fasse figurer sur la setlist Excel (pas moi).

Claude, 2/04/2019 à 16:41

Et une question, au passage, car je ne me souviens plus : n'avions-nous pas réglé son compte à "It's All Over, Now", ce qui nous ramènerait à 25 morceaux ?

Nico, 2/04/2019 à 16:42

Pour moi non on l'avait gardée pour l'instant.

C'est fait, « Rock'n me » en E était le seul changement à faire, « 8 days a week » était déjà en A.

Philou, 2/04/2019 à 16:45

Je suis pour garder « Johnny B Goode » et « It's All Over now ».

Nous avions au restaurant, et de manière plutôt démocratique, décidé de les garder.

Si c'est le chant qui te barbe, je veux bien les chanter.

Claude, 2/04/2019 à 16:57

Rien n'est gravé dans le marbre, et une chanson qui ne fonctionne pas n'a pas sa place dans notre liste.
La démocratie étant ce qu'elle est, conservons "It's All Over, Now" (à laquelle OldClaude a consacré une excellente chronique) et "Johnny B. Goode". Je trouverai une place dans la liste pour cette dernière, mais j'avoue qu'elle me gonfle un peu (et je suis sûr de ne pas être le seul), et si tu as envie de la chanter, fais-toi plaisir !

Marc, 2/04/2019 à 16:59

Salut les musicos,

Content d'avoir ces nouvelles, qui sonnent agréablement à mes oreilles.

Je réponds donc aux questions posées par Claude.

OUI pour commencer à filer les morceaux dans l'ordre dès la prochaine répétition, ce qui ne nous empêche pas de peaufiner les passages litigieux.

OUI à la liste des 26 morceaux et OUI pour enlever « Johnny B. Goode » de notre setlist

OUI pour enrichir la liste du 17 mai à 10 morceaux que nous jouerons en entier ou non selon l'humeur du public, mais pourquoi avoir supprimé le rappel ?

Je propose de mon côté, dans le désordre :

1. Dead Flowers
2. Something
3. Honky Tonk Women
4. Sharp-Dressed Man
5. Proud Mary
6. Rock'n me
7. Twenty-Flight Rock
8. Jumpin' Jack Flash
9. The Wind Cries Mary
10. Rockin' In The Free World

Mais surtout, je voudrais aller +++ dans le sens de Nico au sujet de l'enchaînement des morceaux. Les temps morts sont proprement insupportables. Chaque instrument doit être prêt en silence et la phrase culte « c'est quoi, la tonalité ? » est à bannir définitivement !!!

C'est pour cette raison que j'avais suggéré à Claude de faire en petit speech entre chaque chanson afin de nous donner ce temps parfois nécessaire pour accorder une guitare.

Et nous devons impérativement soigner le début et la fin de chaque titre.

En tout cas, rendez-vous le 11, j'ai hâte de voir toutes les pédales de Philou.

Bises à tous.

Claude, 2/04/2019 à 17:22

Bon. Bienvenue Marc.

On a pu mesurer, hier, combien tu étais indispensable (comme si nous ne le savions pas...).

Pour le 17/05, je note et je tiens compte de vos propositions de faire plus que 4 morceaux plus un rappel. Comme je suis le chef, (ce jour-là, uniquement, bien sûr) c'est moi qui déciderai, mais en tout cas, parfaitement d'accord pour au moins prévoir 4 ou 5 titres en plus.

A la demande générale de Philou, je vous propose de rajouter dans ma proposition de setlist un 27ème morceau, "Johnny B. Goode" qui s'intercalera en 8ème position, entre "Summertime Blues" et "The Wind Cries Mary". Nous le jouerons le 11/04, avec Philou au chant lead, et, en fonction du résultat nous déciderons, à l'issue de la répétition de le garder ou pas. Moi, je ne suis pas chaud, et je note que Marc est carrément contre. Laurent ? Nico ?

Vous avez vu, j'ai recommencé à écrire.

Nico, 2/04/2019 à 17:48

Ça m'est un peu égal pour « Johnny B Goode », ne se prononce pas donc !

Marc, 2/04/2019 à 20:25

Merci d'avoir souligné mon côté indispensable mais je ne céderai pas à la flatterie. Le groupe préféré de Claude, Shearwater, n'a pas de batteur et semble s'en sortir assez bien.

Mais bon, je prends tout de même.

Ma réticence pour "Johnny B.Goode" vient essentiellement du fait que c'est le 1er titre que nous avons joué avec mon ancien groupe et que nous l'avons ensuite repris à chaque occasion et accommodé à toutes les sauces durant 10 ans, jusqu'à la nausée.

En le jouant, j'ai vraiment l'impression que TOUT LE MONDE a entendu ce titre jour et nuit et n'en peut plus, ce qui est finalement certainement faux.

Je ne m'opposerai donc bien évidemment pas à sa reprise si tout le monde est d'accord.

Bises à tous.

Claude, 2/04/2019 à 22:28

Cher Marc,

Les superbes Shearwater ont un batteur, et plutôt bon. C'est Darlingside chez qui le bassiste-chanteur joue en même temps d'une mini-grosse caisse. Un petit tour chez OldClaude clarifiera tout ça.

Quant à Johnny B. Goode, je n'ai pas ce rapport passionnel avec ce titre. Simplement, en effet, on l'a beaucoup trop entendu, et surtout, on ne le faisait pas bien, enfin, moi ; Philou le chantera peut-être mieux, on verra ça la prochaine fois.

Et enfin, je ne suis pas flatteur, mais sincère, réaliste, amical. Et quand je veux dégommer, je dégomme.

Bises.

Laurent, 2/04/2019 à 23:11

Salut bonsoir,

- Ayant proposé moi-même en personne de faire tous les titres le 11 avril et de jouer nettement plus de 5 titres le 17 mai, je ne me dédirai pas.

- Pour les titres du 17 mai, j'ai beau me gratter la tête, je n'arrive pas à me figurer ce qui irait le mieux. Ceux que Marc et Philou ont proposés me vont bien. De toutes façons, pour une première représentation, je suggère que nous ne fassions que des titres parmi les plus aboutis.

- je suis pour garder "It's all over, now"; il est bien quand on le joue plus saccadé que sur la version studio. Par contre, s'il y a un titre des Stones que je pourrais supprimer, ce serait plutôt "paint it, black".

- je suis pour garder "Johnny B. Goode" malgré tout. En tous cas, ne restons pas sur la mauvaise impression de lundi soir avant de décider.

Bises. Guérison à nos deux malades et paix sur la terre.

Philou, 3/04/2019 à 13:20

Hello,

On peut remplacer "Johnny B. Goode" par "Back in the USA". Ça va pas changer grand chose au niveau de l'arrangement SAUF qu'il y a des choeurs qui sont franchement tops sur celle-là ! (Han Han Oh Yeeaahh).

Je me mets au chant, Claude/Nico/Laurent au choeurs ça peut être vraiment cool et plus fun à jouer.

La version live de « Hail Hail Rock'n Roll » est d'enfer. Ça vous dit ?

Claude, 3/04/2019 à 13:42

Ouais, c'est sûr que c'est plus marrant…

Laurent, 4/04/2019 à 8:10

D'accord pour essayer.

Marc, 4/04/2019 à 8:44

Comme dit Laurent, ça ne coûte rien d'essayer !

Claude, 4/04/2019 à 18:23

Bon, les copains, les choses avancent et il faut bien se décider. D'abord, je vous signale que j'ai fait l'acquisition d'un support d'iPad que je fixerai sur mon pied de micro. Toutes les paroles de toutes les chansons seront sur cet iPad, car ma pauvre mémoire, qui absorbait auparavant l'intégralité de l'Anatomie peine à retenir les paroles de 27 pauvres chansons. Pourtant, j'essaie...

D'autre part, pour le 17/05, je vous propose la setlist suivante :

On ouvre le bal avec « Dead Flowers », histoire de faire pendre leur mâchoire inférieure ; on enchaîne avec « My Back

Pages », parce que le son de la Rickenbacker 12-cordes me fera des chatouillis agréables je vous dis pas où ; ensuite « Sweet Virginia », et enfin, « Something », pour le coup de grâce.

Applaudissements prolongés, on sort de scène (pas trop longtemps, en fait, on sait jamais), on revient et on leur balance « Twenty Flight Rock ».

Normalement, on finit là, mais ce changement de braquet leur donne envie d'en entendre plus. On leur balance « Eight Days A Week », sous l'oeil éberlué de Jacques Volcouve, spécialiste incontesté des Beatles. Une voix s'élève dans notre public : "Pourquoi vous chantez pas en Français ?" réponse : « Gaby, Oh Gaby ». On enchaîne sur « Rock 'n Me », et si on peut finir sur « Honky Tonk Women" (open G !) et "Jumpin' Jack Flash". C'est plus vivant quand c'est pas sous forme de liste, n'est-ce pas ?

Bises.

Claude, 4/04/2019 à 18:43

Laurent, faudra que tu aies les mêmes lunettes rectangulaires que McGuinn (ici, un pâle imitateur).

« Sweet Virginia ».

Vers la 30e seconde, il y a les pédales indispensables pour jouer « Something ».

Là, Paul commence vers la 2e minute, mais il a un peu de mal.

Et là, c'est pour vous montrer l'importance de la Rickenbacker 12-cordes dans « 8 days a week ».

Nico, 5/04/2019 à 7:45

Bien noté Claude !!

On peut peut être commencer la répétition par ces morceaux dans cet ordre jeudi puis enchaîner.

Claude, 5/04/2019 à 8:44

Bon, d'abord, il n'y a pas 3 t dans imitateur.

Ensuite, je pense qu'il faut d'abord et avant tout filer nos 27. Le mini-concert du 17/05 est très particulier, et tout dépendra du public.

Plus précisément, voilà comment je vois les choses : nous allons enchaîner les 4 premiers morceaux, mais, sans se presser, je ferai des interventions assez longues entre les titres, d'abord parce que je connaîtrai tout le monde, ensuite, parce qu'il s'agit essentiellement de tempos lents et moyens.

On sort de scène et le DJ, Ari, devient notre pièce maîtresse ; c'est lui qui va se débrouiller pour que le public nous rappelle. On redéboule avec « Twenty-Flight Rock » qui met le feu aux poudres, et après, c'est lui qui, en fonction de la réaction des gens, nous incite (ou non) à faire 1, 2, 3, 4 ou 5 morceaux supplémentaires.

Ari est suffisamment pro et malin pour sentir si c'est stop ou encore.

Bises à tous.

Marc, 5/04/2019 à 8:58

Moi, ça me paraît cohérent.

Et de toutes façons, Claude is the big chief, nous ne serons à cette occasion que son faire-valoir (de qualité certes) et c'est très bien comme ça.

Bises et à jeudi.

Nico, 5/04/2019 à 15:16

Claude et les Claudots....?

Claude, 5/04/2019 à 16:39

Bon je reviens sur « Eight Days A Week » avec une vidéo sur les harmonies vocales, et puis, en ce qui concerne la Rickenbacker, elle n'intervient qu'au début et à la fin, mais d'une façon absolument essentielle, que rien d'autre ne peut remplacer.

Marc, 5/04/2019 à 16:42

Il nous faut donc une Rickenbacker 12 cordes et un 3e guitariste ?

Ça fait pas un peu beaucoup, pour des Claudots ?

Claude, 5/04/2019 à 23:17

Ça se gère.

Marc, 6/04/2019 à 11:00

J'ai affiné le framadate avec les horaires, surtout pour Laurent.

Les jours non litigieux, je ferai si possible la réservation à 19h.

Dites-moi également si vous voulez 4h quand c'est possible.

Claude, à toi de décider si tu veux faire une répète le lundi 13 mai.

Je ferai les réservations à mon retour (ce soir) dès que le framadate sera rempli.

Bises.

Nico, 6/04/019 à 11:49

C'est fait pour moi !

Laurent, 6/04/2019 à 19:46

Matou.

Marc, 7/04/2019 à 10:33

Salut à tous,

Back home et retour aux affaires.

Merci d'avoir rempli rapidement le Framadate, ça m'a permis de compléter les réservations de mai.

Le planning des prochaines répétitions est donc le suivant :

- jeudi 11/04 : 20h-23h
- lundi 15/04 : 20h-23h
- jeudi 18/04 : 21h-24h
- jeudi 25/04 : 21h-24h
- lundi 29/04 : 19h-22h
- lundi 6/05 : 19h-22h
- lundi 13/05 : 19h-22h
- jeudi 23/05 : 19h-22h

J'ai volontairement conservé la répétition du lundi 13 mai bien que Claude souhaite peut-être épargner sa voix avant le 17. Nous en profiterions éventuellement pour peaufiner certains détails.

J'ai volontairement omis de réserver le lundi 20 mai, pensant que nous pourrions peut-être décompresser un peu après le 17, mais il y a de la place, il est toujours temps.

Je n'ai pas réservé de plages de 4h. A vous de me dire, on pourra toujours prolonger.

Je suis OK pour manger un morceau vite fait avant la répète de lundi.

Bises.

Marc, 4/04/2019 à 11:25

Re-salut les Claudots,

Alea jacta est, nous sommes programmés de façon officielle le samedi 6 juillet à Clairis.

J'ajoute qu'en cas de pluie, nous aurons tout loisir de jouer dans une belle salle couverte avec une vraie scène.

Y a plus qu'à !

Claude, 7/04/2019 à 14:20

Pourquoi le glorieux nom de notre groupe n'est-il pas annoncé ?

Claude, 7/04/2019 à 14:38

Ne serait-il pas plus convenable d'écrire : Brain Arthrosis, rock transgénérationnel ?

Marc, 7/04/2019 à 14:39

Non.

Claude, 7/04/2019 à 14:40

Toujours content, mais légèrement pinailleur ; j'en connais d'autres !

Laurent, 7/04/2019 à 15:07

Halte au Muppet show !

Marc, 7/04/2019 à 16:51

Je m'attendais à une réaction plus...enthousiaste !

Laurent, 7/04/2019 à 17:29

Non non Marc, ne te méprends pas. Je suis pour ma part absolument ravi de cette nouvelle.

En fait, je tenais pour acquis le fait de jouer à Clairis depuis que tu nous l'avais dit. Et si le fait d'avoir 3 mois de plus ne nous faisait pas vieillir, je dirais que j'ai hâte d'y être. Voilà. A ranger donc dans la colonne des réactions positives.

J'ai par contre hâte d'être à jeudi car cela fait un certain temps que nous n'avons pas été au complet. Et nous avons maintenant une liste ordonnée et au moins deux perspectives. Et aussi celle de dîner avant.

Bises à tous.

Nico, 8/04/2019 à 0:08

Moi "Rock Story" je trouve ça parfait.
Les gens qui aiment le rock vont tous se pointer !

Philou, 8/04/2019 à 1:10

Olé Olé Olé !

On va envoyer du bois. D'accord avec Nico, tous les amoureux du rock seront là.

Nico, 8/04/2019 à 8:48

Ah oui je serai aussi du dîner !

A jeudi.

Nico, 8/04/2019 à 8:57

Merci Marc !

A mon avis avec cette bonne fréquence de répétitions, si on est efficace i.e. qu'on ne met pas une heure à s'installer et qu'on enchaîne les morceaux, 3 heures suffisent largement.

Marc, 8/04/2019 à 10:45

Salut les Claudots,

Je vous informe que la Préfecture de Police a bien reçu notre demande pour le kiosque Courteline et qu'elle est en cours de validation.

Ne crions pas tout de suite victoire mais je suis maintenant assez optimiste.

Long live rock'n'roll !!!

On se retrouve au restau jeudi (lequel ?) à 18h45 ?

Nico, 8/04/2019 à 10:48

Top !!

Merci Marc pour toutes ces démarches, j'espère pouvoir en faire autant dans le futur (je suis à l'affût d'opportunités !).

Je vote pour le petit troquet dans son jus pour jeudi.

Laurent, 8/04/2019 à 10:55

Nico, 8/04/2019 à 10:55

Ce week-end à Copenhague dans un excellent club de blues. Je pense à acquérir la même plaque « peau de vache » que ce bassiste !

Laurent, 8/04/2019 à 10:57

Et avec une culotte de peau tyrolienne !!!

Marc, 8/04/2019 à 11:01

Ça me paraît indispensable pour faire le boeuf !!!

Philou, 8/04/2019 à 11:07

Claude, 8/04/2019 à 11:40

Marc, je t'en supplie, arrête de nommer notre groupe, les Claudots…

Marc, 8/04/2019 à 15:41

Ben non, c'est trop marrant !!!!

Claude, 8/04/2019 à 17:38

C'est une injure aux pauvres gens, obligés de dormir dans la rue.

Marc, 8/04/2019 à 19:00

Je suis évidemment OK pour le petit troquet de la rue Dareau.

18h45 ?

Claude, tu réserves ? Je passe te prendre à 18h ? Je ne vais tout de même pas laisser un Claudot dans la misère !!!!

Bises.

Claude, 8/04/2019 à 19:21

Réservation pour 4 ou pour 5 ?

Philou, 8/04/2019 à 19:23

Va pour 5 !

Marc, 9/04/2019 à 11:29

Projet d'affiche pour Clairis.

Ça ne vous rappelle rien ?

Nico, 9/04/2019 à 11:38

Planant !!

Claude, 9/04/2019 à 11:40

Je préférerais que tu nous fasses la pochette de "Revolver", si c'est possible.

Marc, 9/04/2019 à 11:40

Pas possible, Revolver ! Ils sont quatre, les Fab !

Claude, 9/04/2019 à 11:48

Bon, ben, va pour "Flowers".

Quoique, j'ai une copine qui accepterais de refaire la pochette de "Blind Faith". Mais elle a 73 ans.

Marc, 9/04/2019 à 12:09

La pochette originale de Blind Faith et la jeune fille... quelques années plus tard !!!!

Ta copine pourra sans problème faire l'affaire !

Ceci étant, je suis ouvert à toute autre suggestion pour l'affiche...

Laurent, 9/04/2019 à 12:11

Magnifique ! Mais si on pousse l'analogie je vais peut-être éviter de me baigner dans la piscine à Clairis.... D'ailleurs j'ai l'air super inquiet sur la photo.

Claude, 9/04/2019 à 12:12

On pourrait faire un week-end à Londres pour se faire une photo sur le passage piétons d'Abbey Road.

Marc, 9/04/2019 à 12:24

Laurent, si tu as une autre photo, pas de problème, c'est vrai que sur celle-ci tu as l'air un peu préoccupé ! Mais tu as raison, fais gaffe à la piscine !

Idem pour Nico, qui fait très Bill Wyman.

Moi, ça ne colle pas du tout, Charlie ne souriait jamais !

Philou et Claude sont parfaits !

Londres, ça va pas être possible, on ne peut pas traverser Abbey Road à 5 !

Claude, 9/04/2019 à 12:34

Afin de vous éviter des erreurs d'interprétation, voici l'ordre des photos sur la pochette originale de "Flowers", de gauche à droite : Keith, Bill, Mick, Brian, Charlie.

Bises.

D'autre part, j'ai réservé une table pour 5 au Vaudésir, rue Dareau, jeudi à 19 h. Bises.

Nico, 9/04/2019 à 12:35

Plus rock !

Nico, 9/04/2019 à 12:39

Plus irrévérencieux ; j'espère que vous aurez reconnu ce grand batteur sur mon T-shirt !

Claude, 9/04/2019 à 12:46

Dave !

Nico, 9/04/2019 à 12:47

Saint Dave, indeed !

Marc, 9/04/2019 à 13:00

Nico, t'as pas honte, devant un bar avec des enfants en bas âge ? Bravo le T-shirt de Dave.

Je prends la photo ”enragé”.

Oui, Claude, je connais l’ordre des visages sur ”Flowers” mais j’ai respecté l’un des usages de la photographie, qui consiste à faire converger les regards vers un sujet central, toi, notre inestimable chanteur.

Marc, 9/04/2019 à 16:22

What do you think ?

Nico, 9/04/2019 à 16:44

Top !

Philou, 9/04/2019 à 16:48

Très bien !

Merci Marc et vive les Claudots !

Laurent, 9/04/2019 à 16:55

Parfait avec une autre photo de moi que je t'envoie asap.

Claude, 9/04/2019 à 18:36

Puisque tout le monde change sa photo, y'a pas d'raison !

Nico, 9/04/2019 à 19:21

Génial ! Il faut absolument la mettre sur l’affiche !

Un côté décalé qui ne se prend pas au sérieux couplé au fait qu’on va mettre tout le monde sur les fesses dès la première chanson, c’est le succès assuré !

Marc, 9/04/2019 à 19:40

Super idée, Claude.

Mais que chacun joue le jeu et m'envoie une photo de bébé.

Ça va décoiffer !!!!

Laurent, 9/04/2019 à 21:17

Je recherche…

Nico, 9/04/2019 à 22:26

Et voilou !

Marc, je me disais que les filtres rouge et jaune de l'album original sur les photos seraient un plus indéniable, sais-tu comment faire cela ?

Sinon je crois que Laure (ma femme) peut nous le faire, elle maîtrise pas mal tout ce qui est Photoshop et indesign.

Dernier point mais je sais déjà que je vais me faire huer, « Flowers » aurait fait un super nom de groupe je trouve !

Claude, 10/04/2019 à 22:31

Marrant. Le trio folk dans lequel je chantais l'année dernière et qui a explosé en plein vol s'appelait The Dried Flowers.

Nico, 9/04/2019 à 22:34

Non mais seriously, Flowers c'est juste parfait non?

Et en plus du coup on a l'affiche toute prête parce que sinon, même si j'adore l'affiche, on ne comprend pas très bien si on s'appelle flowers ou Brain arthrosis.

Vous avez le droit de me dire de la boucler !

Claude, 9/04/2019 à 22:54

Tout le monde sait, cher Nico, que "Flowers" est une compilation américaine des Stones datant de 1967 ; le nom est trop banal et nous interdirait justement d'utiliser la jolie idée d'affiche de Marc. Pas d'accord du tout.

Philou, 9/04/2019 à 22:58

J'adore "Flowers" ! Belle idée Nico 

Claude, 9/04/2019 à 23:31

Je détesterais l'idée que le groupe auquel j'appartiens porte le nom d'un organisme vivant, souvent assez joli, certes, mais ayant une durée de vie très limitée et affichant en général un hermaphrodisme dans lequel je ne me reconnais pas.

Nico, 9/04/2019 à 23:56

Je ne comprends pas la logique de ton message Claude mais peu importe.

Quant au fait que tout le monde sache... tout dépend de ce que l'on entend par tout le monde!

Pas très important, l'affiche est belle, c'est l'essentiel.

Claude, 10/04/2019 à 8:30

La logique de mon message est pataphysicienne, mais ce que je ne comprends pas, personnellement, c'est ce prurit soudain qui vous commande de changer le nom de notre groupe ; Rolling Stones étant déjà pris, Brain Arthrosis est très convenable.

Nico, 10/04/2019 à 9:02

Juste une idée en passant sachant que je crois n'avoir jamais caché ne pas être fan de «Brain Arthrosis», le nom, pas le groupe.

C'est grave docteur ?

Claude, 10/04/2019 à 9:16

On peut peut-être trouver mieux que Brain Arthrosis et on avait déjà essayé, en vain. Mais il faudrait être tous les cinq d'accord, et, en tout cas, je m'oppose à Flowers.

Que fleurissent mille propositions !

Nico, 10/04/2019 à 9:23

Non non on a déjà eu ce débat c'est inutile, ça ne donnera rien de plus.

Claude, 10/04/2019 à 10:30

D'autre part, je me suis reporté au mail de Marc daté du 30 novembre 2018 (Lettres Ou Le Néant, page 287) et je me suis étonné que Marc n'ai pas déposé le copyright de cette bouleversante trouvaille : "Rock Story".

Il me semble, cependant, qu'on ne pourra pas utiliser cette expression proprement géniale tant que notre répertoire ne comprendra pas de chansons de ces trente dernières années, car pour ce qui est de la story, on dépasse à peine la préface.

Claude, 10/04/2019 à 10:37

Evidemment, moi c'était une photo du Studio Harcourt; on peut pas lutter.

Nico, 10/04/2019 à 11:23

Philou blondinet, pas évident à imaginer à première vue! :-)

Nico, 10/04/2019 à 12:26

Hello les BAs.

Marc, je suis désolé je ne retrouve plus le framadate d'avril. On répète donc lundi et jeudi la semaine prochaine, est-on au complet les deux soirs? J'ai des contraintes potentielles de boulot qui se profilent et je voudrais anticiper pour a minima ne pas flinguer une répétition « au complet ».

Marc, 10/04/2019 à 17:28

Je me moque totalement de savoir si l'expression "rock story" est justifiée ou non, bouleversante ou non et géniale ou non.

Ce que je sais, c'est que c'est une accroche parfaite pour le public auquel nous allons nous adresser à Clairis, public qui n'a pas, loin s'en faut, ton impressionnante culture, mais qui ne demande qu'à passer un bon moment en notre compagnie...

Ceci étant, si quelqu'un a une meilleure proposition, je suis bien évidemment preneur, il est encore temps d'en changer.

Quant à la discussion autour du nom de notre groupe, je dirais que nous avons actuellement d'autres priorités et que ce débat peut être reporté à la saison prochaine, quand nous aurons rempli nos obligations scéniques.

En ce qui me concerne, je suis très attaché à ce nom, qui est une trouvaille de Claude : je le trouve parfaitement déjanté et il me convient. Je ne suis cependant qu'1/5e du groupe et donc à l'écoute des autres voix.

Je me replonge dans l'affiche car j'ai de nouvelles idées. J'attends la photo de Laurent pour la finaliser et je vais voir ce que je peux faire pour les caches jaunes et rouges que suggère Nico.

Et si, à la place des critiques permanentes, on appréciait plutôt les moments à venir ?

A demain.

Nico, 10/04/2019 à 17:38

Je suis bien d'accord, « rock story » je fonce au concert ne serait-ce que par curiosité.

Et si on veut aller par là, les Beatles, les Stones ou Hendrix font quand même un peu plus partie de l'histoire du rock que Teenage Fanclub ! :-).

Promis je ne remets plus en cause notre nom d'autant que j'ai toujours pensé que c'était le groupe qui faisait le nom et pas l'inverse.

Et merci surtout Marc de t'occuper de tout ça, organisation de concerts, affiches, réservations de créneaux de répétitions... ça commence à faire beaucoup pour un seul homme !

Vivement la scène !!!

Claude, 10/04/2019 à 18:01

Pas d'accord, Nico ! L'histoire est une chaîne dont tous les maillons sont attachés les uns aux autres, et les Beatles font autant partie de l'histoire du rock que Teenage Fanclub, même si l'influence des premiers est supérieure à celle de ces derniers. Je ne nie pas que Beatles, Stones, et autres ont eu une importance fondatrice et donc considérable dans l'histoire de la musique que nous aimons, mais la musique vivante, celle qui illustre le présent et l'avenir du rock est bien plus entre les mains de Teenage Fanclub, Shearwater, etc, tous les artistes qui jouent, créent et qui transmettent la flamme aux nouvelles générations. Si nous ne les écoutons pas et ne les aidons pas, le rock sera une langue morte, figée et fossilisée. Ce n'est pas souhaitable.

Marc, 10/04/2019 à 18:34

Je t'ai envoyé le calendrier par mail.
Oui, nous sommes au complet.

Nico, 10/04/2019 à 18:35

Ok super merci Marc. Je vais envoyer balader mon fournisseur alors .

Claude, j'en profite pour te dire que las je viendrai seul le 17 mai ma femme étant rattrapée par des contraintes inamovibles. Elle devra donc attendre le 21 juin pour découvrir la sensation BA sur scène. Quant à moi je noierai mon chagrin en me concentrant sur mon jeu de basse et les groupies !

Claude, 10/04/2019 à 19:25

Mais c'est quand même bien dommage, Nico.
Tu lui transmettras mes amitiés.

Nico, 10/04/2019 à 19:26

Je n'y manquerai pas !

Marc, 10/04/2019 à 19:32

Laurent, une photo, vite !!!!!

Marc, 10/04/2019 à 20:40

Nico,

Je cherche des filtres de couleur pour les photos mais je n'en ai pas.

Nico, 10/04/2019 à 21:15

Pour demain soir, je suis en formation dans le 17ème jusqu'à 18h30 donc il se peut que je n'arrive au resto qu'à 19h10, 19h15. Est-ce que vous aurez la gentillesse de commander pour moi le menu du jour que j'engloutirai sans problème en arrivant ?

Marc, 10/04/2019 à 21:19

Of course !

Nico, 10/04/2019 à 21:19

Tu travailles sous quel logiciel ?

Si tu veux m'envoyer le fichier je peux tenter quelque chose.

Et sinon ça n'est pas bien grave, c'est un détail.

Laurent, 10/04/2019 à 22:00

Marc, pour la photo, j'ai dit qu'il fallait que je recherche. Mes parent n'étaient pas particulièrement iconolâtres et moi pas vraiment narcissique. Si bien que je ne sais pas où se trouvent le peu de photos de moi BB. J'y consacrerai du temps demain matin.

Bises.

Nico, 10/04/2019 à 23:50

Hey mais en noir et blanc comme ça c'est vachement bien en fait.

Tu comptais les mettre comme ça sur l'affiche ?

Moi je dis ça se tente, et si on pense que ça vaut le coup j'essaie de leur mettre un filtre avec Laure (mais je ne pourrai faire ça que ce week-end je pense).

Mais là déjà en noir et blanc c'est très bon je trouve.

Claude, 11/04/2019 à 8:46

Ah ! Rock Flowers, très bien, tout en espérant que nous pourrons, un jour, assumer l'expression Rock Story. À ce sujet, l'article suivant depuis Discover sur Google https://ici.radio-canada.ca/nouvelle/1163306/rock-and-roll-icones-sante-survivre.

Marc, 11/04/2019 à 8:54

Je propose un nouveau nom de groupe : les Rabat-joie.

Amen !

Claude, 11/04/2019 à 8:59

Ah ! Très bien, Rabat-joie, nous devrions sans peine pouvoir aller jouer au Maroc.

Je propose également Tanger-demort et Agadir-ladada.

Et Fès-quetuveux.

Nico, 11/04/2019 à 9:02

Ah oui parfait, là c'est top et on a de la cohérence !

Je tente les filtres ce week-end, sur la base du "Flowers" des Stones.

Marc, 11/04/2019 à 9:40

Bon OK, on change "Rabat-joie" pour "Calembours-à-2-balles-pour-noces-et-beggar's banquet".

Claude, 11/04/2019 à 9:59

C'est pas moi qu'ai commencé, m'sieur.
À ce soir, bonne journée.

Laurent, 11/04/2019 à 10:01

Avec les photos de bébés on pourrait s'appeler "Maternité" parce que c'est là où les Meknès.

Claude, 11/04/019 à 10:21

Laurent, champion du monde !

Marc, 11/04/2019 à 14:05

L'affiche prend tournure.
Vos remarques et suggestions ?
A ce soir.

Claude, 11/04/2019 à 14:11

Je suis ébloui. Laurent.......

Laurent, 11/04/2019 à 14:49

J'apporte des photos ce soir.

Nico, 11/04/2019 à 14:49

Énorme !
Le coup des photos de bébé c'est vraiment génial.

Marc, 11/04/2019 à 15:49

Au chapitre des nouvelles agréables, je vous informe que je viens de recevoir à l'instant l'accord de la Mairie de Paris pour l'occupation du kiosque du square Courteline le 21 juin.

J'attends maintenant le feu vert de la Préfecture de Police et me mettrai alors en rapport, comme c'est l'usage, avec le responsable des espaces verts et de l'environnement.

Ça bouge, ça bouge !

Nico, 11/04/2019 à 16:19

Génial !!!

Ça va rocker sévère !

Marc mérite le titre honorifique de GO de BA !

Marc, 11/04/2019 à 16:49

Merci Nico mais être le batteur de BA suffit amplement à mon bonheur !

Attendons maintenant l'accord définitif de la PP puis je confirmerai à notre ingé son Eric et nous réfléchirons à la façon de promouvoir notre prestation à Courteline car la concurrence sera rude, ce soir-là !

Une chose est sûre, c'est qu'on récupèrera en premier les claudots, pardon, les clodos du coin. C'était notre public le plus fidèle !!!

Claude, 18h10 en bas de chez toi.

Bises.

Laurent, 11/04/2019 à 17:30

Le resto c'est le troquet du milieu de la rue Dareau ou "Le Comptoir" où on a dîné la dernière fois ?

Nico, 11/04/2019 à 17:33

Celui du milieu de la rue.

Marc, 11/04/2019 à 18:52

Nico, poireaux vinaigrette ou potage haricots blancs ? Lasagne ensuite.

Nico, 11/04/2019 à 18:53

Potage, chef !

Marc, 11/04/2019 à 18:54

Merde, comme Claude !!!!

Nico, 11/04/2019 à 18:55

Les boules !

Nico, 12/04/019 à 10:22

Franchement j'adore cette affiche.

Je vois ce week-end si j'arrive à faire quelque chose pour les filtres, ma direction technique me dit qu'on aurait peut être un problème avec les logiciels je vous tiens au courant.

Sinon je trouve qu'on a fait hier notre meilleure repet, Philou ton son commence à sacrément envoyer, je veux ça à chaque fois ! :-)

Ps: ok attend avec impatience l'enregistrement même s'il faudra garder un certain recul !

A lundi.

Claude, 12/04/2019 à 10:41

Bonjour Marc, je vois que tu as basculé résolument du côté de l'Anglais, le franglish de la dernière affiche étant, en effet, un peu gênant.

Si tu permets la précision suivante, harmonica se dit, dans la langue de Shakespeare, "harmonica", mais, dans le registre de la musique qui nous est chère, on emploie plus volontiers les mots "harp" (lequel désigne également la harpe) ou l'expression "mouth organ”.

Bref, ne change rien, mais c'était la minute culturelle.

Laurent, 12/04/2019 à 12:15

Rien ne change , j'ai toujours l'air aussi préoccupé...

Claude, 12/04/2019 à 16:09

Cher Laurent, il vaut mieux être préoccupé que préoccupant. Bises.

Nico, 12/04/2019 à 18:55

Merci Marc pour l’enregistrement.

Je ne sais pas pourquoi tu l’as intitulé ”ouille ouille ouille”, ce n’est certes pas parfait en tous points mais de très loin la meilleure répétition qu’on ait faite jusque là.

A moins que ce soit pour nous inciter à écouter...

En tout cas pour moi l’énergie est là, et le son de Philou change tout !

Marc, 12/04/2019 à 20:50

J’ai été heurté par le rendu sonore désastreux....

Nico, 12/04/2019 à 20:51

C'est marrant ça ne m'a pas frappé, enfin pas plus que d'habitude disons. Mais tu veux dire sur la qualité de l'enregistrement ou la qualité de notre prestation ou les deux ?

Claude, 12/04/2019 à 20:52

J'écris un long mail sur la question dès que j'ai terminé l'écoute.

Nico, 12/04/2019 à 20:52

Essayons de ne pas être trop négatifs...

Philou, 12/04/2019 à 20:53

J'ai rien reçu !

Marc, 12/04/2019 à 20:53

Enregistrement déplorable et beaucoup de morceaux trop rapides. C'est tout l'intérêt de l'écoute et ça n'a rien de négatif, au contraire !

Claude, 12/04/2019 à 20:53

Il y a, en effet, des choses bien, nonobstant le son pourri.

Nico, 12/04/2019 à 21:01

Ah j'aime mieux ça !

Claude, 12/04/2019 à 21:38

Très chers, j'ai écouté ce qu'on a fait hier. L'enregistrement de Marc est une loupe fantastique qui ne fait ressortir que nos défauts, mais pourquoi pas, ça nous évite de tomber dans l'autosatisfaction. D'abord, je serais vous, je commencerais par virer le chanteur, qui chante tout de la même façon, et mal, en plus. Pour dire les choses clairement, ce groupe a une excellente section rythmique ; le reste...

"The Last Time" se traîne lamentablement ; c'est sans doute pour ça que la plupart des autres morceaux sont pris sur un tempo trop rapide, il fallait tout faire tenir dans le temps imparti !

"Back In The USSR" est correct.

"Eight Days A Week", je chante faux.

"Under My Thumb" et Summertime Blues", ça va à peu près.

Philou s'en sort très bien sur Johnny B. Goode", et "The Wind Cries Mary".

Je pousserais mon coup de gueule sur "Money For Nothing". Dire que le son n'y est pas, c'est pas une nouveauté, d'ailleurs je l'ai dit hier. Mais je trouve Nico d'une gentillesse extrême quand il dit que le son des guitares s'est amélioré ; quoique c'est pas faux, avant on avait l'impression que vous aviez des ukulélés entre les mains, et maintenant, parfois, on croit entendre une guitare (genre Django Reinhardt, vous voyez). En tout cas, je le redis, si "Money For Nothing" doit continuer à sonner de cette façon, j'insisterai pour le virer de la liste. On fait du rock les gars, pas du gratouillis de guitare autour d'un feu de camp. Depuis quand n'êtes-vous pas allés à un concert pour savoir comment sonne une guitare électrique ? J'entends déjà qu'on me dit : on n'est pas professionnels ; je sais bien, mais alors on reste à se marrer dans notre studio et on n'inflige pas ça à un public !

"My Back Pages", je le chante comme un pied, "Proud Mary", aussi, et dans "Gaby, Oh Gaby", j'ai une excuse : il y a une guitare qui joue faux.

"Sweet Virginia" et "Little Wing" sont beaucoup trop rapides, "Dead Flowers" reste audible, malgré mon idée saugrenue de prendre le refrain à la tierce ; "Paint It Black" et "Midnight Rambler" sont médiocres.

On a l'impression que je suis négatif, pas du tout. Ce groupe a fait beaucoup de progrès, et je dirais, pour résumer les choses, qu'on ferait un excellent concert unplugged si l'occasion nous en était donnée. Malheureusement nous sommes un groupe électrique. Il faudrait apprendre à se servir de l'électricité.

Marc, 12/04/2019 à 23:29

Beaucoup trop sévère !

La médiocrité de l'enregistrement sera gommée le soir de nos concerts par une bonne balance et nous entendre mieux contribuera à nous faire sonner plus juste.

Quant à la vitesse excessive de nos morceaux, j'en suis probablement responsable au premier chef. A ma décharge, force est de constater que même chez les pros, le tempo des morceaux en live est le plus souvent plus rapide que dans les studios. Il faudra que j'y fasse plus attention.

Sans faire de l'autosatisfaction forcenée, ne tombons pas non plus dans la démolition systématique. Nous sommes dans une bonne dynamique, essayons de la mettre à profit.

La nuit porte conseil…

Bises à tous et à lundi.

Nico, 13/04/2019 à 1:48

Je suis (comme d'habitude) d'accord avec Marc.

Claude, ton analyse me semble un peu à côté de la plaque (désolé) ou alors à chaud sans recul.

Tout n'est pas parfait mais il faut voir d'où on vient.

Le son de guitare est bien meilleur et ça commence à cracher comme il faut, le chant est perfectible et parfois assez faux c'est vrai, mais rien de rédhibitoire pour un honnête groupe de reprises.

Virons "Money for Nothing" s'il le faut et bossons les détails des morceaux, mais on est clairement sur la bonne voie alors arrêtons de nous flageller et continuons à bosser pour nous améliorer.

J'ai maintenant la conviction qu'avec un peu de boulot, on peut monter sur une scène et sortir un concert tout à fait honnête (je n'en ai pas toujours été convaincu).

Marc, 13/04/2019 à 9:22

Merci Nico.

D'accord avec toi à une nuance près : je veux absolument conserver "Money for Nothing" même si MK doit se retourner dans sa tombe.

A la première note du riff, le public nous sera acquis et le reste suivra.

Faut juste continuer à bosser un peu, et on va s'y employer.

Claude, 13/04/2019 à 9:54

De la même façon que je suis prêt à abandonner "My Back Pages" pour cause d'absence de 12-cordes, je suis prêt à abandonner "Money For Nothing" pour cause d'absence de guitares avec micros humbuckers (Mark Knopfler est mort ?).

J'ai pu être un peu caricatural, hier soir, mais je ne voudrais pas que l'on se dise que nous avons résolu tous les problèmes de son !

Bises et bon week-end.

Et puis, petite publicité : dans la mise à jour d'Old-Claude de ce matin, une chronique (évidemment très réussie) sur "Honky Tonk Women".

Nico, 13/04/019 à 10:18

Ok pour moi.

Puisque le son de guitare doit encore être ajusté, j'en remets quand même une petite couche: on a en répétitions de super amplis. Je crains que la fausse bonne idée du petit ampli a 100 euros pour les concerts nous fasse très mal....

Même si ceux ci sont repiqués par la sono, le son qui en sortira n'aura jamais la chaleur d'un bon Fender ou Vox à lampes.

Du coup j'attendrais avant de me ruer sur un ampli qui a mon avis ne fera pas le poids pour un concert, surtout en extérieur!

Beaucoup plus important à mon avis que les histoires de humbuckers, Rickenbacker 12 cordes etc...

Et je privilégierais une location (pas cher à mon avis).

Je peux demander en passant au magasin en bas de chez moi.

Claude, 13/04/2019 à 10:44

Je crois que Nico a tout à fait raison (même s'il minimise un peu le poids de notre "total look Fender"), il faut aller fureter dans les magasins, lire les bancs d'essai, regarder les sites spécialisés ; il n'y a pas de connaissance innée, tout est le résultat d'une longue recherche personnelle.

Laurent, 13/04/2019 à 21:38

Mes chers,

En lisant le mail de Claude d'hier soir, j'ai pleuré. Puis, j'ai pensé à aller me pendre ou me jeter dans la Seine mais j'ai eu une hésitation de dernière minute. Les réponses de Marc et de Nico ce jour m'ont conforté pour l'instant dans cette attitude conservatoire mais je reste fragile.

Alors, si toutefois on continue BA, je vous conseille de voir ou revoir cette très belle et très "propre" version dont nous pourrions nous inspirer avec nos très minables moyens bien sûr.

Bon, il y a bien Knopfler mais on ne peut pas dire qu'il force. Et Clapton mais ce qu'il fait est plutôt bien. Il y a aussi 3 guitares dont 2 Fender + 1 Pensa Suhr spéciale Knopfler (qui équivaut à ½ Stratocaster + ½ Les Paul), soit au total <u>2 Fender ½</u> (!!!) sur 3 guitares. Et pourtant le résultat est assez correct.

OK, j'admets qu'il y a probablement 1 petit micro Humbucker caché parmi les 3 micros de la Suhr. Et aussi 1 tonne de matériel et des techniciens pointus; et 2 choristes qui tiennent la route, 2 claviers (dont 1 omniprésent !!), 1 basse (Fender), 1 batterie et des retours dans tous les coins mais c'est tout !

Alors, c'est vrai qu'on n'est pas les meilleurs mais je vous jure qu'en écoutant notre enregistrement de l'autre soir j'ai reconnu le morceau.

Je vous embrasse tous, sans exception.

Claude, 13/04/2019 à 22:04

Laurent, mon frère, mon ami, je ne voulais pas te faire pleurer, je te demande pardon.

Il est vrai que je me suis trouvé tellement mauvais que j'en ai un peu rajouté. En fait nous avons une section rythmique absolument impeccable, et deux guitaristes qui jouent bien. Il y a juste encore un petit travail à faire au niveau du son de ces fichues Fender, mais on n'est pas loin.

La morale de l'histoire, c'est que je ne devrais pas m'écouter chanter et vivre dans l'illusion que ce que je fais est à peu près correct.

Je t'embrasse, mon cousin.

Claude, 13/04/2019 à 22:13

Le lien que tu indiques renvoie à "Walk Of Life" en public, et pas à "Money For Nothing".

Peu importe, mais le son de cette dernière chanson est tellement spécifique et déterminant que je continue à penser qu'il faut s'en approcher le plus possible…

Claude, 13/04/2019 à 22:24

Le type le dit bien dans cette vidéo, n'importe quelle guitare avec humbuckers fait l'affaire ; et il donne les réglages du Marshall et du Tube Screamer.

Il y a également un petit délai dont il donne les réglages, ainsi qu'un égaliseur et une réverb'.

Et voilà, c'est pas compliqué !

Bises à tous.

Laurent, 13/04/2019 à 22:33

Non, pas d'autoflagellation injustifiée te concernant ni de compliments rassurants pour les autres.

Tout le monde est parfaitement lucide mais il y a un moment où la critique, certes en partie justifiée, est tellement déconstructive qu'on se dit : "Ok, mieux vaut arrêter plutôt qu'être ridicule" le jour venu.

Alors, le lien étant erroné, il faut aller chercher "Money for nothing live at Knebworth" sur You tube. C'est vraiment bien.

Bises.

Claude, 13/04/2019 à 23:01

Non, Laurent, la lucidité n'est pas la chose la mieux partagée, et cette remarque concerne tout le monde.

Ma critique ne se voulait pas déconstructive en ce sens que son but n'a jamais été de donner un coup d'arrêt à nos efforts, mais au contraire à les poursuivre et à trouver une solution aux problèmes soulevés. J'ai, aujourd'hui même, repris toutes les chansons, pointé impitoyablement toutes mes fausses notes, erreurs d'interprétation, etc, et je tente de trouver une solution, avec mes modestes moyens, à ces insuffisances.

L'autre problème, à part moi, c'est ces foutus sons de guitare, je persiste et signe, il y a également du boulot dans ce domaine.

Mais j'ai quand même le droit de dire que sur le plan de la technique instrumentale, je ne décèle pas de choses catastrophiques (euphémisme) chez Marc, Nico, toi et Philou, même si notre jeune ami pourrait parfois être plus précis !

Ce ne sont pas des "compliments rassurants" mais des états de fait dont il faut se féliciter, et je ne vois pas pourquoi il faudrait que je passe sous silence les excellentes choses que produit Brain Arthrosis !

Il y a des points noirs sur quelque chose qui est, par ailleurs, de bonne qualité. Il nous faut les gommer, et pardon d'avoir nommé les choses un peu rudement.

Marc, 14/04/2019 à 10:27

Qu'en termes galants toutes ces choses-là sont dites !!!

Rickenbacker 12-cordes, Pensa Suhr, Humbucker, Marshall, Tube Screamer....

Hier, je regardais à la télé la retransmission du Masters de golf et la fantastique remontée de Tiger Woods et je me disais "il faut absolument que je m'achète les mêmes clubs que les siens...".

Dois-je développer ?

Dois-je expliquer que Tiger drive à 300m, que je drive à 200m, et qu'acquérir ses clubs ne me permettra jamais d'acquérir son swing ?

Dois-je expliquer que 200m est déjà une distance correcte que beaucoup d'autres joueurs m'envient et que c'est une limite dont je dois me contenter car je ne suis pas capable de faire mieux ?

Dois-je expliquer que de vouloir absolument driver à 300m ne me procurera que frustration et désillusion ?

Dois-je expliquer que cette distance "moyenne" peut suffire à me procurer déjà beaucoup de plaisir ?

Brain Arthrosis drive à 200m, ce qui le place dans une position que certains peuvent déjà lui envier.

Nous ne gagnerons jamais le Masters et notre ambition consiste à TOUJOURS faire le mieux possible ce que nous sommes CAPABLES de faire.

Ce n'est pas choisir la facilité, ce n'est pas refuser de s'améliorer, c'est simplement, comme l'a dit Laurent, être lucide.

Nico, 14/04/2019 à 11:30

Je suis bien d'accord et c'est pourquoi la répétition de jeudi et son témoignage audio m'ont fait plaisir parce que je nous trouve en progrès et en train de nous rapprocher de notre potentiel.

Petite remarque technique pour Claudius Maximus, pour bien chanter il vaut mieux bien s'entendre. Dieu sait que je ne suis pas douillet de la feuille, mais je pense qu'on a péché jeudi dernier dans le positionnement et le volume.

Il faut jouer à un volume décent qui permette de faire cracher les amplis de guitare et qui permette à Marc de cogner sans retenue, mais dès lors que ça oblige à forcer et que tu as l'impression de ne pas bien t'entendre, tu tendras vers les fausses notes à mon avis.

Essayons de prendre les quelques minutes nécessaires demain pour ne pas jouer trop fort et faire en sorte que tu t'entendes bien, et une bonne partie de nos problèmes sera résolue.

Finalement je nous trouve à l'image de plein de bons groupes de rock : une section rythmique en place et fiable, c'est son rôle.

Des guitaristes qui jouent bien et qui s'autorisent parfois quelques digressions et/ou erreurs, du classique (Keith, si tu nous regardes...).

Un chanteur qui a la puissance vocale et le leadership pour tenir une scène, et qui n'est pas toujours d'une justesse totale comme un énorme paquet de chanteurs de rock cultes (Kurt, Dave, David Lee Roth.... j'en passe et des bien meilleures, si vous nous regardez).

Bref, des axes d'améliorations à travailler mais aussi du mieux dans plein de domaines et ce serait pas mal de souligner le positif parfois aussi : Philou s'est bougé pour avoir des pédales et un panel de sons plus étoffé, a enfin trouvé comment ouvrir ses micros à fond (;-)) et a du coup pour moi un son bien plus percutant qui me fait plaisir.

Laurent a les 3/4 sons bien équilibrés qu'il nous faut et saura toujours nous recadrer sur nos errements structurels.

Et nos chœurs commencent à vraiment ressembler à quelque chose, ce qui n'ira qu'en s'améliorant avec la pratique.

Donc en avant BA, on est un bon groupe de reprises bordel !

Laurent, 14/04/2019 à 11:53

Excellente nouvelle ! Claude, tu vas pouvoir dormir tranquille. Et donner toute ta mesure sur "Money for nothing". Alain nous prête sa Schecter Pete Townshend qui est munie, oh ! bonheur ! de micros Humbucker. Ses 3 Les Paul n'ont que des vieux P 90 (ouh ! les vilaines !).

Nous l'aurons prochainement lorsqu'un de ses amis à qui il l'a prêtée sera revenu des studios d'Abbey Road...

Claude, 14/04/019 à 13:55

Cher Marc, ta très belle métaphore m'a transporté sur un beau gazon, et je vais essayer de te répondre en restant sur le même terrain de façon à te faire comprendre la petite erreur que tu commets :

Un jour, Marc invite Claude sur un green, et au départ du premier trou, il lui dit :

"Le trou est à 200m, tu prends ton club et tu tapes ton drive tout droit".

Claude sort alors le seul club qu'il possède, un très beau putter, et sous le regard goguenard de Marc, il réussit à faire franchir 5m à sa balle.

C'est tout. Comprenne qui pourra !

Laurent, la Schecter sera parfaite, et qu'en est-il de la 12-cordes ?

Nico, merci, je porte déjà le prénom d'un empereur romain, le fait de rajouter Maximus est une preuve de ta culture, en tout cas je préfère ça à Claudots.

Claude, 15/04/2019 à 10:00

J'arriverai pour 20h, car le lundi je ne peux pas dîner avec vous.

Bonne journée.

Marc, 15/04/2019 à 10:24

Les copains, puisqu'il faut tout faire, je vous informe que nous aurons ce soir la présence d'un clavier ! Il s'agit du pianiste de mon ancien groupe. Il s'appelle Claude également et est d'une timidité pathologique. Je lui ai donné la liste des morceaux avec les tonalités et il fera ce qu'il pourra ce soir.

J'ai réservé un clavier…

Philou, 15/04/2019 à 10:27

Nickel ! 👌 merci Marc.

Nico, 15/04/2019 à 10:29

Marc tu te présentes en 2022 ?

Laurent, 15/04/2019 à 12:35

C'est drôle… J'ai puissamment pensé ce week-end à l'utilité d'un clavier. Je vais m'installer comme médium.

Marc, 15/04/2019 à 12:37

T'es trop fort !!!!

J'ai RV avec mon pianiste à 18h45. Je l'emmène manger un morceau au Marriott histoire de le briefer un peu.

Si le cœur vous en dit…

Nico, 15/04/2019 à 14:08

J'en suis !
Je n'arriverai peut être qu'à 19h.

Marc, 15/04/2019 à 14:10

Nico, rejoins-nous sur place, alors !

Philou, 15/04/2019 à 16:05

Je n'y arriverai pas, je vous rejoins pour 20h.

Laurent, 15/04/2019 à 17:19

Je ferai ce que la circulation francilienne me permettra.

Claude, 15/04/2019 à 17:50

Ne dites pas à Claude pianiste que je suis le musicien le plus chiant du groupe ; laissez-le s'en apercevoir lui-même.

Nico, 15/04/2019 à 17:53

Sachant qu'il est d'une timidité pathologique, il est de notre devoir de le préparer quand même un peu.

Claude, 15/04/2019 à 17:54

Effectivement.

Marc, 15/04/2019 à 17:54

T'inquiète, c'est fait !

Claude, 15/04/2019 à 17:55

J'ai pleine confiance en toi !

Marc, 15/04/2019 à 17:55

Tu ne seras pas déçu !

Claude, 15/04/2019 à 17:57

Mais j'espère m'imposer par mes qualités.

Marc, 15/04/2019 à 18:12

Claude, 15/04/2019 à 18:14

Dois-je comprendre que je suis viré du groupe ?

Marc, 15/04/2019 à 18:15

Je me demande lequel est le plus pathologique des deux !

Claude, 15/04/2019 à 18:19

J'essayais de voir si je pouvais faire comme Ringo Starr pendant l'enregistrement du Double Blanc.

Marc, 15/04/2019 à 18:20

Te bourrer la gueule ?

Claude, 15/04/2019 à 18:23

Non, non, il est parti en Sardaigne et quand il est revenu il a trouvé sa batterie recouverte de fleurs offertes par les 3 autres avec l'inscription : "Ringo, on t'aime".

Marc, 15/04/2019 à 18:25

Rien ne vous en empêche !

Nico, 16/04/2019 à 8:45

Bien rentré hier soir Marc ?

Marc, 16/04/2019 à 9:23

Nickel. Merci Nico.

Je n'ai pas encore écouté et monté la répète d'hier soir mais j'ai eu un bon feeling.

Quant à notre pianiste, il a raccompagné Claude et pas de nouvelle. Bonne nouvelle ?

Nico, 16/04/2019 à 9:26

Il n'avait quand même pas l'air très chaud…

Marc, 16/04/2019 à 9:31

Je vais le laisser cogiter un peu et le rappeler.

Claude, 16/04/2019 à 9:32

J'ai fait ce que j'ai pu pour le persuader de nous rejoindre mais il est très intimidé car il trouve que Brain Arthrosis est d'un niveau largement supérieur à celui du groupe dans lequel il jouait avec Marc.

Marc, 16/04/2019 à 9:33

Arrête, les chevilles !

Claude, 16/04/2019 à 9:34

Je ne fais que rapporter ses paroles.

Nico, 16/04/2019 à 9:36

Je crois surtout qu'il est très poli et que c'est une façon sympathique de dire qu'il n'est pas intéressé.

Claude, 16/04/2019 à 9:37

C'est un grand phobique et la seule tactique est de le rassurer sans cesse.

Je lui ai dit par exemple que la régie lumière aurait des instructions pour ne jamais braquer un projecteur sur lui.

Quant aux photos dans Rock & Folk, c'est comme pour les Stones avec leur bassiste : il n'y sera pas !

J'ai un peu enjolivé les choses en insistant sur la formidable bande d'amis que nous formions et sur nos dîners joyeux les soirs de répétition.

Bref, Marc, il est mûr. Pas la peine d'attendre longtemps pour lui téléphoner.

Laurent, 16/04/2019 à 9:49

Claude explique-moi la contradiction entre la timidité maladive et le fait de vouloir se produire en public.

Claude, 16/04/2019 à 9:50

Attitude contra-phobique très répandue.

Cela dit, il n'y eût dans la dynastie julio-claudienne qu'un seul empereur du nom de Claude (10 av. J-C- 54 après).

Il faudra donc lui trouver un autre prénom.

Nico, 16/04/2019 à 10:11

Claude, Marc (Auréle), un empereur de trop dans ce groupe pas Commode !

Claude, 16/04/2019 à 10:32

Moi je dis bravo !

Laurent, 16/04/2019 à 10:34

OK.

Nico, 16/04/2019 à 11:01

Mince, entre le son de la SG de Philou hier et le fait que BA est en train de prendre sacrément forme, voilà que me reprend cette pulsion d'achat de matos !

Regardez-moi cette beauté !

Claude, 16/04/2019 à 11:11

Magnifique, mais tu devrais essayer une Rickenbacker.

Nico, 16/04/2019 à 11:15

Lemmy style, pas faux !

Claude, 16/04/2019 à 11:26

McCartney !

Marc, 16/04/2019 à 12:58

Je viens d'avoir Claude assez longuement au téléphone.

Il m'a assuré qu'il avait été impressionné par notre répétition et que dans l'état actuel des choses, nous n'avions pas besoin de lui.

Je lui ai donc expliqué que nous avions justement choisi notre setlist en fonction de l'absence de clavier mais que nous aimerions élargir notre répertoire et qu'il nous serait donc bien utile, ce dont il a convenu en me disant qu'il avait très envie de jouer avec nous bien que nous lui soyons d'un niveau très supérieur (Philou, tu l'as scotché avec Hendrix !).

Notre deal est donc le suivant.

Nous achevons notre "saison" à 5 et lui et nous suggérons de nouveaux titres.

Ça lui laisse le temps de bosser les morceaux et il intègre BA à la rentrée.

What do you think ?

Claude, 16/04/2019 à 13:17

Bonjour à tous, moi ça me paraît être une excellente façon de l'intégrer. Je suggèrerais même de l'inclure dès à présent dans notre "mail-group", et de lui laisser porte ouverte pour nos répétitions, voire pour nos dîners. Ne pas oublier la maxime : loin des yeux, loin du coeur !

Bises et à après-demain, mais la musique ne s'arrête jamais, car demain soir, je serai au concert de Teenage Fanclub !

J'ai fait un peu chier le monde avec les humbuckers, mais ne me dites pas que j'ai eu tort à 100 % !

Nico, 16/04/2019 à 13:37

Excellente idée !

Marc, 16/04/2019 à 16:39

J'ai juste fait le montage, pas encore eu le temps de l'écouter...

Marc, 16/04/2019 à 17:46

J'ai oublié de féliciter Claude et Nico pour leur connaissance de la Rome Antique.

Pour être tout-à-fait complet, j'ajouterai qu'il y a eu un Philippe qui a régné de 244 à 249.

On retrouve également un Claude II (268-270) donc pas de souci, notre pianiste peut intégrer.

En revanche, nulle trace de Laurentus et de Nicolus. Peut-on les assimiler à la dynastie des Sévère ?

Nico, 16/04/2019 à 18:11

Sévère mais Juste !

Laurent, 16/04/2019 à 18:40

Pour rester dans la minute culturelle, Nico ne se retrouve pas dans l'antiquité romaine mais deux tsars de Russie portaient ce prénom. Bon, l'un des deux a mal fini mais pas le premier. On reste donc chez les César..

Quant à Laurent, s'il vient bien du latin "laurus, lauriers", ce peut être celui qui les porte, donc César. Ou simplement les lauriers qui ornent le front de César ou des vainqueurs en général, tout comme la guitare rythmique sert à rehausser la gloire du chanteur et du guitariste soliste...

C'est pas beau ça ?

Marc, 16/04/2019 à 19:08

Ce groupe est d'un niveau culturel bouleversifiant !

Marc, 17/04/2019 à 9:46

Salut à tous,

J'ai écouté attentivement notre dernière répète et ma conclusion est la suivante : si vous voulez frôler la perfection, passez près de Brain Arthrosis.

Bon d'accord, c'est peut-être un peu too much mais je suis assez bluffé par nos progrès soudain fulgurants.

Chapeau Philou, on te l'avait bien dit qu'il te fallait des hambuckers.

Une petite remarque sur "Sharp-Dressed Man", qui me semble un peu aigu pour Claude.

Malgré la discrétion bien compréhensible de notre futur clavier, vous aurez probablement remarqué la valeur ajoutée dans "Johnny B. Goode".

Il faut maintenant se pencher plus attentivement sur "Rock'n Me" et "Rockin' in the Free World" et nous serons fin prêts pour la scène !!!

Ça va faire mal !

Qui est dispo pour dîner jeudi ?

Claude, 17/04/2019 à 11:43

Moi !

J'ai pas encore écouté, et j'hésite à le faire vu le genre de crise que je peux piquer quand je constate que je ne chante pas aussi bien que Jeff Buckley, Roy Orbison et Terry Reid réunis.

Marc, hUmbuckers, avec un "u", et il y en a plein de modèles différents, mais ceux de la SG sonnent très bien.

Il n'y a pas d'autre solution, pour des amateurs, que d'aller vers une certaine professionnalisation. Notre "art" dépend énormément de la technologie, et j'espère que Brain

Arthrosis commence à comprendre que nos progrès sont très liés à la qualité de nos outils.

Paradoxalement c'est si nous étions des génies que nous pourrions nous contenter du minimum, (les Beatles en 1965, ou Stevie Winwood chantant "Can't Find My Way Home" avec une simple guitare acoustique) mais nous ne sommes pas...

Nico, 17/04/2019 à 12:19

Je suis d'accord ça prend une très bonne tournure tout ça !

Pour jeudi je dois m'occuper des enfants avant la répétition donc j'arriverai pour 21h a priori.

Laurent, 17/04/2019 à 12:39

Claude s'il te plaît n'écoute pas.

OK dîner avant pour moi.

Claude, 17/04/2019 à 15:23

Trop tard, Laurent ! J'ai écouté. Et je n'ai pas fait de crise. Je dirais même que ça tourne plutôt gentiment, grâce à, dans l'ordre d'importance :

1. la paire de humbuckers sur la Gibson SG de Philou
2. Le même Philou, qu'on sent plus impliqué et dont le manque de précision s'est nettement estompé. Et qui commence à savoir se servir de son ébauche (j'avais dit embryon, la dernière fois. Progrès !)
3. le son des guitares, en général. Laurent maîtrise un peu mieux son usine à gaz.
4. Un peu plus de reverb' sur ma voix ; c'est flatteur, ça masque un peu les défauts
5. J'ai rien à dire sur la paire Marc-Nico, toujours impeccable

Quand même un point noir. C'est un peu curieux parce qu'on pouvait penser que ça nous poserait assez peu de problèmes. Je remets un tutorial plutôt bien fait.

Bon, les choses sérieuses : le dîner, à quelle heure, où, qui réserve ? Bises.

Claude, 17/04/2019 à 15:47

Après "ébauche", il fallait lire "de pédalier".

Marc, 17/04/2019 à 15:57

Claude, j'y crois pas !!

Pas de crise dans ton analyse ?

Laurent ne se pend plus ? Je peux laisser mon Lexomil de côté ?

Que du bonheur !!!!

J'ai une petite réserve sur le tutoriEl (avec un "e", le mot anglais "tutorial", dont "tutoriel" est issu, est déconseillé par les organismes de néologie français et québécois) de "Rock'n Me" : je trouve le guitariste assez peu fluide.

Demain soir, j'arriverai de ma lointaine campagne. 19h30 nous laisserait largement le temps de grignoter et de papoter. Dîtes-moi simplement où.

Bises.

Claude, 17/04/2019 à 17:21

Je pars écouter Teenage Fanclub, on se reparle demain.

Claude, 18/04/2019 à 8:57

Pardonne-moi, Marc pour cet horrible anglicisme, d'autant plus injustifié que, dans une récente chronique, Old-Claude était tout à fait ravi de proposer, à la place du détestable "best of ", le joli "florilège".

Quant à "Rock 'n Me", j'ai écouté tous les guitaristes qui se piquent de vouloir donner des leçons sur YouTube, à propos de ce titre, et celui-là me semblait être le moins mauvais. Cela signifie que, techniquement, cette chanson est plus complexe qu'il n'y paraît.

19h30 au Vaudésir ? Je suppose que pour cet horaire, il n'est pas indispensable de réserver.

Bonne journée à tous.

Marc, 18/04/2019 à 9:14

Claude, ma remarque était juste un clin d'oeil en réponse à mon hUmbucker ! En ce qui me concerne, je n'ai absolument rien contre les anglicismes.

J'espère que ta soirée avec TFC a été à la hauteur de tes espérances.

Je serai à 19h30 au Vaudésir.

Bises et à tout à l'heure.

Nico, 18/04/2019 à 11:54

Je gueule pas un peu trop sur "Dead Flowers" sur les chœurs ?

Je vais essayer de faire ça plus smooth ce soir…

Marc, 18/04/2019 à 12:42

Ça ne m'a pas frappé !

Marc, 19/04/2019 à 9:05

Salut Claude, afin de ne pas perdre le contact, nous avons décidé de t'intégrer à notre groupe WhatsApp.

Nous te proposons d'ores et déjà de travailler les morceaux suivants, qui font déjà partie de notre liste :

BACK IN THE USSR (Beatles) en Sol
JOHNNY B. GOODE (Chuck Berry) en Mi
SOMETHING (Beatles) en Do
MONEY FOR NOTHING (Dire Straits) en Sol
GABY OH GABY (Bashung) en Mi
DEAD FLOWERS (Stones) en Ré

Tu es bien entendu le bienvenu quand tu le souhaites.

Notre prochaine répète est jeudi 25 avril à 21h.

Nous travaillons actuellement à une nouvelle liste intégrant plus de clavier et nous attendons tes suggestions.

Utilise ce groupe pour communiquer avec nous.

Bises à tous.

Claude, 19/04/2019 à 9:08

Voilà une excellente initiative, Marc.

Bienvenue, Claude et au plaisir de te revoir très vite à l'une de nos répétitions.

Nico, 19/04/2019 à 9:44

Oui bienvenue Claude, on espère te revoir bientôt !

Claude bis, 19/04/2019 à 9:47

Merci à tous.

A bientôt.

Laurent, 19/04/2019 à 9:49

Je dirais même plus : à bientôt.

Philou, 19/04/2019 à 10:11

Hello les gars,

On vient de me caler un rdv pro jeudi à Monaco...

Impossible de modifier la date. Par conséquent je ne pourrai pas être là jeudi.

Qu'est ce qu'on fait ? On essaye de jouer un autre jour de la semaine ?

Désolé pour le désagrément mais là je ne peux rien faire je dois être présent là-bas.

Nico, 19/04/2019 à 10:16

Le boulot first pour les actifs, pas de problème !

Je peux mardi et mercredi soir.

Claude, 19/04/2019 à 10:22

Je pourrais lundi, mardi ou mercredi.

Bises.

Marc, 19/04/2019 à 10:28

Je ne suis libre que mardi et aucun studio dispo (je viens de regarder le planning d'HF).

On a une répète prévue le lundi suivant à 19h. Je propose de laisser décanter, d'annuler jeudi et de faire 4h lundi.

Claude, 19/04/2019 à 10:40

C'est sans doute la meilleure idée, mais il pouvait y avoir également la possibilité de convier Claude bis à nous rejoindre tous les quatre, jeudi.

Nico, 19/04/2019 à 10:54

Ça me va.

Ce temps dégagé peut aussi être mis à contribution par chacun pour bosser de son côté ses parties instrument et voix suivant les éventuels axes d'amélioration que l'enregistrement d'hier mettraient en lumière.

Laurent, 19/04/2019 à 11:10

Comme vous voulez. Dites-moi.

Marc, 19/04/2019 à 11:17

Message adressé à Claude le pianiste.

Notre guitariste solo Philou vient de se désister pour jeudi.

Veux-tu venir répéter avec nous pour caler le clavier ?

Sinon, nous annulerons cette répétition.

Claude, 19/04/2019 à 11:55

Je pense qu'on attend la réponse de Claude, le pianiste ; sinon, on annule.

Claude bis, 19/04/2019 à 14:39

Ok je viendrai jeudi.

On pourra peut-être dîner vers 19h30 si la répète est à 21h.

Nico, 19/04/2019 à 14:45

Super nouvelle Claude !

Et oui pour le dîner, tu vas pouvoir découvrir notre fief, le Vaudésir !

Marc, 19/04/2019 à 15:07

Good.
Dîner 19h30 au Vaudésir.
J'appelle le studio pour réserver un clavier.

Marc, 19/04/2019 à 15:13

Le clavier est réservé.

Claude, 19/04/2019 à 15:14

Merci Marc.

Nico, 19/04/2019 à 15:14

Tu veux dire que Claude est timide ?

Marc, 19/04/2019 à 15:16

On a quand même un gros problème ! Deux Claude, ça colle pas, faut trouver un pseudo !

Philou, 19/04/2019 à 15:16

Claudun, Claudeux ?

Marc, 19/04/2019 à 15:19

Déjà les Claudots c'était pas terrible, alors là…

Old Claude, 19/04/2019 à 15:54

Claude, l'empereur le plus intelligent et cultivé, avait un fils qui se nommait Britannicus.

Pour le membre d'un groupe qui fait des reprises anglo-saxonnes, c'est pas mal.

En tout cas, cher Brita..., pardon, Claude, tu peux très facilement trouver le mode d'emploi du clavier Nord et le télécharger sur le Net.

Bon week-end et à jeudi.

Marc, 19/04/2019 à 16:01

Fais pas attention, le pianiste, il a l'air un peu bizarre mais c'est un gentil garçon, notre chanteur.

Et comme il a écrit un blog nommé «Old Claude», on l'appellera comme ça et toi tu seras simplement Claude.

Old Claude, 19/04/2019 à 16:04

Tu remarqueras que je n'ai pas proposé le demi-frère de Britannicus, un certain Néron, de triste réputation.

Marc, 19/04/2019 à 16:05

T'aurais suggéré Néron, j'te faisais une tête au carré !

Old Claude, 19/04/2019 à 16:06

Je suis un garçon raisonnable.

Marc, 20/04/2019 à 14:45

Salut les musicos,

Puisque nous allons maintenant disposer d'un clavier, je vous propose d'essayer à l'occasion ces 4 titres, puisés dans le répertoire classique et en attendant de multiples autres suggestions (je préviens d'ores et déjà qu'en ce qui me concerne toute liste envoyée par Old Claude comprenant plus de 297 titres passera immédiatement à la déchiqueteuse) :

1. Born To Be Wild (Steppenwolf)
2. Gimme Some Lovin' (Spencer Davis Group)
3. I Do It For You (Bryan Adams)
4. Nights In White Satin (Moody Blues)

Rien de très original, mais c'est du lourd !

A l'attention de Claude (pas le vieux, l'autre), voici à toutes fins utiles les coordonnées des autres membres de Brain Arthrosis :

Claude Ranval, le chanteur psychopathe :
06 11 53 33 49 - claude.ranval@gmail.com

Philippe Braun dit Philou, le soliste hendrixien : 06 17 38 38 00 - pmarinbraun@gmail.com

Laurent Charbit, le rythmique implacable : 0 6 11 79 83 28 - charbit.laurent@wanadoo.fr

Nicolas Roux dit Nico, le bassiste davegrohlien : 06 11 86 40 76 - nicolas.roux@gmail.com

A l'attention des autres membres de Brain Arthrosis, voici à toutes fins utiles les coordonnées de Claude :

Claude "pianoman" **Redon** :
06 07 04 78 30 - clauderedon@cegetel.net

Bises et à plus.

Old Claude, 20/04/2019 à 14:52

N'aie crainte Marc, je vais me limiter à 250 titres.

Nico, 20/04/2019 à 22:44

Ça me semble pas mal tout ça, il faudra voir si c'est dans les cordes (vocales) de Claude mais sur le principe c'est du bon en effet.

A jeudi !

Old Claude, 20/04/2019 à 23:12

Nous verrons pour ces nouveaux morceaux, toujours très ancrés au siècle dernier.

Je voulais juste rectifier mon adresse mail : claude.-ranval@gmail.com

Claudio, 21/04/2019 à 9:16

Comme c'est Dimanche et que j'ai un peu plus de temps, je voudrais réagir aux différentes propositions de Marc.

Tout d'abord, en ce qui concerne mon prénom, je ne suis pas d'accord avec OldClaude. Il s'agit d'un nom de plume que j'assume parfaitement dans le cadre de ce blog mais que je trouve déplaisant dans ce cadre amical. Il n'est pas euphonique et insiste un peu trop sur un âge qui commence à devenir pesant. P'tit Claude et Grand Claude étant déjà préemptés par ton cousin, cher Marc, je signale que mes amis de mon club de karaté me nomment souvent Claudio, et cet italianisme ne me gêne pas.

Plus gênante, ma qualification de psychopathe. Les non-spécialistes que vous êtes ignorent sans doute que les psychiatres réservent le terme à des individus asociaux qui ne connaissent que la violence comme moyen de résoudre les conflits. Rien de commun avec le gentil garçon que je suis, il faudra trouver autre chose...

Enfin, il y a ces quatre propositions qui arrivent un peu comme un cheveu sur la soupe. Je ne discute pas leur qualité, mais je pensais naïvement que nous avions gelé les propositions nouvelles jusqu'à la Rentrée, afin de nous concentrer sur les 27 titres de notre répertoire, base intangible de nos échéances de juin et juillet. D'autre part, dans mon insondable naïveté, je me disais que toutes les nouvelles propositions étaient appelées à passer sous les fourches caudines (ah ! Rome !) de notre processus de sélection (la feuille Excel, les notes, le 0 éliminatoire...). Mais bon, si Marc ouvre les cadenas, allons-y, d'autant que c'est avec le souci de trouver des chansons qui donneraient du boulot à Claude :

"Superstition" - Stevie Wonder - 1972
"Dancing In The Dark" - Bruce Springsteen - 1984
"Life During Wartime" - Talking Heads - 1979

Donc 3 titres très ancrés au siècle dernier, qui viennent s'ajouter (et pas remplacer) aux 4 propositions de Marc.

Je vous souhaite à tous un excellent week-end, et à jeudi !

Marc, 21/04/2019 à 9:21

La meilleure façon de faire fuir immédiatement notre pianiste, par ailleurs pas encore acquis à notre cause, sera à coup sûr de le faire crouler sous des propositions de titres inconnus.

J'ai proposé ces 4 titres "fossiles", que j'adore par ailleurs, car je sais qu'il les connaît, qu'il les joue bien et que ça le mettra en confiance.

Psychologie élémentaire.

Désolé pour la coquille sur ton adresse mail.

Bises.

Marc, 21/04/2019 à 9:36

Claude, nos mails se sont croisés.

Pas de méprise.

Il n'est pas question de modifier la liste des 27 morceaux que nous avons arrêtée. Il s'agissait simplement de proposer à Claude pianiste ces 4 morceaux pour entamer la rentrée. Je me suis probablement mal exprimé.

Old Claude n'avait rien de péjoratif et je trouvais ça plutôt sympa. Claudio ? Oui, bien sûr.

Quant à "psychopathe", le non-spécialiste que je suis l'avait employé sur le ton de l'humour, du 2e degré.
Loin de moi l'idée de te froisser…

Joyeuses Pâques quand même.

Claudio, 21/04/2019 à 9:39

Je comprends, cependant, n'aie crainte, je me suis parfaitement coulé dans tes propositions ; 3 chansons du XXe siècle, 2 archi-connues (Springsteen, Wonder), 1 un peu moins, mais enfin, sauf si notre pianiste était sourd comme un pot entre la fin des 70's et le début des 80's, il n'a pas pu passer à côté des Talking Heads et de ce titre, grand classique, tube mondial.

Et enfin, même si j'adore les titres que tu proposes, il se pourrait que certains, en effet, posent des problèmes à mes pauvres cordes vocales…

Bises.

Nico, 21/04/2019 à 11:53

Alors moi je me propose pour "everything I do" s'il faut te suppléer Claudio.

J'adore chanter cette chanson qui est un tube mythique de mon adolescence et que je connais sur le bout des doigts !

Bon je la chante peut être pas bien, faut voir mais j'adore !

Cela si elle passe le filtre du vote démocratique (démos, le peuple, kratos... et oui, j'ai fait du Grec ancien)

Bises.

Claudio, 21/04/2019 à 12:16

Mon cher Nico,

Comme nous sommes dans Brain Arthrosis pour nous faire plaisir, je ne vais pas te refuser quoi que ce soit : chante cette belle chanson de Bryan Adams, j'espère que Laure ne sera pas jalouse en voyant toutes les jeunes femmes se pâmer devant la scène !

Nico, 21/04/2019 à 14:15

Ouais bon, faut voir ce que ça donne quand même, je redoute le dure réalité VS le souvenir d'une voix d'ado n'ayant pas encore mué...

On verra bien ! « Everything I do, I do it for youuuuuuuu !!!!!!!!! »

Marc, 21/04/2019 à 17:53

Salut à tous,

Je vous propose l'affiche un peu remaniée.

On peut bien entendu toujours la modifier à volonté.

Et si notre pianiste veut en être, il m'envoie une photo de lui bébé et je le rajoute dans un coin.

Bises et à jeudi.

Claudio, 21/04/2019 à 19:40

Très joli, bravo !

En ma qualité de Maître du 17 mai, j'ai décidé de remplacer le 3e rappel (morceau n° 8), "Rock 'n Me", par "The Wind Cries Mary".

Bises.

Nico, 21/04/2019 à 22:20

Top ! Merci Marc !

Laurent, 22/04/2019 à 11:22

Marc, voici LA photo de BB que j'ai retrouvée. Si tu peux la substituer à l'autre. J'fais quand même moins la g... ! Et j'avais déjà des oreilles de musicien...

Bises.

Marc, 22/04/2019 à 21:36

Qu'il est mignon, le Laurent !!!

Je vais voir ce que je peux faire à Paris (je rentre demain) mais il faudra l'aide de Nico et de sa femme Laure pour recoloriser ta photo.

A jeudi.

Claudio, 22/04/2019 à 22:13

On a hâte de voir !

Nico, 23/04/2019 à 10:59

Hello mes Zicos,

Je dois repasser chez moi jeudi pour récupérer mon matos car suis en déplacement dans la journée donc je risque d'être short pour le Vaudésir.

Mais je serai au HF sans faute à 21h !

Marc, 23/04/2019 à 18:10

Laurent, cela te va-t-il ?

Nico, 23/04/2019 à 19:22

Moi j'adore !

Nico, 23/04/2019 à 19:53

Bon en fait je vais quand même essayer de m'organiser pour le Vaudésir parce que ça me gonfle de rater ce bon moment.

Et il fallait bien sûr lire dans mon précédent message « les zikos » et non « mes zikos », fichue écriture automatique !

Marc, 23/04/2019 à 20:54

Avec plaisir, "mon" bassiste !

Laurent, 23/04/2019 à 22:24

Beau travail ! Je suppose et j'espère qu'il y aura de la couleur par-dessus comme pour tout le monde car le noir et blanc me fait ressortir au premier plan.

Ce n'est plus Claude et les clodos mais Lolo et les p'-tits loulous.

Bises.

Marc, 23/04/2019 à 22:36

Tu n'es pas en noir et blanc mais en sépia. Si tu veux être en jaune, il faudra que Nico s'en charge, je n'ai pas de filtres couleurs à disposition.

Tu dînes avec nous jeudi ?

Nico, 23/04/2019 à 22:44

Je m'en occupe ce week-end au plus tard !

Laurent, 24/04/2019 à 0:18

La couleur que vous voulez.

OK dîner.

Nico, 24/04/2019 à 9:56

Philou n'oublie pas le Framadate de Juin, je renvoie le mail pour qu'il remonte dans ta boîte.

Philou, 24/04/2019 à 9:56

Ah yes je fais ça !

Nico, 24/04/2019 à 9:56

Je te l'ai shooté.

Philou, 24/04/2019 à 9:56

Philou, 24/04/209 à 12:00

Done !

Marc, 24/04/2019 à 19:08

On se retrouve à 19h30 au Vaudésir ?

Claudio, je passe te prendre à 18h45. Tu réserves le resto pour 5 ou ce n'est pas la peine ?

Claude, le boui-boui est au 41 de la rue Dareau. Gare-toi au 5, devant le studio. C'est à 5mn à pied.

A demain.

Claudio, 24/04/2019 à 19:08

Marc, merci pour demain 18h45. Je vais passer un coup de fil au Vaudésir.

Bises et à demain.

Nico, 24/04/2019 à 19:10

Vaudésir... sont des ordres ! Désolé pas pu m'empêcher. À demain 19h30 !

Marc, 24/04/2019 à 19:10

Ça va pour cette fois mais n'y reviens pas !!!!

Claudio, 24/04/2019 à 19:34

Le Vaudésir est réservé pour 5 à 19h30.

Marc, 24/04/2019 à 20:18

Magnifique !

Laurent, 24/04/2019 à 20:50

Bon à part bouffer on fait quoi demain ?

Claudio, 24/04/2019 à 20:53

On tente de faire de la musique.

Nico, 25/04/2019 à 19:34

Hello les amis, j'ai été un peu retenu au boulot donc serai un peu en retard au Vaudésir, je table sur 19h50.

Claudio, 25/04/019 à 19:35

Morteau lentilles ?

Nico, 25/04/2019 à 19:36

Un régal !

Laurent, 26/04/2019 à 11:52

Salut à tous,

Juste un petit mot en passant après une écoute plus attentive (le trajet en RER sert à ça...) de "I do it for you". Difficile mais magnifique à faire si ça passe au chant avec un piano prédominant indispensable +++ mais faisable et un belle partie de solo de guitare. Je suis pour. Si Nico veut se concentrer sur le chant, je prends la basse.

Et "life during war time" me paraît à notre portée immédiate. Tonique, entraînant et ... jouissif.

Ces 2 titres (un peu plus récents que les autres) nous mettraient un cran au-dessus de ce que nous faisons actuellement si on les fait bien.

Voilà. C'était ma "morning glory" de ce jour.

Bises.

Claudio, 26/04/2019 à 15:46

Laurent, I love you. "Life During Wartime" est un morceau extraordinaire, et je suis certain que Nico peut chanter parfaitement "I Do It For You", mais il faut qu'il trouve une tonalité confortable.

Puisque les ambitions sont à la hausse, on reparlera également de "Black Betty".

Bises.

Claudio, 26/04/2019 à 15:58

2ème mail dans la foulée, mais, comme vous le voyez, PAS adressé à Claude.

Je suis revenu en voiture avec lui, et j'ai eu le temps de sonder ses intentions.

D'abord, il va effectivement disparaître jusqu'en septembre (voyages, maison de campagne, accouchement de sa fille) mais je ne parierai pas une somme considérable sur la possibilité qu'on le revoie à la Rentrée. Il nous trouve trop bons pour lui, et autres conneries de ce genre.

Cela dit, cher Marc, c'est peut-être lui qui est dans le vrai, car, pour tout dire, je veux bien croire qu'il était très fort il y a 10 ou 20 ans, mais il me semble qu'il n'en reste pas grand chose...

Marc, 26/04/2019 à 17:38

Les amis,

Je vais être franc et direct : je suis sorti mortifié de la répète d'hier soir et je pardonnerai difficilement à Claude son attitude.

Il ne s'est même pas donné la peine d'écouter le moindre de nos morceaux ni de faire l'effort de nous proposer quelque chose et je me sens extrêmement vexé vis-à-vis de vous.

Je confirme qu'il a une oreille musicale extrêmement fine, qu'il est un excellent pianiste. C'est d'autant plus rageant.

Si encore il était attiré par la scène... Mais ce n'est bien entendu pas le cas.

Dominique a eu sa femme au téléphone hier soir, qui lui a dit qu'elle et ses deux enfants le poussaient à jouer avec nous, et la connaissant bien, je la crois volontiers, mais que lui n'avait aucune envie de s'imposer des répétitions régulières et que la musique ne l'intéressait plus.

Je crois donc qu'il va falloir effectivement se passer de sa collaboration et il me semble difficile dans ces conditions d'envisager "I do it for you".

Bon, qui connaît un claviste ?

Claudio, honnêtement, "Life during wartime" n'est pas un morceau EXTRAORDINAIRE. C'est un titre sympathique, entraînant, mais la mélodie est pauvre et la structure simplissime. Cela dit, je suis tout à fait d'accord pour l'ajouter à notre setlist.

Ne le prends pas mal et je ne veux pas polémiquer à nouveau. Je ne suis pas fan de la pop car, si les harmonies vocales qu'elle propose sont superbes, ses musiciens sont trop formatés : absence de riffs percutants, soli de guitares pauvres, batterie minimaliste, ensemble bien propret excluant toute fantaisie, très "premier de la classe". Des Beatles "Canada Dry" ? En résumé, agréable à écouter mais chiant à jouer.

En revanche, pour "Black Betty", désolé mais c'est un "non" ferme et définitif. C'est un morceau génial que j'adore vraiment mais la partie de batterie est à des années-lumière de mes pauvres possibilités.

A lundi.

Bises.

Nico, 26/04/2019 à 18:19

Pas grave Marc, on a tenté ça ne marche pas avec Claude, remettons nous à nos répétitions intenses et au complet et on verra bien si on trouve un clavier plus tard !

Claude, 26/04/2019 à 18:42

Cher Marc, même par des chemins différents, on finit par arriver aux mêmes conclusions.

En ce qui concerne les nouveaux morceaux, dont nous sommes tous friands, ma position est la suivante : je n'ai pas caché que je réfléchissais à une nouvelle liste de morceaux, et je suis bien embêté, parce que j'avais intégré, en composant cette liste, que nous aurions un clavier. J'y reviendrai. Cela dit, je ne vais pas vous balancer 200 nouvelles chansons d'un coup, car je crains pour ma vie.

Mais je me disais que, petit à petit, et en particulier à partir de la rentrée, nous pourrions reprendre notre processus de sélection de chansons (oui, peut-être, non, avec le "non" éliminatoire, préférentiellement aux notes, moins explicites, mais peu importe). Il nous reste peu de répétitions avant nos échéances publiques, ne nous dispersons pas (trop).

En revanche, notre tâche la plus impérative est de trouver un claviériste talentueux et motivé, et avec toutes ces jeunes filles qui font du piano dès l'âge de 3 ans, ça devrait quand même être possible. Les petites annonces sur les sites de musiciens n'ayant pas donné grand chose, je me propose de rédiger une annonce que nous pourrions déposer chez HF Studio, mais toutes les idées seront les bienvenues.

Concentrons-nous sur nos 2 concerts et demi, qui seront, j'en suis sûr des réussites, surtout si je reçois mon costume de scène à temps.

Bises à tous.

P.S : maintenant que je suis le seul Claude, on pourra m'appeler, au choix, Claude ou Claudio.

Laurent, 26/04/2019 à 19:31

Marc, ne soit surtout pas vexé vis-à-vis de nous. La motivation, même sous la timidité, ne s'est pas vue hier soir. Il aurait été donc difficile de continuer ainsi "aux forceps" à chaque répétition.

J'avais moi-même amené mon ami Pierre (et qui le reste) et son insupportable acolyte Olivier. On a vu.
Sans parler des prétentieux guitaristes-autistes à casquettes recrutés involontairement par Claude.

Le monde des musicos n'est pas composé que de gens comme nous.

Bises.

Philou, 26/04/2019 à 19:36

Hello les copains,

À vous lire je comprends que la repet d'hier fut un petit désastre... J'en suis attristé mais ne nous affolons pas !

Nous avons des échéances qui arrivent, il faut rester focus et bien les préparer pour nous motiver pour la suite. C'est notre priorité. Le clavier sera pour la Rentrée.

Petite douceur stoniesque en guise de consolation (avec les brushes de Charlie).

Kiss et à lundi !

Marc, 26/04/2019 à 21:07

Merci les copains,

J'étais un peu remonté contre Claude.

Claudio redevient donc Claude, et son idée de laisser une petite annonce au HF est à exploiter.

OK aussi pour reprendre le processus de sélection des morceaux, sous n'importe quelle forme.

Laurent, maintenant que notre groupe s'est considérablement amélioré et que tu es toujours copain avec ton Pierre, si tu lui reposais la question ? A condition qu'il laisse tomber l'ignoble Christophe, of course !

Bon, c'était une idée en l'air. La nuit porte conseil.

Je vous rappelle que je recherche des photos "rock" de vous pour faire un flyer pour la Fête de la Musique.

Bises à tous et à lundi.

Claude, 27/04/2019 à 0:14

Même une photo prise par Jean-Paul Auvray ?

Marc, 27/04/2019 à 8:54

Bien sûr, Claude.

Jean-Paul prenait d'excellentes photos.

Claude, 27/04/2019 à 10:20

Chers amis, dans la foulée de la conférence de presse du Président de la République, je réfléchissais à l'un des piliers du fonctionnement de Brain Arthrosis, je veux parler du processus de sélection de notre répertoire.

La première idée est qu'il faut conserver la notation triple, non, peut-être, oui (ou 0, 1, 2, moins explicite, mais équivalent) avec le non éliminatoire.

Cependant, de la même façon que notre système de scrutin majoritaire à deux tours, notre mode de sélection souffre d'une grande rigidité. C'est le sens, sur le plan politique, de la demande récurrente de l'introduction d'une dose de proportionnalité, finalement acceptée par Macron.

De la même façon, n'y aurait-il pas un moyen « d'adoucir » notre 0 ou non éliminatoire ? Sans le remettre en question, je rappelle que, pour l'instant, ce zéro n'a pas permis à Nico de voir arriver dans la liste des morceaux chers à son cœur, qu'il a sabré des merveilles comme "Nature" des Mutton Birds, etc.

Cela compliquerait un peu les choses, évidemment, mais l'important n'est-il pas, qu'en fin de compte, chacun de nous cinq se sente parfaitement représenté par le répertoire de BA ? Bises.

Nico, 27/04/2019 à 10:48

Bon. J'ai enfin eu Elton John/Jack Nicholson au téléphone (il avait changé de numéro, le coup classique).
Bref il est complètement hors du coup donc fausse piste...

Claude, 27/04/2019 à 12:16

Persévérons !

Laurent, 27/04/2019 à 13:25

On change... Mais le rock est éternel... Pour le moment. Bises.

Nico, 27/04/2019 à 14:56

Laurent, je viens de passer au magasin de musique en bas de chez moi, ils ont un orange Crush 35 malheureusement en revêtement noir.

Mais le mec m'a confirmé que dans cette gamme de prix ça n'avait pas d'équivalent, super son selon lui et je lui fais plutôt confiance.

Claude, 27/04/2019 à 15:53

What do you think ?

"Brain Arthrosis cherche son/sa pianiste/synthétiseurs.

Nous sommes un groupe amateur qui pratiquons l'art de la reprise. Basse, batterie, deux guitares, un chanteur, notre répertoire, plutôt centré sur le rock et la pop anglo-saxonne, des années 60 à nos jours, englobe des époques et des styles différents.

Également divers par nos âges et nos goûts, nous sommes réunis par des liens profonds de camaraderie et par une expérience musicale et un travail suffisamment avancés pour nous permettre d'envisager des concerts.

Répétitions hebdomadaires, en soirée, à HF Music Studio.

Pour tout renseignement, contacter Claude, 06 11 53 33 49"

Laurent, 27/04/2019 à 17:02

Merci Nico ! Ça se précise.

Laurent, 27/04/2019 à 18:09

Le B et le A de "Brain Arthrosis" ont disparu. Est-ce volontaire, du "teasing" ou un problème informatique ? Parce que "rain rthrosis" est un peu obscur.

Claude, 27/04/2019 à 18:23

Le B et le A étaient au contraire mis en valeur dans mon projet, mais l'informatique n'a pas suivi. J'attends donc plus vos critiques sur mon texte, et, après, j'imprime.

Marc, 27/04/2019 à 18:34

Le B et le A ont disparu parce que tu n'as probablement pas téléchargé cette police mais ils seront visibles à l'impression.

Tout est dit dans le texte de l'annonce, très macronien : l'"art de la reprise" me fait irrémédiablement penser à l'"art d'être français".

Ça fera une sélection naturelle, ça éliminera d'emblée les musicos au profit des musiciens… C'est tout bon !

Concentrons-nous sur nos concerts et revoyons ensuite le processus de sélection des morceaux. On ne va pas se remettre la pression maintenant !

A lundi, pour poursuivre le peaufinage. Bises.

Marc, 27/04/2019 à 18:46

Philou, mea culpa, j'ai oublié de te répondre au sujet de "sweet virginia".

Je me commande immédiatement une paire de balais, sérieux, ça me semble indispensable.

Je trouve tout de même qu'on ne la joue pas si mal, si on tient compte de l'absence de clavier et de sax.

Mais quand même, les Stones, ça tient vraiment la route !!!!

Marc, 27/04/2019 à 19:30

Cool, la photo, Laurent ! Les Hyènes ???

Comme elle est en NB, je vais mettre toutes les autres (je n'en ai reçu aucune) idem et faire une affiche dans les tons de gris. La classe !

Nico, 27/04/2019 à 22:03

Marc, je n'ai rien trouvé de mieux et ce n'est donc pas du tout en HD... J'espère que tu arriveras quand même à en faire quelque chose !

Laurent, 27/04/2019 à 22:05

Oui. Les Hyènes. Vu le tableau au mur en arrière-plan, ce ne devait pas être Bercy.

Pour Pierre et son clavier, je préfère vous dire non tout de suite. Il nous suit de loin avec sympathie mais n'est pas motivé.

Bises.

Nico, 28/04/2019 à 10:26

Sympatoche !

J'ai deux remarques à brûle-pourpoint : comment se fait il que Philou soit gaucher ?

Et pour la fête de la musique je trouverais vraiment bien de commencer beaucoup plus tôt genre 19h pour le public de la fin d'après-midi quitte à rejouer certaines chansons deux fois pour le public différent qui sera là plus tard.

En tout cas je pourrais rameuter les petites familles du quartier pour un premier set plus tôt.

Laurent, 28/04/2019 à 11:25

Bravo pour un travail que je serais bien incapable de faire. Une remarque néanmoins en ce qui concerne ma photo comparée aux autres : n'y a-t-il pas tromperie sur la marchandise ?

Claude, 28/04/2019 à 14:06

Toujours à la recherche de nouveaux morceaux pour BA je réécoutais le 1er album de Rage Against The Machine (1992). Quel chef-d'œuvre ! Mais rien pour nous là-dedans, je le crains.

Marc, 28/04/2019 à 14:42

Nico, pour des raisons de convention, j'ai simplement retourné dans le plan vertical la photo de Philou. Le regard ne doit jamais buter sur le bord. Bien observé, Nico. Quant à l'horaire, j'ai mis n'importe quoi. Je dois attendre la réponse de la PP pour connaître le créneau horaire qui nous est alloué.

Il faut également tenir compte des disponibilités de notre ingénieur du son.

Mais bien entendu, le cas échéant, rien ne s'opposerait à ce que nous commencions plus tôt, bien au contraire.

Laurent, je possède une photo de toi plus récente.

Ça donnerait ça. Tu préfères ?

Nico, 28/04/2019 à 14:51

Je viens de passer au square Courteline.
Compte-rendu complet demain soir !

Claude, 28/04/2019 à 14:52

Coquet.

Je ne suis pas certain que le point d'interrogation après Arthrosis soit une bonne chose.

Marc, 28/04/2019 à 15:16

Claude, tu as raison !

Nico, merci pour cette photo du square Courteline que j'aime tant.

Juste pour le fun, voici trois photos prises il y a juste 10 et 13 ans au même endroit.

On y voit ma batterie montée sur un praticable et notre ami Claude le pianiste, en attente d'Eric, notre ingénieur son, présent sur la 2e photo.

La 3e, de très mauvaise qualité, est un tout petit aperçu du public nombreux.

Ce n'est pas encore l'Olympia mais on va s'éclater.

Bises.

Nico, 28/04/2019 à 18:15

Je confirme Claude, je connais quasiment tous les morceaux de cet album note pour note mais c'est injouable en groupe.

Nico, 28/04/2019 à 18:26

Marc est ce que tu aurais l'affiche pour Clairis avec la photo de Laurent sans l'effet sépia ou est ce d'origine sur la photo ?

Marc, 28/04/2019 à 19:11

Je n'ai que celle-là. Mais avec un filtre jaune ça devrait faire l'affaire ?

Nico, 28/04/2019 à 19:14

Je vais essayer.

Nico, 28/04/2019 à 21:04

La vache il y avait du monde !

Du coup je ne me souviens si tu nous en avais dit quelque chose, mais ton pote ingé son ne fait pas aussi l'éclairage si ?

Mon humble contre-proposition.

Nico, 28/04/2019 à 22:29

Ça vous va comme ça ?

Claude, 28/04/2019 à 23:21

Heu... Je ne vois pas bien la différence.

Marc, 29/04/2019 à 7:46

Nico, la retouche photo me va bien. Super.

Concernant le kiosque, il est pourvu d'un éclairage circulaire au plafond et notre ingé son se balade toujours avec quelques spots.

Claude, je passe te prendre à 18h15.

Nico, 29/04/2019 à 8:08

Éviter la photo kitsch, quelques fautes d'orthographe et formulations malheureuses, rien de plus !

Nico, 29/04/2019 à 10:35

Hello les BAs.

Marc, pour une raison que j'ignore le framadate de juin déconnait un peu quand je l'ouvrais (décalage de colonnes). Bref, je l'ai mis à jour me concernant sachant que je pensais être dispo le 27 juin mais ne le suis pas... si je résume, on n'a aucune répétition au complet entre le 23 mai et la fête de la musique…

Personne n'a un peu de flexibilité dans ses absences annoncées ? Jeudi 6 ou jeudi 13 juin totalement impossible pour toi Philou ? Ou Laurent lundi 17 juin ?

Laurent, 29/04/2019 à 10:37

Tu as raison. On refait un point ce soir.

Claude, 29/04/2019 à 10:48

Merci Marc. A ce soir.

Claude, 29/04/2019 à 17:08

Je suis venu à bout de la liste de chansons que je proposerai pour la nouvelle saison de Brain Arthrosis. Marc était pessimiste : il n'y en a que 190. Et curieusement, 135 d'entre elles (soit 71 %) sont sorties avant l'an 2000. J'en ai été moi-même étonné, tant je me disais que notre intérêt allait se déplacer vers le siècle actuel. Cela dit, beaucoup de ces nouvelles propositions nécessitent la présence d'un pianiste (par exemple "Nineteen Hundred & Eighty Five"), et d'autres sont des chansons que nous avons abandonnées bien avant l'arrivée de la plupart des musiciens actuels ("Cells" de Teenage Fanclub).

Mais tout cela reste privé, et je distillerai mes propositions petit à petit, conformément à notre processus de sélection.

Bises et à ce soir.

Marc, 29/04/2019 à 17:18

Merci Claude, je n'en attendais pas moins de toi !!! J'en profite pour vous montrer 4 projets d'affiches.

On discute de tout ça ce soir si vous avez le temps d'aller manger un bout après la répète.

Claude, 29/04/2019 à 17:28

Très joli. Cependant, si tu le permets, je te confierai, ce soir, deux photographies, qui te permettront de remplacer celle du vieillard qui sourit bêtement devant un micro par une autre un peu plus sexy....

Laurent, 29/04/2019 à 18:33

En retard je vais être 15-30 min.

Claude, 29/04/2019 à 18:35

C'est pas grave, tu paieras le coup après.

Marc, 30/04/2019 à 10:57

Je vous rappelle les deux dernières réservations de la saison :

- lundi 17 juin de 20h à 23h
- lundi 1er juillet de 20h à minuit

Voici le lien pour la répète d'hier soir.

J'ai juste fait le montage mais je n'ai pas encore écouté l'intégralité. J'ai simplement constaté que je suis particulièrement mauvais dans "Rock'n me", que j'ai du mal à démarrer. Y a du boulot !

Bises et à lundi.

Claude, 30/04/2019 à 12:58

Je voudrais également attirer votre attention sur la nécessité d'arriver le plus tôt possible (non, il n'est pas nécessaire d'y être la veille avec sa tente et son sac de couchage) à chacun des 3 concerts prévus cette saison. J e vais demander à Marc de centraliser les réponses de chacun d'entre nous, afin que l'on puisse prévoir un horaire pour la balance, processus qui peut durer bien plus longtemps que ce que vous pensez. D'autre part, il serait sans doute opportun de discuter dès à présent, avec Marc, des questions d'intendance pour le concert à Clairis. Je présume que certains d'entre vous vont faire le choix de dormir pas loin du lieu de concert, au lieu de rentrer à Paris, dans la nuit ; ça s'organise.

Bises

Voici mes réponses :

1. 17 mai : je partirai de chez moi vers 15h30 (avec Marc ?) pour pouvoir être à 16h30 à La Cipale
2. 21 juin : je peux partir de chez moi vers 15h (avec Marc ?)
3. 6 juillet : j'arriverai à Clairis pour le déjeuner.

Marc, 30/04/2019 à 13:32

Je vous livre in extenso et en exclusivité mondiale le texte annonçant notre concert à Clairis sur le site du Domaine.

Il est accompagné de l'affiche noire avec les bébés.

Les réponses fusent puisque en 2mn, j'ai déjà 3 "like".

Encore deux et on joue à guichets fermés. Bises.

SAVE THE DATE

Samedi 6 juillet 2019

"Brain Arthrosis", rock band au nom affligeant dont je suis le modeste batteur, tentera d'égrener quelques standards du

rock en espérant que Beatles, Stones, Who et autres Hendrix ne se retourneront pas dans leurs tombes.
Sourds et non-connaisseurs, venez nombreux. Les autres également.
Précisions à suivre ultérieurement dans le calendrier d'animation du Domaine.
Bises à tous.
Marc Pelta

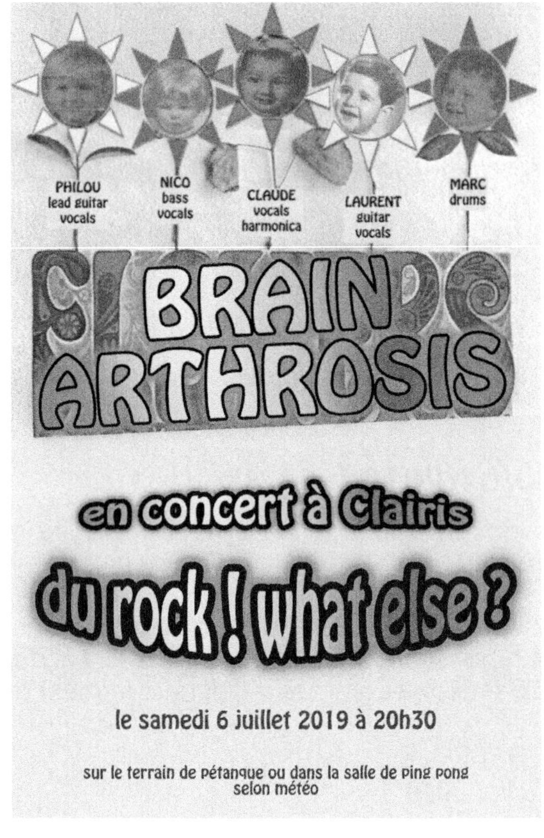

Nico, 30/04/2019 à 14:49

En attendant de répondre aux questions de Claude, je trouve que "The Last Time" dépote grave.

Si c'était mon anniversaire le 17 mai, on le jouerait !

Marc, 30/04/2019 à 16:10

Mes réflexions après l'écoute de la répète d'hier soir.

Je ne tiens pas compte des rares "pains" et j'oublie la "dureté" de l'enregistrement.

1. dead flowers : excellent
2. my back pages : bien, choeurs à améliorer
3. sweet virginia : pas mal mais faux rythme
4. something : très bien
5. twenty-flight rock : très bien
6. eight days a week : très bien
7. gaby oh gaby : bien, un peu plat mais on manque de personnel
8. the wind cries mary : no problem
9. honky tonk women : bien mais se traîne un peu
10. jumpin' jack flash : excellent, inutile de forcer la voix
11. back in the USSR : très bien
12. it's all over now : très bien
13. under my thumb : mieux que je ne pensais, un peu monocorde
14. crazy little thing called love : très bien
15. summertime blues : passe-partout
16. the last time : excellent
17. johnny b. goode : no problem mais un peu speed
18. money for nothing : perfectible mais j'aime bien
19. proud mary : sera sympa dans notre nouvelle version
20. rock'n me : moyen, moi le premier

21. little wing : très bien
22. sharp-dressed man : excellent, inutile de forcer la voix

Je donne 17/20.

Je vous laisse, il faut que je compte les ”like” et les ”comment”.

Bises.

Marc, 30/04/2019 à 17:08

Claude n’est pas dans cette liste d’envoi.

Laurent avait suggéré de faire l’intro de ”Birthday” des Beatles le 17 mai.

J’y suis bien entendu favorable mais ça ne s’improvise peut-être pas.

Qu’en pensez-vous ?

Laurent, 30/04/2019 à 17:08

L'intro ET le premier couplet qui se termine donc par "happy birthday to you".

On peut probablement le faire sans répéter ensemble à condition d'essayer de faire strictement la version originale. Philou et Nico au chant et moi si je peux suivre.

Marc, 30/04/2019 à 17:19

Ça me paraît pas mal.

Nico, 30/04/2019 à 17:35

Œuf Corse je regarde ça.

Claude, 30/04/2019 à 18:22

Je suis donc parti de ce constat que le zéro (ou le non) éliminatoire a un effet trop radical, en ce sens qu'il élimine des chansons qui peuvent sembler essentielles à certains, et simplement ne pas cadrer avec les habitudes d'écoute d'un autre.

C'est la raison pour laquelle je propose la création d'un quatrième niveau de notation, à côté du "0", du "1" et du "2". Il s'agit d'apposer, à côté du 2, et du 2, seulement, un signe supplémentaire, par exemple une étoile. C e 2étoile possèderait 2 propriétés : d'une part il augmenterait la valeur numérique du 2, en la portant à 4 ; d'autre part, il faudrait qu'en face de ce 2étoile, il y ait deux "0" et non plus un seul, pour l'éliminer.

Mais il est clair, en même temps, que la puissance de ce 2étoile, qu'on peut assimiler à une sorte de "joker", implique qu'on ne puisse l'utiliser que de manière parcimonieuse. Je propose donc la règle d'utilisation suivante : un musicien ne pourra utiliser le 2étoile que dans un cas sur 10.

Exemple : si un musicien propose 10 nouvelles chansons, il en notera 9 avec des "2", bien évidemment, et il pourra en noter 1 avec un "2étoile". Il pourra aussi arriver qu'un musicien propose 5 chansons dont l'une serait notée 2étoile ; s'il propose ultérieurement 5 nouvelles chansons, il ne pourra pas utiliser le 2étoile à ce moment-là.

Il n'y a pas de méthode idéale, selon moi, mais je pense que ce qui est décrit ci-dessus, au prix d'une légère complication, est peut-être plus de nature à satisfaire nos goûts, tellement divers et variés. J'attends vos critiques, remarques et contre-propositions.

Marc, 30/04/2019 à 19:19

MDR !!!!

Et moi qui pensais que la musique adoucissait les moeurs !

Le pauvre médecin que je suis propose une solution plus humaine.

Nous nous réunissons, écoutons les morceaux proposés et observons nos réactions, que nous chiffrons:

- banane = 3
- léger sourire = 2
- indifférence = 1
- grimace = 0
- urticaire = 0*
- vomissements incoercibles = 0**
- perte de connaissance = 0***
- mort subite = 0****

Nous éliminons d'emblée les 0**** et les 0*** pour cause de mise en danger de Brain Arthrosis.

Les 0** et les 0* seront proposés de nouveau après traitement par Primpéran ou antihistaminiques.

Les 0 sont éliminatoires s'ils sont en majorité.

Les 1 sont priés de ne pas faire chier le monde et de prendre parti.

Les 2 et les 3 emportent l'adhésion s'ils sont majoritaires.

Il va sans dire qu'il ne peut y avoir qu'un seul 0**** par musicien.

Afin d'éviter tout traumatisme dommageable pour les 0***, les réunions se tiendront dans des endroits dépourvus d'objets potentiellement dangereux et dont le sol sera recouvert d'une épaisse moquette, par ailleurs lavable afin d'éviter les inconvénients des 0**.

Les participants seront priés d'avoir les ongles ras, les 0* étant sujets à des lésions de grattage.

Le nombre de 0 par individu n'est pas limité mais le musicien concerné est alors tenu de changer de grimace à chaque titre. Faut bien rigoler un peu !

Il n'y a pas de méthode idéale, selon moi, mais je pense que ce qui est décrit ci-dessus, au prix d'une légère complication, est peut-être plus de nature à satisfaire nos goûts, tellement divers et variés.

J'attends vos critiques, remarques et contre-propositions.

PS. Désolé, Claude, je n'ai pas pu m'en empêcher !!!!

Claude, 30/04/2019 à 19:31

Jolie réponse, Marc, mais un peu difficile à mettre en oeuvre, surtout si on rajoute le palier 0°*µ!, également nommé usine à gaz, responsable de flatulences nauséabondes, de nature à compromettre la belle unité de Brain Arthrosis.

Marc, 30/04/2019 à 19:37

Tu as parfaitement raison.

La liste n'était pas exhaustive.

Les flatulences, on les place avant ou après les vomissements ?

Claude, 30/04/2019 à 19:41

Avant, bien sûr, car les flatulences ont en général un effet dévastateur sur ceux qui les subissent, alors que leur auteur n'en paraît pas le moins du monde gêné !

MAI

Marc, 1/05/2019 à 11:22

Bon, soyons sérieux !

Je rebondis sur le mail de Claude parlant de l'organisation de nos concerts.

Le 17 mai et le 21 juin, pas de problème en ce qui me concerne. Claude, je passerai te chercher à ton heure.

Le 6 juillet, le déroulement de la soirée dépendra de la météo.

Si elle est favorable, nous jouerons en plein air, sur ce qui est habituellement un terrain de pétanque. La voirie du Domaine installe alors des tables et des bancs et il est proposé, avant le concert, un dîner auquel chacun apporte de quoi.

Si elle est défavorable, le concert aura lieu dans une salle couverte et dans ces conditions, nous dînerons chez nous avant.

Nous devrions jouer à 21h au plus tard.

Dominique et moi sommes à Clairis depuis 1971 et disons que j'y jouis d'une certaine notoriété. J'ai été président du Tennis Club pendant 10 ans et y ai organisé pendant cette période le 2e plus grand tournoi open de tennis de Bourgogne en juillet et un tournoi interne à Pâques, j'ai publié pendant 1 an un journal humoristique et participé avec mon ancien groupe (en majorité clairissien) à plusieurs concerts. Je connais tous les vieux (enfin, ceux qui ne sont pas encore décédés) et tous les jeunes, que j'y ai vus naître. Je peux donc vous assurer que le public nous est d'emblée acquis.

Le Domaine est à 120km de Paris par l'autoroute A6, sortie Courtenay.

Vous êtes les bienvenus quand vous le souhaitez et nous déjeunerons autour d'une plancha (s'il fait beau).

Je verrai avec notre ingé son l'heure de son arrivée et l'heure de la balance.

Nous pourrons, si vous le souhaitez, vous faire visiter notre Domaine : ses 15 courts de tennis, ses 2 piscines (olympique extérieure et 25m couverte), ses écuries et son manège, son golf 18 trous et son club-house, son "club des jeunes", son château, son lac de voile avec sa plage de sable, son lac de pêche, ses terrains de basket, de foot et de five...

Nous pouvons héberger 3 personnes et la famille Ranval a déjà postulé.

Il y a à 5km, à Courtenay, le "Grand Hôtel de l'Etoile" (02 38 97 41 71, chambre double à 58€), rénové et tout à fait convenable.

On finira les restes le lendemain.

Je crois que je vous ai tout dit.

Ah non ! Autre chose.

Merci d'offrir ce brin de muguet à vos conjointes.

Bises et à lundi.

Claude, 1/05/2019 à 12:12

Les espiègleries de Marc sont très amusantes, mais je demande aux gens sérieux de ce groupe de réfléchir à mes suggestions, qui sont, elles, très sérieuses. Elles demandent probablement à être améliorées, et c'est dans cet esprit que je vous ai soumis ce mail, hier.

Bon premier mai à tous.

Nico, 1/05/2019 à 13:18

Ça va être dingue !

Du coup Marc, on en parlera lundi soir mais sachant que je viendrai de notre maison de campagne près de Fontainebleau, ce que tu décris me donnerait envie de venir passer la journée avec ma petite famille le cadre me semblant paradisiaque pour des enfants. Tout en étant moi-même concentré sur balances et préparations bien sûr.

Et ils pourraient assister au début du concert avant de rentrer pas trop tard.

Cela te semble-t-il envisageable ou est ce une idée saugrenue ?

Dis moi.

Marc, 1/05/2019 à 15:03

Nico, il était évidemment sous-entendu que vous veniez tous accompagnés si vous le souhaitiez !

La maison est ouverte.

Nico, 1/05/2019 à 16:52

Je préfère nettement la version Flowers pour Clairis.

Pour l'autre pas d'avis très tranché, les deux me vont !

Laurent, 1/05/2019 à 18:35

Que du bonheur !

Claude, 5/05/2019 à 8:39

Je pense qu'il sera plus simple d'attribuer à chacun d'entre nous un stock d'étoiles (par exemple 10 par saison) à accoler à sa note 2. Il sera ainsi plus simple d'en tenir la comptabilité, et les musiciens qui proposeront peu de nouveaux morceaux ne seront pas défavorisés par rapport à ceux qui en proposent beaucoup.

Bon week-end.

Claude, 5/05/2019 à 14:08

Et vice-versa. Puisqu'il convient de noter que, dans cette affaire, je ne discute qu'avec moi-même.

Un peu de bonne volonté ; qui va s'élever au-dessus du niveau de la salle de garde ?

Claude, 5/05/019 à 18:45

Puisque c'est comme ça, et que personne ne me répond, je vous annonce que j'ai trouvé un nouveau groupe. Et, en plus de ça, je suis déjà célèbre, puisque je suis sur YouTube, et pas vous !

Marc, 6/05/2019 à 8:07

Salut les amis,

Je vous rejoindrai directement au studio ce soir en raison d'un petit imprévu de dernière minute.

Peut-être quelques minutes de retard.

Mais je pourrai dîner ensuite et te ramener, Claude.

Bises.

Nico, 6/05/2019 à 8:38

Hello,

Je pense que je rentrerai de mon côté directement après la répétition car je dois me lever aux aurores demain.

A ce soir.

Claude, 6/05/2019 à 8:52

Pas de problème, Marc, mais, tout comme Nico, je ne dînerai pas avec vous après la répétition car je vais m'occuper de Ruben qui a une épreuve du bac, demain. Bises.

Nico, 6/05/2019 à 18:45

Hi les BAs, je suis légèrement en retard et me dépêche.

Marc, 7/05/2019 à 15:25

Salut les BA's,

Je viens d'avoir Shitty au téléphone, qui souhaite connaître TRÈS PRÉCISÉMENT ce que chacun d'entre nous apporte comme matériel : micros, nombre de guitares électriques et acoustiques, amplis et leur puissance, câbles etc.

Merci de me répondre rapidement de façon à ce que je lui communique la liste.

Voici par ailleurs le lien pour la répète d'hier soir.

Gros son d'après le peu que j'ai déjà entendu.

Je compte sur vous.

Bises et à lundi.

Nico, 7/05/2019 à 15:50

Voilà pour moi Marc :

- 1 basse Fender jazz bass American standard
- 1 tête d'ampli Ampeg V4BH tout lampes connectée à un 4x10 Ampeg aussi via
- pédale d'accordeur Korg
- pedale de disto RAT
- micro Shure SM58 et câble XLR/Jack (ou XLR/XLR plus très sûr mais je peux vérifier) et pied de micro
- la Basse Höfner de Laurent

Et voilà !

Marc, 7/05/2019 à 15:53

Re salut,

Bonne nouvelle pour le 21 juin.

J'ai contacté l'organisme responsable qui me confirme que nous sommes programmés et qu'à partir du moment où la Mairie de Paris nous a donné son accord, ce qui est le cas, l'accord de la Préfecture va suivre automatiquement.

J'ai ensuite contacté le responsable, absolument charmant, des espaces verts du XIIe arrondissement sur demande de la mairie.

Un groupe est programmé au café du coin de 15h à 18h.

J'ai donc indiqué comme créneau horaire 19h-22h (mais c'est purement indicatif) de façon à assurer la continuité.

Le type viendra nous remettre la clé du kiosque et du boîtier électrique vers 17h contre document d'identité et il faudra la lui restituer le jour suivant.

Le seul problème est que le 22 juin, je suis dans l'avion, il faudra donc que quelqu'un d'autre s'y colle.

Quoiqu'il en soit, je dois le recontacter dans les jours qui précèdent le 21 pour confirmer tout ça.

Elle est pas belle, la vie ?

Laurent, 7/05/2019 à 16:06

Guitare fender telecaster
Gibson 335 12-cordes (ou pour Philou)
Ampli orange crush RT 35
Pédale d'effets Zoom G3Xn

Nico, 7/05/2019 à 16:09

Marc, je m'occuperai bien sûr de la clé, il faut juste que j'arrive à être sur place pour 17h mais ça devrait le faire.

Marc, 7/05/2019 à 16:18

Merci Nico,

Pour la remise de la clé le vendredi, pas de problème, je serai là bien avant 17h et c'est moi qui la réceptionnerai.

Ce moment où je monte tranquillement ma batterie sans être bousculé est un rare moment de plénitude et de sérénité.

Nico, 7/05/2019 à 16:37

Ça sonne grave la repet d'hier !

Claude, 7/05/2019 à 17:16

Mon micro Shure bêta58, sans câble ou pied, ma bite et mon couteau.

Claude, 7/05/2019 à 17:25

J'espère que vous avez tous apprécié, dans la mise à jour d'OldClaude de samedi dernier, la chronique très documentée sur "Something" des Beatles ! Bises. Et j'ai toujours pas reçu mon costume de scène...

Claude, 7/05/2019 à 17:53

Météo du 17 mai : beau temps toute la journée avec quelques nuages élevés. Température maximale : 21°C. 18°c en soirée

---

Marc, 7/05/2019 à 18:17

Claude, à défaut de bite et de couteau, l'acquisition d'un pied de micro et d'un câble XLR pour les concerts à venir serait la bienvenue.

Claude, 7/05/2019 à 18:24

Sans doute, Marc, j'y pense. Pourrais-je, cependant, garder ma bite et mon couteau ?

Laurent, 7/05/2019 à 18:44

Messieurs, je vous prierais de ne pas empiéter sur mon domaine professionnel.

Marc, 8/05/2019 à 11:39

Laurent, tu vends des couverts, maintenant ?

Claude, ne garde que l'indispensable...

Philou, peux-tu répondre rapidement à la question du matos, Shitty a besoin de savoir et l'échéance approche ?

Bises.

Nico, 8/05/22019 à 11:44

Philou, faut que tu balances ta liste de matos pour Shitty ! Et n'oublie pas ta SG !

Philou, 8/05/2019 à 11:52

Oui oui, je fais ça dans l'heure.

Nico, 8/05/2019 à 11:53

Cool !

Philou, 8/05/2019 à 12:04

Stratocaster

Gibson SG

Laney VC 30 (attention je crois qu'il n'y a pas d'output sur ce modèle)

Pédales d'effets (x4)

Micro rosace Shadow pour guitare acoustique (si jamais)

Câbles jack

Kiss kiss !

Marc, 8/05/2019 à 12:25

OK merci, je transmets tout ça à Shitty.

Salut Shitty,

Voici les éléments de réponse dont je dispose.

Le bassiste :

1 basse fender jazz bass American standard

1 tête d'ampli Ampeg V4BH tout lampes connectée à un 4x10 ampeg aussi via

pédale d'accordeur korg

pedale de disto RAT

micro shure SM58 et câble XLR/Jack (ou XLR/XLR plus très sûr mais je peux vérifier) et pied de micro

la Basse Höfner de Laurent

Le batteur :

1 micro grosse caisse avec pied

3 micros fûts avec pinces

2 micros overheads avec pieds

tous les câbles XLR/XLR

Le rythmique :

Guitare fender telecaster

Gibson 335 12-cordes (ou pour Philou)

Ampli orange crush RT 35

Pédale d'effets Zoom G3Xn

Le chanteur :

Micro Shure bêta58, sans câble ou pied

Sa bite et son couteau

Le soliste :

Stratocaster et Gibson SG

Laney VC 30 (attention je crois qu'il n'y a pas d'output sur ce modèle)

Pédales d'effets (x4)

Micro rosace Shadow pour guitare acoustique (si jamais)

Câbles jack

Cela te convient-il ?

Bises et à jeudi prochain.

Philou, 8/05/2019 à 12:40

Hello à tous,

Concernant le concert du 17 mai, je réitère ce que je vous ai dit au resto.

Etant pendant 3 jours à Vivatechnology porte de Versailles avec ma startup mon planning va être très serré.

Impossible d'y être pour 16h30 ça c'est une certitude. 19h devrait être jouable. Ça nous laisserait 45 min pour faire la balance (la soirée commençant à 20h).

Autre chose, quelqu'un y va en voiture ? Je n'ai pas de voiture, il faudrait que je dépose mon matos mardi ou mercredi chez l'un d'entre vous s.v.p. Laurent tu t'organises comment ?

Bises.

Marc, 8/05/2019 à 12:50

Philou, j'y vais en voiture avec Claude, j'ai du matos à emporter mais je devrais avoir suffisamment de place pour emporter ton ampli et tes guitares.

Le problème est plutôt de savoir quand tu peux déposer ça chez moi : soit mardi avant 17h soit mercredi après 16h.

Sinon, option Laurent.

Bises.

Laurent, 8/05/2019 à 12:57

Le 17 je travaille à Nogent d'où je viendrai directement à 18 h. J'aurai mon matos dans le coffre qui sera donc plein. La voiture sera dans le parking à côté de la clinique toute la journée. Il me paraît très hasardeux de laisser du matos sur la banquette arrière au vu de tous. L'option Marc est donc la meilleure. Reste à l'organiser.

Marc, 8/05/2019 à 13:16

Philou, si j'ai bien compris tu n'as pas de voiture. Je te vois mal transporter tes deux guitares, ton ampli, tes pédales et tes câbles sur le dos en scooter.

T'es pas très loin de chez moi, c'est moi qui passerai chercher tout le matos si ça t'arrange.

Faut juste trouver le bon créneau horaire.

Claude, 8/05/2019 à 14:58

Outre les ustensiles dont j'ai parlé ci-dessus, j'aurai à prendre mes costumes de scène (2 malles moyen format) et la Gibson 12-cordes.

J'ajouterais que 19h me semble très tardif pour faire une balance acceptable…

Nico, 8/05/2019 à 15:34

Si Marc vient avec le matos de Philou on pourra faire l'installation et la balance sans Philou, je pense qu'il y a pas de problème.

Marc, 8/05/2019 à 15:57

Les gars, j'ai un bon fond, je veux bien être chauffeur, livreur, secrétaire, mais y a des limites.

Je ne vais pas non plus louer un 15 tonnes ni faire deux voyages !

Si le matos de Philou, la bite de Claude, ses costards et sa 12-cordes ne rentrent pas dans ma voiture, je vous laisse le soin de trouver un plan B.

Bises.

Claude, 8/05/2019 à 17:30

Ça rentrera, Marc. Tu as une grosse voiture (et moi, une grosse...), et je vais faire le tri dans mes costumes de scène pour ne prendre que l'indispensable. Cependant la 12-cordes de mon frère n'est pas pliable....

Philou, 8/05/2019 à 21:01

Merci Marc !

Mercredi en début d'après-midi ça pourrait le faire ? Il faut que je cherche l'ampli chez mon pote mardi.

Marc, 9/05/2019 à 8:27

Philou, mercredi, je ne serai pas chez moi avant 16h30-17h00.

Philou, 9/05/2019 à 8:41

Ok, disons 18h ? Bon pour toi ?

Voici mon adresse:

4 avenue des Chasseurs, 75017 Paris

@Charbit Laurent on pourra rentrer ensemble avec le matos ?

Bises et merci encore.

Shitty, 9/05/2019 à 8:41

Donc vous amenez tout ça !

Je téléphonerai au restau pour voir si le reste est dispo.

Je suis pas sûr qu'il y ait suffisamment d'entrées sur la console pour poser tous les micros de batterie.
Peut-être grosse caisse, caisse claire et overhead !

On va voir.

Bises.

Marc, 9/05/2019 à 8:44

Salut Shitty,

Tu as raison, c'est ce qu'on avait prévu pour la batterie: GC, CC et 1 overhead.

Mais comme tout le matos est dans le même sac...

Bises.

Marc, 9/05/2019 à 8:56

Philou, ça devrait le faire.

Claude, 9/05/2019 à 18:25

Hé les copains, je ne vais pas, aujourd'hui, vous parler de mes costumes de scène ou des subtilités de la notation 2étoile, mais du fait que je me suis laissé dire que, si nous étions bons, le 17, il ne serait pas impossible que le manager de La Cipale, M. Bruno Frédéric (que Marc a rencontré) nous demande d'assurer quelques soirées privées dans son restaurant. C'est pas beau, ça ?

Bises.

Nico, 9/05/2019 à 18:34

Top, je pense simplement que tu t'es trompé de formulation.

Comme nous serons bons, le manager nous demandera d'assurer quelques soirées... enfin, on avait compris ! ;-)

Laurent, 10/05/2019 à 8:48

Orange au p'tit déj.

Claude, 10/05/2019 à 8:49

Magnifique !

Marc, 10/05/2019 à 8:49

Félicitations ! Ça doit avoir du jus !!!

Philou, 10/05/2019 à 8:50

Ouh yeah !

Laurent, 10/05/2019 à 9:37

Vos réponses immédiates et simultanées à la vue de cet objet montrent à quel point nous sommes gravement atteints.

Marc, 10/05/2019 à 9:51

Atteints, non ! Solidaires, oui !

Nico, 10/05/2019 à 11:38

Un peu d'inspiration pour "Rockin' in a Free World".

Claude, il est impératif qu'à la manière d'Eddie Vedder, tu achètes quelques tambourins pour chaque concert afin de les envoyer dans le public. Par ailleurs tu pourras t'inspirer de ce moment Eddie qui chante le refrain avec une voix et une ligne de chant plus accessible que l'originale.

Enfin Laurent, tu verras qu'à la fin du morceau, Stone Gossard fait un joli solo très simple, largement dans tes cordes de Telecaster!

C'est ma minute Ranvalienne.

Claude, 10/05/2019 à 11:58

Vu le prix du tambourin, je vais acheter des pommes et je balancerai les trognons.

Marc, 10/05/2019 à 18:17

Allez, j'me lance !

Je ne suis pas ému par la version de Pearl Jam, que je trouve assez bordélique et sans grand intérêt.

Quant à balancer des tambourins, ça fait p'tit joueur. Keith Moon balançait sa batterie, ça avait quand même une autre gueule !!!

Bon, je suis viré ????

Claude, 10/05/2019 à 19:33

On parle bien de la version de Toronto avec Madame Grantis ? Je trouve qu'elle dépote assez grave et elle est bien dans l'esprit jusqu'au boutiste de la chanson.

On peut faire aussi bien, surtout depuis que c'est Philou qui la chante. Mais il faut que le son de nos guitares soit encore plus saignant. Philou, un overdrive ?

Marc, 13/05/2019 à 8:17

Bonjour Eric,

Comme convenu, je te confirme les soirées de la Fête de la Musique (21 juin au kiosque Courteline dans le 12e) et de Clairis (6 juillet, dans l'Yonne).

On se recontacte un peu avant pour la mise au point.

Bonne journée et à bientôt.

Éric, 13/05/2019 à 9:51

Bonjour Marc, bien reçu !

Merci et bonne journée à toi.

Marc, 13/05/2019 à 13:57

Le calme avant la tempête ?
Claude, 18h10 chez toi ?

Claude, 13/05/2019 à 13:44

Merci Marc, avec plaisir.

Laurent, 13/05/2019 à 18:47

Retard 25'.

Marc, 14/05/2019 à 10:56

Bon les gars, arrêtez tout ce que vous êtes en train de faire et écoutez !!!!!

Ça ne rigole plus !!!
Brain Arthrosis, c'est du lourd !!!!
Claude, bravo pour le chant et l'harmonica.
Nico, la basse, monstrueuse.
Laurent et Philou, les guitares au top.
Moi, j'ai fait pire.
A vendredi !!!

Claude, 14/05/2019 à 11:03

Et pourtant, je suis au bord du suicide, car je n'ai pas reçu mon costume de scène. Mais tout ça va s'arranger, et je suis bien content de jouer avec vous quatre.

Bon, excusez-moi, je continue à bosser le répertoire d'Iron Maiden.

Bises et à vendredi.

Claude, 14/05/2019 à 11:37

J'entends parler de guitaristes comme Eric Clapton ou Mark Knopfler, mais ce sont des débutants à côté de maîtres absolus comme le Brésilien André Nieri (ici une vidéo de plus de 10 ans ; il a fait de larges progrès, depuis) ou l'Ouzbèke Feodor Dosumov.

Cours, camarade, le vieux monde est derrière toi.

Marc, 14/05/2019 à 12:23

Je crois qu'il faut absolument laisser tomber « jumpin' jack flash » pour vendredi. Rien ne colle.

Remplaçons-le et travaillons-le encore un peu pour les autres échéances.

Là, je crois qu'on va au casse-pipe !

Oublié de joindre l'affiche pour la FM.

Envoyez-là à vos contacts histoire de racoler un peu.

Claude, 14/05/2019 à 12:45

D'accord, Marc, on laisse tomber « JJF » ; mais ta sévérité s'explique peut-être par le fait que je l'ai à peine chanté, hier soir, pour cause de voix fatiguée.

Claude, 14/05/2019 à 13:54

J'ai donc modifié les setlists de la façon suivante.

Pour vendredi, j'ai supprimé le rappel R5, « Jumpin' Jack Flash », et après nos 4 premières chansons, il nous restera :

R0 ; 20 flight rock
R1 ; 8 days a week
R2 ; Gaby, oh Gaby
R3 ; the wind cries Mary
R4 ; honky tonk women

La setlist avril 2019 est devenue mai 2019.

de 1 à 19, ça ne change pas.ensuite :

20 - paint it black
21 - jumpin' jack flash
22 - midnight rambler
23 - all day and all of the night
24 - twenty flight rock
25 - sharp-dressed man
26 - honky tonk women
27 - rockin' in the free world

et nous n'avons pas de rappel, ce qui n'est sans doute pas grave pour le 21 juin, mais peut-être un peu plus délicat à gérer pour le 6 juillet. Bises.

Marc, 14/05/2019 à 15:19

Claude, tu n'es pas en cause, pour « Jumpin' Jack Flash ». C'est simplement que pour l'instant, j'ai le sentiment que la mayonnaise ne prend pas.

Il serait bien que tout le monde l'écoute et donne son avis.

Et pourquoi ne pas l'avoir remplacé par un autre titre pour vendredi ?

Quant au rappel pour le 21 juin et le 6 juillet, « Rockin' in the Free World » devrait parfaitement faire l'affaire, non ?

Marc, 14/05/2019 à 16:19

Bof, deux petits joueurs !

Sergei Putyakov arrive à faire beaucoup plus de notes en beaucoup moins de temps !

Tu as 100% raison, Mark Knopfler est un débutant. Il ne sait même pas jouer vite !!!

Lui, bêtement, il pense que la musique doit avant tout être belle ! Pffff !!!!

Claude, 14/05/2019 à 18:38

Ces gens-là font d'abord et avant tout de la musique. Leur virtuosité est au service de l'Art et n'a rien à voir avec le cirque de certains.

Claude, 14/05/2019 à 19:26

Excellente idée, Marc, de placer RITFW en rappel. Pour Clairis, aucun problème, mais je ne sais pas si la situation très particulière de la Fête de la Musique permet de jouer un rappel.

Pour JJF, je ne sais pas très bien, il faut qu'on discute de tout ça, et je n'ai pas d'idée très arrêtée pour le R5 de vendredi.

Nico, 14/05/2019 à 21:34

J'ajoute au petit bémol mes chœurs de « Honky Tonk » qui sont complètement à côté mais je rectifierai pour vendredi avec une voix plus lointaine et calquée sur la voix principale (là c'est affreux).

Pour le reste, ça pète grave !

Marc, 15/05/2019 à 7:21

Aucun problème pour les rappels à la Fête de la musique, bien au contraire.

On en faisait deux voire trois et on terminait par « Hey Jude », succès assuré puisque tout le public chantait.

Mais nous avions un clavier, à l'époque ...

Nico, 15/05/2019 à 21:07

Ready to rock !

Claude, 15/05/2019 à 21:27

J'en bave. On va tout déchirer.

Marc, 15/05/2019 à 21:47

Prêt également.

Marc, 16/05/2019 à 17:18

Claude, pour info j'ai donné ton téléphone à deux claviéristes que j'ai déniché sur ZikInf.

Si par miracle ils réagissaient…

Détends-toi tout se passera bien demain.

Claude, 16/05/2019 à 17:20

Tu as très bien fait. Je suis presque détendu.

Marc, 16/05/2019 à 19:38

Je vais me mêler de qui ne me regarde pas.

Petit mot à l'attention de nos gratteux, motivé par une expérience vécue. Vos guitares sont-elles alimentées par une batterie 9V ? Si oui, en avez-vous une en réserve ?

Et des cordes, of course !

Claude, 16/05/2019 à 19:40

Excellentes questions !

Philou, 16/05/2019 à 19:41

Mes grattes sont passives, pas besoin de piles.

J'ai des cordes en rab faut que je regarde.

Marc, 16/05/2019 à 19:42

Super.

Laurent, 16/05/2019 à 19:45

Je pense que les miennes aussi. En gros j'ai ma guitare depuis une petite trentaine d'années, certes sans beaucoup m'en servir mais je ne me suis jamais posé la question. Ni changé de pile donc. Je ne saurais d'ailleurs pas où la mettre. Mais merci de penser à nous.

Sinon j'ai des cordes de rechange.

Marc, 16/05/2019 à 19:46

C'est peut-être une pile Duracell, elle dure plus longtemps ???

Laurent, 16/05/2019 à 19:47

Duracuire.

Philou, 16/05/2019 à 19:48

Pas de piles sur les Telecaster non plus.

Claude, 16/05/2019 à 19:48

Quand on fera du death metal, je vous ferai acheter des guitares actives (avec piles).

Nico, 16/05/2019 à 19:49

Basse passive aussi ! Mais il faut en effet que je vérifie les piles de mes pédales !

Laurent, 16/05/2019 à 20:00

Salut à presque tous.

Faute de temps nous n'avons pas trop eu l'occasion de nous pencher sur la petite surprise que nous pourrions faire à Claude en lui jouant « Birthday ».

En gros, si ça se présente bien, nous pourrions donc le faire ainsi :

Au compte de 4 : guitares directes pour l'intro, en la, puis premier couplet seulement :

You say it's your birthday / It's my birthday too yeah / they say it's your birthday /

We're gonna have a good time / I'm glad it's your birthday / Happy birthday to you.

Et on s'arrête pile sur le you.

Voilà. Et si Philou et Nico sont OK pour le chant.

Marc, 16/05/2019 à 20:02

Ah ah !!!!

Laurent, 16/05/2019 à 20:09

Veillée d'armes.

Claude, 16/05/2019 à 20:20

N'ayant pas reçu mon costume de scène, je suis allé chercher chez Zara un petit haut assez coquet, genre rock star voulant passer incognito. Je compte sur vous pour ressembler par vos vêtements aux Stones 70's, puisque par le talent vous en êtes déjà très proches.

Marc, 16/05/2019 à 20:23

Ma biiiiche !!! Un petit haut coquet ?? J'ai hâte !!!!

Claude, 16/05/2019 à 20:24

Tu vois, on y arrive. Keith appelle Mick, Brenda.

Marc, 16/05/2019 à 20:41

Bien vu !

Marc, 16/05/2019 à 20:46

Même si on se plante, pas trop d'importance. Ça me va !

Philou, 16/05/2019 à 20:51

Let's do it !

Nico, 16/05/2019 à 21:41

Yes let's do it, a piece of cake for Brain Arthrosis !

Marc, 17/05/2019 à 11:00

Claude, juste pour info, l'un des deux claviers que j'ai contactés m'a répondu négativement. Il recherche plutôt du blues.

A tout à l'heure.

Philou, 17/05/2019 à 15:19

Hey hey My My
À quelle heure la balance est-elle prévue ?

Claude, 17/05/2019 à 15:24

As soon as possible.
18 h serait top. 18 h 30 max.

Philou, 17/05/2019 à 15:27

Ok je vous tiens au courant j'essaye pour 18h.

Nico, 17/05/2019 à 17:29

Je décolle je suis là dans 30 minutes j'espère.

Nico, 18/05/2019 à 9:11

Bravo les gars pour ce super concert hier et merci Claude pour cette excellente soirée ! J'espère qu'on aura quelques témoignages audio et vidéo, vivement le 21 juin !

Marc, 18/05/2019 à 12:15

Salut Shitty,

Ce petit mot pour te remercier de ta précieuse contribution.

C'est toujours un plaisir et Maryse est super sympa.

Bises et à la revoyure.

Marc, 18/05/2019 à 12:29

Bon, les gars, je ne vais pas y aller par quatre chemins.

Hier soir, on n'a pas bien joué.

On a TRÈS bien joué.

J'ai des preuves de ce que j'avance : on s'est pas fait casser la gueule par les karatékas, Jacques Volcouve a survécu et Ramon Pipin n'a été que caustique.

Nous voilà donc rassurés sur les échéances à venir.

A vrai dire, je n'avais pas beaucoup d'incertitudes sachant que le fait d'avoir une bonne sono nous boosterait un max.

Je suis par ailleurs conforté dans l'idée que le fait d'avoir un répertoire accessible au commun des mortels est un gage de réussite, a priori quand on le joue aussi bien que nous l'avons fait hier.

Chapeau bas à tous, moi je me suis régalé. Nous avons fait le mieux possible ce que nous savions faire et ça fait plaisir.

Et Claude, bravo pour ta prestation solo avec Vincent et pour ta soirée bien sûr.

Je pense que nous avons mis une petite heure pour jouer ces 9 morceaux, nos 27 suffiront donc largement pour la suite.

Bises à tous et à jeudi.

Claude, 18/05/2019 à 12:57

Marc m'a précédé, mais je voulais vraiment vous dire que sans Brain Arthrosis, la soirée aurait été réussie, mais banale. Vous en avez fait un moment unique, et j'ai eu quelques échos de ce que les gens ont appelé notre "professionnalisme", et j'aime bien ce mot, parce que je trouve que c'est un vrai compliment.

Et il serait intéressant que vous me disiez ce que vous pensez de mon prof de chant. Je me suis laissé dire qu'il avait manifesté un certain intérêt pour jouer des claviers avec nous…

Je vous embrasse tous les quatre.

Claude, 18/05/2019 à 15:04

Mes très chers ami(e)s,

Depuis ce matin, je réponds à vos messages d'amitié, et effectivement nous avons tous passé une excellente soirée, et, pour moi, spécialement, elle sera inoubliable.

Il y a quelques jours, je décrivais un peu ironiquement ce qui se préparait comme étant "une soirée de jeunes pour des vieux". Grossière erreur ! C'était une soirée de jeunes pour tous les jeunes de tous âges que vous êtes, car quelle autre qualité que la jeunesse peut expliquer votre enthousiasme, votre joie de vivre, votre facilité à laisser à la porte les soucis ou parfois les drames qui nous assaillent dans nos vies ? Quelle chance j'ai de vous connaître tous et toutes, certains ou certaines depuis des décennies.

Et puis, je voulais aussi vous remercier pour votre contribution à mon ou mes cadeaux. Et d'abord, un grand merci à ma femme, Catherine, qui a organisé cette cagnotte Leetchi, ainsi qu'a mon frère, Alain, dont l'activisme, dans ce domaine, a également donné des résultats.

En tout cas, votre générosité va me permettre l'acquisition de deux appareils dont je rêvais.

Tout d'abord, ce qu'on appelle un convertisseur digital-analogique (Eximus DP1, pour ceux à qui ça dit quelque chose), c'est à dire une boîte bourrée d'électronique, qu'on branche sur son ordinateur, et qui transforme ce dernier en un serveur haute-fidélité somptueux. Merci, Martial. Vous avez pu mesurer mon amour pour la musique, et vous savez à quel point ce genre d'objet peut être précieux.

Ensuite, il me restera de quoi acheter un nouvel iPad Air, un objet dont je me sers tout le temps.

Voilà ; il me semblait important de vous dire que vos dons ne vont pas s'évaporer dans des choses éphémères, mais dans des objets de valeur avec lesquels je compte vivre le plus longtemps possible.

Je vous embrasse et je vous aime.

Nico, 18/05/2019 à 18:04

Je partage l’enthousiasme les amis, la scène c’est le révélateur et je me suis régalé hier soir, on a été très bons indeed.

Pour ton prof Claude, j’en ai parlé vers la fin de la soirée avec lui, j’ai le sentiment qu’il a vraiment adoré jouer avec nous mais craignait quand même pour sa disponibilité hebdo pour répéter le soir.

Je pense que ça vaudrait quand même le coup que tu lui en reparles quitte à ce qu'il soit un membre moins permanent de BA mais qui pourrait venir mettre du clavier et pourquoi pas de la guitare électroacoustique sur certains morceaux, en plus de ses chœurs (il a une super voix !).

Et même s'il décline, pas grave, on a déjà un super groupe qui dépote !

Nico, 18/05/2019 à 18:09

Claude, pas de vidéo d'hier soir encore ?!

Claude, 18/05/2019 à 18:17

Nicolas, tu as raison sur tout, sauf que je ne suis pas d'accord avec ta phrase de conclusion. Même si nous commençons à être un BON groupe, il nous FAUT un clavier, que ce soit Vincent Karaboulad, ou un autre, car nous aurons ainsi la possibilité d'être un MEILLEUR groupe, et surtout, nous ouvrirons notre répertoire à un degré inimaginable.

Je vais prendre un cours de chant mercredi, et si vous voulez bien, je vais "tâter le terrain".

Claude, 18/05/2019 à 18:27

Plein de petits bouts, alors que je voudrais bien une continuité. Bises.

Nico, 18/05/2019 à 18:44

Alala c'est frustrant. Tu ne nous les enverrais pas quand même, pour l'ambiance !

Claude, 18/05/2019 à 18:50

Je vais m'y employer. Patience.

Nico, 18/05/2019 à 19:13

Le tout Paris frémit... il y aurait eu un grand moment de Rock du côté de Charenton hier soir, les gens ont le droit de savoir !

Laurent, 18/05/2019 à 19:20

C'est vrai qu'hier entre 21h et 22h, nous étions le meilleur groupe de rock de l'ouest du bois de Vincennes !!

Philou, 18/05/2019 à 19:33

On est carrément carré !
J'adore la lumière violette.

Laurent, 18/05/2019 à 19:34

Et si...

Nico, 18/05/2019 à 18:39

Pouah ! comme ça sonne !
Franchement c'est très très très bon les gars.

Marc, 18/05/2019 à 20:30

Les amis,

J'ai pu me procurer sous le manteau un bootleg rarissime du "Brain Arthrosis at the Cipale" qui a eu lieu le 17 mai 2019.

N'en parlez à personne.

Bises.

PS. Je suis preneur de tous les bouts de vidéos que vous pouvez vous procurer. Je peux essayer ensuite de les monter.

Claude, 18/05/2019 à 20:54

"Sweet Virginia" est beaucoup mieux avec la guitare acoustique (et avec les chœurs de Vincent).

Nico, 18/05/2019 à 21:04

C'est certain.

Claude, 18/05/2019 à 21:15

Je suis en train d'écouter le bootleg. Pas mal ! "Birthday", c'était vraiment sympa, thank you, pals (mais ça chante un peu faux...).

Bon, c'est pas tout ça, mais je reprends mon titre de Maître des Programmes de Répétitions, car nous avons en vue le 21 juin. Je vous propose tout simplement, pour le 23 mai, d'enchaîner les 14 premiers morceaux de la liste, soit :

1. the last time
2. back in the ussr
3. it's all over, now
4. eight days a week
5. under my thumb
6. crazy little thing called love
7. summertime blues
8. johnny b. goode
9. the wind cries mary
10. something
11. i can't explain
12. money for nothing
13. my back pages
14. proud mary

Et puis, ça ne nous concerne pas, mais "Nearly Morning" était beaucoup mieux dans la version "balance" que dans la version "concert".

Je continue à écouter.

Bises à tous.

Laurent, 18/05/2019 à 21:26

Oui. Mais les morceaux un peu rock comme "honky tonk" ne peuvent pas rendre grand chose enregistrés avec un mobile.

Laurent, 18/05/2019 à 21:38

Très belle fête hier. Bien organisée. Belle ambiance. Bon public. L'endroit était parfait pour un premier concert et on a assuré. I'm so glad.

Mon épouse s'attendait à un groupe d'amateurs, honnête sans plus.... Elle nous a trouvé largement au-dessus. Alors, à la FDM ça devrait vraiment le faire !

J'ai commencé à écouter les bribes d'enregistrement sur WhatsApp et sur smartphone qui montrent qu'il reste bien entendu un certain nombre d'imprécisions (la 12 cordes est vraiment une tuerie à jouer) mais on peut espérer faire mieux pour le 21/6.

Pour Vincent, Claude a raison, il faut juste "tâter le terrain" et le "laisser venir". S'il cela lui fait plaisir de jouer avec nous, il y viendra de lui-même et se coulera dans le moule. En effet, il ne faudrait pas que la présence d'un musicien/chanteur, même bienveillant mais d'un niveau très supérieur au nôtre (en tout cas au mien) perturbe la belle cohésion dont nous avons fait preuve jusqu'à présent.

Bises et je me rue sur l'enregistrement pirate.

Claude, 18/05/2019 à 23:20

Laurent, Vincent est sans doute d'un niveau supérieur à nous tous (il donne également des cours de batterie !), mais pas d'un niveau TRES supérieur. Je veux dire qu'il va nous tirer vers le haut, bien entendu, mais ce ne sera pas 5 tâches avec un vrai musicien.

Tu as été parfait, hier, y compris sur la 12-cordes; je ne vois pas pourquoi tu ne pourrais pas jouer à côté de Vincent K.

S'il acceptait, ce serait à la fois un cadeau et un challenge, car tout comme Nicolas nous l'a fait faire, il y a quelques mois, nous serions obligés de faire grimper nos niveaux. Et c'est toujours une bonne chose.

Marc, 19/05/2019 à 16:44

Hi folks, je suis en train de monter les petits bouts de films (j'attends bien entendu la totalité pour le montage final) et j'en ai profité pour les visionner.

On n'était pas TRÈS bons, on était TRÈS TRÈS bons. J'en suis resté sur le c...

Et voir le public, même acquis d'avance, bouger et chanter, ça c'est le top !

On s'est fait ch... un bon moment mais ça commence à payer.

Je ne pensais pas retrouver un tel plaisir, merci les potes.

Claude, 19/05/2019 à 19:50

Bien évidemment, dans l'excitation de l'évènement du 17 mai, j'ai fait une bêtise monumentale : j'ai oublié d'annoncer à tous les présents qu'ils pourraient venir se balader vers le square Courteline, le 21 juin.

Soit vous me virez, soit je peux peut-être rattraper mon erreur en envoyant un mail à tous les participants de cette soirée pour signaler ce futur évènement ; peut-être en joignant un fac-similé d'une de nos affiches ? Je compte sur votre bienveillance.

Bizatous.

Laurent, 19/05/2019 à 19:54

Et ce n'est qu'un début !

Avec une bonne sonorisation et quand on entend bien la basse, ça change tout !

Nico, 19/05/2019 à 21:35

Je suis d'accord, ça faisait bien longtemps que je n'avais pas pris un tel plaisir à jouer sur scène, merci les amis !

Croisons les doigts pour qu'il fasse beau le 21 juin, et Claude en effet une relance par mail à ta liste d'invités pour le 21 juin me semble toute indiquée !

Marc, 20/05/2019 à 19:38

Petit montage vidéo de la soirée de vendredi avec les bouts que j'ai récupérés.

Prévoir un peu de temps, le fichier est lourd.

A modifier si j'ai du matos supplémentaire.

A jeudi.

Claude, 20/05/2019 à 21:41

Merveilleux travail, Marc. Inoubliable souvenir d'une soirée qui restera, pour moi, inoubliable. Je t'avoue, cependant, que je n'ai regardé que les premières minutes, car mon emploi du temps de ce soir ne me permet pas mieux, mais je savourerai ça demain, plus tranquillement.

Cependant, une karatékate présente, armée d'un reflex haut de gamme et ayant déjà exposé ses photographies (un certain niveau, donc) m'a promis qu'elle allait m'envoyer d'autres films. Bientôt un long métrage ?... Bises à tous, et j'ai hâte de vous retrouver.

Nico, 21/05/2019 à 19:22

Bravo Marc, superbe !!!

Marc, 21/05/2019 à 21:46

Merci Mr Bassman !
On a été bons, non ?
J'attends d'autres rushes pour faire un vrai DVD !
A jeudi.

Nico, 21/05/2019 à 21:50

Un peu qu'on a été bons !!!

Laurent, 21/05/2019 à 22:24

Merci Marc de toutes façons ! Car je dois être la dernière cruche de la galaxie mais alors que tout de passait bien jusqu'à présent avec les fichiers audio, je n'arrive pas à télécharger ou à ouvrir ce fichier vidéo sur mon iPad.

Je ferai appel à un ami jeudi.

Bises.

Marc, 21/05/2019 à 23:24

Laurent, je pense qu'il faut passer par iTunes pour installer la vidéo sur ton iPad.

Tu télécharges le fichier dans l'ordi, tu l'importes dans iTunes, tu connectes ton iPad et tu le synchronises.

Moi, c'que j'en dis !!!

Claude, 22/05/2019 à 14:36

Je sors d'un cours de chant avec Vincent Karaboulad. Très sympa ; j'ai travaillé sur "When I Still Have Thee"; je progresse, dit-il.

Et puis, à la fin, j'ai abordé la question de sa position vis-à-vis de Brain Arthrosis....

Vincent n'a pas envie de jouer des claviers avec nous, il a TRES envie de jouer des claviers avec nous !...
MAIS....

Profession libérale (certains savent de quoi il s'agit), il doit gagner sa croûte (cours de chant, de guitare, de batterie, coaching...), et figurez-vous que ses clients viennent le soir. Il a donc peur de ne pas pouvoir assurer une présence régulière.

Mon interrogatoire poussé permet quand même d'apprendre qu'il pourrait jouer le dimanche (mais pour Marc et d'autres, c'est le divorce assuré...) et surtout, tenez-vous bien, les lundis et jeudis, mais pas avant 21 h. Ce qui signifie que si nous adoptions cet horaire (tardif) d'une façon régulière, nous serions assurés de pouvoir compter sur Vincent.

Et voilà le travail. Elle est pas belle, la vie ?

Cela dit, demain, de toutes façons, il ne pourra pas être là. Mais que chacun y réfléchisse, et dise ce qu'il en pense.

Bises.

Nico, 22/05/2019 à 14:49

Pour moi c'est tout vu, on répète à 21h le jeudi !

Les vidéos en attestent, Vincent nous apporterait aux claviers mais aussi par ses chœurs magnifiques.

Avec son électro-acoustique de temps en temps, even better.

Et 21h permet de dîner avant et aux pauvres gens encore dans la vie active de ne pas courir comme des dératés pour être à l'heure à la répétition.

L'homme me semble en plus sympathique et la conversation que j'ai eue à la fin de la soirée rassurante aussi sur son humilité: « vous jouez tous très bien de vos instruments respectifs et ma seule réserve sur le fait de jouer avec vous est ma dispo, certainement pas votre niveau par rapport au mien. »

Voilà pour mon avis !

Marc, 22/05/2019 à 15:58

Tout vu pour moi à 21h, lundi ou jeudi.

Vincent m'est apparu comme un type chaleureux et hypersympa dont la valeur ajoutée serait évidente.

Si de plus il ne nous considère pas comme des minables, que peut-on demander de plus ?

Voilà mon opinion.

Bises et à demain.

Claude, 22/05/2019 à 15:59

Ça commence à se dessiner.

Laurent, Philou, à vous de voter.

Bises.

Philou, 22/05/2019 à 16:10

Hello,

Bien sur que je suis pour ! Sa voix d'ange haut perchée d'une justesse infaillible fera des ravages au sein de BA.

Jeudi 21h perfect.

Claude, 22/05/2019 à 17:01

Et de quatre !

Nico, 22/05/2019 à 18:01

Les mecs, je viens de nous réécouter, je ne m'en remets pas, quel son !

J'espère qu'on aura un aussi joli son pour nos futurs concerts, Shitty a fait un boulot incroyable ! Et nous aussi évidemment :-).

Claude, 22/05/2019 à 18:03

J'ai tout écouté, et il est très difficile d'être mécontent...

Marc, 22/05/2019 à 18:20

Oui, Shitty a fait un sacré bon boulot avec le matos dont il disposait.

Je crois pouvoir vous assurer qu'Eric, qui possède un matos autrement plus performant, fera au moins aussi bien.

Je vous raconte pas comment ça va déchirer !!!!

Quand je pense qu'on a failli splitter !!!!

Claude, 22/05/2019 à 18:23

On n'a pas failli splitter, mais, à certains moments, il y a des mises au point nécessaires. En toute amitié.

Nico, 22/05/2019 à 18:23

C'est souvent le destin des groupes de légende: au bord la rupture avant le décollage vers les sommets !!

Claude, 22/05/2019 à 18:34

Il y aura d'autres crises, par exemple quand je tenterai de faire adopter ma notation 2étoile, mais nous en sortirons encore plus forts !

Laurent, 22/05/2019 à 19:22

De la Cipale au stade de France il n'y a qu'une différence d'échelle. À franchir avec Vincent donc !

Marc, 22/05/2019 à 19:35

Maintenant que la cause "Vincent" est entendue pour nous, qu'en est-il du timing ?

Jouera-t-il avec nous les deux prochaines dates ou sera-t-il des nôtres à partir de la rentrée ?

Je vous rappelle qu'il nous reste 3 répétitions :

demain 19h
lundi 17 juin 20h
lundi 1er juillet 20h

Il est encore temps de modifier les affiches.

Nico, 22/05/2019 à 19:59

Je serais favorable à ce qu'il se joigne à nous même si c'est seulement sur certains morceaux.

Ne serait-ce que pour des chœurs.

Laurent, 22/05/2019 à 22:38

Un clavier, une voix haut perchée.... Claude sourit dans l'ombre et Marc ne se doute encore de rien.... La power pop et ses 3292 titres prépare son retour...

Claude, 23/05/2019 à 8:47

Nous verrons cela ce soir, mais mon avis est qu'il faut battre le fer pendant qu'il est chaud. Cela implique les modifications d'horaires évoquées.

À ce soir.

Marc, 23/05/2019 à 8:56

Je viens de vérifier les dispos HF, aucun problème pour reculer à 21h nos deux répétitions restantes.

Claude, 18h10, comme d'hab !

Claude, 23/05/2019 à 9:12

Et puis je voudrais répondre à Laurent sur l'avenir du groupe sur lequel je ne pèserai plus que pour un peu moins de 17% (nous serons six) : j'ai en réserve une liste d'environ 200 chansons, des choses que j'aime, de 1964 à 2016. Assez peu de powerpop, contrairement à ce que tu penses (mais quand même "There She Goes " des La's), mais au contraire un tropisme metal qui va de Black Sabbath à Tool, assez marqué.

Je vous engage vivement à concocter, pour la rentrée, une liste de ce genre, dont les éléments seront soumis au verdict de la notation, car il me semble impératif de renouveler et d'enrichir notre répertoire, condition essentielle pour maintenir notre intérêt et notre motivation.

Au fait, Vincent adore Haken !

Nico, 23/05/2019 à 9:39

Claude j'ai l'impression que tu n'as répondu qu'à moi sur ce dernier mail et remets donc tout le monde dans la boucle.

Je partage ton avis sur le fait qu'il faille continuellement ajouter de nouveaux morceaux au répertoire sous peine de s'ennuyer sinon.

Et en même temps, je pense qu'il faudra continuer aussi à sélectionner des morceaux à notre portée si on veut produire le même effet que vendredi dernier (je ne m'en remets pas !).

Claude, 23/05/2019 à 10:14

Bien sûr, Nicolas. Partant du principe que nous sommes 5 (pardon, 6) individualités différentes, avec des goûts aussi disparates que possible, notre futur répertoire devra répondre aux critères suivants :

1. représenter les influences et les goûts de nous 6
2. correspondre à nos possibilités techniques. Ce n'est pas parce que Vincent aime Haken que nous allons nous mettre à faire du Haken, techniquement parfaitement inatteignable. Ce n'est pas parce que je découvre Iron Maiden que j'hérite du gosier de Bruce Dickinson.
3. Plaire à un public tout-venant, sans pour autant se plier à toutes les compromissions. On ne va pas se mettre à faire du rap ou de la variété, pour plaire au plus grand nombre.
4. la clé de la réussite réside dans notre processus de sélection des titres, avec notre notation triple, à laquelle je compte bien ajouter un 4ème élément dont je vous ai déjà parlé.
5. D'où la nécessité que chacun concocte une liste qui lui permette de retrouver dans le répertoire des chansons qu'il affectionne particulièrement.

Bises et à ce soir.

Claude, 23/05/2019 à 10:48

Cher Vincent,

C'est avec joie et une certaine émotion que je t'informe que tu es maintenant un membre à part entière de Brain Arthrosis.

Je ne te décrirai pas l'enthousiasme de Philou, Marc, Nicolas et Laurent, il risquerait d'égratigner ta modestie. Chacun d'entre nous a accepté le principe de répétitions tardives (21 h-minuit) pour pouvoir t'accueillir.

Avant la coupure des Grandes Vacances, il nous reste deux répétitions, chacune d'elle précédant une prestation publique :

- le 17 juin, avant un concert en plein air, pour la Fête de la Musique (pas au Stade de France, mais au square Courteline).

- le 1 juillet, avant un concert, le 6 juillet au soir, à 150 km de Paris, là où Marc a sa maison de campagne.

As-tu la possibilité de participer à ces quatre évènements, ou à certains d'entre eux ?

Tu trouveras ci-après notre set-list, soit 27 morceaux. Je te laisse déterminer ceux dans lesquels tu pourrais t'impliquer, aux claviers, ou autrement (voix, guitare électro-acoustique...). Avec toutes nos amitiés.

Très chers, vous trouverez ci-dessus mon projet de mail que je compte envoyer à Vincent le plus tôt possible. Merci de me faire part, au préalable, de vos remarques suggestions et amendements.

Bises.

Marc, 23/05/2019 à 15:37

Claude, ton mail à Vincent me paraît parfait, à ceci près que Clairis se trouve à 120km et non pas à 150km.

En ce qui concerne ton mail précédent, je ne peux qu'y souscrire puisqu'il me semble avoir déjà suggéré, dans un mail du 23 janvier, que notre répertoire devait satisfaire à 3 exigences :

1. plaire à l'ensemble du groupe
2. correspondre à nos possibilités techniques
3. susceptible de plaire à un public lambda.

Le rap et la variété s'excluent automatiquement puisque ne satisfaisant pas au 1er critère.

Savourons l'instant présent avant de nous lancer dans la guéguerre des critères de choix.

J'ajoute enfin que j'ai également concocté une liste pour la rentrée.

Je vous rejoins bien évidemment sur la nécessité impérative non pas de renouveler mais d'enrichir notre répertoire.

Nos 27 titres actuels représentent un fond de roulement conséquent qu'on peut considérer comme à peu près acquis ("Rock'n Me" à travailler encore un peu !).

En repartant de zéro à la rentrée et en ajoutant à partir de nos suggestions 1 à 2 titres à chaque répétition, nous constituerons un répertoire suffisamment étoffé et maîtrisé pour pouvoir y piocher à volonté.

C'était l'avis du batteur qui, comme Nico, n'est pas encore redescendu de son petit nuage !!!!

Laurent, 23/05/2019 à 18:55

15' late.

Scotché dans embouteillage inhabituel.

Claude, 24/05/2019 à 9:58

Très chers, comme vous venez de le voir, le mail à Vincent est envoyé, et nous attendons sa réponse.

Cela dit, je vous conseille vivement d'imprimer la seconde partie du dit mail, puisqu'il s'agit de la set-list "mai 2019" qui devrait être celle de nos 2 futures prestations publiques.

Rien n'est parfait dans ce domaine, et je vous répète que j'attends vos critiques, suggestions, amendements, lesquels permettront de créer une liste "juin 2019", éventuellement. Il est clair, en effet, que je n'ai pas trop tenu compte de certains critères tels que changements de guitares ou autres, donc, merci d'y réfléchir et de faire des propositions.

Bises.

Claude, 24/05/2019 à 10:55

Je viens de recevoir un message audio de Vincent, que je n'ai pas su vous transmettre.

Il me rappelle qu'il n'a jamais joué en groupe, et il a vraiment les chocottes en se demandant s'il sera à la hauteur. Il parle quand même d'investir dans un clavier Nord 3 à plusieurs milliers d'€ !

Il est tout à fait d'accord pour les deux répétitions (donc il faut changer les horaires) et beaucoup plus réservé pour les deux concerts, ce qui se comprend, vu le peu de répétitions avant ceux-ci.

Pour le 21 juin, je comprends, mais je suis certain qu'on pourrait tenter le coup avec lui le 6 juillet. On verra.

Je propose que nous le fassions dès maintenant entrer dans nos listes de discussion, par mail ou sur WhatsApp.

Voici ce que je sais de ses coordonnées :

Vincent Karaboulad
vincent.karaboulad@gmail.com
06 63 38 42 14

Marc, pourrais-je te charger de la communication préalable avec lui ? Le WhatsApp, lui transmettre nos n° de portable, tout ce qui serait nécessaire pour qu'on se retrouve à six le 17 juin.

Bon week-end à tous. La vie est belle.

Claude, 24/05/2019 à 18:57

Je viens de recevoir mon costume de scène. Même Jagger n'a pas le même !

Nico, 24/05/2019 à 11:09

Il faut qu'il vienne le 21 juin et intervienne comme il le sent comme il l'a fait vendredi dernier !

Laurent, 24/05/2019 à 11:16

Son dernier costume c'était un pyjama en papier !

Oui. Keep 😎

Claude, 24/05/2019 à 11:37

Messieurs, un peu de psychologie ! Ce type a les chocottes car il n'a jamais joué en groupe. Laissons-le venir, prendre ses marques, prendre confiance.

L'intégration dans un groupe humain, quel qu'il soit est un processus complexe, long et difficile. Ne le perturbons pas par des demandes intempestives.

J'ai un cours avec lui le 4 juin, mais je n'ai aucunement envie de lui transmettre vos demandes. La première parole dans ce sens, ce sera le 17 juin à minuit, selon moi.

Bises.

Marc, 24/05/2019 à 12:01

Une fois n'est pas costume (de scène, of course), je suis d'accord avec Claude.

Je trouve déjà très bien qu'il accepte de venir aux répétitions. Laissons le juger sur pièce et le reste devrait se faire naturellement, en positif ou en négatif. Mais ce n'est que mon avis bien sûr.

J'ai adressé un mail à HF studio (leur standard téléphonique est pour le moment en rade) pour modifier les horaires et réserver un clavier.

Lorsque j'aurai la confirmation, je ferai un mail à Vincent pour l'en informer et l'avertir que nous l'incorporons dans nos groupes de discussion et qu'il se mette d'ores et déjà sous antidépresseurs.

Bises et à plus.

Marc, 24/05/2019 à 12:40

Salut Vincent,

C'est avec grand plaisir que nous t'accueillons au sein de notre modeste groupe, que ta présence à coup sûr enrichira.

J'ai modifié en conséquence les horaires de nos prochaines répétitions, qui deviennent :

- lundi 17 juin de 21h à minuit
- lundi 1er juillet de 21h à minuit.

J'ai réservé à ton intention un clavier pour ces deux séances.

J'ai en outre le pénible devoir de t'apprendre que nous t'incorporons d'emblée dans notre groupe de discussion (mail et WhatsApp) ce qui va t'exposer à de fréquentes et pénibles diatribes. C'est le prix à payer pour faire partie de Brain Arthrosis et cette décision prend effet immédiatement.

Je te communique donc les coordonnées de chacun :

- **Claude Ranval**, qu'on ne présente plus :
  - 06 11 53 33 49
  - claude.ranval@gmail.com
- **Laurent Charbit**, guitariste :
  - 06 11 79 83 28
  - charbit.laurent@wanadoo.fr
- **Philippe Braun dit Philou**, guitariste mais jeune :
  - 06 17 38 38 00
  - p.marinbraun@gmail.com
- **Nicolas Roux dit Nico**, bassiste :
  - 06 11 86 40 76
  - nicolas.roux34@gmail.com
- **Marc Pelta**, secrétaire et accessoirement batteur :
  - 06 19 06 15 98
  - docpelta@orange.fr

Je te souhaite une excellente journée et rendez-vous le 17 juin. Bien amicalement.

Claude, 25/05/2019 à 10:17

Et puis, dans la livraison hebdomadaire du blog d'OldClaude, une chronique à propos du "Life During Wartime" des Talking Heads, qui sera, je vous le rappelle la première chanson que je proposerai pour construire notre futur répertoire.

Bises.

Nico, 25/05/2019 à 11:27

Salut Vincent, et bienvenue chez nous !

J'ai ajouté les tonalités des morceaux à la setlist cidessous, on ne les joue pas tous dans leur tonalité originale donc mieux vaut le savoir :-). La plupart des morceaux suit des grilles classiques de blues, no stress !

A très bientôt !

Vincent, 25/05/2019 à 11:47

Tout bien reçu les boys, merci de votre chaleureux accueil.

Je vais tâcher d'être au niveau.

Je suis en route pour une semaine de detox numérique au Cap Ferret (ma vie est horrible), je me mettrai au taffe à mon retour. Bach, Beethoven et Jordan Rudess n'ont qu'à bien se tenir.

Take care !

Claude, 25/05/2019 à 11:55

Chers amis qui n'avez pas tous les sous-titres, Vincent est également un grand connaisseur de musique; Bach et Beethoven, pas de problème, mais Jordan Rudess est le clavier de Dream Theater.

Cher Vincent, bonne semaine au Cap-Ferret, et au plaisir de te revoir bientôt.

Bon week-end à tous.

Laurent, 25/05/2019 à 14:22

J'adore cette version bon enfant (et bon adulte aussi).
Le bon rock simple mais génial, c'est le bonheur.
La preuve.

Claude, 25/05/2019 à 14:23

Absolument !

Nico, 25/05/2019 à 14:33

Excellentes références mon cher Vincent même si pour moi personne ne pourra jamais remplacer Kevin Moore au sein de Dream Theater ! ;-)

Marc, 25/05/2019 à 19:38

Ce "rockin' in a free world" est tout simplement jubilatoire ! La communion par la musique, what else ? Oui Laurent, c'est le bonheur !

Suite au mail de Nico, j'ai mis à jour notre setlist connectée dont je vous communique de nouveau l'adresse, à mettre utilement en mémoire.

Je précise à l'attention de Vincent que cette liste est modifiable à volonté par chacun de nous, les modifications étant instantanément enregistrées.

Elle nous permet ainsi de proposer des titres et de les accepter ou non, selon des modalités que nous aborderons bientôt (bon courage à tous !).

La colonne "état" indique simplement l'état d'avancement de chaque titre (vert = OK, jaune = à travailler, rouge = pas encore abordé)

Bon séjour à Vincent et see you le 17 juin.

Bises à tous.

Nico, 26/05/2019 à 10:36

Hello les BAs. Ça pose problème à quelqu'un si je poste une ou deux vidéos de la Cipale sur Facebook pour faire un peu de teasing pour la fête de la musique ? Je ne tag ni ne nomme personne of course.

Claude, 26/05/2019 à 10:39

Just do it.

Laurent, 26/05/2019 à 11:14

Étant encore en activité et exposé j'ai qq réticences a priori. Convainquez-moi que je me fais des fausses idées et je dirai volontiers OK.

Claude, 26/05/2019 à 11:16

Cher Laurent, sauf si tu es à poil sur ces documents, personne ne peut te reprocher quoi que ce soit.

Nico, 26/05/2019 à 11:24

Moi je ne veux forcer personne d'où ma question. Après personne n'étant identifié je ne vois pas trop de risque et on ne fait que reprendre "something".

Claude, 26/05/2019 à 11:27

Donc, no problem pour moi.

Laurent, 26/05/2019 à 11:36

OK. Ma réticence était de pure forme mais avec le net on devient vite méfiant voire parano.

Nico, 26/05/2019 à 11:41

Tu as raison d'être prudent Laurent, on ne l'est jamais assez avec notre trace numérique. Néanmoins en l'espèce, je crois que le risque est faible. Je publie !

Claude, 26/05/2019 à 11:54

Chers amis musiciens, exceptionnellement, ce mail n'est pas adressé à Vincent, car ce qu'il contient a été d'abord écrit à son intention, mais je voulais essayer d'obtenir au préalable votre accord, avant de lui soumettre ces 3 pages.

Il s'agit, vous l'avez compris, d'une présentation de ma notation quadruple des chansons du répertoire, dont certains (qui restent mes amis) se sont gaussés, mais que je n'abandonne pas, je dirais même plus, que je n'ai nulle intention d'abandonner. Ce petit texte expose mon idée avec plus de précisions, et s'il existe des objections sérieuses, je leur accorderai la plus grande attention.

Mais je constate, pour le regretter, qu'il n'y a eu, à ce jour, aucune discussion sur ce sujet, que je trouve important. Je vous demande donc de lire ces 3 pages, et j'attendrai, de toutes façons, la fin des vacances de Vincent pour les lui soumettre.

Excellent week-end, et bonne lecture.

Marc, 26/05/2019 à 13:54

Je lis tout ça avec retard, golf oblige.
No problem pour moi, bien au contraire !

Nico, 26/05/2019 à 16:50

Un peu de psychologie de base me fait penser que soumettre un texte de 3 pages expliquant qu'un 2* pouvant uniquement être annulé par deux « 0 » pourtant prétendument initialement éliminatoires, pourrait effrayer quelqu'un n'ayant jamais joué en groupe et qui pourrait se dire que ça ne doit pas être si compliqué que ça de se mettre d'accord sur un répertoire.

De plus, la rigidité de la règle avec un « quota » de 2* sur une année me semble à la fois intenable (qui va s'amuser à compter et surtout quelle autorité va interdire à une personne un 11ème 2*....?).... enfin, utiliser notre propre retour d'expérience me semble être la première chose à faire: à quoi bon se doter d'un règlement complexe de notation pour obliger des gens à jouer pendant des semaines un morceau qui manifestement ne fonctionne pas, tout ça parce que personne ne l'a éliminé initialement...?

Trop théorique, trop rigide, trop de calculs...

Le préféré le bon vieux 0,1,2 ou Ok, pas Ok, bof, et si vraiment un morceau fait ultra plaisir à quelqu'un, il le dit et aux autres de voir s'ils sont prêts à faire l'effort pour faire plaisir à l'autre,

Ce n'est que mon avis, mais j'aurai au moins fait l'effort de lire le texte en entier !

Marc, 26/05/2019 à 17:21

Comme Nico, j'ai lu les 3 pages.

Comme dirait l'autre, que j'ai très bien connu, les mains m'en tombent des bras !

Ça me rappelle les efforts désespérés de ces médecins technocrates qui veulent absolument nous imposer une "échelle de la douleur".

Un bref rappel pour Nico et Philou : il s'agit de faire coter par les patients l'intensité de leur douleur au moyen d'une réglette graduée de 1 à 10.

Le 1er à qui j'ai fait faire ça m'a demandé s'il avait bien répondu !!!

J'ai donc très rapidement abandonné cette méthode de merde et l'ai remplacée par la bonne vieille question : comment allez-vous aujourd'hui? Mieux? Pareil? Moins bien?

Je crois que j'ai répondu à Claude, non ?

Claude, 26/05/2019 à 17:33

Je répondrai plus longuement ultérieurement mais Marc a très bien ciblé ce qui se passe : je n'aurais pas écrit 4 pages si on en avait tranquillement discuté tous les 5.

Ma proposition n'est ni délirante, ni complexe et, contrairement à ce que vous pensez va rendre encore plus fluide notre processus de sélection.

Amicalement.

Marc, 26/05/2019 à 18:54

Les amis,

J'ai répondu de façon un peu impulsive et je le regrette.

La vraie réponse est que je REFUSE CATEGORIQUEMENT de discuter de ce sujet avant le 7 juillet.

Nous sommes dans une excellente dynamique, nous avons encore 2 échéances importantes à assurer et nous tirerons de nos trois concerts les conclusions qui s'imposent.

Soit c'est une réussite et je ne vois vraiment pas pourquoi nous changerions notre formule qui s'est alors avérée gagnante, soit c'est un bide et nous discuterons alors des améliorations à apporter.

Juste avant de clore le débat en ce qui me concerne, je pense qu'on doit s'interroger sur l'opportunité d'embarquer le pauvre Vincent dans ce débat, qui risque d'influencer défavorablement sa décision.

Pour l'instant, je reste perché sur mon petit nuage.

Bises à tous.

Claude, 26/05/2019 à 19:46

Je réponds au mail de Marc de 17h21, et pas à celui de 18h54 : tout à fait d'accord avec toi sur ces échelles de cotation qui existent également en Psychiatrie, et que je n'utilisais jamais.

Sauf que tu es à côté de la plaque et que tu ne réponds absolument pas aux questions que je soulève.
Mais, je suis d'accord avec toi (mail de 18h54), nous pouvons remettre cette discussion au lendemain du 6 juillet.

Bises.

Claude, 26/05/2019 à 20:08

Et bien sûr, cher Nicolas, je te répondrai également, mais, pas ce soir, because le résultat des Européennes.

Bises à tous.

Claude, 26/05/2019 à 22:19

Cher Nicolas, vu la hauteur des débats à la télévision, je préfère me pencher sur tes remarques et tenter d'y répondre point par point.

Dans le fond, tu as raison, écrire 3 pages (maintenant 4, parce que j'ai un peu modifié mon texte) sur ce sujet était un peu ridicule, mais comme je l'ai dit, c'est parce que le sujet me tenait à coeur, et que j'avais vraiment envie d'en parler avec vous tous. N'ayant pas pu le faire, j'ai donc écrit.

Le fonctionnement de ce groupe est démocratique, et je tiens à ce qu'il le reste. La voix de chacun doit être entendue, doit compter, et cette voix s'exerce essentiellement dans le choix des chansons de notre répertoire. Or la démocratie, c'est d'abord l'existence de règles simples, qui permettent à tous une égalité de droits, alors que lorsqu'il n'y a pas de règles, y compris dans un petit groupe comme le nôtre, le chaos et l'arbitraire règnent, vite jugulés par l'autoritarisme d'un chef autoproclamé. Je n'ai pas envie de ça.

Il faut bien reconnaître que notre processus de sélection à 3 niveaux de cotation (0, 1 et 2) a assez bien fonctionné donnant naissance à un répertoire dont nous sommes globalement contents. Mais si on se penche un peu sur la question, on note, par exemple, qu'en ce qui te concerne, tes chères 90's sont assez peu représentées, et ça ne me paraît ni juste, ni sain. Laurent et Philou auraient également des choses à dire sur ce répertoire, et à un moindre degré, Marc et moi, également. Et l'arrivée de Vincent ne va pas faciliter les choses...

Si je voulais prendre une comparaison, notre sélection à 3 niveaux est à peu près aussi rigide que le scrutin majoritaire de notre République et ma demande de création d'un 4ème niveau (le 2étoile) vise à l'assouplir, comme si on instillait un peu de proportionnelle dans ce scrutin majoritaire.

La "complexité" supplémentaire pourrait aisément être réglée par un gamin de 8 ans, transformer un 2 en 3, exiger un 2ème 0 pour virer la chanson en question, je ne suis même pas certain qu'il faille modifier la feuille Excel pour intégrer cette 4ème cotation.

Je vais prendre un exemple très précis : "Nature" des Mutton Birds aurait typiquement été un morceau que j'aurais noté 2étoile en l'inscrivant sur la feuille Excel. La rareté relative de cette cotation (10 possibilités et pas une de plus, c'est important également) aurait attiré l'attention des 4 (maintenant 5) autres musiciens, il aurait peut-être récolté un 0, peut-être pas deux, et nous aurions (peut-être) été en position de tenter de l'interpréter. Après, si le morceau ne fonctionne pas, on le vire d'un commun accord, ça ne change rien. Je te rappelle que lorsque tu m'as dit que les choeurs de "When I Still Have Thee" n'étaient pas à ta portée, je n'ai pas eu une seconde d'hésitation pour te répondre qu'on l'abandonnait.

J'entends bien que tu souhaites laisser une place prééminente à la discussion, mais s'il n'y a que la discussion, ce sont les meilleurs parleurs, les spécialistes qui finissent par imposer leur loi. Si un vote précède cette discussion, ça change tout. Si 2 zéros éliminent "Nature", je ne perdrais pas mon temps à en reparler et à ergoter sur le sujet ; ce sera réglé et pourra passer à autre chose. Quand tu demandes quelle autorité interdira à un musicien de balancer un 11ème 2étoile, la réponse est simple : c'est l'autorité de la règle acceptée par tous, au préalable. Les règles sont faites pour faciliter la vie, et pas pour la compliquer ; c'est exactement l'esprit de ma proposition de cotation à 4 niveaux !

Et, bien sûr, bises à tous.

Nico, 26/05/2019 à 23:54

Drapeau blanc j'abandonne (cette discussion, pas le groupe :-)).

Je finirai simplement sur cette remarque : si tu m'avais soumis ce texte de loi à mon arrivée dans le groupe, qui plus est par mail, je me serais dit que vous étiez complètement allumés et j'aurais passé mon chemin. C'eût été dommage.

Maintenant tu connais mieux Vincent que nous donc si tu penses que ce n'est pas de nature à l'effrayer, ainsi soit-il.

Pour ma part je reste convaincu qu'envoyer ce texte prématurément ferait fuir n'importe quelle personne sensée n'ayant pas le contexte Brain Arthrosis en tête, c'est à dire notamment un chanteur d'un entêtement extrême à l'écrit (limite dictatorial, ou en tout cas ayant du mal à accepter qu'on ne soit pas totalement d'accord avec lui), mais finalement beaucoup plus ouvert et souple à l'oral après une bonne discussion autour d'un verre de chianti ;-).

Conclusion, un beau contrat bien ficelé c'est très bien, mais ça ne remplacera jamais une bonne discussion entre êtres humains ayant envie de jouer et de s'amuser ensemble.

Amen !

Marc, 27/05/2019 à 8:44

Bien vues, Nico, la photo du groupe et la vidéo.

J'ai ajouté un petit commentaire disant que je serai présent le 21 juin parce que le groupe était vraiment bon. On n'est jamais si bien servi que par soi-même !

Bises et à plus.

Claude, 27/05/2019 à 8:58

Je peux accepter beaucoup de choses, mais pas l'adjectif « dictatorial ». Je n'ai jamais joué au chef, jamais imposé mes volontés à qui que ce soit. J'ai simplement essayé de transmettre une idée qui a été moquée et ignorée sans que la moindre discussion sur le fond ait été entamée. L'entêtement et la fermeture ne sont pas de mon côté.

Nico, 27/05/2019 à 9:04

"Dictatorial" est évidement une provocation.

Mais justement, discutons en plus tard, quand ce sera le bon moment.

Manifestement les autres membres du groupe n'ont pas envie de discuter, surtout par mail, de ce sujet à ce stade mais plutôt de profiter des échéances et bons moments qui arrivent, pourquoi donc insister autant…?!

Laurent, 27/05/2019 à 11:48

Oui. Profitons jour après jour des bonnes perspectives. Préparons les 2 prochains concerts sans trop nous relâcher car ce n'est pas parce que nous avons été bons le 17 mai qu'il en sera mécaniquement ainsi les 21 juin et 6 juillet avec beaucoup plus de titres à enchaîner et un public non acquis le 21/6.

A ce propos, réfléchissons en commun à l'ordre des morceaux en fonction des exigences que nous avions évoquées : cocooning des cordes vocales, changements de grattes (strato/Gibson et telecaster/12cordes), "intensité" des morceaux pour le public, et autres éléments qui nous permettront je l'espère de passer des moments inoubliables.

Cela va suffire à nous occuper d'ici là.

J'ai par ailleurs déjà en tête des titres nouveaux et des réflexions perso sur comment les sélectionner mais ce sera pour ma part après. Bises.

Kofi Annan

Marc, 27/05/2019 à 12:43

Laurent, nous avons été bons le 17 mai et nous serons meilleurs pour les concerts à suivre parce qu'il en sera ainsi. Mais je suis bien évidemment d'accord pour ne pas nous relâcher. En ce qui concerne la setlist, je ne peux me prononcer que sur le critère de l'intensité.

Je dénombre 6 titres "reposants" (soulignés) que je répartirais un peu différemment si cela est compatible avec les changements de guitares et la voix de Claude. De plus, ça constituerait en plein milieu (titres 13 à 17) un "package" Stones qui devrait produire son petit effet.

1. the last time
2. back in the USSR
3. it's all over now
4. <u>eight days a week</u>
5. under my thumb
6. crazy little thing called love
7. summertime blues
8. <u>the wind cries mary</u>
9. johnny b. goode
10. I can't explain
11. money for nothing
12. <u>my back pages</u>
13. paint it, black
14. dead flowers
15. jumpin' jack flash
16. <u>sweet virginia</u>
17. midnight rambler
18. proud mary
19. rock'n me
20. <u>something</u>
21. gaby oh gaby
22. all day and all of the night
23. twenty-flight rock
24. <u>little wing</u>
25. sharp-dressed man
26. honky tonk women
27. rockin' in the free world

Mais je ne suis que le batteur....
Bises.

Claude, 27/05/2019 à 13:29

J'avais, cher Laurent, envoyé la set-list "mai 2019" en demandant à tout le monde s'il y avait des commentaires, des aménagements à faire dans l'ordre des morceaux, en fonction de tous les paramètres que tu évoques (24 mai, 9h57). Cela devait probablement être trop dictatorial, car je n'ai eu aucune réponse !

Je ne ferai pas d'autre commentaire.

Cette setlist est totalement fantaisiste, et ne correspond pas du tout à celle que je vous ai envoyée récemment (mai 2019).

Mais il est vrai que tout cela avait des connotations dictatoriales...

Marc, 27/05/2019 à 14:24

Claude, j'ai bien lu ta liste du 24 mai et je te donne ma proposition, bien tardivement j'en conviens, le 27 mai.

Ce n'est qu'une simple suggestion qui change effectivement l'ordre que tu avais proposé en répartissant à mon sens un peu mieux les pauses.

Tu avais notamment accolé en 9-10 "the wind cries mary" et "something" et en 17-18 "sweet virginia" et "little wing", ce qui me paraissait peu judicieux sur le plan de l'intensité.

C'est juste mon opinion et je me conformerai bien entendu à l'avis général.

Je dois maintenant m'occuper de choses un peu plus terre-à-terre. Je gère l'organisation de nos deux prochains concerts et je dois contacter la Préfecture de police, qui ne m'a toujours pas envoyé, malgré des tentatives téléphoniques et des mails répétés, le n° d'agrément pour le 21 juin, voir avec notre ingénieur du son, que j'ai eu hier au téléphone, la liste du matériel que nous devons apporter à tire personnel, voir avec l'animation du Domaine de Clairis certains détails concernant le concert du 6 juillet, vous faire un petit plan détaillé pour accéder au Domaine, commencer à réfléchir à ce que Dominique et moi allons vous préparer pour le déjeuner etc...

Bref, que des tâches subalternes dont je dois m'occuper maintenant parce que j'ai des invités à Clairis le WE de 4 jours qui arrive, puis de la famille des USA que j'héberge début juin pendant 1 semaine et que je vais guider dans Paris, une semaine de golf au Portugal le lendemain de la Fête de la Musique...

Bises à tous.

Marc, 27/05/2019 à 15:19

Au sujet de la Fête de la Musique : préfecture de police injoignable sur 3 n° de téléphone, mairie de Paris injoignable au téléphone.

J'ai donc appelé, une fois encore, la coordination de la FM, Facette, qui m'assure que si nous avons l'accord de la Mairie (qui est en ma possession) c'est que la PP a donné un avis favorable mais que je vais recevoir par mail d'une façon imminente un n° d'agrément, comme il est d'usage.

Nous sommes déjà dans le programme officiel.

A suivre donc...

Nico, 27/05/2019 à 16:13

N'ayant pas de contrainte particulière sur l'ordre des morceaux, je me rangerai à l'avis général et à ce qui vous conviendra sachant que pour moi le confort vocal de Claude devrait prévaloir, suivi par la dynamique des morceaux et leur répartition.

Claude, toutes mes plus plates excuses pour t'avoir manifestement beaucoup offensé, je cherchais à te faire réagir, pas à te fâcher, je te prie donc de m'excuser pour la référence déplacée, j'espère qu'on peut passer à autre chose.

Je vais me faire silencieux quelque temps pour éviter les dérapages et aussi par manque de temps.

Claude, 27/05/2019 à 20:28

En ce qui concerne la set-list, Laurent nous a sorti une très intéressante courbe d'intensité. C'est un critère qui n'est pas sans importance, et le jour où nous alignerons 30 morceaux de death metal, speed metal, thrash metal, prog metal, etc, nous serons probablement à l'intensité maximum.

Cependant, nous n'en sommes pas tout à fait là, et selon moi, une set-list réussie doit répondre aux critères suivants, **dans l'ordre d'importance :**

1. le confort vocal du (vieux) chanteur, l'ordre optimum pour qu'il puisse espérer finir le concert en ayant encore un filet de voix et quelques aigus. C'est essentiellement cette question qui m'a guidée pour l'établissement de la set-list.
2. un enchaînement qui assure une fluidité (vous remarquez que je ne dis pas rapidité) entre les chansons, maximale, en tenant compte des changements de guitares, accordages, changements de chanteurs, etc. C'est surtout sur ce point n°2 que j'ai besoin de votre aide, Philou, Laurent.
3. La sensation d'un crescendo dynamique, pour le public (et pour nous). Voilà comment j'ai envie de dire les choses, ce qui me fait récuser, pardonne-moi, cher cousin, cette notion d'intensité. Je récuse l'intensité car elle conduit logiquement Marc à présenter une set-list dans laquelle les morceaux de faible intensité sont espacés les uns des autres, comme s'il fallait les escamoter rapidement, presque en s'excusant. Je ne partage pas ce point de vue, et je crois, au contraire, qu'il faut pleinement assumer nos tempos lents. Revenons sur le crescendo dynamique qui est, selon moi, la bonne façon d'aborder les choses, et imaginez simplement un escalier qui va du rez-de-chaussée au dernier étage. Entre les étages, il y a des paliers, et ce sont nos morceaux de faible intensité. On y passe, on s'y repose un instant, avant de grimper encore, car l'important, c'est d'aller toujours de plus en plus haut.

Il me semble que sur les critères 1 et 3, ainsi définis, ma set-list "mai 2019" tient le coup, et c'est plutôt sur le critère 2 que j'attends vos amendements.

Bises à tout le monde.

Marc, 28/05/2019 à 9:16

Afin de clore également ce faux débat de la setlist, je voudrais juste préciser trois choses concernant les tempos lents :

1. contrairement aux sentiments que me prête Claude, ce sont des morceaux que je me régale à jouer et si ça ne s'entend pas c'est que je les joue mal (merci de me dire le contraire, ça me fera plaisir)
2. je les ai placés de façon régulière justement pour qu'il puisse reposer sa voix (ces fameux paliers) et surtout pas pour les escamoter, en précisant bien qu'il fallait que ce soit compatible avec les changements de guitares et la voix, ce que je n'étais pas à même d'apprécier
3. l'expérience nous montre que ce sont malheureusement des moments pendant lesquels l'attention du public se relâche et qu'ils ne doivent pas durer trop longtemps

Maintenant, je voudrais que nous nous conduisions, une fois ne sera pas coutume, comme des adultes responsables.

Après de nombreux mois voire années de galères, Claude, Laurent et moi avons eu la chance de rencontrer Philou puis Nico et de construire à nous 5 quelque chose qui commence à tenir la route.

La soirée de Claude, à laquelle nous avons eu à coeur d'apporter notre contribution, nous a confortés dans l'idée que nous devenions présentables et nous en sommes sortis unis et gonflés à bloc.

Cette belle cohésion, ce bel enthousiasme, ont volé en éclats en quelques lignes…

Claude savait que son 2* déclencherait une polémique, nous en avions déjà parlé mais il n'a pas tenu compte du timing sur lequel nous nous étions pourtant accordés (après les concerts), avec les conséquences immédiates attendues.

En y réfléchissant bien, ce ne sont qu'enfantillages !

Le concert du 21 juin est un événement que nous attendons tous car il constituera notre premier véritable test grandeur nature.

Quant au 6 juillet, c'est une soirée d'une importance extrême (je pèse mes mots) pour moi, pour des raisons que je vous confierai peut-être un jour.

Je vous avoue que l'enthousiasme que je ressentais à leur évocation s'est considérablement émoussé.

J'ai trouvé avec Brain Arthrosis une confiance musicale que je n'avais jamais connue avec mon groupe précédent.

Je sais qu'avec BA il n'y aura jamais d'erreur grossière, que chacun tiendra parfaitement sa place et que les rares pains qui se produiront, inévitables quel que soit le niveau, ne seront qu'anecdotiques et prétextes à en rire. Quel confort quand on joue en groupe !!!

Nous avons entre les mains un beau joujou, ne le gâchons pas.

Que chacun de nous mette en veilleuse son ego et pense prioritairement au groupe.

Nous ne réussirons pas nos concerts si nous ne sommes pas unis et complices.

J'ajoute pour terminer qu'il n'est pas question que Vincent débarque dans un tel climat à la répétition du 17 juin.

Alors on respire un grand coup, on se dit que nous sommes intelligents et que nous nous conduisons comme les rois des cons, on met tout ça sous le tapis parce qu'au fond on s'aime tous très fort et on ne pense qu'à assurer la suite.

Il sera grand temps de reparler des choses qui fâchent début septembre.

Voilà ce que la nuit m'a apporté comme conseil.

Mais bon, c'que j'en dis, hein….

Nico, 28/05/2019 à 10:23

Je suis d'accord sur toute la ligne, concentrons-nous sur les concerts qui arrivent pour en profiter un max et se faire des souvenirs de dingue !

On va tout déchirer j'en suis persuadé, dans la joie et la complicité. Bises à tous.

Philou, 28/05/2019 à 11:03

Marc je bois tes paroles !

Ne parlons plus de Zéro, Un, Deux, Deux*, de Mutton Birds ou encore de dictature...

Même si certains disent qu'une dictature menée par quelqu'un d'éclairé et bienveillant serait la meilleure forme de gouvernance.

Laurent, 28/05/2019 à 11:22

Yes Marc.

Comme disait Paul (McC) : peace in the neigbourhood, helping each other out...

Dès que j'ai un peu de temps car je suis un mec plutôt lent j'étudie vos 2 listes et vous donne mon avis.

Bizatous.

Marc, 28/05/2019 à 12:01

Laurent, que nous soyons bien d'accord.

Il n'y a pas deux listes concurrentes, il y a une liste unique et consensuelle que nous essayons d'aménager du mieux possible.

Il serait d'ailleurs tout à fait envisageable que l'expérience du 1er concert nous conduise à des modifications pour le second.

Nico, 28/05/2019 à 12:19

Je pense qu'il serait intéressant le 17 juin si on a le temps de se poser après la répétition autour d'un verre pour finaliser la liste sur la base des critères listés par Claude et aussi du feeling sur le moment des morceaux.

On pourrait imprimer la liste de base et la finaliser à la main en se disant par exemple: « tiens, par rapport à ce qu'on a vu (ou plutôt entendu) ce soir, il faudrait intervertir tel et tel morceau, mettre tel morceau plutôt vers la fin etc.... »

Pour l'anecdote, Pearl Jam fait ses setlists sur la base d'une liste proposée par Eddie Vedder et discutée ensemble quelques minutes avant de monter sur scène. Et pour les rappels, en fonction du feeling du concert en lui-même, ils modifient parfois la setlist du rappel au dernier moment.

On n'est évidemment pas Pearl Jam mais tout ça pour dire qu'on peut aussi se dire qu'on ajustera au plus près du concert en fonction des impressions.

Juste quelques pensées !

Claude, 28/05/2019 à 12:27

Hello, tout le monde, et, en particulier, Marc,

La grande Anna revient à Paris pour un concert avec un orchestre complet; ça va être une magnifique soirée.

Je prends des places.

Marc, 28/05/2019 à 13:04

Nico, je te rappelle que la répète du 17 juin se déroule de 21h à minuit, ce qui nous laisse peu d'opportunité pour prendre un verre ensuite.

Nico, 28/05/2019 à 13:42

Fichtre, c'est vrai !

Bien noté et au temps pour moi !

Marc, 28/05/2019 à 14:30

Merci Claude mais sans moi.

Laurent, 28/05/2019 à 17:56

Merci Claude. Je ne connaissais pas. J'ai écouté. Un peu. C'est très beau. Mais je ne suis pas tenté.

Laurent, 29/05/2019 à 0:10

J'ai enfin eu un peu de temps pour me pencher sur LA liste. J'ai étudié attentivement la liste originelle de Claude et celle proposée par Marc et enregistré les remarques de Philou et de Nico.

Pour ce qui est des guitares, on peut d'emblée régler le problème : aucune liste ne permettrait de ne pas changer souvent de guitare pour Philou à moins de mettre tous les morceaux à la Strat d'abord et ceux à la SG ensuite, ce qui n'aurait aucun sens pour un concert. On pourrait juste envisager dans la liste de Claude d'intervertir “Money for nothing“ et “my back pages“ pour lui donner un peu de confort en milieu de concert si cela vous va. Il faudra donc donner le temps à Philou de faire ces changements dans la sérénité et ne pas démarrer tant qu'il ne donnera pas le top. Idem pour moi et la 12-cordes.

Pour le reste, je me suis placé du point de vue de ce que j'ai appelé moi personnellement moi-même l'intensité c'est à dire uniquement la puissance sonore et la rapidité du tempo. Je ne parle pas de l'intensité émotionnelle, musicale ou autre.

J'ai donc établi les 2 courbes en fonction de ce critère qui vaut ce qu'il vaut mais me paraît assez convenable pour un public lambda. Le résultat est donc critiquable mais il a le mérite d'exister.

Voici :

- les 2 listes sont identiques jusqu'au 9ème titre à une interversion près.

- idem pour les 3 derniers.
- au milieu, Claude a privilégié l'aspect concert global avec des paliers plus longs et un crescendo final alors que Marc a espacé plus régulièrement les temps “forts“ ("Money for nothing", "Jumpin' Jack flash" et "midnight rambler") en vue je pense d'accrocher régulièrement le public qui pourrait avoir envie d'aller boire un bière ou conter fleurette à une ribaude en goguette.

Ce résultat ne vous surprendra donc pas mais je vous jure qu'il ressort de l'analyse des courbes.

Sinon je trouve que pour la liste de Claude, "the wind cries" et "something" arrivent trop tôt et pour celle de Marc que "little wing" ralentit la cadence dans la montée finale.

Je me garderais bien d'établir ma propre liste qui n'apporterait rien de plus et qui ne tiendrait pas compte des cordes vocales de Claude qui aura de ce fait le dernier mot. Mais qui tiendra compte de nos remarques, suggestions, etc...

Bises.

Marc, 29/05/2019 à 7:28

Laurent, j'ai tout bien lu et je suis évidemment d'accord pour dire que les cordes vocales de Claude auront logiquement le dernier mot.

Il restera à optimiser les enchaînements puisque les changements de guitares seront constants. Ce sera donc comme prévu à Claude de meubler au mieux.

Bonne journée et bises.

Claude, 29/05/2019 à 11:12

J'ai continué, chers amis, à réfléchir sur cette set-list, et je crois que si on veut y comprendre quelque chose, il faut, comme pour tout, trouver une grille explicative, un cadre théorique, surtout pour Clairis, où les gens seront en situation "captive", de concert (ce qui ne les empêchera pas d'aller boire une bière pendant "Little Wing").

Le GRAND principe est le suivant : un concert est une relation sexuelle et doit être composé de la même façon !

Ne souriez pas et arrêtez de tourner votre index sur votre tempe, mais le début du concert doit être fort, et surtout donner envie de poursuivre (premiers baisers, premières caresses), se continuer par ces préliminaires qui ont pour effet de faire grandir le désir et l'excitation, et se terminer par cette apothéose orgasmique dont on souhaite qu'elle concerne les deux partenaires (le groupe et le public).

Cette grille de lecture permet d'utiliser le concept d'intensité, cher à Laurent : oui, Laurent, il doit y avoir de l'intensité, au début, et surtout dans la dernière phase du concert.

Il convient donc de classer grossièrement les chansons dans 3 catégories, en fonction de leur tempo, lent, modéré et rapide. Il y a 4 chansons "lentes" (”the wind cries mary”, ”something”, ”sweet virginia”, ”little wing”) et je ne saisis d'ailleurs pas pourquoi Marc les agglomère avec 2 chansons qui n'ont rien à voir avec les précédentes (”eight days a week”, ”my back pages”) pour créer une catégorie "reposante" dont l'utilité ne me paraît pas évidente.

Le début : c'est les 4 premiers morceaux ; il faut frapper fort, susciter l'envie ; l'intimité n'est pas encore totale. Et puis, pour nous, c'est encore le moment où il faudra parfaire notre son, être bien à l'écoute des retours. ”the last time” est parfait en ouverture à condition que le son de la guitare de Philou qui déroule le riff, soit grandiose. ”back in the ussr” et ”eight days a week” sont très bien aussi. ”it's all over now” est le point faible de ce début mais je ne sais pas quoi faire avec ça (si ! Le virer dès la Rentrée).

Le milieu : titres 5 à 18. l'intensité baisse ; il faut gérer les 4 tempos lents, et je dois vous avouer que je n'en ai rien à foutre si des gens partent pendant ces 4 morceaux ; ce n'est pas pour eux que je joue, c'est pour ceux qui continuent à écouter, et pour nous. J'ai donc pris le parti, au lieu d'éparpiller les 4 lents (les assoiffés partiraient 2 fois plus souvent) de les rassembler 2 par 2, avec le principe suivant : jamais plus de 2 lents à la suite, de préférence encadrés par des tempos rapides. D'ailleurs, je demanderais volontiers à Marc de nous fournir un classement des chansons en fonction de leur tempo, ce qui permettrait, d'un coup d'oeil de repérer les 3 catégories pertinentes, lent, modéré, rapide ("crazy little thing called love" est rapide, mais d'une intensité modérée, "midnight rambler" a un tempo modéré, mais est très intense). C'est probablement dans ce milieu de concert qu'on pourrait tripatouiller un peu l'ordre, mais, en tout cas, la "fin du milieu", c'est bien le doublon "sweet virginia"-"little wing", et je ne vois pas comment faire autrement.

Un mot sur ma fatigue vocale à gérer. Qu'est-ce qui me fatigue dans ces deux premières parties ? Pas grand chose en dehors du doublon "something"-choeurs de "i can't explain" ; cela dit, il est impératif que "my back pages" vienne assez tôt pour que ma voix soit encore claire. Dans cet esprit, "my back pages" pourrait être plus tôt, mais en même temps, 6 morceaux entre le bloc lent n°1 et le bloc lent n°2, c'est un minimum.

La fin : 19 à 27. la phase pré-orgasmique et orgasmique. On ne mégote pas sur l'intensité. Le coïtus interruptus est interdit ! Ma voix se fatigue à ce moment-là, mais on s'en fout parce que la ligne d'arrivée est proche et qu'on y va à l'énergie. Je ne pense pas que l'ordre que je propose soit sujet à critique, surtout depuis notre maîtrise nouvelle de notre rappel (notion qui sera vraiment pertinente à Clairis), grâce à Philou.

En conclusion, à part si on voulait pinailler sur "my back pages", pour le faire plus tôt, je ne vois pas en quoi cette liste "mai 2019" que je vous mets en pièce jointe devrait subir des modifications.

Bises à tous les quatre (on remettra Vincent dans le circuit quand Marc aura à nouveau aiguisé son enthousiasme émoussé et qu'il nous donnera des nouvelles du climat du 17 juin).

Claude, 29/05/2019 à 14:52

Soucieux d'aller au bout de ma logique, je vous propose ci-après une autre proposition de setlist qui intègre un autre paramètre : j'ai essayé de ne pas faire se suivre 2 chansons de même tonalité, critère impossible à respecter pour le bloc "the wind cries mary"-"something", mais qui, pour le reste, fonctionne bien. La modification de tonalité rompt, en effet, quelque chose qui pourrait engendrer une impression de similitude. D'autre part, j'ai "remonté" "my back pages". Et ça donne la chose suivante qu'on nommera mai 2019 A, la lettre majuscule signifiant qu'il s'agit d'un projet. Préférez-vous mai 2019 ou mai 2019 A ?

1. the last time
2. back in the ussr
3. eight days a week
4. it's all over now (relégué en place 4)
5. my back pages (sérieusement remonté)
6. under my thumb
7. crazy little thing called love
8. summertime blues
9. johnny b. goode
10. the wind cries mary
11. something (le bloc lent 1 se rapproche donc du bloc lent 2)
12. i can't explain
13. money for nothing
14. proud mary
15. rock n' me
16. gaby, oh gaby
17. sweet virginia
18. little wing
19. dead flowers (début de la phase pré-orgas-mique)
20. all day and all of the night (on vient d'enchaîner 3 trucs qui se traînent un peu, "paint it black" ne "réveillait" pas assez)
21. paint it black
22. jumpin' jack flash
23. midnight rambler
24. twenty flight rock
25. sharp-dressed man
26. honky tonk women (on salue, et on termine par...)
27. R1-Rockin' In The Free World (râââââ, lovely !!!!)

Les petites culottes s'écrasent sur nos visages en sueur et nous tentons d'échapper à nos fans en folie...

Claude, 29/05/2019 à 14:52

Je ne sais plus qui a parlé de faux débat de la set-list, mais, comme vous voyez, il y a un vrai débat de la set-list....

Marc, 29/05/2019 à 16:35

La setlist me convient parfaitement.

Je précise à Claude que j'ai noté sur la liste Excel en face de chaque morceau le tempo. Il est donc très facile de réindexer cette liste en fonction de ce critère.

J'ai par ailleurs demandé à Eric, notre ingé son, de préciser ce qu'il apportait pour nos deux concerts et je vous livre ci-dessous sa réponse.

> *Bonjour Marc.*
> *Si tout le monde a ses amplis, c'est parfait.*
> *J'apporte beaucoup de micros et de pieds.*
> *Donc, inutile pour tes micros de batterie, tes câbles et tes pieds (sauf si tu as envie de tester ton kit de micros).*
> *Je prévois 4 circuits de retours séparés :*
>
> > *Batterie (un gros retour)*
> > *Basse (un gros retour)*
> > *2 guitaristes (petits retours couplés)*
> > *Chanteur (deux petits retours couplés)*
>
> *Une façade principale et deux enceintes latérales pour le public.*
> *La console est sur scène et je la pilote dans le public avec un iPad.*
> *À bientôt.*
> *Eric.*

Je vous donne son portable au cas où vous auriez d'autres précisions à lui demander :

Eric Donnart 06 75 66 78 24

Rendez-vous le 17 juin avec Vincent.

Bises à tous.

Nico, 29/05/2019 à 16:52

Purée, le mec est un vrai pro !

C'est génial on va s'éclater.

Pour la setlist, Mai 2019 A me convient parfaitement !

Vivement le 21 !

Marc, 29/05/2019 à 17:30

Un vrai pro ! Ça rigole pas !

Mais j'ajoute que Shitty avait, avec des moyens nettement moindres, parfaitement relevé le challenge.

J'aurais bien aimé que quelqu'un remplisse la colonne que je viens de créer sur notre liste Excel pour spécifier le matos utilisé pour chaque morceau. Ça m'aiderait moi aussi dans les enchaînements.

Bises et à plus.

Claude, 29/05/2019 à 18:12

Bon, comme d'habitude, je n'ai que la moitié des réponses. Nicolas m'a répondu assez clairement ; pour Marc, c'était plus flou, car la question n'était pas de savoir si mai 2019 A vous convenait, la question c'était : quelle liste PRÉFÉREZ-VOUS ? Mai 2019 ou bien Mai 2019 A ?

Pour ma part, je préfère mai 2019 A.

Marc, 29/05/2019 à 18:27

Flou ? Non. Ta liste sera la bonne.

Claude, 29/05/2019 à 18:37

Merci pour ta réponse, mais je voudrais bien que Philou et Laurent se manifestent.

Bises.

Laurent, 29/05/2019 à 20:19

Voilà voilà je vais répondre dès que possible. Mais je précise que quand j'examine une prostate je suis peu à l'aise pour manipuler mon portable de l'autre main et encore moins pour écrire des mails.

Marc, 30/05/2019 à 7:39

Laurent, tu pourrais faire un effort. La dictée vocale te permettrait de répondre aux choses urgentes tout en continuant à mettre ton doigt dans je ne sais quel orifice suspect !

Marc, 30/05/2019 à 12:15

Salut à tous,

J'ai mis la feuille Excel dans l'ordre de la liste 2019A.

Je réitère ma demande, absolument pas urgente, auprès de Philou et de Laurent pour indiquer dans la colonne "matos" les guitares utilisées pour chaque morceau.

Laurent, enlève ton doigt, c'est férié, aujourd'hui.

Bises et merci.

Laurent, 30/05/2019 à 17:08

Dans la liste Mai 2019, une fois passés "The last time" et "Back in the USSR" qui sont des temps forts, le fait de remonter "My back pages" décale le temps fort suivant ("Johnny B. Goode"). Par contre, "All day and all of the night" est une meilleure introduction au bouquet final que "Paint it black". Donc, va pour Mai 2019 A. Et on s'y tient !... jusqu'au 17 Juin.

Petite remarque, just for fun. Claude, ta comparaison avec une relation charnelle est sympa. Crescendo avec une explosive conclusion. Tout à fait d'accord. Mais si ma mémoire est bonne, il n'est pas interdit d'avoir plusieurs phases orgasmiques lors d'une même séance. C'est sympa aussi. Notre succès dépendra de l'âge du public...

Bises.

Claude, 30/05/2019 à 18:10

Cher Laurent, vu que ma période réfractaire (le temps de récupération nécessaire entre deux relations sexuelles) s'est sensiblement allongée ces dernières années, tu comprendras que la notion de « plusieurs phases orgasmiques » m'est devenue un peu étrangère. Pour le reste, je suis d'accord avec tes remarques, mais, que faire ? Nous ne pouvons tout de même pas jouer 27 fois "Rockin' In The Free World" !

Cela dit, il y aurait sans doute matière à discuter cette notion de temps faible et de temps fort. "Something" est-elle temps fort ou temps faible ? Le même morceau peut être temps fort un jour et temps faible le lendemain. Ce n'est pas si simple.

Bises à tous.

Marc, 30/05/2019 à 18:23

Merci à celui qui a rempli la colonne "matos".

Bises.

Claude, 30/05/2019 à 18:35

Dois-je mettre "tambourin" dans la colonne "matos" ?

Laurent, 30/05/2019 à 18:42

J'ai aussi mis dans la colonne "remarques" des commentaires. Cliquez sur la case et ça s'ouvre.

Claude, 30/05/019 à 18:43

Et puis, chers tous, et cher Marc, en particulier, c'est un détail absolument mineur, mais, comme tous les détails, il a une certaine importance. Je vous prierais de relire la chronique qu'OldClaude a consacrée à "Paint It Black", magnifique chanson des Rolling Stones ; vous y trouverez la raison pour laquelle il ne FAUT PAS mettre de virgule dans ce titre.

Bises.

Claude, 30/05/2019 à 19:13

Je n'y connais rien en réseaux sociaux, je ne twitte pas et je n'ai pas de compte Facebook (et je n'ai aucune intention d'en ouvrir un). Cela dit ne faudrait-il pas, à ce stade, que Brain Arthrosis ait une page Facebook ?

Nous y annoncerions, évidemment, nos concerts, les gens qui vont prendre des photos, le 21 juin et le 6 juillet, pourraient y déposer leurs oeuvres, etc...

Et puis (c'est le t-shirt fabriqué par mes potes du karaté qui m'y a fait penser) je suis sûr que ça nous coûterait pas très cher de faire fabriquer quelques dizaines de t-shirts à l'effigie de Brain Arthrosis (j'ai un copain graphiste, justement celui qui a fait le t-shirt "70") histoire d'avoir une petite table "merchandising" pour le 6 juillet, et de pouvoir nous-mêmes nous promener fièrement avec notre nom sur la poitrine.

Et puis, dernière idée farfelue pour aujourd'hui, ça serait peut-être intéressant d'inviter des gens extérieurs au groupe, (conjoints, musiciens chevronnés ou plus ou moins professionnels) en particulier lors des répétitions qui précèdent les concerts ; avoir un point de vue extérieur n'est jamais inutile.

J'ai fini de délirer pour ce soir ; bises.

Philou, 31/05/2019 à 11:35

Hello,

Les 2 setlist me vont ! Va pour la liste mai 2019 A. Merci à celui qui a rempli la colonne matos

Bisatous.

Claude, 31/05/2019 à 20:21

Hello, les BA ! Je suis en train de préparer les setlists pour les concerts, celles que vous aurez à vos pieds, et que vous protégerez, bien évidemment sous un plastique transparent, histoire qu'elles servent pour nos deux concerts.

Il faut obligatoirement qu'elles soient compatibles avec votre acuité visuelle, car, pour la plupart d'entre nous, elles seront à nos pieds (et pour Nicolas, il y a de la hauteur !). Pour qu'elles soient lisibles, j'ai peur qu'il n'y ait pas d'autre solution que de les imprimer sur DEUX feuilles, que vous placerez donc l'une à côté de l'autre.

Si cette solution ne vous convient pas et si vous insistez pour n'avoir qu'une seule feuille, il va falloir que je trouve autre chose (non, il n'y aura pas de recto-verso ! Je changerai la police). Comme d'abitude, j'attends vos avis, avant d'imprimer 12 feuilles de papier.

Bon week-end !

Claude, 31/05/2019 à 20:55

Il y a un "h" à "habitude".

JUIN

Nico, 1/06/2019 à à 0:04

Ça me va très bien Claude, 2 feuilles parfait !

Marc, 1/06/2019 à 8:52

On peut toujours trouver une solution !!!

Nico, 1/06/2019 à 10:42

Ah pas mal Marc !!!

Claude, pour le site Facebook, bonne idée dans l'absolu, mais d'expérience il est en fait plus efficace d'utiliser les sites Facebook persos (le mien, celui de Marc, peut être que Philou en a un?) qui sont par nature plus visible et exposés.

À titre d'exemple, la vidéo de "something" du 17 mai comptabilise déjà plus de 160 vues, ceci dû au fait que mes contacts tombent dessus à chaque fois que je la remets en une de mon fil d'actualités.

Bref, tout est possible mais pas forcément utile ou efficace.

Les t-shirts en revanche c'est une très bonne idée, il faut juste trouver un design sympa, je ne sais pas s'il est gérable de faire ça d'ici au 21 juin.

Pour le coup pour le t-shirt le design est hyper important: un truc moderne et un peu tendance et les gens le porteront volontiers. Un truc kitsch pas terrible, les gens ne le porteront pas. Réfléchissons !

Laurent, 1/06/2019 à 11:12

Claude, pour la liste papier je m'en ferai une adaptée à ma vue et avec des aide-mémoire.

D'ailleurs comme pour le 17 mai j'aurai un pupitre et mon classeur dans un coin, sauf si vous pensez qu'il ne faut pas.

Pas d'objection à Facebook ni au tee-shirt.

Claude, 1/06/2019 à 11:13

Est-ce que je contacte mon copain qui a fait le design du t-shirt "70" de mon anniversaire ?

Claude, 1/06/2019 à 11:18

OK. Donc, on va le faire dans l'autre sens. La liste de Marc est parfaite pour moi. Mais qui souhaite que je lui imprime une liste sur 2 feuilles, **qui intègre les tonalités** ?

Nico, 1/06/2019 à 11:53

Moi, moi moi !

Claude, 1/06/2019 à 12:14

C'est la libre concurrence qui donne les meilleurs résultats.

Marc, 1/06/2019 à 18:04

Je vais être obligé de tempérer votre enthousiasme concernant les t-shirts.

Le règlement de copropriété de Clairis interdit formellement toute vente dans le domaine.

Il en est de même pour la Fête de la Musique.

Par ailleurs, pour des raisons personnelles, le port d'un uniforme quel qu'il soit me dérange un peu.

La campagne d'affichage a débuté à Clairis, avec notre belle affiche en format A3 et plastifiée.

J'ai déjà eu quelques retours favorables, ça s'annonce bien. Bises à tous.

Marc, 1/06/2019 à 21:45

Les zikos,

Je suis à Clairis et ce soir il y a un concert improvisé avec des musiciens du Domaine.

Je fais bien entendu partie du lot, le seul batteur, pour quelques titres improvisés mais faisant partie du répertoire classique.

Je vous raconte ça car il y a environ 150 personnes et une annonce sera faite pour le 6 juillet.

C'était l'info du soir.

Bises.

Nico, 1/06/2019 à 22:00

Ça sent bon pour le 6 juillet !!!! Whooo ooo !!!

Claude, 1/06/2019 à 22:11

Moins de 5 000 personnes, je joue pas.

Marc, 2/06/2019 à 9:15

Est-il besoin de toujours répéter la même rengaine?

Hier soir, sono pourrie, morceaux bancals car non répétés, batterie électronique probablement de marque Tefal vue la sonorité mais... public conquis dès qu'il entend les premières notes qu'il connaît ! "Imagine" a fait un malheur....

Ça a duré 2h30, c'était nul et ça a marché à donf ! Pas loin de 200 personnes.

Y a plus qu'à !

Claude, 2/06/2019 à 9:28

Non, non, non et non. Si les gens veulent entendre "Imagine", ils n'ont qu'à acheter le disque !

Si Brain Arthrosis a attendu aussi longtemps pour passer sur scène c'est qu'il nous est impossible de transiger avec un certain niveau de qualité. C'est le sens d'un mot que je répète depuis des années : professionnalisation.

Pour autant, je ne condamne pas les "bœufs" mais je ne les supporte que réalisés par des musiciens de très haut vol.

Marc, 6/06/2019 à 19:36

Salut les copains,

Toutes les semaines paraît une feuille recto-verso d'infos à Clairis et voici à partir de cette semaine le verso.

Je ne suis pas responsable du texte (Marc PELTA et son groupe). J'espère que vos égos s'en remettront.

Au 17 juin. Bises.

Claude, 6/06/2019 à 19:45

Sur le terrain de pétanque ? J'ai les boules...

Nico, 6/06/2019 à 19:53

Et la reprise de Gaby prend tout son sens !

Claude, 6/06/2019 à 19:53

Yeaaaah !!!!

Claude, 6/06/2019 à 20:20

En tout cas, je m'active un peu : j'ai acheté un câble haut de gamme pour mon micro chant, garanti à vie (ce qui, à mon âge, est la preuve d'un optimisme certain), je viens de finaliser la location de la Mercedes pour me rendre à Clairis le 6 juillet.

Mardi matin, vous recevrez 2 mails, l'un sur le programme de notre répétition du 17 juin, l'autre adressé à une centaine de personnes pour faire notre pub du 21 juin. Si tout le monde fait la même chose, on aura au moins 600 fans à nos pieds !

Pour la suite, j'ai complété et remanié mon texte sur le processus de sélection du répertoire chez Brain Arthrosis, et j'ai mis un point final à ma liste des propositions de chansons pour la rentrée ; dépasser sept pages n'aurait pas été raisonnable...

Bises à tous.

Claude, 11/06/2019 à 9:01

Comme vous le savez, chers amis, cette répétition est exceptionnelle, à plus d'un titre : nous accueillerons Vincent, et il s'agira de notre dernière répétition avant notre premier vrai concert de la Fête de la Musique. Le programme qui suit est donc purement indicatif, car chacun est maintenant capable de savoir sur quels points il a envie de revenir.

Cependant, en fonction de notre programme du 23 mai, je vous propose d'insister sur la seconde partie de notre set-list, celle qui va de ”Rock n' Me” à ”Rockin' In The Free World”, mais surtout sur les chansons qui mettront en valeur l'apport de Vincent aux claviers :

- ”Back In The USSR” (piano)
- ”My Back Pages” (sauf erreur, j'entends un orgue dans le mix)
- ”Under My Thumb” (le marimba au synthé ?)
- ”Johnny B. Goode” (piano)
- ”Something” (les nappes de cordes)

- "Money For Nothing" (synthé)
- "Gaby, Oh Gaby" (beaucoup de choses et un vrai arrangement à trouver)
- "Sweet Virginia" (piano, mais une mandoline serait pas mal, sans compter 2 guitares acoustiques)
- "Little Wing" (le glockenspiel au synthé ?)
- "Dead Flowers" (piano)
- "Paint It Black" (le sitar ?)

On se posera la question : comment avons-nous pu faire jusque là, sans claviers ?

Bonne semaine et bises à tous.

Claude, 11/06/2019 à 10:00

Cher(e)s ami(e)s, peut-être avez-vous apprécié ce qui était la première apparition sur une scène de Brain Arthrosis, le 17 mai dernier, à La Cipale, à l'occasion de l'anniversaire de l'un d'entre nous ?

Si c'était le cas, vous aurez une chance de nous revoir, et beaucoup plus longuement, pendant un concert gratuit que nous donnerons le soir de la Fête de la Musique.

C'est en effet tout près du métro Picpus que la Mairie de Paris nous a octroyé un kiosque, au square Courteline, et nous serions ravis d'apercevoir quelques sourires amis au sein de la foule qui se pressera à cet endroit. Soleil, bonne humeur, musique que vous appréciez, et amitié seront donc au rendez-vous pour faire de cette première soirée de l'été un moment inoubliable. Bises à tous.

Marc, 11/06/2019 à 11:20

J'y serai, d'autant que la météo s'annonce favorable (pour le moment) : soleil un peu voilé et 20-25°.

Vincent, 11/06/2019 à 11:30

Parfait, je pouvais pas garantir que les 26 morceaux soient nickels du premier coup...

À lundi les boys !

Marc, 13/06/2019 à 16:36

Salut les BA,

Des nouvelles pour vendredi prochain.

La Préfecture de Police, que j'ai enfin pu joindre par téléphone, m'a assuré que nous étions enregistrés et que nous aurions d'ici peu notre n° d'agrément par mail. Il n'est jamais trop tard....

Le responsable de la Mairie de Paris m'apportera sur place la clé du boîtier électrique à **13h30**, heure à laquelle il finit son service (dans l'Administration, les 35 heures ont été une catastrophe ! Personne n'arrive à les faire...).

Notre ingénieur du son Éric et son assistant Guillaume nous rejoindront vers **14h**, histoire de prendre le temps de tout installer.

Si certains d'entre vous veulent venir nous tenir compagnie, ce n'est pas de refus. On pourrait déjeuner ensemble.

Lundi soir, dîne-t-on avant la répète ?

Claude, désolé, je vous rejoindrai directement.

Bon ben voilà ! Y a plus qu'à !

Bises.

Claude, 13/06/2019 à 17:13

Je m'aperçois que mon agenda m'indique 20h comme horaire de début de répétition, lundi. Je pense qu'il faut que je corrige, car nous avons probablement déplacé pour commencer à 21 h. Auquel cas on pourrait se retrouver à 19h30 pour manger un morceau. Où ça ? Bises.

Marc, 13/06/2019 à 17:20

Je confirme que la répétition est à 21h.

Nico, 13/06/2019 à 21:35

Merci encore pour tout ça Marc !

J'essaierai d'être sur place le plus tôt possible, il faut que je trouve une solution pour transporter le matos mais je vais me débrouiller.

Pour lundi soir oui pour le dîner, au Vaudésir ?

A bientôt.

Laurent, 14/06/2019 à 0:18

Respect, Marc.

Je viendrai vendredi ASAP mais pas avant 16h. Pour lundi, ça dépendra de la circulation...

Marc, 14/06/2019 à 7:51

J-7, l'adrénaline commence à monter... Ça sent le chaud !!!!

Laurent, pas de problème pour 16h vendredi, ça laisse largement le temps pour la balance.

Claude, je peux t'emmener au kiosque, il me reste une toute petite place pour ton micro, ton harmonica et ton tambourin.

J'ai un petit problème à résoudre : la Mairie me demande, en échange de la clé du kiosque, une pièce d'identité. Je saute le lendemain matin dans un avion pour la zone Europe et j'ai donc besoin de ma CNI (et de mon passeport par sécurité) et de mon permis de conduire.

Nico, tu avais proposé de restituer cette clé samedi matin, pourrait-on utiliser ta CNI, soit lors de l'échange le vendredi à 13h30 soit me la confier lundi soir ?

Par ailleurs, je vous rappelle que nous devrons nous acquitter envers notre ingé son de la modique somme de 700€, soit 140€ par tête, en espèces sonnantes et trébuchantes. Je prépare une enveloppe que nous nous ferons une joie de remplir.

Je vous laisse le soin de vous charger du restau de lundi.

Bises.

Nico, 14/06/2019 à 8:34

Marc,

Je te passe ma CNI lundi soir sans faute !

Claude, 14/06/2019 à 8:53

Marc, je te remercie pour le 21, mais il me sera difficile de partir de chez moi avant 15 h...

Nico, 14/06/2019 à 9:38

Et j'espère que la météo se trompe pour vendredi prochain...

Claude, 15/06/2019 à 8:17

Bonjour les amis. J'en suis désolé mais les questions d'organisation et d'intendance autour du baccalauréat de mon fils vont m'empêcher de participer au dîner précédant la répétition de lundi.

Bon week-end à tous.

Nico, 15/06/2019 à 9:10

Et moi je me rends compte que je dois m'occuper de mes enfants avant la repet donc ça semble également compliqué pour le resto :-(

Marc, 15/06/2019 à 15:16

Nico, pour la soirée du 6 juillet, veux-tu que je me mette en quête d'une baby-sitter pour garder ta fille pendant que tu tortures ta basse ?

Il y a un tas de jeunes filles dans le Domaine qui recherchent des heures de baby-sitting et nous avons un lit parapluie et une chaise haute qui feraient parfaitement l'affaire.

Si tu es OK, je mets un post sur le site du Domaine et je renvoie les réponses éventuelles sur ton portable.

Et merci pour la CNI, que je prendrai lundi.

A lundi tout le monde.

PS. Je profite de ce mail pour vous joindre l'itinéraire pour arriver à Clairis.

Nico, 15/06/2019 à 15:30

Ah, je n'avais pas pensé à cette possibilité !

Du coup je veux bien c'est très sympa, ce serait effectivement une bonne solution.

Merci beaucoup et à lundi !

Claude, 15/06/2019 à 15:35

J'en profite pour m'adresser à Vincent, qui pourrait faire son premier concert avec nous, à Clairis.
Vincent, il serait bon que tu te mettes en rapport avec Laurent (06 11 79 83 28) ou Nicolas (06 11 86 40 76) qui ont des plans pour des hôtels pas loin du Domaine de Clairis. Il ne serait en effet pas raisonnable de reprendre la route (d'autant que Vincent arrivera en voiture avec moi) le soir même, et débriefer en prenant notre petit déjeuner sera cool. Bises.

Marc, 15/06/2019 à 15:50

Nico, le post est sur Facebook.

Vincent, très heureux d'apprendre que ta présence à Clairis est envisagée.

Il faudra simplement prévenir notre ingé son pour qu'il puisse prévoir le matos nécessaire.

A lundi donc.

Nico, 15/06/2019 à 16:47

Mes recherches de maison sur le domaine sont pour l'instant infructueuses, j'élargis ma recherche mais il est aussi possible que je rentre chez ma belle-mère qui est à 40 minutes de Clairis.

Bises à tous.

Laurent, 15/06/2019 à 17:34

Ah bon ? Vincent ne sera pas là le 21 ?

Claude, 15/06/2019 à 18:18

Je vais le laisser répondre, bien évidemment, mais il n'aura eu qu'une seule répétition avec nous, auparavant, et d'autre part, il a des obligations pour ce 21 juin qui ne lui permettront pas d'être à Paris...

Nico, 16/06/2019 à 11:32

Hello les BAs,

Juste pour vous prévenir que j'ai eu une petite alerte hier, j'ai passé la journée aux urgences à Saint-Antoine, rien de grave je vous rassure, juste une péricardite douloureuse mais pas d'inquiétude à avoir.

En revanche je dois me reposer autant que possible, ne pas trop porter de choses lourdes etc etc...

Ça ne remet évidemment pas en cause ma présence demain soir, simplement j'écourterai peut-être un peu la séance selon mon état, histoire de garder des réserves pour vendredi !

À demain donc.

Claude, 16/06/2019 à 12:31

Repose-toi, en effet, Nicolas. La péricardite n'est pas une maladie grave, mais peut indiquer que ton immunité est défaillante.

Bises et à demain.

Marc, 16/06/2019 à 12:47

Ben Nico, c'est quoi, ça ?

Je t'appelle.

Laurent, 16/06/2019 à 16:04

Ils louent des basses à HF je crois. Ça t'éviterait de porter.

Nico, 16/06/2019 à 20:53

Merci Laurent, ça ou un petit Uber Green qui me dépose devant le studio, je vais voir comment je fais.

A demain si tout va bien !

Nico, 17/06/2019 à 18:01

Salut Marc.

Bon, mon état n'est pas particulièrement inquiétant, mais je suis assez fatigué. J'ai fait une toute petite journée et je suis en train de me dire que pour être en forme vendredi, il serait préférable que je reste au calme ce soir (endormi à 21h hier soir, ça ne m'est pas arrivé depuis des années je pense).

Es-tu confiant pour vendredi si je rate la répétition de ce soir ? J'ai revu les morceaux à la maison, j'ai tout bien en tête, et le cas échéant je t'aurais bien demandé de m'envoyer l'enregistrement de ce soir pour me réécouter les structures version BA avant vendredi.

Dis moi ce que tu en penses.

Marc, 17/06/2019 à 18:03

Je pense que ton état prime sur le reste. Repos et je t'envoie l'enregistrement au plus vite.

Il ne devrait pas y avoir de grosses conséquences pour vendredi, tu maîtrises le sujet.

On se tient au courant.

Nico, 17/06/2019 à 18:05

OK merci.

Ça te va si je te laisse prévenir les autres histoire de ne pas provoquer de réaction en chaîne en terme de désistement?

Marc, 17/06/2019 à 18:06

Je m'en occupe.

Nico, 17/06/019 à 18/07

Merci beaucoup.

Heureusement que je peux compter sur mon batteur !

Marc, 17/06/2019 à 18:08

Solidarité rythmique oblige !

Marc, 17/06/2019 à 18:25

Salut les BAs,

Je vous informe que Nico notre bassiste préféré ne sera pas des nôtres ce soir. Je lui ai octroyé une dispense pour raison médicale.

Il préfère s'économiser pour vendredi et comme il maîtrise son sujet ça ne portera pas à conséquence.

Il faudrait que l'un de vous me confie sa CNI car Nico devait me donner la sienne. C'est une garantie échangée contre la clé du boîtier électrique du kiosque.

Bises et à tout à l'heure.

Claude, 17/06/2019 à 19:43

Keep on rockin' Nico. On va tout déchirer, vendredi (tout en respectant ton péricarde).

Bises.

Laurent, 17/06/2019 à 19:47

On va commencer la séance de ce soir par un petit staff médical pour optimiser ta guérison.

Marc, 17/06/2019 à 19:48

Nico, j'ai peut-être trouvé une baby-sitter pour le 6 juillet. Margaux Zuratas 06 86 27 36 34

De ma part bien sûr.

Bises.

Nico, 17/06/2019 à 19:53

Merci les gars, ça fait chaud au cœur (mais pas trop quand même).

Merci Marc pour le contact !

Laurent, 18/06/2019 à 22:43

Bonsoir à tous !

Qqun peut-il m'envoyer la structure de "money for nothing" telle que nous devons la faire car hier je me suis emmêlé les crayons ?

Thx !

Philou, 19/06/2019 à 17:00

On part à 7, le premier arrivé attend les autres !

Claude, 19/06/2019 à 17:01

Je comprends de moins en moins.

Marc, 19/06/2019 à 17:02

On est deux de plus ?

Philou, 19/06/2019 à 17:02

Claude, 19/06/2019 à 17:03

Je crois que ça fait référence à "Money For Nothing".

Philou, 19/06/2019 à 17:04

Non à Coluche !

Marc, 19/06/2019 à 17:05

Trois Quatre !!!!!

Philou, 19/06/2019 à 17:06

Claude, 19/06/2019 à 17:07

Ciel ! Les musiciens décompensent !

Marc, 19/06/2019 à 17:08

Je sais pas qui mais y en a un qui joue mal de la grosse caisse !!!!

Philou, 19/06/2019 à 17:15

Mais je ne dis pas ça pour toi, Marc !!!

Marc, 19/06/2019 à 17:20

Je citais simplement mes classiques !

Laurent, 19/06/2019 à 17:48

Ça ne me donne toujours pas la structure…

Claude, 19/06/2019 à 17:48

Nicolas la connaît bien.

Nico, 19/06/2019 à 18:27

Euh, oui ?

Marc, je vais essayer d'arriver à 17h vendredi, avant ça semble compliqué pour moi mais je fais le Max. Le public toujours plus nombreux me demande à quelle heure on commencerait, what do you think ?

Marc, 19/06/2019 à 18:40

J'ai mis sur l'affiche à partir de 19h. On devrait commencer vers 19h30.

Essayez donc tous d'être là suffisamment à temps pour qu'on puisse faire la balance tranquillement et correctement.

Je vous rappelle également que je suis obligé d'être sur place à 13h30 et que je vais me faire ch... grave.

Nico, 19/06/2019 à 18:42

Purée oui c'est pas drôle cette histoire. Je vais voir si j'arrive à dégager une ou deux réunions pour me barrer plus tôt.

Laurent, 19/0/2019 à 19:03

Et ma structure ? Mrs Jones !!

Nico, 19/06/2019 à 19:07

Ben je sais pas, moi ! Vous avez changé quelque chose ?

Claude, 19/06/2019 à 19:25

Non, Nico, mais comme c'est toi qui porte la structure, Laurent était un peu décontenancé, lundi.

Nico, 19/06/2019 à 19:27

Ah OK. Laurent, je suis un peu incapable de te remettre la structure comme ça par écrit mais on prend 10 minutes vendredi et avec les chœurs qui vont bien on recale tout ça.

Et d'ici là pour moi on ne diverge pas trop de la version originale "radio edit" pour ce qui est de la structure.

Laurent, 19/06/2019 à 19:51

Merci Nico. Parfait avec la version "radio edit".

Claude, 19/06/2019 à 20:09

Laurent, je l'avais dit lundi soir que c'était le "radio edit".

Laurent, 19/06/2019 à 21:15

Pas capté. Ça prouve bien que j'avais les crayons emmêlés. Sorry.

Marc, 20/06/2019 à 17:49

Le calme avant les grandes batailles ?

Laurent, 20/06/2019 à 21:03

Oui.

Nico, 20/06/2019 à 21:30

La sérénité totale !

Marc j'ai finalement posé ma journée mais dois m'occuper de ma fille dont la crèche est en grève. La baby-sitter prend le relais vers 14h donc le temps de charger etc je suis là à 15h max : belle amélioration depuis hier non ?

Comme ça tu pourras me faire réviser 2/3 fins de morceaux.

A demain.

Marc, 21/06/2019 à 8:26

Nickel Nico !

Shitty, 21/06/2019 à 10:15

Hello ! A quelle heure jouez vous ?
J'espère être là. Bises.

Laurent, 21/06/2019 à 11:08

19h30 et 27 titres à suivre .
Super si t'es là. Bises.

Claude, 21/06/2019 à 14:13

Gros problèmes dans le métro.

Marc, 21/06/2019 à 14:43

C'est rien à côté des problèmes ici !!!

Philou, 21/06/2019 à 14:46

Qué Paso ?

Nico, 21/06/2019 à 14:57

Les petits ajustements de planning habituels, rien de grave !

Philou, 21/06/2019 à 15:03

Je passe chercher un porte guitare et j'arrive.
(et des cordes aussi au cas où).

Nico, 21/06/2019 à 15:40

N'oubliez pas les sous pour la parois... pardon pour l'Ingé son !

Philou Laurent vous avez une idée de l'heure à laquelle vous arrivez ? Juste pour info, no stress.

Laurent, 21/06/2019 à 15:47

J'y suis à l'instant.

Philou, 21/06/2019 à 15:57

Je suis au Franprix.
Faut quelque chose ?

Claude, 21/06/2019 à 15:58

Toi.

Claude, 22/06/2019 à 10:09

On va pas chipoter : c'était bien. Je crois qu'on a tous pris du plaisir, et le public était ravi, c'est l'essentiel.

Maintenant, si on chipote, j'ai accumulé assez de pains pour ouvrir la plus grande boulangerie de l'est parisien.

Heureusement vous étiez là pour assurer, et vous l'avez, tous les quatre, fait de façon très professionnelle.

Je ne veux pas me chercher d'excuses, mais j'ai tout de même deux explications à mes errements : on était clairement à cours de répétitions, et ça se ressent tout de suite ; d'autre part, les paroles des chansons sur mon iPad, qui sont une grande aide en répés, deviennent un handicap en concert. Vincent me dirait que je n'ai qu'à apprendre toutes mes paroles par cœur, et il a raison. Ce n'est pas de la paresse, c'est juste que c'est devenu très difficile...Je ne vais pas vous faire un dessin.

Un grand merci à Philou : ton talent naturel a été sublimé par un peu de travail, et tu as été impeccable, hier. Je n'en dirais pas autant de ta Fender qui nécessite des accordages vraiment trop fréquents. Un petit passage chez le luthier, peut-être ?

Un grand merci à Laurent : guitariste rythmique idéal dont les qualités de diplomate finissent toujours par apaiser les inévitables tensions.

Un grand merci à Nicolas : tu as donné une colonne vertébrale à ce groupe invertébré, et il est évident que, sans toi, nous n'aurions jamais pu envisager l'idée même d'un concert. Je souris toujours quand je repense que je t'ai recruté sur la foi de quelques mails et conversations téléphoniques, sans t'avoir entendu jouer la moindre note ; je savais que je ne me trompais pas !

Un grand merci à Marc : ce pourrait être pour ses seules qualités de musicien (et d'organisateur), mais ça va beaucoup plus loin que ça : voilà un garçon qui m'a proposé, il y a quelques années de cela de monter un groupe de rock. Et il s'est trouvé qu'il a été confronté à un type qui, non content d'avoir des goûts musicaux plutôt éloignés des siens, avait également une conception de la musique à l'opposé de la sienne, sans oublier qu'au début, le chanteur en question était incapable d'aligner plus de 5 chansons à la suite, pour cause de "fatigue vocale". N'importe qui d'autre aurait lâché l'affaire. Pas lui. Un grand merci pour cette confiance que tu m'as accordée.

Un grand merci à Vincent : tu n'étais pas là, mais le fait de savoir qu'on va se mettre à travailler ensemble à partir de la Rentrée, nous donne, c'est certain, une motivation supplémentaire.

Le programme du 1 juillet ? Nos 27 morceaux, et, en particulier, ceux qui ont été, hum, hasardeux…

Bises à tous.

Nico, 22/06/2019 à 11:07

D'accord avec tout ce que tu dis Claude, super content et impatient d'être au 1er juillet.

On a des choses à améliorer mais une super base, et comme l'a dit Philou il nous faut plus de morceaux qui arrachent pour les fins de concerts !

Si on en identifie 3/4 faciles d'ici au 1er juillet je suis pour les intégrer :

« Satisfaction »
« Sympathy »
« Highway to hell »

Let's rock'n'roll !!!

Nico, 22/06/2019 à 17:39

Re les gars. Pas de vidéos d'hier soir dans votre entourage ?

Claude, 22/06/2019 à 17:41

Pas beaucoup.

Nico, 22/06/2019 à 17:42

Envoyez même si ce sont quelques secondes ça fait toujours des souvenirs !

C'est pas mal tout ça. On avait le son bon Dieu !

Philou, 22/06/2019 à 18:03

Oui le son pour les spectateurs avait l'air pas mal !

On s'est bien amusé mais je reste sur ma faim. On peut faire bcp mieux avec moins de temps entre les morceaux, moins de plantages à des moments sans aucune difficulté et une meilleure balance.

De plus on a fini pile au moment où les gens commençaient à être vraiment chauds. Quel dommage !!!!

Je pense qu'il faut, comme on se l'ai dit après le concert, ajouter 30 min de titres imparables. « Satisfaction », « Sympathy », « AC/DC », etc.

Les mecs qui ont joué après au bar ont enchaîné uniquement des titres qui font bouger (wonder, get lucky etc...), tout le monde dansait et c'était bien comme ça.

Il faudrait peut être aussi modifier la playlist pour avoir un moment "lent" de 4/5 chansons.

Ces modifications sont à faire dans la mesure du possible pour le concert de Clairis.

Quels sont vos avis ?

Nico, 22/06/2019 à 18:26

Je suis d'accord il nous faut plus de morceaux qui bougent pour la fin de concert. Moins de changements de guitare aussi, ça casse un peu le rythme, et un petit truc à voir aussi sur les sons parasites entre les morceaux, bien couper les sons, et ne pas trop modifier le son sur les amplis de guitare en cours de concert sinon ça flingue un peu la balance globale. Mais tout ça ce sont de bons points à améliorer qui n'enlèvent rien à notre base très solide, on a de quoi faire quelque chose de très très bien pour le 6 juillet !

Nico, 22/06/2019 à 18:47

Cliquez sur la vidéo, c'est mythique!

Marc, 22/06/2019 à 19:13

Les amis,

J'ai tout lu, tout entendu et je prendrai le temps de vous répondre dès que possible.

Les premiers échos ont été dithyrambiques ce qui est bien agréable.

Je reviens sur site dès que les golfs portugais m'en donneront l'occasion.

Bises à tous.

Claude, 22/06/2019 à 21:19

Je souhaite évidemment que les défauts d'hier soient minimisés pour le 6/7, mais je suis très opposé à toute modification de la set list. On fait mieux avec ce qu'on a. Pour le reste, rendez-vous en septembre.

Laurent, 22/06/2019 à 23:11

La prestation d'hier a tout de même montré que notre set list est trop courte. Je suis un peu resté sur ma faim. Sauf si l'ingé son nous coupe le courant, on devrait pouvoir faire qq morceaux de plus pour Clairis car je suis sûr qu'il y aura de la demande. Soit on y pense avant, soit on improvise sur le moment. En tous cas on a prouvé et on s'est prouvé hier que même avec des morceaux "bateau" on fait de la qualité. C'est ce que tout le monde m'a dit. Donc no shame à jouer des classiques.

Claude, 23/06/2019 à 9:35

Bonjour Laurent, je ne suis pas un marchand de fruits et légumes qui répond à la "demande". Mon action s'inscrit dans un domaine différent et donc si c'est pour bâcler des trucs à la dernière minute, ce sera sans moi.

Marc, 23/06/2019 à 23:01

Salut à tous, Eric m'a envoyé l'enregistrement intégral de notre prestation après l'avoir débarrassé des intermèdes. Il a malencontreusement effacé le tout début de « midnight rambler » et de « honky tonk women » mais son enregistrement est de qualité supérieure au mien dans lequel la voix grésille par moment.

J'ai donc fait le découpage et je vous envoie le lien de téléchargement, valable 7 jours.

Nous sommes tous d'accord pour dire que nous avons fait une bonne prestation, ce qui m'a été confirmé par les retours que j'ai pu avoir.

Malgré les pains que nous avons pu faire, nous avons su nous rattraper et le public n'y a vu que du feu.

Je vous ai parlé de la « confiance musicale » que vous m'inspiriez et c'en est une bonne démonstration.

Je suis d'accord avec Nicolas, Laurent et Philou pour dire qu'il faut encore améliorer les transitions entre les morceaux.

En revanche, il faut revoir avec Eric la façon dont vous pouvez jouer sur les réglages de vos guitares sans altérer la balance générale.

Je suis vraiment étonné et peiné de la réaction de Claude, qui souffle à volonté le chaud et le froid.

Il est évident que notre prestation a été trop courte et que nous manquons de titres punchy.

Claude, tu ne peux pas écrire de façon si méprisante pour nous que tu n'es pas un marchand de légumes et surtout, tu ne peux pas refuser de façon si péremptoire toute discussion sous prétexte que ton action s'inscrirait dans un domaine différent.

Nous sommes 5, peut-être bientôt 6, et tu n'es, comme nous tous, qu'une partie de ce tout qui ne peut fonctionner que dans l'harmonie.

Nos commentaires, assez unanimes, ne sont pas dirigés contre toi comme tu sembles le penser. Ils ne traduisent qu'une réalité que tu persistes à nier, contre toute évidence.

Notre prestation du 21 juin devrait nous permettre de tirer des leçons profitables pour le 6 juillet. Il serait vraiment débile de reproduire les mêmes erreurs.

Je souhaite que nous puissions dîner avant la répétition du lundi 1er juillet afin que nous parlions tranquillement de tout ça et je ne vous cache pas que je regrette que Vincent soit présent car cette ambiance délétère me dérange au plus haut point et je n'ai nulle envie d'en discuter devant des tiers. Mais il n'est bien entendu plus question de revenir sur sa présence, que nous avons souhaitée.

Je dis et je redis que nous avons entre les mains un beau jouet, prenons garde de ne pas le casser prématurément.

A bientôt donc.

Bises à tous.

Claude, 24/06/2019 à 7:59

Bonjour les amis (je tiens à ce dernier mot).

D'abord, je voudrais dire que ce n'est pas parce que j'émets une opinion différente que ça crée immanquablement une ambiance délétère. Le droit de ne pas être d'accord fait partie du fonctionnement démocratique et n'a aucune incidence sur l'estime et l'affection que j'ai pour vous. Bien.

Je suis d'accord avec le diagnostic qui a été fait de notre concert du 21, et j'ai indiqué qu'il y avait des choses à revoir, et d'abord à mon niveau. Et je suis également d'accord avec le fait que notre setlist est loin d'être parfaite.

Mais après le diagnostic, il y a le traitement. Il y a des choses que nous devons faire pour améliorer notre futur concert du 6, ce qui ne veut pas dire qu'il faut faire n'importe quoi. Pour moi, rajouter (ou supprimer) des chansons dans l'urgence fait partie du n'importe quoi. Quand Laurent opère une prostate est-ce qu'il va réséquer un bout de vessie parce que cette dernière a une sale gueule ? Non, bien sûr.

Quand j'aurais appris mes paroles, quand la Stratocaster sera passée chez le luthier pour éviter l'accordage toutes les 5mn, on aura fait un grand pas sur la voie de l'amélioration.

Le reste, qui consiste à construire une nouvelle setlist plus conforme à nos vœux va prendre, croyez-moi, un peu plus de temps.

Et, pour finir, je n'ai jamais refusé la moindre discussion, contrairement à certains.

Avec toute mon affection.

Nico, 24/06/2019 à 8:45

Hello Marc ! Je suis en train d'écouter l'enregistrement, quel son !!

Tu as bien fait de recadrer Claude qui déconne complètement.

Pour le 6 juillet, suite à la galère de vendredi avec les enfants je pense qu'on va laisser tomber le fait que Laure et les enfants passent le soirée à Clairis, ils sont encore un peu petits pour notre son démoniaque et ça va être galère pour Laure, et je n'ai pas envie d'avoir a me préoccuper de tout ça pendant le show. La baby-sitter attend mon appel n'est ce pas? Si oui je la préviens en ce sens.

Allez on va y arriver, mais il faut que Claude fasse gaffe, notre Philou est tout à fait capable de chanter une bonne partie des chansons qu'on joue, et celles qu'on voudrait ajouter aussi.

Même s'il y a des progrès à faire sur les sons de guitare et la rigueur, quand je repense à nous en décembre, je le dis qu'on a fait du chemin en très peu de temps !

Marc, 24/06/2016 à 8:52

Merci Nico.

Pour la baby-sitter, je t'ai juste donné son téléphone donc tu l'oublies. Mais je suis désolé que Laure ne puisse être des nôtres.

Quant à Claude, je ne le comprends décidément pas mais il ne faudrait pas qu'il tire trop sur la ficelle...

Quant à la prestation, oui, je crois qu'on a été bons...

Nico, 24/06/2019 à 8:57

Les amis, je vous en supplie ne nous écharpons pas par mail, on sait très bien que les écrits restent alors que les paroles volent.

Dînons tous ensemble le 1er juillet comme suggéré par Marc et je suis sûr que tout va bien se passer.

Et Claude, je sais que tu m'aimes pas trop ça mais écoute l'enregistrement envoyé par Marc, le son et la qualité sont dingues !

Claude, 24/06/2019 à 12:53

Bien sûr, je vais écouter, et je ne doute pas que ce sera très bien, je n'ai jamais posé le problème à ce niveau-là.

J'aimerais ajouter deux éléments au dossier : quelle a été la chanson la plus appréciée ? "Gaby, Oh Gaby", parce que c'était en français, et connu, alors que le reste, y compris les Stones, était à peu près inconnu au bataillon de nos fans d'un soir.

La plus grosse critique ? C'était trop fort, le volume sonore était trop important, ce qui explique que, malgré mes exhortations et mes sauts de cabri (qui m'ont valu une lésion au tendon d'Achille) le public est resté prudemment cantonné au fond, le plus loin possible de nous.

Voilà où sont les vrais problèmes, et pas dans des tripatouillages de setlist qui demanderaient un peu plus de réflexion et surtout plus de temps que les 12 jours (et 5 heures) qui nous restent avant l'échéance.

Claude, 24/06/2019 à 22:06

Je reste cela dit, tout à fait scandalisé par les accusations de Marc prétendant que je fais régner une ambiance délétère dans le groupe, que j'ai une attitude méprisante ou que je ne tiens pas compte de la réalité, ou autres fariboles du même genre.

Le WhatsApp de Philou de 19h03 parle de 30 mn de « titres imparables » à rajouter. Nicolas acquiesce et à 22h19, j'indique très clairement et très poliment que je ne partage pas cette idée de changements aussi radicaux pour le 6/7.

Quelques heures plus tard, Laurent, sans tenir le moins du monde compte de mon avis, en rajoute une couche, comme si je ne m'étais pas exprimé, d'où mon petit mot cinglant sur les marchands de légumes dont je suis tout prêt à m'excuser auprès de mon cousin que j'aime.

À part ça, j'ai écouté l'intégralité du concert et je comprends, en effet, que certains aient envie de virer le chanteur ! À lundi, tout de même.

Nico, 25/06/2019 à 7:38

Claude, tu t'es planté sur quelques structures parce qu'on n'a pas assez répété ces derniers temps, mais tu chantes hyper juste et avec puissance tout le concert. Je préfère mille fois ça à un chanteur qui ne fait pas une seule erreur de structure mais n'a pas de voix et chante faux.

Tu as super bien chanté, là-dessus aucun débat.

Pour tout le reste parlons-en tranquillement le 1er juillet plutôt que de nous énerver derrière nos écrans respectifs pour pas grand chose. On a pas mal de choses à améliorer pour faire encore mieux.

La bise.

Claude, 25/06/2019 à 8:06

Merci beaucoup Nicolas pour tes compliments qui me vont droit au cœur.

J'ai saboté « 8 Days a week » et « Sweet Virginia » essentiellement à cause de mon putain d'iPad.

Pour le reste, j'ai effectivement tenu le coup (mon prof de karaté m'a téléphoné pour me féliciter de ma « performance sportive » !) mais « Honky Tonk Women » est vraiment médiocre, et de mon fait. J'en ai même été étonné. Nous verrons. Bises et à Lundi.

Claude, 25/06/2019 à 14:09

Cher Marc, je suis en cours de chant avec Vincent, et il aimerait beaucoup que tu lui envoies le WeTransfer du 21.

Bises.

Marc, 25/06/2019 à 17:04

Cher Claude, il suffit de lui transférer le lien que je vous ai envoyé. Bises.

Claude, 25/06/2019 à 17:05

Je vais le faire, merci.

Nico, 25/06/2019 à 20:13

Au fait les BAs, Shitty est venu me voir après le concert pour me dire que c'était top, et qu'il y avait deux points à améliorer, dont on a déjà parlé : enchaîner plus rapidement les morceaux, trop de temps morts dus aux changements de guitares, et aussi gérer les sons parasites des guitares notamment entre les morceaux. Eric l'ingé son s'arrachait les cheveux pendant le concert sur les volumes et le gain des guitares qui avait été augmenté en cours de concert, ce qui nuisait à l'équilibre général.

Mais ce ne sont là que des petits points d'amélioration hein, l'ensemble est très très bon.

Claude, 25/06/2019 à 20:29

Oui, absolument. C'est ce que disais hier en notant que le public était prudemment resté loin de nous.

Dans tous les pédaliers de guitaristes il y a une "noise gate" qui supprime ces sons parasites. Mais on va encore dire que je crée une ambiance délétère en insistant sur ces questions de matos.

Nico, 25/06/2019 à 21:28

Je crois que le son était globalement un poil trop fort dès le début du concert, sans lien avec les variations de son des guitares.

Il faudra peut être en toucher un mot à Éric pour ne pas trop défriser le public de Clairis.

Claude, 25/06/2019 à 21:33

N'oublions pas la batterie sonorisée qui dicte le reste...

Je suis pour laisser faire Éric. Et pour qu'il discute avec les guitaristes à propos de la gestion de leurs sons et de leur volume sonore. Il y a des solutions.

En fait toutes les erreurs et les fautes de ce concert, à commencer par les miennes peuvent être rassemblées sous l'étiquette "amateurisme" (ambiance délétère). C'est notre premier concert, ce n'est pas très grave, mais nous devons nous professionnaliser c'est-à-dire, en ce qui me concerne, connaître les paroles des chansons par cœur. Se poser la question de cette façon nous donnera vite les solutions.

Nico, 25/06/2019 à 22:27

Oui il y a de ça mais sans se flageller pour autant. On a parcouru beaucoup de chemin en 6 mois, si on m'avait dit qu'on sortirait un concert pareil après certaines répétitions je n'y aurais pas cru.

Pour finir, Marc encore merci mille fois de t'être occupé de trouver le plan du square, d'avoir (re)trouvé Eric pour nous sonoriser, de t'être enquiquiné à venir à 13h30 vendredi... tu as tout géré et même si tu es humble, tu mérites des remerciements chaleureux pour ce dévouement pour le groupe.

Claude, 25/06/2019 à 22:29

Tout à fait d'accord.

Laurent, 26/06/2019 à 7:11

Un grand merci bien sûr et d'avance pour Clairis !

Marc, 26/06/2019 à 8:53

Merci Nico et Laurent, vous me gênez ! On commence à se connaître un peu mieux et vous savez que seul compte pour moi l'intérêt du groupe. L'écoute de notre bande-son suffit largement à mon bonheur, même s'il y a encore des améliorations à apporter, ce que nous ne manquerons pas de faire pour Clairis.

Oui, Nico, nous étions parfois loin de penser que nous parviendrions à ce résultat il y a encore quelques semaines.

C'est donc moi qui vous remercie.

Bises et à lundi.

Claude, 26/06/2019 à 9:08

Bien sûr, je compte pour du beurre.

Nico, 26/06/2019 à 9:12

Claude...

Marc, 29/06/2019 à 0:14

J'ai écouté attentivement l'enregistrement génial de notre prestation et j'ai noté quelques remarques qui n'engagent que moi.

Il ne s'agit en aucune façon d'une quelconque critique, j'ai simplement listé ce que nous pourrions éventuellement améliorer pour le 6 juillet.

Vous avez très certainement entendu des choses différentes et il sera intéressant d'en discuter avant la répétition du 1er juillet.

Bises à tous et à lundi.

J'ai également besoin de savoir combien nous serons pour déjeuner et pour dîner samedi à Clairis.

Merci et bises.

Claude, 29/06/2019 à 8:28

Remarques très pertinentes qui viennent confirmer ce que j'écrivais « à chaud « en notant que la somme de mes pains permettrait d'ouvrir une boulangerie. Tout cela mérite d'être corrigé.

Les 3 Ranval sont partants pour le déjeuner sachant qu'ils partiront de l'avenue Mozart à 10 h et qu'ils arriveront Dieu sait quand.

La question du dîner est plus complexe, avec les remarques suivantes : il serait bon de dîner tous ensemble car on aura probablement un débriefing à faire (en évitant de se planter des fourchettes dans les yeux) et il me paraît donc souhaitable que ce dîner ait lieu après le concert (d'autant que je fais partie des gens qui n'aiment pas monter sur scène l'estomac plein).

Bon week-end à tous.

Nico, 29/06/2019 à 12:00

Salut Marc !

Alors après mûre réflexion sur l'organisation, nous débarquerons avec la petite famille Roux au complet pour le déjeuner, puis j'amènerai Laure et les enfants au train à Villeneuve-sur-Yonne en fin d'après-midi pour qu'ils rentrent tranquillement chez ma belle-mère. Du coup il n'y aura que moi pour le dîner.

Je rentrerai le soir même sauf si je me sens vraiment trop fatigué auquel cas je ferai une petite sieste dans un transat avant de reprendre la route ;-).

Pour ce qui est du concert du 21 juin, j'ai personnellement besoin de simplement rejouer les morceaux lundi pour ancrer les structures.

Pour le reste, Philou je ne sais pas si tu as pu, comme on en avait discuté, reconsidérer les changements de guitare pour les limiter ?

Je proposerais bien aussi d'apporter ma Telecaster qui est très juste (ne se désaccorde pas) pour l'avoir prête à jouer en open de sol, plutôt que d'avoir besoin de s'accorder. Dites moi.

Pour le reste en ligne avec les remarques de Marc et Claude. Claude, tu disais que ton iPad t'avait gêné ou perturbé pendant le concert, as-tu pu voir comment faire pour que ce soit plus aisé pour le 6 juillet ?

Sinon sur "keep on rockin" faire un peu attention Philou le premier refrain est assez faux, rien de grave bien entendu.

A lundi les mecs !

Claude, 29/06/2019 à 13:56

Cher Nico, ainsi que je l'avais défini avec mon opposition entre l'amateurisme (jouer des morceaux non répétés, ne pas connaître les paroles d'une chanson, etc..) qu'il nous faut combattre et le professionnalisme vers lequel il faut aller, je ne pourrais pas faire autrement, hélas, qu'utiliser cet iPad, samedi, mais j'ai la ferme intention d'apprendre toutes les paroles de toutes les chansons qui composeront notre future set-list. On me dit que Johnny Hallyday avait un prompteur sur scène ; j'espère que je ne suis pas dans le même état que lui !

Bises et bon week-end.

Nico, 29/06/2019 à 15:22

Ils ont tous un prompteur sur scène, même Dave Grohl!

A mon avis il faut surtout que tu ne te prennes pas trop la tête, se mélanger dans une structure de morceau n'est pas grave du tout pour moi, ça arrive aux meilleurs fréquemment !

Claude, 29/06/2019 à 17:20

Merci de me rassurer.

Bises.

Laurent, 29/06/2019 à 21/53

Bonsoir à tous,

Marc, nous arriverons dans l'après-midi et serons 2 à dîner samedi. Merci beaucoup.

Bises et à lundi.

Marc, 30/06/2019 à 0:14

Je suis de retour à Paris.

Bien noté tout ça.

Nico, j'ai un lit parapluie et une chaise haute pour ta fille. Dois-je les préparer ? Que mangent tes enfants ?

Les Ranval, avez-vous des interdits alimentaires ?

Philou, tu viens quand et à combien ?

Je ne sais pas encore comment on va gérer le dîner car il n'y a pas de repas prévu pour le public avant notre concert et on ne peut pas laisser tout le matériel sur place et revenir dîner à la maison.

Quant à dîner après le concert comme le suggérait Claude, ça me paraît difficile. On va commencer vers 21h et une fois terminé, il faut tout ranger et aider Eric pour la sono.

Je serai sur place vendredi et je vais voir avec le Domaine si on peut manger un bout sur place avant de commencer. Dominique gérera les femmes à la maison.

Bises.

Claude, 30/06/2019 à 8:48

Il me paraît de la plus haute importance que nous puissions avoir une séance de débriefing après le concert, d'autant que nous allons nous séparer pendant 8 semaines, et qu'il faut préparer également la rentrée. En fin de compte, il n'est peut-être pas plus mal que ça ne puisse pas se faire samedi car nous ne pourrions pas, dans cette hypothèse bénéficier de la présence de Vincent. Je suggère un dîner dans la semaine du 8 juillet, lundi ou jeudi.

À demain.

Nico, 30/06/2019 à 9:01

Hello Marc,

Pour la chaise et le lit parapluie oui avec plaisir si ce n'est pas galère. Les enfants mangent de tout, comme les grands !

A demain !

Marc, 30/06/2019 à 9:49

Nico, pas de problème, j'ai toute la journée de vendredi pour me rappeler comment ouvrir le lit parapluie.

Claude, tu ne m'as pas répondu au sujet des interdits alimentaires de la famille Ranval.

Je suis dispo le lundi 8 juillet pour dîner. En revanche, le jeudi 11, je serai dans l'avion pour 10 jours en Islande.

Bises et à demain.

Marc, 30/06/2019 à 10:01

Bonjour Eric,

Voici en pièce jointe quelques détails sur l'itinéraire pour Clairis.

Je te communiquerai le code d'entrée jeudi (il change toutes les semaines).

Vers quelle heure comptes-tu arriver sachant que nous avons prévu de jouer vers 21h ?

Peux-tu me rappeler le tarif de ta prestation tel que nous l'avions convenu ?

Merci et à samedi.

Claude, 30/06/2019 à 10:03

Nous ne sommes pas de grands amateurs du porc sous toutes ses formes, mais il serait très exagéré de prétendre que nous respectons le fait de manger cacher.

Eric, 30/06/2019 à 18:07

Bonjour Marc.

Merci pour l'itinéraire, on part du Chesnay (78).

On peut arriver à 14h ou 15h, comme çà t'arrange, dis-nous.

Le patch et les réglages de base sont presque les mêmes que le 21 juin, on gagne une heure de balance donc.

Pour la deuxième question, même chose que le 21 juin, tout compris.

Les frais s'équilibrent, c'est parfait, merci encore.

Nico, 30/06/2019 à 18:13

Il faut que je voie cette semaine avec le boulot, je vous dis au plus vite pour le 8.

Pour demain soir j'ai un trou, on se retrouve au Vaudésir ?

A demain.

Philou, 30/06/2019 à 18:28

Hello,

Je serai seul samedi uniquement pour le dîner :-) Possible lundi 8 pour un dîner/réunion.

Merci Marc pour l'organisation.

Bises à tous.

Claude, 30/06/2019 à 19:21

Nous sommes déjà deux pour un dîner le lundi 8. Vincent, Laurent, Nicolas, Philou, nous attendons votre réponse...

Laurent, 30/06/2019 à 19:51

Pour l'instant lundi 8 ok.

Claude, 30/06/2019 à 20:03

Bien. Il ne nous reste plus qu'à avoir confirmation de Nicolas, ainsi qu'une réponse de Vincent pour que nous puissions envisager ce dîner dont l'ordre du jour est simple :

1. bilan du concert de l'avant-veille
2. préparation de la rentrée avec réactivation du processus de sélection des titres, car je crois que nous avons tous envie de renouveau !

Bises et à demain.

Marc, 30/06/2019 à 20:07

15h ça me paraît pas mal.

De toutes façons, tu m'appelles dès que tu arrives dans les parages et je viens vous chercher.

A samedi.

Marc, 30/06/2019 à 20:30

Je viens d'avoir Eric. Il arrivera avec son assistant vers 15h.

Merci de penser à préparer 140€ en espèces pour son enveloppe.

Bises et à demain.

JUILLET

Nico, 1/07/2019 à 9:02

Je recommande de partir sur le 8 juillet et je vais essayer d'être là.

De toutes façons si je ne peux pas, cela voudra sans doute dire que je ne pourrai pas les autres jours de la semaine non plus.

Ps: "gimme shelter" avec la voix haute perchée de Vincent sur les chœurs ça se tente non? Pardon j'anticipe sur septembre :-)

Claude, 1/07/2019 à 10:28

C'est le moment de penser à des listes de chansons pour préparer la rentrée. Si "Gimme Shelter" figure sur tes propositions, Nicolas, sache que je lui ferai un très bon accueil.

Bonne journée.

Marc, 1/07/2019 à 11:06

Bonjour Eric,

Voici le code d'entrée du Domaine : 9215A
Aurez-vous mangé avant d'arriver ? Il n'y a pas de restauration sur place.

Soit vous mangez un bout sur l'autoroute avant d'arriver soit on vous prépare des sandwiches et à boire (bière, eau, coca ?)

On vous prend en charge pour le dîner.

A samedi.

Marc, 1/07/2019 à 11:16

Je vous envoie le code d'accès du Domaine, que je viens de recevoir.

A ce soir.

Eric, 1/07/2019 à 12:40

Bonjour Marc.

Bien noté pour le code, merci.

On arrivera à 15h maximum.

On mangera au Chesnay avant de partir.

Sandwichs pour la route du retour, volontiers.

De l'eau gazeuse ou des sodas, c'est parfait.

A samedi.

Philou, 1/07/2019 à 15:04

Hello j'ai un doute. C'est 19 ou 20h au Vaudésir ?

Marc, 1/07/2019 à 17:44

Je n'en sais pas plus que toi.

Où et à quelle heure ?

OK. Si quelqu'un m'entend, je serai vers 19h à la pizzeria habituelle à moins qu'une réservation ait été faite au Vaudésir.

Nico, 1/07/2019 à 18:03

Ok pour moi, peut être plutôt 19h30 mais je fais le max, et OK pour la pizzeria du coup.

Laurent, 1/07/2019 à 18:21

J'avais 20h pour la répé mais Marc a-t-il repoussé à 21h comme la dernière fois pour Vincent ?

Philou, 1/07/2019 à 18:35

Oui c'est ce que je me suis demandé.

Nico, 1/07/2019 à 18:50

J'avais noté 21h mais peut-être me trompé-je ?

Vincent, 1/07/2019 à 18:51

21h indeed 🙏

Le temps de picoler avec mes élèves, par souci de professionnalisme.

Philou, 1/07/2019 à 18:52

Ok je pars je vous rejoins à la pizzeria.

Marc, 1/07/2019 à 18:55

21h.

Heureusement qu'il existe quantité de moyens de communication, ça aide.

La répétition a été reportée de 20h à 21h et cela a été notifié par mail il y a plus d'un mois. Peut-être faudrait-il doubler les mails avec des courriers postaux, des appels téléphoniques, des fax et des pneumatiques ? À discuter !

Vincent, 1/07/2019 à 19:23

J'ai cinq pigeons à dispo pour ceux que ça intéresse.

Marc, 1/07/2019 à 19:29

Vincent, 1/07/2019 à 20:47

Un peu de retard les enfants, avec la coupure de la ligne 6...

Claude, 1/07/2019 à 20:48

J'ai renoncé au métro aujourd'hui !

Nico, 2/07/2019 à 9:13

Hello Marc.

Alors ça s'est passé comment hier sur le retour ?
Tu as laissé couler ou vous avez eu une franche discussion ?

En tout cas la répétition était bonne et je pense que Vincent peut nous aider à nous améliorer encore.
Samedi, on s'éclate !

Marc, 2/07/2019 à 16:15

J'ai bien entendu laissé couler mais le Claude était tout de même un peu coincé. Pas question de remuer la m... avant notre concert.

Nous avons effectivement fait une excellente répète et Vincent peut bien entendu nous apporter beaucoup à la condition cependant que nous lui accordions une meilleure place en choisissant des morceaux adaptés à la présence d'un clavier. Force est de reconnaître que notre répertoire actuel se passe aisément d'un clavier sauf l'intro de « Money for Nothing » qui propulse le morceau dans les limbes.

Je crains cependant une chose, sans vouloir jouer les Cassandre, c'est que Claude s'appuie sur Vincent pour faire passer des morceaux dont lui seul a le secret. Il faudra donc mettre rapidement sur la table le processus de sélection et la valeur éliminatoire sans appel du 0, ce qui nous promet des belles empoignades.

Reste que nous n'avons pas eu le temps d'aborder la question de la rallonge du répertoire de samedi...

Je propose de nous fier à notre feeling et « sympathy for the devil », « satisfaction » et autres « sweet home chicago » ne devraient pas poser trop de problèmes !

Et samedi, on va faire en sorte de s'éclater grave !

Nico, 2/07/2019 à 16:17

Ok sur toute la ligne !

A samedi dans la joie et l'allégresse !

Marc, 2/07/2019 à 17:33

Je viens de parler avec le responsable animation.

La météo étant favorable, le concert sera, comme je le souhaitais, précédé d'un barbecue auquel le public sera convié à partir de 20h et invité à apporter ses vivres et son couvert.

On m'a demandé la permission de diffuser une musique d'ambiance pendant le repas, ce que j'ai bien entendu accepté.

Nous dînerons donc tous ensemble et nous attaquerons notre set quand nous le sentirons (21h ? 21h30 ?).

Ça s'était déroulé comme ça l'année dernière et ça avait été une belle soirée.

Y a plus qu'à !

Long live rock'n'roll !!!!

Laurent, 2/07/2019 à 17:57

Yes !! 
🎶🎙

(trouvez l'intrus)

Marc, 2/07/2019 à 18:09

Trop facile !!! C'est 🥁 !

Claude, 2/07/2019 à 18:14

Voilà une petite vidéo instructive et pas du tout inutile que je viens de découvrir. Je suppose qu'elle ne créera pas une ambiance délétère.

Bises à tous.

Marc, 2/07/2019 à 18:54

Je viens de recevoir le mail de Claude. Je peux t'assurer que je fais un énorme effort pour ne pas répondre mais je crains vraiment le dîner du 8... Il arrête de nous emmerder où je dégage !

Nico, 2/07/2019 à 18:55

Alors primo vu qu'il emmerde le monde et pas toi, si ça doit mal se passer ce n'est pas toi qui dégages ou alors suivi de près par Philou, Laurent et moi.

Deuxio je vais tenter de le raisonner.

Tertio Trimo samedi on s'éclate et après on avise.
Mais la section rythmique ne se disloque pas quoi qu'il arrive !

Marc, 2/07/2019 à 18:57

Disloquer la section rythmique, ça ne risque pas !

Le raisonner ? Bon courage !

Merci pour la solidarité ! C'est vraiment trop con d'en être arrivés là mais ça peut plus durer, ça va forcément péter !

Nico, 2/07/2019 à 19:28

Claude, on a dit que l'objectif de samedi était de prendre du plaisir.

Mettons nos petits désaccords (de guitare) de côté d'ici là et on reparle du futur calmement le 8.

Hauts les chœurs !!! (Ah ah).

Nico, 2/07/2019 à 21:58

Bon ça se présente mal me concernant pour le 8 au soir. J'ai une semaine de boulot hyper dense et ce soir là particulièrement je risque de me faire une nocturne car signature du gros contrat sur lequel je bosse depuis des mois le 9. Autant dire qu'il y a toujours des conneries à négocier au dernier moment... et le reste ne sera pas plus brillant d'ici à ton départ.

Je vais être obligé d'annoncer ça rapidement et je sais que Claude va me gonfler mais je n'ai pas trop le choix, je suis dans une période tendue au boulot et je ne peux pas me louper. Peut être qu'il faudra qu'on se parle après le concert samedi, ou alors à la rentrée...

A ton avis je préviens dès maintenant pour le 8 ou j'attends que le concert soit passé pour ne pas en remettre une couche ?

Marc, 2/07/2019 à 22:00

A mon avis, il faut le dire maintenant, annuler le dîner et le reporter dès que possible et SANS Vincent, histoire de laver notre linge sale en famille.

Nico, 2/07/2019 à 22:01

Ok je suis d'accord je fais ça.

Nico, 2/07/2019 à 22:08

Salut les BAs. Las après examen complet de ma semaine de boulot, je ne pourrai malheureusement pas me libérer le 8 au soir. On reparle de ça samedi pour voir quand on peut se voir au plus vite.

Nico, 2/07/2019 à 22:10

WhatsApp envoyé pour lundi. J'hésite à enchaîner par un mail sans Vincent en destinataire pour proposer le dîner à 5 pour se dire les choses... j'ai un peu peur de mettre le feu aux poudres avant samedi.

Marc, 2/07/2019 à 22:12

Right, on parlera de Vincent après samedi.
Attendons déjà de voir les réactions sur WhatsApp !

Marc, 2/07/2019 à 22:20

No problem, on reporte le dîner au plus vite. Je suis dispo à partir du 23 juillet.

Vincent, 2/07/2019 à 22:39

Ça marche, on se voit dans les semaines à venir.

Claude, 2/07/2019 à 22:52

Bon d'accord mais ce serait bien que les nouvelles propositions de chansons puissent être avancées dès la semaine prochaine. J'ai plein de temps pour écouter et noter.

Vincent, 2/07/2019 à 23:09

Alright !

Claude, 2/07/2019 à 23:47

Ce que j'ai compris de cette vidéo, c'est que c'est justement l'accumulation des erreurs qu'elle dénonce qui empêche de prendre du plaisir !

Nico, 3/07/2019 à 0:06

Pardon je faisais juste allusion au texte de ton mail accompagnant la video.

La vidéo en elle-même est très bien.

D'ailleurs elle tendrait à me faire renoncer au compresseur que j'avais lundi car tout nouveau matos est donc théoriquement proscrit... mais j'avais un son tellement plus présent. Je vais réfléchir à ça et en parlerai avec Éric le jour J pour voir ce qu'il en pense.

Philou, 3/07/2019 à 8:58

Ah, ça ne s'annonce pas simple car c'est le moment où je disparais pour un mois en gros...

Bon on en discute samedi après avoir mis le feu à Clairis !

Claude, 3/07/2019 à 9:10

Il serait donc important qu'en dépit de la fatigue et des contraintes d'intendance, on puisse trouver une heure après le concert pour se retrouver devant une tranche de pizza.

Dans le cas contraire, c'est en septembre qu'on se reverrait avec la question : qu'est-ce qu'on fait maintenant ? (et une réponse qui prendra des semaines à s'élaborer). L'absence de Vincent ne sera pas un problème insurmontable car je le verrai en juillet.

Et je n'ai même pas évoqué le debriefing du concert car pour ça aussi on pourrait avoir des choses urgentes à se dire.

Nico, 3/07/2019 à 9:19

Je suis d'accord, aucun problème pour moi à prendre une heure après le concert (et le rangement du matos).

Marc, 3/07/2019 à 10:31

Les amis,

Le WhatsApp de Claude m'inspire les réflexions suivantes.

Fin du concert vers minuit, discussion avec le public jusqu'à 0h30, compter entre 1h et 1h30 pour ranger le matos, laisser la place nette et aider Eric à remettre la sono dans son Espace (ça pèse des tonnes), on termine pas loin de 2h du mat'.

Philou doit rentrer sur Paris, Nico sur Fontainebleau, Laurent sur Saint-Julien.

Se retrouver devant une part de pizza ? Il faut juste trouver l'endroit pour l'acheter (à moins que Claude ne l'apporte de Paris) et pour la déguster.

Sur place, les barbecues seront probablement éteints. Chez moi, la configuration est telle que nous empêcherons Dominique et Ruben de dormir (Catherine sera, elle, moins gênée car plus éloignée).

Claude a une liste de morceaux à nous communiquer, j'ai fait la mienne, Nico, Philou, Laurent et Vincent nous proposeront les leurs, nous avons tout l'été pour tout écouter et tout sélectionner. Dès lors, la rentrée devrait se faire très simplement.

Et quant aux choses "urgentes" à se dire après le concert, je préfèrerais que nous savourions simplement l'instant.

Je pense donc qu'on peut aisément différer ce débriefing mais je me conformerai bien entendu à la décision générale.

Bises à tous et à samedi.

Nico, 3/07/2019 à 10:36

Marc, tu as oublié la petite heure qui sera nécessaire pour déscotcher les groupies en furie de notre guitariste lead beau gosse !

En effet ça ne semble pas si simple.

Je me mets de ce pas à ma liste. On utilise le fichier habituel partagé pour mettre les propositions right ?

Si c'est le cas, a-t-on le droit de proposer des morceaux qui ont été refusés par le passé sachant que l'arrivée de Vincent change la donne : morceaux avec clavier prédominant devenant possibles, tessiture de Vincent élargissant le champ des possibles etc etc… ?

La bise !

Marc, 3/07/2019 à 10:39

Nico, j'ai répondu par mail de façon très mesurée à la proposition de Claude.

Si nous entamons le débriefing à Clairis comme il le propose, je crains des dérapages ce qui, dans la mesure où je l'héberge, va créer une situation extrêmement inconfortable. Si d'autre part, on ne peut pas mettre les choses à plat, cette réunion ne sert à rien.

Quadrature du cercle ?

Nico, 3/07/2019 à 10:44

J'ai vu et suis d'accord (j'ai répondu en ce sens). J'en viens à me dire que laisser passer l'été et que tout le monde revienne plus zen en septembre peut aider. Mais il faudra effectivement s'expliquer.

Je suis en train de te chercher une anecdote éclairante sur les Foo Fighters en lien avec notre situation actuelle.

Marc, 3/07/2019 à 10:55

Tu as raison, Nico ! J'avais oublié les groupies de Philou !!! Merde ça nous amène à 3 plombes !!!

Concernant la liste, je pense que dans un souci de clarté, il vaut mieux que nous utilisions chacun dans un premier temps un fichier texte simple et que nous ne mettions ensuite sur la liste partagée que les morceaux qui auront survécu aux vétos sinon on va se retrouver avec 500 titres et ça va être impossible à gérer.

A-t-on le droit de... ? Qui parle de droit ? Nous avons tous les droits.. et un seul devoir : le groupe !

Claude, 3/07/2019 à 11:01

Je suis réaliste, je comprends. On fera le débriefing quand on pourra.

Mais comme le dit justement Nicolas, "on a tout l'été pour écouter, sélectionner". Il faut donc simplement qu'à un certain moment, avant le concert, on puisse se parler tranquillement pour organiser cette période de préparation de notre prochaine saison. Entre midi et 21h, on devrait pouvoir trouver ça. Et, rassurez-vous, je ne balancerai pas une liste de 200 morceaux, ce jour-là ! Bises.

Nico, 3/07/2019 à 11:17

Si tu peux faire ça dans un fichier Word c'est mieux mais par mail ça marche aussi, je mettrai dans un fichier Word en deux clics si besoin.

Marc, bien compris pour les droits et devoirs.

Personnellement je vais quand même me fixer une limite à une vingtaine de morceaux dans un premier temps, mon top 20 !

Claude, 3/07/2019 à 11:49

Je comprends, mais mon intention, par souci de ne pas créer d'"indigestion", était de proposer une chanson par jour, soit environ une cinquantaine de titres d'ici la rentrée.

Cela signifie-t-il, si j'ai bien compris, l'envoi quotidien d'un mail avec une pièce jointe ? (renseignements sur le morceau proposé, liens YouTube utiles, etc).

Marc, 3/07/2019 à 12:11

Dans ces conditions, rien ne s'oppose effectivement à ce que nous utilisions d'emblée la liste partagée.

Comme Nico, je me limiterai dans un 1er temps à mon top 20.

Bises.

Claude, 3/07/2019 à 12:23

J'aurai personnellement du mal à me limiter à 20 morceaux ; il y a tellement de merveilleuses chansons ! Mais surtout, il me paraît difficile de livrer simplement un titre "sec".

Si on prend l'exemple du "Superstition" de Stevie Wonder, il faut certainement passer par les versions de Beck, Bogart & Appice ou autres groupes ayant une approche plus rock, pour pouvoir imaginer notre propre reprise...

Il me faut donc un espace où je puisse donner ce genre d'indications.

Nico, 3/07/2019 à 12:59

Par mail ce sera très bien Claude.

Je préviens en revanche pour qu'il n'y ait pas de déception, je vais sans doute me faire quelques sessions d'écoute par bloc pendant les vacances mais certainement pas m'astreindre à écouter chaque jour un ou plusieurs morceaux et faire un feed-back systématique.

Je pense que je donnerai plutôt mon avis à la fin du processus.

Dit autrement, je ne compte pas passer mon été à débattre des morceaux proposés, j'ai hautement besoin de me déconnecter pendant mon seul vrai break de l'année.

Mais j'aime bien l'idée de pouvoir proposer des morceaux au fil de l'eau, ça permet de penser à des morceaux au gré des écoutes et réflexions plutôt que de se dire qu'une fois une liste proposée elle est figée.

Marc, 3/07/2019 à 13:46

Claude, dans la liste partagée, la colonne "remarques" est faite pour les...remarques. Il suffit de taper dedans le texte au kilomètre et de valider. Ça va déborder puis la colonne s'adaptera.

Nico, pas d'astreinte et pas besoin de feed-back systématique. Quand tu en as envie, tu écoutes et tu notes. En ce sens, la liste partagée est l'option la plus simple. La seule contrainte est d'aller la consulter de temps à autre.

Claude, concernant la discussion que nous pourrions avoir entre midi et 21h, il n'est pas inutile de rappeler que :

- Laurent et Philou arriveront... quand ils arriveront, pas avant 15h si j'ai bien compris
- Nico et toi arriverez... quand vous arriverez et nous passerons à table certainement pas avant 13h
- Eric s'annoncera vers 15h, je le réceptionnerai et commencerai à monter ma batterie car c'est elle que l'on doit positionner en premier et c'est par elle qu'il commence les branchements. Pas

question de le laisser seul car il faut ensuite placer les musiciens et prendre le temps de régler les instruments et les micros un par un avant la balance générale. Ce sera le moment où lui faire part de vos remarques.

Ça ne nous laissera pas beaucoup de temps pour caser la discussion que tu appelles de tes voeux.

Nous avions par ailleurs convenu de ne pas évoquer le processus de sélection avant la fin des concerts et j'aimerais que l'on s'en tienne à cette décision et qu'on remette à plus tard tout ce qui ne concerne pas directement la soirée.

Je retourne peaufiner mon top 20, que je vous livrerai en bloc dès que possible. Bises et à samedi.

Claude, 3/07/2019 à 13:55

C'est compris, je n'évoquerai plus la question avant la fin des applaudissements de "Rockin' In The Free World".

Bises et à samedi.

Laurent, 3/07/2019 à 15:16

Hello Marc,

Puisque tu nous l'a demandé, pour les agapes de samedi soir dont tu as la bienveillance de t'occuper, je (moi seul) ne mange pas de porc. Au cas où tu aurais prévu un tout charcuterie.

Et parce que contrairement aux vrais pros et aux recommandations on line je n'aime pas jouer le ventre totalement vide.

Maintenant si on dîne après je m'adapterai.

Bises et merci.

Laurent, 3/07/2019 à 15:35

Nous dînerons AVANT le concert parce qu'il sera matériellement impossible de dîner APRÈS.

Pas d'inquiétude, pas de porc au menu.

Nico, 4/07/2019 à 9:01

Salut Marc.

Bon j'adore la démocratie participative et j'ai hâte de mettre des notes aux chansons. Néanmoins et avec ton accord, je te ferais bien passer quelques morceaux entre nous pour que tu me dises si 1) c'est définitivement pas ton truc 2) au cas où tu aimes bien si ça te semble jouable à la batterie. Histoire de gagner un peu de temps de débats, et aussi l'occasion d'écouter de nouveaux morceaux. Dis moi si tu es OK, pas de problème dans le cas contraire !

Marc, 4/07/2019 à 9:05

Je suis bien sûr OK !

Et il faut qu'on se mette tous d'accord sur un point qui me semble essentiel: le refus d'un titre n'est pas l'expression d'une agression envers celui qui l'a proposé. Mais finalement, qui pourrait penser ça ?

Nico, 4/07/2019 à 9:10

Ah ah très bon !

Du coup, je te propose d'écouter les morceaux suivants des Foo Fighters : "Best of you", "Learn to fly", "Times like these".

Marc, 4/07/2019 à 9:27

J'ai écouté les 3 :

"Learn to fly" : j'adore +++
"Times like these" : je n'ai rien contre
"Best of you" : j'aime pas trop.

Nico, 4/07/2019 à 9:32

Ok je propose "learn to fly"? Facile à jouer en plus.

La prochaine fois que les foo fighters passent je t'emmène, de gré ou de force !.

Franchement c'est à voir ne serait-ce que pour le batteur.

Alala j'espère que Claude va se reprendre quand même, trop con ces histoires.

Marc, 4/07/20019 à 10:02

J'ai un peu de mal à me risquer à un pronostic et franchement ça me saoule de l'avoir chez moi ce WE parce que je ne sais vraiment pas comment éviter de péter les plombs s'il commence à aborder le 2*...

Il m'a vraiment gâché la fête !

On devrait être tous en train de s'envoyer des mails déconnants et joyeux et au lieu de ça...

Nico, 4/07/2019 à 10:16

Il faut garder espoir. Les Foo Fighters ont donne un concert a un festival en 2002, ils étaient au bord du split (gros clash entre le batteur et Dave Grohl). Leur show a été monstrueux et ils sont sortis de là en se disant « c'est pas possible de gâcher ça pour des conneries ». Carrière plutôt réussie depuis.

Je nous prédis le même destin.

Marc, 4/07/2019 à 16:31

Dernière ligne droite... La météo est au rendez-vous !

Anxiolytiques, cordes de rechange, mediators, money for Eric, baguettes, setlists...

Ça va être chaud !!!!

Bises et à samedi.

Claude, 4/07/2019 à 17:01

Chers amis,

Je suis, comme d'habitude, d'accord avec tout ce que dit Marc, sauf sur un point pour lequel je souhaiterais mettre en avant mon expertise : je déconseille fortement l'emploi d'anxiolytiques, benzodiazépines ou autres.

En effet, ces produits anxiolytiques ont très souvent un effet hypnotique qui nuirait à votre dynamisme, dont Brain Arthrosis a un besoin crucial. Votre capacité de concentration serait également altérée.

Tant qu'à faire, il vaut mieux absorber une toute petite dose d'alcool avant de monter sur scène, plutôt que ces saloperies chimiques.

Bonne nuit, et à demain.

Marc, 4/07/2019 à 17:22

C'était juste pour faire drôle.

Claude, 4/07/2019 à 17:35

J'ai eu peur que certains te prennent au mot.

Marc, 4/07/209 à 17:38

Mais non, je ne suis que très rarement au 1er degré.

Ceci étant, tu devrais arrêter la bibine, le concert c'est samedi, pas demain...

Claude, 4/07/2019 à 17:43

Je n'ai bu que de l'eau aujourd'hui. Mon lapsus s'explique certainement par mon impatience à vous retrouver et à produire un concert comme Clairis n'en a encore jamais vu.

Je me demandais s'il était vraiment utile que je te présente, lors de la présentation des musiciens, vu que tout le monde te connaît à Clairis.

Nico, 4/07/2019 à 18:06

Mais enfin Claude, évidemment qu'il faut présenter Marc pour l'ovation du tout Clairis !

Sinon moi j'opterai pour l'alcool avant la scène, ça permet de se lâcher !

A ce propos Marc, que souhaites-tu que nous apportions samedi ? Du vin, des douceurs genre desserts, anything else ?

Dis nous !

Marc, 4/07/2019 à 18:10

Je voulais justement vous en toucher deux mots samedi.

Il faudrait surtout que quelqu'un te présente toi et qu'on pense à remercier Eric et Irvin nos ingés son et Mr Lopez et son équipe, qui assurent l'intendance.

J'ai par ailleurs noté, en écoutant MA bande-son du 21, intégrale mais de piètre qualité par rapport à celle d'Eric (les voix saturent très souvent), qu'à plusieurs reprises, au cours des intermèdes, tu t'excusais du fait que nous n'étions que des amateurs.

Je ne sais pas ce qu'en pensent les autres mais ça ne me paraît pas forcément utile. Nous essayons de prendre et de donner un moment de plaisir dans un lieu de détente, ça me semble plutôt louable...

Le problème se poserait probablement différemment si nous nous trouvions à l'Arena en 1e partie des Stones...

Bon, je retourne me shooter aux amphèt' !

Marc, 4/07/2019 à 18:15

Merci Nico,

Je vois avec Dominique mais le vin me semble une bonne option sachant que Dominique et moi sommes incultes en la matière.

Je te rappelle tout de même qu'il n'est pas question que tu montes ivre mort sur scène, le coma éthylique étant finalement assez peu productif !

Claude, 4/07/2019 à 18:16

Evidemment que je vais présenter Marc ! Il m'arrive également d'être au second degré, histoire de taquiner. Je serais fâché de créer une ambiance délétère.

Pour la deuxième partie de ta question, Nicolas, il faut voir avec Dominique Pelta, et c'est Catherine qui va se charger d'une partie des desserts.

Nico, 4/07/2019 à 18:21

Sorry les gars j'ai tendance à répondre trop vite !

D'accord avec la remarque de Marc, Claude on ne s'excuse pas, on leur en met plein la vue et pis c'est tout!!!

Claude, 4/07/2019 à 18:23

Tu fais bien de m'en parler, car j'ai peut-être un peu trop insisté sur ce fait que nous étions des amateurs, quoique je n'avais pas la notion de m'en être excusé. Cela dit, le contexte de la Fête de la Musique insiste sur cette notion que tout le monde doit être capable de produire de la musique ce jour-là ; le 21 juin est le jour des amateurs.

Je ne dirai pas la même chose samedi, car vous savez que même si je revendique le fait d'être un amateur, je déteste l'amateurisme.

Au cas où Ruben aurait son bac (résultats demain), j'apporterai du champagne.

Nico, 4/07/2019 à 18:26

Excellent !
Je sens que Clairis va se souvenir de notre passage !
Fingers crossed !

Marc, 4/07/2019 à 18:33

Nico, Catherine apporte le dessert pour le samedi midi.

Si tu peux apporter de quoi grignoter au dessert du dîner, ce sera bien. Pas de glaces ni de dessert à la crème, le lieu ne s'y prête pas. Un truc facile à déguster.

Merci et à samedi.

Nico, 4/07/2019 à 18:38

Will do !

Laurent, 4/07/2019 à 19:34

J'ai pas compris tout. Pour nous qui ne serons là qu'au repas du soir, qu'est ce qu'on apporte ?

Claude, 4/07/2019 à 19:39

Laurent, j'ai envoyé un SMS à Marina, mais elle ne l'a peut-être pas encore lu.

Claude, 5/07/2019 à 10:22

Un peu de champagne demain. Ruben rate d'un demi-point (15,5) la mention très bien. On ne va pas le frapper trop durement.

Nico, 5/07/2019 à 10:27

Mazette tu dois être fier !!!!
Félicitations, champagne demain !!!!

Marc, 5/07/2019 à 10:37

Bravo Ruben et j'apprends à l'instant que ma petite-nièce est également reçue avec la mention Bien.

Nous pouvons nous consacrer à la musique, la relève est assurée....

Laurent, 5/07/2019 à 13:40

Bravo Ruben !!

Marc, 5/07/2019 à 15:19

Les bonnes nouvelles se succèdent.

Après la réussite de Ruben, je peux confirmer à Laurent qu'il y aura demain soir non pas 1 mais 2 chiottes à disposition. Ça devrait le rassurer.

Et voila-t-y pas que Dieudonné est condamné à 2 ans fermes pour fraude fiscale ? Ça c'est une putain de bonne nouvelle !

Bon, je viens de voir le régisseur et tout baigne au niveau de l'intendance.

Bises et à demain.

Nico, 5/07/2019 à 15:27

Alors là Marc, tu ne peux pas me faire plus plaisir... bon débarras pour Dieudonné, « pour l'ensemble de son œuvre ».

A demain sous le soleil !

Claude, 5/07/2019 à 15:54

Marc, pour toi c'est la totale : les postiers des Hauts-de-Seine reprennent le travail après 15 mois de grève !

Marc, 5/07/2019 à 16:22

Merde, les factures vont revenir !!!

Nico, 5/07/2019 à 20:42

Je suis incognito au stade de France (mais j'ai bien vu que quelques groupies me reconnaissaient).

Marc, 5/07/2019 à 20:44

Muse ?

Nico, 5/07/2019 à 20:45

Yes, avec Weezer en première partie que j'aime beaucoup. Muse moins mais j'avais offert ça à Noël à mon filleul.

Marc, 5/07/2019 à 20:46

Cool ! Ça va probablement être top ! Moins que demain mais quand même !

Bonne soirée.

Nico, 5/07/2019 à 20:47

Ça fait une bonne mise en bouche pour les fans de rock.

Et je te rassure Marc je me limiterai à une dizaine de pintes.

Marc, 5/07/2019 à 21:04

T'inquiète, j'ai acheté de la bière !

Nico, 5/07/2019 à 21:04

Je parlais de ce soir !

Marc, 5/07/2019 à 21:23

J'avais bien compris. Mais 10 un soir, on s'accoutume et hop ! 15 le lendemain...

Nico, 5/07/2019 à 21:23

Hé hé !

Claude, 5/07/2019 à 21:24

Je suis dans un karaoké à Belleville prêt à chanter "Hotel California".

Marc, 5/07/2019 à 21:26

Garde un peu de voix pour demain !!!

Nico, 5/07/2019 à 21:29

T'inquiète je ne m'abaisse pas à chanter du Muse. Bon ils ont le son.

Claude, 5/07/2019 à 21:29

En tout cas je boirai moins de rosé.

Marc, 5/07/2019 à 21:32

Quand je pense qu'il y en a qui parlent de saloperies chimiques !!!! Je me marre !!!!

Claude, 5/07/2019 à 21:33

Le vin est un produit parfaitement naturel.

Marc, 5/07/2019 à 21:47

Et dénué de tout, hic, effet secondaire, heurgh !!!!

Claude, 5/07/2019 à 21:48

En quelle tonalité le Eagles ?

Nico, 5/07/2019 à 21:48

On a tout essayé, te prends pas la tête prends le comme il vient !

Marc, 5/07/2019 à 21:48

Si mineur.

Claude, 5/07/2019 à 21:49

C'est bon je fonce !

Marc, 7/07/2019 à 9:45

Tout le monde bien rentré ?

Nico, 7/07/2019 à 9:59

Oui monsieur, encore merci pour cette très bonne journée !

Laurent, 7/07/2019 à 10:31

Oui merci. nous ouvrons l'œil.

Claude, 7/07/2019 à 10:32

Arrivés à bon port. Bises.

Philou, 7/07/2019 à 11:42

Bien arrivé ! Just woke up.
Merci les rockeurs.

Claude, 7/07/2019 à 10:07

Nous avons été bons, voire très bons, même si le meilleur de nous tous se prénomme Éric.

Au-delà de la boutade, il y a sans doute des choses dont on pourrait discuter autour d'une table, mais je ne veux retenir de cette journée que le plaisir que j'ai pris à ce concert, et la délicieuse hospitalité de Dominique et Marc que je remercie encore.

Une réflexion, pourtant ; vous ne serez pas étonnés de lire que je n'ai aucune intention de « m'adapter aux attentes du public ». Ce ne serait bien sûr pas le cas si j'étais payé, avec la mission de faire danser les gens, ou d'attirer le plus de monde possible, que sais-je encore. Non, le seul impératif est de prendre du plaisir et de le partager avec ce partenaire d'un soir qu'est le public.

Je discutais avec Laurent cette semaine et lui rappelais que beaucoup de choses dans ce domaine fonctionnent sur le modèle du rapport sexuel (y compris quand on a à construire une set-list qui doit se terminer par un moment orgasmique). Il peut arriver que la partenaire prenne du plaisir sans pour autant atteindre l'orgasme (ce qui était clairement le cas, hier soir). Aurions-nous dû nous adapter, au risque de gâcher notre propre plaisir, sans pour autant être certains de lui en procurer davantage ?

Je laisse la question ouverte et vous souhaite à tous d'excellentes vacances. Je vous embrasse mais vous aurez, dans la journée un second mail portant sur un sujet tout à fait différent.

Claude, 7/07/2019 à 12:29

Chers amis,

Je vais maintenant soumettre à votre jugement une partie de ces assez nombreuses chansons, choisies avec soin, dont j'espère, évidemment, qu'un assez grand nombre trouveront grâce à vos yeux.

Il y aura, de ma part, et jusqu'au jour de notre première répétition de Rentrée, une chanson par jour, ni plus, ni moins. Chaque "tranche" de huit chansons est classée par ordre chronologique (par exemple, J1, chanson de 1965,... J8, 2009, et ça revient à 1965 pour J9, etc).

Mon choix couvre l'intégralité de l'histoire de notre musique, de 1965 à 2016, mais un certain nombre de styles que nous ne pratiquons pas (rap, électro, reggae, Rn'B) en sont exclus, de même que des choses que j'ai jugées inaccessibles (Yes, Gentle Giant, Haken, etc). Cela dit, je n'ai pas hésité à mettre dans ma liste le "Killing In The Name" de Rage Against The Machine, rigoureusement infaisable (who knows ?) ! Mais, en même temps, il se pourrait que j'aie manqué d'ambition : pourquoi n'ai-je pas ajouté "Good Vibrations" à ma liste ? Enfin, que vais-je faire des 150 et quelques chansons qui ne vous auront pas été soumises ? Continuer mes propositions, tout au long de l'année, à un rythme beaucoup plus mesuré, en fonction de ce qui se passera pendant nos répétitions.

Vous verrez réapparaître certaines chansons qui ont été récusées par le passé, cela pour 2 raisons : d'abord parce qu'elles me semblent suffisamment intéressantes pour mériter une 2ème chance ; ensuite, parce que la présence de Vincent change considérablement la donne et nous permet d'envisager des choses qui étaient, par le passé, inatteignables.

Et puis, très immodestement, je me permettrais de vous signaler les chansons qui ont fait l'objet d'une chronique, dans le blog d'OldClaude.

Je vous remercie chaleureusement d'accepter, à titre expérimental, ma proposition de notation à 4 degrés. Je vous rappelle qu'il suffit de donner la note "3" à une de vos propositions pour indiquer qu'il s'agit d'une 2 étoile, possibilité offerte 10 fois par an, seulement ; tous les détails vous sont donnés par ailleurs.

Lorsque le besoin s'en fera sentir, j'enverrai, parallèlement, un mail pour préciser ce qui pourrait être notre version de référence. Par exemple, pour "Superstition", il est clair que notre version de référence ne sera pas celle de Stevie Wonder, mais qu'il faudra plutôt écouter Beck, Bogart & Appice ou d'autres qui abordent la chanson dans une perspective plus rock.

J'aime, par définition, toutes ces chansons, et je ne saurais trop vous recommander un petit temps de réflexion, le même que celui que j'aurai pour celles que vous me soumettrez, avant de leur faire subir l'épreuve du zéro éliminatoire !

Bonnes écoutes pendant ce que je vous souhaite être de bonnes vacances, bonnes notations, afin que nous puissions nous remettre au travail dès la Rentrée et à demain pour ma première proposition.

Bises à tous.

Marc, 7/07/2019 à 16:12

Les amis, je suis mortifié par le fait que nous avons omis de remercier publiquement Eric et Irvin nos ingés son.

Y a t-il un moyen de rattraper le coup (par mail) ou mieux vaut-il oublier ?

Claude, 7/07/2019 à 16:38

La première chose que j'ai faite en quittant la scène c'est d'aller serrer la main d'Irvin et d'Eric en les félicitant très chaleureusement et en leur disant que je n'avais envie de travailler qu'avec eux, dans l'avenir; ça n'efface pas totalement notre impair, mais j'ai quand même vu qu'Eric était satisfait de mon attention.

Marc, 7/07/2019 à 16:53

J'ai bien entendu fait la même chose.
Cela suffit-il ?

Nico, 7/07/2019 à 16:55

Ah mince c'est vrai !!!!
Je crois qu'il n'y a pas grand chose à faire hélas.
Je ne pense pas qu'Eric en ait pris ombrage, et puis certains d'entre nous l'ont bien aidé pour ranger le matos, ça compense pas un peu.

Marc, 7/07/2019 à 16:58

Oui, Nico, tu as certainement raison. Difficile de rattraper le coup. Mais je m'en veux !

Claude, 7/07/2019 à 16:59

Nous ne l'aurions pas fait de cette façon aurait été un signe de grave impolitesse. Nos démarches conjointes devraient te permettre de t'apaiser.

Un petit coup de fil dans quelques jours pour lui redire que tout le monde a trouvé que nous avions un son génial pourrait être une cerise sur le gâteau, et si tu veux bien me transmettre son mail, je lui ai dit que je pourrais ainsi lui donner l'adresse du blog d'OldClaude. Bises.

Claude, 7/07/2019 à 17:05

Non, pas d'accord avec vos inquiétudes exagérées. Nous lui avons bien signifié la qualité de son travail, et c'est plus important que de donner un nom vite oublié par le public. Les deux ensemble auraient été mieux, bien sûr, mais je ne crois pas que nous ayons à nous sentir très coupables.

Laurent, 7/07/2019 à 17:12

C'est un oubli d'amateurs, pas une impolitesse. Et nous l'avons aidé à ranger son matériel puis nous l'avons salué avant de partir. Cela a certainement rattrapé le coup.

Il a du passer à autre chose. Donc Marc, pas de mortification. Et merci encore de votre accueil à Dominique et à toi.

Bises.

Claude, 7/07/2019 à 21:51

Marc, bonsoir.

En consultant la feuille Excel, sur laquelle je compte bien intervenir dès demain, je m'aperçois que les 27 morceaux de ce qu'il convient de nommer "la play-list actuelle" ont été notés par toi 1 ou 2.

S'agit-il, pour les 5 autres musiciens de donner également une note ? Y compris "0" ?

Cela veut-il dire que certains morceaux pourraient être écartés de notre futur répertoire ?

Cette notation, qu'on réservait aux nouvelles propositions, a-t-elle la même pertinence pour des chansons connues et travaillées ? Bises.

Philou, 7/07/2019 à 22:39

Salut les gars,

Claude s'emballe un peu avec la setlist...alors qu'on a pas discuté. On le laisse divaguer tout l'été...?

Marc, 7/07/2019 à 22:43

On va provoquer une discussion sans Vincent afin de mettre les points sur les "i".

Philou, 7/07/2019 à 22:46

Via mail, du coup ?

Marc, 7/07/2019 à 23:19

Claude, j'ai "noté" les morceaux de la playlist en indiquant simplement en orange ceux que je souhaitais mettre de côté, sans pour autant les éliminer. Nous les avons travaillés et je pense qu'ils peuvent constituer un réservoir utile.

J'ai vu que de ton côté, tu en avais éliminé 3.

J'ai lu avec attention ta proposition de cotation des nouveaux morceaux.

Elle ne peut être validée ou éliminée qu'après discussion et pour le moment, je m'en tiens donc à la formule de sélection actuelle.

Il est impératif que nous nous réunissions le plus rapidement possible pour faire le bilan de la saison passée et pour discuter des nouvelles orientations.

J'insiste pour que cette réunion se déroule sans Vincent car le bilan de la saison passée ne le concerne pas.

Je commence à avoir d'excellents retours de notre prestation ainsi que quelques remarques de mes potes musiciens dont je vous ferai part lors de cette réunion.

Bonne nuit à tous.

Bises.

Claude, 7/07/2019 à 23:28

Effectivement, il y a là, Marc, quelque chose d'un peu rigide. Je n'ai pas vraiment envie d'éliminer ces morceaux, mais il est clair que je ne les vois pas figurer sur notre prochaine setlist, tout simplement parce qu'on peut trouver beaucoup plus pertinent, pour reprendre l'adjectif le plus adapté.

J'ai, bien sûr, très envie d'un dîner, mais remarque bien que tu viens d'envoyer le mail ci-dessus à tout le monde, y compris à Vincent !

Quant aux excellents retours, je confirme, et ma phrase de ce matin sur le fait qu'Eric était le meilleur d'entre nous insiste sur le fait que nous lui devons BEAUCOUP pour expliquer ce résultat.

Bonne nuit.

Marc, 7/07/2019 à 23:38

Vincent n'est effectivement pas concerné par la saison passée. Son avis sera sollicité à partir de la prochaine saison. Je pense qu'il est suffisamment intelligent pour le comprendre.

Nico, 8/07/2019 à 0:28

J'ai délibérément enlevé Vincent de ce mail pour rebondir sur celui de Marc.

Je suis d'accord avec Marc, il faut faire le bilan des mois passés. Je crois qu'on a très bien joué samedi soir, j'ai pris un certain plaisir voire un plaisir certain, mais cela ne suffit pas à mon sens pour gommer les tensions qui sont effectivement apparues ces derniers temps.

Il faut se réunir pour que chacun dise ce qu'il a sur le cœur et nous verrons bien quelle conclusion on tire de tout ça.

Malheureusement mes disponibilités à court terme sont très réduites voire nulle...

Marc je comprends que tu es de retour le 23 juillet, las c'est à ce moment là que je disparais jusqu'au 27 août. Qu'en est-il des autres?

J'aurais bien proposé qu'on se voit autour d'un déjeuner en semaine (plus facile pour moi), mais j'imagine que c'est impossible pour Laurent...

Bref je n'apporte pas vraiment de solution à court terme mais au pire des cas peut-être serait il bien de bloquer dès maintenant une date fin août.

Claude, 8/07/2019 à 8:36

Les tensions dans un groupe sont inévitables. L'important est de les gérer intelligemment et calmement. Je pourrais facilement me libérer pour un déjeuner.

Laurent, 8/07/2019 à 9:31

Hello everybody !

Les mails étant nombreux et entrecroisés je préfère utiliser WhatsApp pour fixer la date de notre réunion.
Compte tenu du retour de Marc le 23/7 et de mes vacances je peux le 23 au soit et le 25 à midi et le soir. Après c'est à partir du 18 août...

Nico, 8/07/2019 à 9:32

Le 25 midi fonctionne pour moi, c'est le seul moment où je peux.

Philou, 8/07/2019 à 9:35

Pas possible pour moi je pars vendredi et rentre le 28.

Claude, 8/07/2019 à 10:01

Moi qui ronchonne parce qu'on est un peu trop Rolling Stones-centrés, la première chanson que je propose figure sur le "Out Of Our Heads" des Stones (1965) ! Ils l'ont jouée à Hyde Park en juillet 1969, on la trouve sur la nouvelle édition de "Get Yer Ya-Ya's Out", sur "Stripped" et le "Shine A Light" de Scorsese. Les Soup Dragons en ont fait une reprise intéressante en 1990. Vincent ! Il y a de l'orgue !

Cela dit, j'adore les versions enregistrées pendant la tournée américaine de 1969, si vous dénichez celles d'Oakland, par exemple, avec des solos superbes de Taylor...

Claude, 8/07/2019 à 18:10

J'avais déjà oublié de vous l'écrire, ce matin, mais vous trouverez, dans le blog d'OldClaude, une chronique concernant "I'm Free"...

Nico, 8/07/2019 à 9:11

Merci et bien joué Marc.

Est-ce qu'on est d'accord sur l'objectif de la réunion : que chacun dise ce qu'il a sur le cœur et qu'on voit ensuite si c'est Claude-compatible en gros :

- absence totale d'implication sur les montages-démontages de scène, très désagréable pour les autres, attitude générale auto-centrée;
- problème de définition de l'objectif : se faire plaisir oui, mais personnellement me faire plaisir en jouant un morceau qui emmerde le public conduit in fine à ce que je ne prenne pas de plaisir. Donc je privilégierai des morceaux pêchus et connus;
- susceptibilité exacerbée qui n'a rien à faire là, on n'est pas des pros et l'enjeu reste uniquement de se faire plaisir et faire plaisir aux gens. Donc soit on dégonfle le melon et on est plus ouvert d'esprit, soit ça ne sert à rien de s'entêter.

Je pense qu'il faut être assez cash sur le fait qu'à défaut de pouvoir améliorer les points ci-dessus, Claude est viré (c'est brutal mais c'est la réalité).

A vous lire chers amis.

Marc, 8/07/2019 à 15:43

Claude ne fait toujours pas partie de cet envoi.

Je viens de recevoir le mail de Claude et le choix qu'il propose est dans les droite ligne de ses choix précédents.

"I'm Free" est une belle mélodie qui est totalement décalée pour un concert.

Je suis fatigué des discussions avec Claude, son attitude a été indigne et je refuse de continuer avec lui.

Les retours que j'ai eus à Clairis sont unanimes. Tout le monde nous a trouvés excellents sur le plan musical mais notre chanteur est notre maillon faible.

Je viens de déjeuner avec le chanteur de mon ancien groupe, clairissien également, fan absolu des Stones et fin connaisseur de rock, et il serait enchanté de replonger et honoré de faire partie de Brain Arthrosis. Nous n'aurons pas de problème de répertoire avec lui, je m'en porte garant.

Il y a deux écueils : il s'absente généralement 2 mois par an aux USA (en deux fois) et ne joue pas d'harmonica.

Le lundi soir lui conviendrait assez et si vous êtes d'accord, je vous propose une répétition avec lui.

Bien entendu, fixons d'abord une date pour notre réunion et finissons-en avec Claude.

J'attends vos retours.

Bises.

Nico, 8/07/2019 à 18:16

Salut Marc,

Le point de non retour étant atteint, je suis évidemment pour ta proposition et le fait que le chanteur de ton ancien groupe soit absent deux mois par an ne me semble pas problématique, on s'organisera en conséquence.

J'imagine qu'il est plus « facile » que Claude...

Reste à voir comment annoncer ça à Claude maintenant, il n'y a pas vraiment de bonne façon de le faire mais le plus vite sera sans doute le mieux indeed.

Marc, 9/07/2019 à 9:41

Salut les BA's,

Je me suis tu jusqu'à présent car il fallait préserver les engagements auxquels nous étions tenus et je ne vois pas l'intérêt d'attendre une hypothétique réunion dans deux mois.

Je ne vais pas continuer l'aventure.

Claude, ce qui n'était au début que divergences musicales anecdotiques est devenu au fil des mois difficilement supportable.

Je suis lassé de tes digressions futiles interminables sur le 2 étoile, je suis lassé d'OldClaude (non, Claude, "Old Claude" n'est pas la vérité, juste l'expression ampoulée de ton goût personnel), je suis lassé de ta psycho-rigidité (*je n'ai aucune intention de « m'adapter aux attentes du public »*), je suis lassé de me faire traiter de marchand de légumes, je suis lassé de ta prétendue expertise en matière de comportements humains, je suis lassé d'entendre que mes goûts musicaux ne sont que vieilleries.

Nous avons tous des problèmes quotidiens à assumer et la musique aurait dû être un espace de détente et de plaisir, ce qui est maintenant loin d'être le cas.

Tu as gâché l'après-21 juin et l'avant-6 juillet et j'ai du mal à le digérer. Nous aurions pu faire le point lors du dîner du 1er juillet mais tu n'as pas jugé bon d'y assister.

Et ton attitude incroyable lors de nos deux concerts a probablement été déterminante.

Tu es parti immédiatement du kiosque le 21 juin sans prêter main forte au démontage du matériel.

Tu as choisi de faire la sieste pendant que nous montions le matériel le 6 juillet.

Tu es de nouveau parti dès la fin du concert pendant que nous rangions tout.

Tu es finalement rentré à Paris le soir même alors que Dominique et moi avions tout préparé et prévu, sans compter que dans ces conditions, nous aurions pu héberger d'autres membres du groupe.

Je continuerai à jouer de la musique avec ceux qui voudront bien de moi, mais plus avec toi. Je ne me sens plus le courage ni l'envie de recommencer une saison de galères.

J'espère que tu as remarqué que notre assistance, bien chauffée jusqu'à "Johnny B. Goode", s'est vidée de moitié à la fin du doublé "The Wind Cries Mary - Something".

Mais, comme tu l'as si justement écrit dans ton mail du 29/05/2019 à 11:12 : "il faut gérer les 4 tempos lents, et je dois vous avouer que je n'en ai rien à foutre si des gens partent pendant ces 4 morceaux".

Désolé Claude, il fallait bien qu'on fasse le bilan et pour moi, le compte n'y est plus. Trop de "je" pour si peu de "nous".

Eric m'a fait parvenir l'enregistrement et les photos qu'il a faits.

Il m'a prévenu que, passant directement par la table, les guitares sont un peu en retrait et ça ne correspond pas à ce que le public entendait, public qui m'a confirmé que le son était nickel.

J'ai monté la bande-son, que je n'ai pas encore écoutée, et je vous envoie le tout, histoire de vous remercier des bons moments passés ensemble.

So long !

Claude, 9/07/2019 à 10:02

Dernier single des Fab Four (1970), l'orgue de Preston donnera du travail à Vincent, d'autant qu'il y a aussi le piano de Paul. Personnellement, je préfère la version de "Let It Be... Naked"

Claude, 9/07/2019 à 10:42

Je ne m'abaisserai pas à discuter avec un Fouquier-Tinville au petit pied, et je laisse chacun libre de se faire sa propre opinion sur le mail de Marc.

L'aventure de Brain Arthrosis étant, sous cette forme, terminée, je suis, chers Philou, Laurent, Nicolas (et Vincent, que je vais informer) à votre disposition pour discuter, au téléphone, ou mieux, autour d'un verre, d'une suite possible à donner à notre petite aventure musicale.

Tout le monde commet des erreurs, et je ne suis pas au-dessus de tout reproche, mais je reste quelqu'un de rationnel, avec qui on peut parler.

Ce qui se passe me rend triste, mais je vous souhaite de bonnes vacances à tous les trois.

Philou, 9/07/2019 à 10:58

Hello Marc,

Sache que je suis partant pour continuer à jouer ensemble du rock et sans prise de tête.

Merci encore pour ton implication dans toutes les tâches administratives des BA, on n'aurait pas eu un seul concert sans toi.

Kiss.

Marc, 9/07/2019 à 11:02

Merci Philou, c'est avec plaisir que je continuerai à jouer avec toi et Nico, et Laurent s'il le souhaite.

Le moment est pénible mais devenait inévitable.

Il y avait samedi pas mal de potes musiciens et leur avis a été unanime : Nico et toi leur avez fait forte impression. Je vous le dis comme il me l'ont dit, sans flatterie.

Vous avez notamment impressionné notre futur chanteur qui, s'il fait l'affaire, a quelques bons plans concerts sous le coude. On en reparlera.

Voyons maintenant comment organiser la suite…

Bises, bonnes vacances et on réfléchit tous à de nouveaux titres.

Philou, 9/07/2019 à 11:04

Il chante du AC/DC ?

Marc, 9/07/2019 à 11:05

Faudra voir. C'est quand même pas évident.

Marc, 9/07/2019 à 11:47

Le lien vers un petit montage vidéo.

Philou, 9/07/2019 à 13:47

Hello les BA's,

Effectivement ce qui se passe me rend aussi triste.

Comme Marc, je vous annonce que je ne suivrai pas pour une nouvelle saison.

Quand j'ai proposé à Laurent de jouer avec vous, j'imaginais vraiment un moment de pur détente, d'éclate totale, de retour en enfance, d'un groupe de Rock'n roll sans chichi.

Malheureusement je ne m'y retrouve pas. Je n'ai vraiment pas digéré ce qui s'est passé à Clairis lorsque les gens ont commencé à nous tourner le dos... tout à cause d'un choix à côté de la plaque de notre setlist. Je m'y attendais et ça n'a pas loupé. Il y a donc un fossé trop grand entre ce que j'ai envie de jouer en public et l'orientation musicale de BA.

De plus, j'ai l'impression que l'ambiance s'est délitée gravement ces derniers temps et de trouver au sein de BA uniquement compromis, dissensions et gâchis. Sûrement en cause nos goûts musicaux donc, mais aussi des caractères bien différents. Dans un groupe pareil on ne devrait pas avoir à lire une logorrhée imprimée sur 5 pages pour comprendre le début du processus du choix des chansons qu'on va potentiellement jouer ...

Je vous avoue que ça me fatigue et je viens de passer la ligne rouge.

Bien sûr on s'est bien amusé ! Je garderai de bons souvenirs à jouer avec vous les gars.

Bisous à tous.

Marc, 9/07/2019 à 14:54

Bien ton mail. Merci.

Philou, 9/07/2019 à 15:05

Il fallait le dire ! J'ai essayé de ne viser personne…

Nico, 9/07/2019 à 20:01

Salut à tous.

J'ai quitté mon précédent groupe parce que le batteur n'avait pas le niveau. J'ai trouvé chez BA un super batteur évoluant dans un très bon groupe.

Je ne pensais pas que les choses déraperaient aussi vite. Malheureusement je ne peux que partager le constat de Philou et Marc.

Claude tu dis qu'on peut discuter avec toi, mais t'es-tu relu avant d'envoyer ta réponse au mail de Marc ?

Je comprends que tu sois triste ou vexé, mais toi qui t'offusques quand on ose employer des termes tels que « dictatorial » ou « délétère », tu es assez prompt à attaquer violemment et la remise en question n'est manifestement pas d'actualité.

Je me permets de te faire remarquer que Marc s'est tapé l'intégralité de l'organisation des concerts du 21 et du 6, la moindre des choses aurait été de mettre la main à la patte comme dirait ma grand-mère.

Bref, je vais garder les bons souvenirs parce qu'on a quand même fait de bons concerts, et vous dis sans détour que mon intention est de continuer à jouer avec Marc avec qui j'ai un très bon feeling, musical comme perso. Comme tu le dis Claude, chacun est libre de se faire sa propre opinion, voici donc la mienne.

J'ai un boulot prenant/stressant, de jeunes enfants dont je dois m'occuper, hors de question que la musique devienne une prise de tête.

Bon été à tous.

Laurent, 9/07/2019 à 23:17

Bonsoir à vous trois.

Je viens d'avoir Claude au téléphone assez longuement...

Une page est donc tournée.

Pour ma part, je suis tout à fait motivé pour envisager de nouvelles aventures musicales à la rentrée.

Bises.

Nico, 9/07/2019 à 23:21

Tu as bien fait de l'appeler.

J'espère que Claude s'en remettra mais franchement ce n'était plus possible de continuer.

Tournons nous vers l'avenir, Marc pour ma part quand tu veux pour une répétition avec Didier à partir du 27 août. Et j'imagine qu'il faudra chercher un nouveau nom...?

BRAIN ARTHROSIS IS DEAD WELCOME DIDIER

Marc, 10/07/2019 à 0:52

Laurent, merci de continuer avec nous. J'espère que ta conversation avec Claude n'a pas été trop pénible.

Je préviens Didier, lui communique notre playlist actuelle, l'informe de notre formule de sélection 2,1,0 et l'inscris dans notre nouveau groupe WhatsApp.

Mettons-nous en quête d'un nouveau nom bien sûr.

Je fais dès que possible un framadate pour septembre.

Il pourrait être intéressant que nous fassions dès maintenant des suggestions de morceaux sur notre nouvelle liste Excel dont je vous communique par mail la nouvelle adresse.

Vincent s'est retiré de la liste WhatsApp. Que fait-on avec lui ?

Bises à tous.

Nico, 10/07/2019 à 8:55

Marc, pourrais tu nous renvoyer la liste des chansons que vous jouiez à l'époque avec Didier ? Par pour la copier mais pour se faire une idée de ce qui est dans les cordes (vocales) de Didier.

Claude a sans doute averti Vincent.

Le plus simple est de lui demander ce qu'il veut faire.

Veux tu que je m'en occupe Marc ?

Nico, 10/07/2019 à 9:09

Welcome Didier !

Nico (le bassiste).

Philou, 10/07/2019 à 9:28

Hello Didier !

Marc, 10/07/2019 à 9:52

Bonjour à tous,

Nous sommes tous un peu secoués par ce qui s'est passé hier, nous avons certainement une pensée un peu triste pour Claude, mais il nous faut maintenant avancer.

Je mets Didier dans notre nouveau groupe mail (Laurent, c'est à toi de le mettre dans le groupe WhatsApp, tu en es l'administrateur).

Je pars demain pour 10 jours et j'aimerais revenir sur un certain nombre de points.

Nicolas, ce serait effectivement une bonne chose que tu interviennes auprès de Vincent pour connaître ses intentions.

J'aimerais que nous définissions de nouveau nos jours et heures disponibles pour les répétitions de la rentrée afin que je puis refaire un Framadate pour septembre.

Je suis dispo les lundis, mercredis et jeudis fin de journée et soir.

Je pense que nous sommes tous d'accord pour conserver notre système de sélection 2 - 1 - 0 mais rien n'interdit de le modifier.

J'ai préparé 20 suggestions que je vais d'ores et déjà mettre dans la nouvelle liste Excel dont je vous redonne l'adresse et je vous engage à faire de même afin que nous ayons un peu le temps de tout écouter avant la rentrée.

Personne ne doit prendre pour une attaque personnelle le refus d'un titre.

Nous devons prendre en compte notre feeling, la faisabilité du morceau et sa pertinence vis-à-vis du public. Nous n'avons pas à justifier notre choix, le zéro est éliminatoire, le titre va à la poubelle et on passe à autre chose.

Ça devrait simplifier et accélérer les choses et il y a suffisamment de millions de chansons pour qu'on puisse en trouver quelques-unes qui nous conviennent à tous.

Pour le changement de nom, je me suis replongé dans notre discussion de la fin 2018 et j'aime bien "Blind Ears".

A vous de jouer.

A la demande de Nicolas, voici en pièce jointe le répertoire des groupes dans lesquels Didier et moi jouions.

Je rappelle que nous avions un piano et un synthé.
Coordonnées du groupe :

Nicolas ROUX : 06 11 86 40 76 - nicolas.-roux34@gmail.com
Philippe BRAUN : 06 17 38 38 00 - p.marin-braun@gmail.com
Laurent CHARBIT : 06 11 79 83 28 - charbit.-laurent@wanadoo.fr
Didier NATTAF : 06 17 77 04 22 - dnattaf@fi-drex.com

J'espère vraiment que nous repartirons sur des bases plus cool.

J'ai pris énormément de plaisir à faire nos 3 concerts et j'espère qu'il y en aura beaucoup d'autres à venir.

Je ne communiquerai pas trop pendant les 10 jours à venir mais j'espère au moins pouvoir lire vos mails. B i s e s à tous.

Didier, 10/07/2019 à 10:15

Pas mal notre répertoire Why Not et avec ça il n'y a pas les derniers (Dead Flowers, Let it Bleed, ...)!

Je ne sais pas si je peux déjà communiquer avec vous, cela semble un peu trop frais...

Marc, 10/07/2019 à 10:36

Si si, tu peux et tu dois communiquer avec nous, soit part le biais du groupe mail (à toi de le constituer avec les adresses que j'ai données, et sans m'oublier please !) soit par le groupe WhatsApp (ex-BA) dès que tu y seras mis par Laurent.

Tu peux faire des propositions et voter, sur les nouveaux titres et sur la playlist actuelle.

N'oublie pas non plus de rappeler tes jours et heures disponibles pour les répétitions.

Il est relativement fréquent que nous ne soyons pas au complet mais nous en profitons pour caler les morceaux et les voix.

La tendance générale est plutôt 21h-minuit précédé d'un dîner dans une pizzeria toute proche.

Allez, lâche-toi.

Bises.

Laurent, 10/07/2019 à 10:37

Hi Didier !

Didier, 10/07/2019 à 10:39

Hi Guys so nice to be part of this adventure !

Let's rock !

Nico, 10/07/2019 à 10:40

Ouh yeah !

Marc, 10/07/2019 à 10:58

Quelques échos de la soirée sur le site de Clairis :

- Une si bonne soirée samedi dernier sur le terrain de pétanque ... Merci les Brain Arthrosis qui nous ont enchantés !
- Super, à refaire !
- c'était super !!!
- Bravo au groupe ! Et quelle pêche !
- samedi 6 juillet, sur le terrain de pétanque, on a pu assister à ce magnifique concert des Brain Arthrosis. Formidable soirée !!! Un énorme merci à vous pour ce si bon moment clairissien !
- Super ! Merci.
- Une soirée magnifique. Un grand merci !

Plutôt sympa, non ?

Marc, 10/07/2019 à 11:15

Philou, je crois que tu es l'administrateur de la Google Sheet ? Didier n'est pas autorisé à y entrer ????

Philou, 10/07/2019 à 11:23

Je regarde asap.

J'ai le doc setlistBA mais j'ai pas accès à celle que tu as communiquée par mail.

Marc, 10/07/2019 à 11:49

Pouvez-vous me dire si vous avez maintenant accès à la playlist ?

Didier, 10/07/2019 à 11:51

Ça y est moi c'est bon.

Laurent, 10/07/2019 à 11:52

J'y ai.

Marc, 10/07/2019 à 11:52

OK ! Et pouvez-vous intervenir dessus ?

Nico, 10/07/2019 à 11:52

Carrément encourageant !

Philou, 10/07/2019 à 12:09

Yes good merci.

Nico, 10/07/2019 à 12:38

All good for me !

Didier, 10/07/2019 à 12:39

Same for me.

Laurent, 10/07/2019 à 12:53

Yes I can.

Didier, 10/07/2019 à 12:56

J'aime beaucoup « Blind Ears » et suis dispo les lundi, mardi et mercredi.

Didier, 10/07/2019 à 13:26

Je t'ai envoyé un email qui est revenu error pourtant c'était un renvoi…

Marc, 10/07/2019 à 13:26

Quelle adresse mail ?

Didier, 10/07/2019 à 15:21

Noos.

Marc, 10/07/2019 à 16:13

C'est une adresse invalide que j'ai rentrée par erreur dans le groupe mail.

J'ai corrigé (orange).

Nico, 10/07/2019 à 17:28

En combinant les dispos de Marc et Didier il nous reste les lundis et mercredis, les deux me vont !

Didier, 10/07/2019 à 17:37

Marc,
Préférence pour le lundi.
Bizz.

Marc, 10/07/2019 à 18:09

Les copains,

J'ai par curiosité jeté un oeil sur les dispos du studio pour septembre et il y a déjà des réservations.

Sans vouloir jouer les casse-c…, il serait bon de ne pas trop tarder.

Voici donc le lien pour le Framadate de septembre.

J'ai indiqué a priori les lundis et les mercredis, à adapter en fonction des possibilités de Laurent et de Philou, qui ne se sont pas encore exprimés.

J'ai cru comprendre que les travailleurs préféraient le créneau 21h-minuit, raison pour laquelle je n'en ai pas indiqué d'autres, mais à moduler au coup par coup bien entendu.

Ce serait bien de remplir le bintz assez rapidos afin d'avoir les studios que nous souhaitons.

Le Carnegie (le 60m^2) est déjà pris quasiment tout le mois.

Bises.

Didier, 10/07/2019 à 19:10

Tu parles chinois pour moi, mais je vous laisse faire…

Nico, 10/07/2019 à 19:12

A voté !

Marc, 10/0792019 à 19:20

Didier, je t'explique.

Tu vas sur le lien que j'ai donné et tu tombes sur un tableau.

Tu mets ton nom dans la case de gauche, puis pour chaque date tu cliques sur le ? et tu mets une croix rouge si tu ne peux pas, une coche verte si tu peux et un schmurtz orange si tu sais pas encore.

Une fois que tout le monde a rempli les petites cases avec son nom, on sait exactement qui est là et quelles réservations on doit faire.

Il y a plusieurs types de studios, de superficie allant de 8 à 85m². Il nous faut entre 40 et 60m² pour être à l'aise, ce sont les studios les plus demandés et notre créneau horaire est le plus prisé.

Ça veut dire en deux mots que SI ON SE MAGNE PAS LE C... POUR RESERVER, ON RISQUE DE NE PAS AVOIR DE PLACE !!!!!

C'est habituellement moi qui fais les réservations mais comme je pars demain dans l'après-midi, va falloir que quelqu'un d'autre s'y colle sauf si j'ai toutes les réponses ce soir ou demain de bonne heure.

Understood ?

Nico, t'as voté où ? Y a rien sur le Framadate !

Nico, 10/07/2019 à 19:27

Ben si, quand je clique dessus d'ailleurs on voit mes dispos. Tu ne les vois pas ?

Marc, 10/07/2019 à 19:32

C'est bon, il fallait juste que je rafraîchisse la page.

Laurent, 10/07/2019 à 20:17

Je rentre chez moi et je vote.

Didier, 10/07/2019 à 20:27

A voté !

Laurent, 10/07/2019 à 21:38

J'ai voté.

Nico, 11/09/2019 à 9:11

Salut Marc,

Bon vraiment, j'ai trouvé que Didier chantait super bien, il a le rythme, la justesse, le timbre. Et il a quand même envoyé une 15aine de morceaux dès la première répétition. Ça ouvre de belles perspectives, notre groupe va énormément gagner en qualité. Et il a l'air hyper sympa et simple, en plus !

Philou, 11/07/2019 à 9:12

Didier, tu peux mettre la tonalité qui te convient le plus pour chaque titre stp ?

Marc, 11/07/2019 à 9:16

Revue de presse…

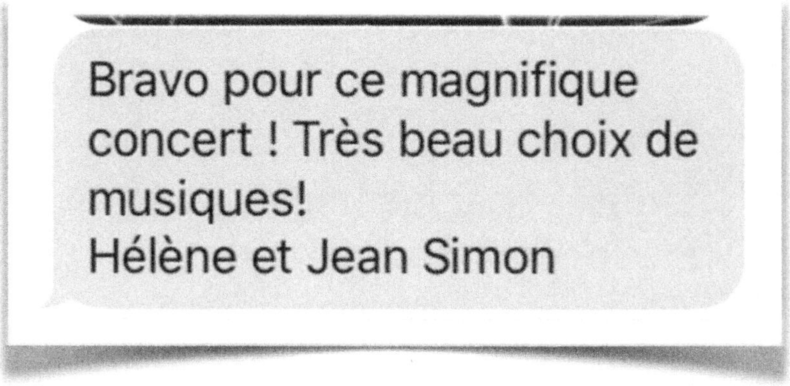

Bravo pour ce magnifique concert ! Très beau choix de musiques!
Hélène et Jean Simon

Michèle Didry Ryterband Tu veux dire : très très bon moment

Like · Reply · 14h

Linda Zeschkowski Soirée géniale avec un orchestre fabuleux

Like · Reply · 12h

Message
dimanche 22:30

C'était super hier soir
Bravo
On a passé une très bonne soirée
Bisous 😘 😘😘bonne semaine
Sarah

Michèle Didry Ryterband
9 July at 17:01

samedi 6 juillet, sur le terrain de pétanque, on a pu assister à ce magnifique concert des Brain Arthroses. Formidable soirée !!! Un énorme merci à vous pour ce si bon moment clairissien !

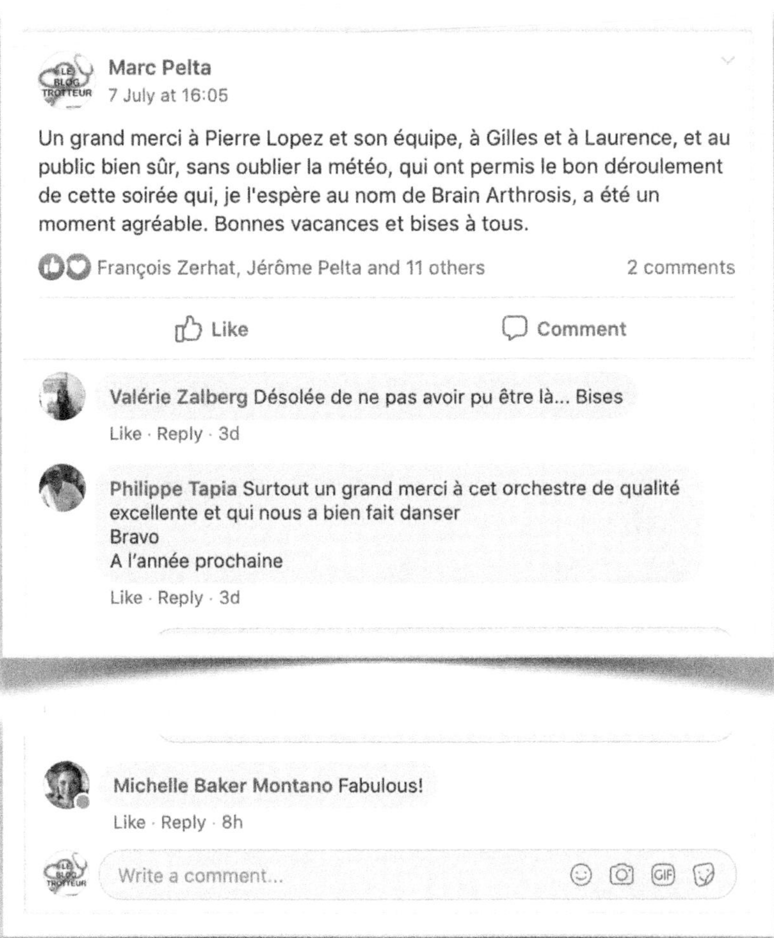
Marc Pelta
7 July at 16:05
Un grand merci à Pierre Lopez et son équipe, à Gilles et à Laurence, et au public bien sûr, sans oublier la météo, qui ont permis le bon déroulement de cette soirée qui, je l'espère au nom de Brain Arthrosis, a été un moment agréable. Bonnes vacances et bises à tous.
François Zerhat, Jérôme Pelta and 11 others
2 comments
Like
Comment
Valérie Zalberg Désolée de ne pas avoir pu être là... Bises
Like · Reply · 3d
Philippe Tapia Surtout un grand merci à cet orchestre de qualité excellente et qui nous a bien fait danser
Bravo
A l'année prochaine
Like · Reply · 3d
Michelle Baker Montano Fabulous!
Like · Reply · 8h
Write a comment...

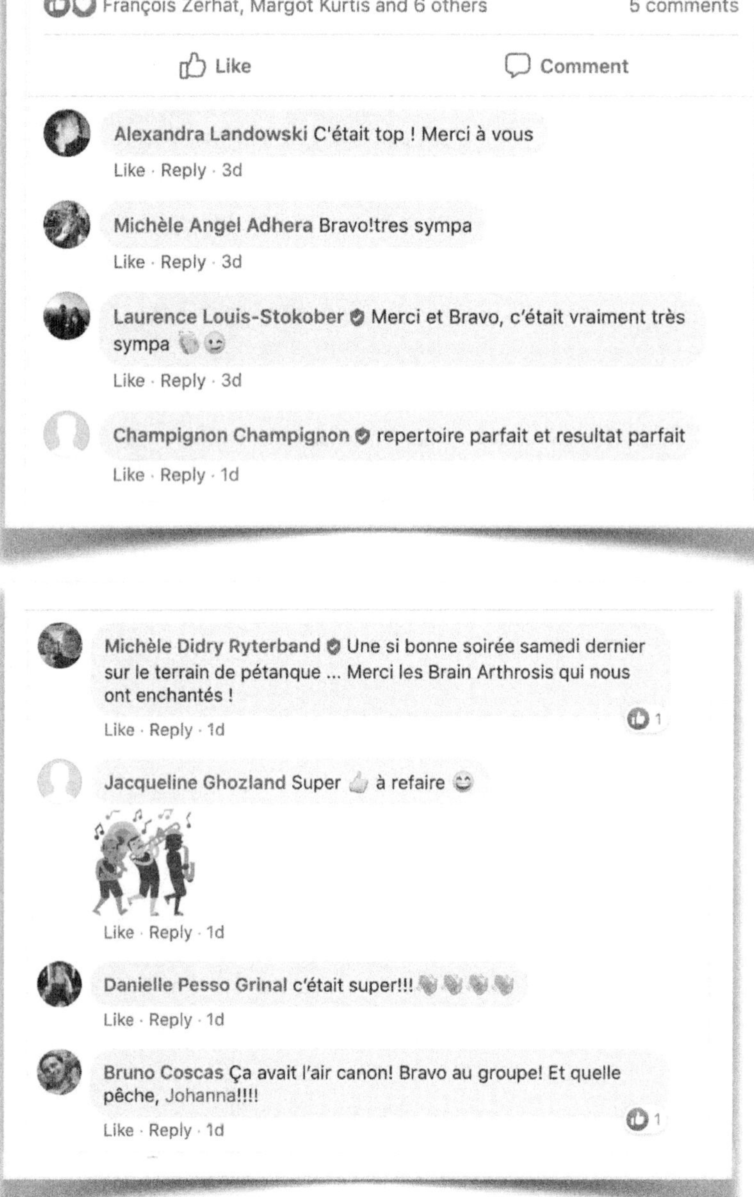
François Zerhat, Margot Kurtis and 6 others
5 comments
Like
Comment
Alexandra Landowski C'était top ! Merci à vous
Like · Reply · 3d
Michèle Angel Adhera Bravo!tres sympa
Like · Reply · 3d
Laurence Louis-Stokober Merci et Bravo, c'était vraiment très sympa
Like · Reply · 3d
Champignon Champignon repertoire parfait et resultat parfait
Like · Reply · 1d
Michèle Didry Ryterband Une si bonne soirée samedi dernier sur le terrain de pétanque ... Merci les Brain Arthrosis qui nous ont enchantés !
1
Like · Reply · 1d
Jacqueline Ghozland Super à refaire
Like · Reply · 1d
Danielle Pesso Grinal c'était super!!!
Like · Reply · 1d
Bruno Coscas Ça avait l'air canon! Bravo au groupe! Et quelle pêche, Johanna!!!!
1
Like · Reply · 1d

Didier, 11/07/2019 à 9:29

Ouh la la compliqué pour moi ce genre de choses... je suis le plus à l'aise en La, pour le reste j'essaye...

Nico, 11/07/2019 à 9:46

Pour le répertoire actuel je propose qu'on garde les tonalités actuelles et qu'on voit si DIDIER est à l'aise. Pour les nouveaux on tente dans la tonalité originelle !

Didier, 11/07/2019 à 9:57

Ca me va ! Cool !

Marc, 11/07/2019 à 11:47

Salut les zykos,

Ben ça avance bien, les propositions.

Je me suis permis de commencer à trier les titres en fonction des notes reçues, histoire d'y voir un peu plus clair.

Il faut bien entendu attendre que tous les titres soient notés.

Et il faudra se résoudre à supprimer les titres ayant obtenu un "0", encore une fois sans offense personnelle.

Qui va être en charge du programme des répétitions ? J'aurais tendance à désigner Didier, comme l'était Claude avant lui. Qu'en pensez-vous ?

Et le débat sur le nom du groupe est ouvert !

Le Framadate étant rempli par tous, j'ai fait les réservations suivantes :

lundi 9 septembre : 21h-minuit
lundi 16 septembre : 21h-minuit
lundi 23 septembre : 21h-minuit

Les réservations se font maintenant au nom de Marc Pelta et non plus au nom de Claude Ranval.

Bonnes vacances à tous and we keep in touch.

Bises.

Nico, 11/07/2019 à 12:07

Ah merci Marc tu m'as pris de vitesse !!!

Bonnes vacances et oui pour les programmes de répétition, ton idée est la bonne je pense.

Concernant le nom, "Blind Ears" me va, j'avais aussi une affection pour un nom tournant autour de "Flowers", mais "Blind Ears" m'ira très bien !

Bonnes vacances.

Laurent, 11/07/2019 à 12:19

Tout ça me semble parfait. De quoi passer un bon été.

Bizatous... Et ça m'étonnerait qu'on ne se parle pas durant cette période !!

Marc, 11/07/2019 à 12:22

Ce serait au-dessus de nos forces !!!!!

Didier, 11/07/2019 à 13:43

Toujours aussi efficace et précieux !

Merci Marc et passe de bonnes vacances.

Marc, 11/09/2019 à 16:08

Salut Nico, merci pour ton message, je suis content que Didier fasse l'affaire. Il paraît évident que les choses seront plus simples qu'avec Claude et force est de constater qu'il est meilleur. Didier de son côté était ravi de l'ambiance et du niveau. Il m'a avoué qu'il était un peu intimidé, ce que je comprends parfaitement : intégrer un groupe qui a déjà ses codes n'est certainement pas simple mais il s'est d'emblée senti bien avec nous.

A lundi donc pour de nouvelles aventures.

Dîner 19h30, je te commande une Romana ?

Nico, 11/09/2019 à 16:09

Ouh yeah !

Marc, 11/07/2019 à 16:11

Merci Didier, tu sais bien que j'ai une mentalité de secrétaire !Toi, te voilà promu directeur des programmes et le 9 septembre, tu vas faire connaissance avec la puissance de feu de Nico et de Philou et avec Laurent, notre maître des plans et des structures.

J'ai hâte ! Bizzzzzzzz !

Didier, 11/07/2019 à 16:12

Ce sera avec plaisir !
Enjoy your summer all of you.

Nico, 12/07/2019 à 20:36

Je l'avais loupé celui-là, ça fait plaisir!

Catherine, 12/07/2019 à 21:31

Cher Marc, (et chers Laurent, Philou, Nicolas),

Claude m'a un peu tenu au courant de tes décisions concernant Brain Arthrosis, et, tout en le regrettant, car vous aviez fait un excellent concert à Clairis, je voudrais rétablir la vérité en ce qui concerne ce qui s'est passé à la fin de ce concert du 6 juillet.

C'est moi qui ai demandé à Claude, dès qu'il est sorti de scène, de rentrer immédiatement à Paris, et je le remercie encore d'avoir accepté, malgré sa fatigue. J'avais, en effet, reçu un appel téléphonique de mon beau-père me donnant des nouvelles alarmantes concernant l'état de santé de ma mère, et j'étais dans un état d'angoisse qui est la seule cause de ma demande auprès de Claude.

J'aurais probablement dû téléphoner à Dominique, le lendemain, pour m'excuser, mais je ne prévoyais pas (et Claude non plus) que les choses prendraient, pour toi, ce tour définitif. Je tenais à rétablir cette vérité, et Claude m'a signifié son accord pour l'envoi de ce mail.

Bien amicalement, à tous.

Marc, 12/07/2019 à 21:50

Chère Catherine,

Je suis sincèrement désolé d'apprendre ces mauvaises nouvelles concernant l'état de santé de ta mère et j'espère que les choses s'arrangeront.

Il était si simple de fournir cette explication sur le moment. Mais ceci, ajouté au fait que Claude ait de la même façon quitté les lieux le 21 juin et choisi le 6 juillet de faire la sieste plutôt que de participer à la manutention, nous a tous beaucoup choqué.

Je suis désolé de la tournure qu'ont prise les événements mais les tensions au sein de notre groupe étaient devenues trop importantes et ce dernier épisode n'a fait que précipiter les choses.

Je t'embrasse.

Marc, 23/07/2019 à 17:29

Salut les musicos

Je suis de retour sur Terre et je viens aux nouvelles après avoir rempli ma part de la playlist, qui devient conséquente.

Je suis de nouveau connecté et à l'affût des News.

Bises à tous.

Nico, 23/07/2019 à 17:33

Welcome back Marc !

Pour ma part je suis dans les starting-blocks pour de longues vacances bien méritées. Je vais définitivement m'acheter un compresseur qui m'a donné un son d'enfer à Clairis, et un petit peu de matos additionnel parce que ça fait plaisir d'acheter du matos. Vivement la rentrée !

On part sur la liste de morceaux de base maîtrisée (moins ceux ayant reçu un « 0 » pour le 9 sept) ?

Marc, 23/07/2019 à 23:37

Salut Nico, si Didier est OK, ça me semble une bonne base de reprise en main, d'autant qu'il faudra peut-être revoir certaines tonalités.

La parole est aux « collègues ».

Bonnes vacances à toi et à ta petite famille (Dominique et moi sommes tombés sous le charme de Camille !).

Et excellent été à tout le monde.

Bises.

Laurent, 23/07/2019 à 23:46

Je suis en vacances à partir de vendredi et vais avoir pas mal de temps pour penser à tout ça tranquillement.

Bises.

Marc, 24/04/2019 à 8:38

Bonnes vacances, Laurent. Bises.

Si d'aventure certains ne l'avaient pas encore vu, «Yesterday» s'impose. Jolie histoire et musique d'enfer of course.

Nico, 24/07/2019 à 9:06

Je le note !

Didier, 24/07/2019 à 9:39

Hello les musicos, si j'ai bien compris les what's app, on part donc sur les morceaux playlist actuelle pour la première séance ?

Ce qui représente tout de même environ 30 morceaux, je vous propose d'enlever de ce « pot » pour la seule première séance, les morceaux suivants que je ne connais pas encore bien afin de me permettre une reprise en douceur:

Bashung gaby
Hendrix the wind cries...
Kinks all day and...

Is it ok for everyone ?
Enjoy your summer guy !

Nico, 24/07/2019 à 9:51

Hello Didier, c'est parfait of course, aucune pression !
Enjoy the very very hot summer !

Marc, 24/07/2019 à 10:16

Ça baigne pour moi.

AOÛT

Marc, 8/08/2019 à 18:15

Un petit bonjour, savoir si vos vacances se passent bien et si la musique vous manque autant qu'à moi.

Des bises.

Nico, 8/08/2019 à 19:05

Hello les amis !

Je tiens le coup en profitant du soleil et de la plage.

Mais vivement la reprise des répétitions avec ce nouveau groupe, rock'n'roll sans prise de têtes, on va s'éclater !

Laurent, 8/08/2019 à 22:34

Merci Marc.

Les vacances se passent bien effectivement.

Hâte de rejouer mais pas trop de reprendre le boulot. Sacré dilemme... Et si on faisait la tournée des plages ?

Bon, blague à part, en passant à Cavalaire l'autre soir j'ai vu un groupe sur le port genre rock/RnB qui assurait grave avec un public nombreux et super chaud. Revigorant !

Bises à tous.

Marc, 27/08/2019 à 15:34

Salut, amis musicos,

Les vacances se terminent et j'espère que vous avez autant hâte que moi de reprendre le chemin du studio.

Je vous rappelle nos prochaines dates de répétition en septembre :

1. lundi 9/09 de 21h à minuit
2. lundi 16/09 de 21h à minuit
3. lundi 23/09 de 21h à minuit

J'ai consulté les plannings pour octobre et il y a déjà pas mal de réservations.

Vous pourrez donc dès à présent donner vos disponibilités sur le framadate.

Notre liste Excel comporte encore pas mal de votes non exprimés mais nous avons du pain sur la planche puisque 30 titres sont déjà approuvés à l'unanimité.

Je rappelle enfin que nous sommes en quête d'un nom pour notre nouveau groupe.

L'un de vous a-t-il eu des nouvelles de Claude et/ou de Vincent ?

Bonne fin de vacances à tous et rendez-vous le 9 septembre. On dîne avant ?

Bises à tous.

Nico, 27/08/2019 à 20:54

Salut les amis,

Hâte de m'y remettre aussi, après une bonne coupure et de bonnes vacances régénérantes !

J'ai rempli le framadate Marc.

Merci pour le rappel pour les répétitions de septembre.

Pas de réponse de Vincent, quant à Claude il m'a envoyé un autre mail, je vous raconterai mais pas grand chose de plus à dire.

Pour le nom du groupe, je pensais à «Rockstore», une idée comme une autre.

A très bientôt !

Laurent, 27/08/2019 à 22:48

Framadate rempli !

« Garbage » existe déjà. Mais « Garbage band » ? Bon, je continue à chercher… Bises.

Marc, 28/08/2019 à 8:20

J'aime bien "Rockstore".

Philou, 28/08/2019 à 16:54

Salut les gars,

Bonne coupure pour moi aussi mais dans l'index du doigt gauche...

J'en ai pour qqs semaines ça devrait le faire pour le 9 mais sans solo.

Je viens de remplir le framadate.

Pas de news des 2 larrons.

Kiss Kiss.

Didier, 28/08/2019 à 17:16

Hello les amis,

Framadate done !

J'ai hâte de vous voir tous le lundi 9 prochain, et que nous commencions cette répète que j'attends avec ferveur...

Je reste sur « Blind Ears » en préféré mais nous échangerons nos préférences tous ensemble.

Rock n'rolling yours.

Marc, 28/08/2019 à 19:00

Philou, merde, fais gaffe à tes mains, c'est ton gagne-pain. Tu t'es niqué un tendon ?

Bon, au vu du Framadate, la seule répétition possible à 5 sera le lundi 28, et elle est Didier-dépendante ! Les autres lundis, nous serons 4.

Je vais tout de même faire les réservations pour assurer le coup. On annulera si besoin.

Bises et à plus.

Marc, 29/08/2019 à 13:33

J'ai réservé de 21h à minuit :

1. lundi 7 octobre (sans Laurent)
2. lundi 14 octobre (sans Philou)
3. lundi 21 octobre (sans Philou)
4. lundi 28 octobre (avec ou sans Didier)

Il sera toujours temps d'annuler le cas échéant.

Bises.

Nico, 29/08/2019 à 13:37

Merci Marc !

Du coup on ne répète pas la semaine du lundi 30 septembre correct ?

Je vais me commander la pédale de compression que vous avez entendue le 6 juillet (ce n'était pas la mienne), je ne peux plus me passer de cet équipement !

Marc, 29/08/2019 à 18:40

Le 30 septembre, nous ne serons que nous deux, c'est un peu léger pour une répétition !

Super, la pédale de compression ! Le nouveau matos, ça renforce la motivation. Je me suis contenté pour le moment de baguettes neuves pour les répètes.

SEPTEMBRE

Marc, 5/09/2019 à 18:25

Hi guys, comment s'est passée la rentrée ?

Prêts pour lundi ?

Philou, quelles nouvelles de ton index gauche ?

Je serai à la pizzeria habituelle avec Didier à 19h30, le Vaudésir étant fermé le lundi.

Qui vient dîner ?

Il reste sur la liste, que j'ai un peu réorganisée, pas mal de titres à noter.

Bises à tous et à lundi.

Nico, 5/09/2019 à 19:31

Hello Marc !

Rentrée nickel de mon côté.

Je serai à la pizzeria à 19h30, avec plaisir !

Je regarde la liste d'ici là et révise un peu pour lundi !

Bonne fin de semaine à tous.

Laurent, 6/09/2019 à 21:40

Salut à tous,

J'essaierai de venir profiter de ces délicieuses pizzas, mais je serai probablement en retard. Bises.

Philou, 9/09/2019 à 9:56

Hello les boys,

C'est bon pour ce soir, mon index s'est remis assez vite ;-)

Pour la pizza pas sur je vous tiens au courant sur WhatsApp. A tte.

Marc, 9/09/2019 à 11:06

Ça, c'est une putain de bonne nouvelle.
À toute !

Philou, 9/09/2019 à 19:17

Je pars les gars.

Nico, 9/09/2019 à 19:32

Je suis en route, c'est un peu blindé sur le RER B, j'espère être là dans 15 minutes.

Marc, 9/09/2019 à 19:34

Je suis à la pizzeria avec Didier.

Nico, 9/09/2019 à 19:45

Je ne suis pas loin, si quelqu'un peut me commander une Parma, c'est pas de refus !

Marc, 10/09/2019 à 9:47

Pour mémoire, voici l'adresse de la Google playlist.
J'écoute dès que possible l'enregistrement d'hier soir.
Bises et à lundi.

Marc, 10/09/2019 à 11:30

Autant vous prévenir tout de suite : oreilles sensibles s'abstenir !!!!
La balance est tout simplement CATASTROPHIQUE.
Je vous laisse juges.
On ne baisse pas les bras, on en a vu d'autres !!!

Bises, bon courage et à lundi !

Nico, 10/09/2019 à 19:24

Ouais bon la balance est nase mais normal en répète.

Je trouve ça très encourageant pour une reprise, et Didier tu chantes vachement bien, tu nous as sorti un paquet de morceaux pour une première, bravo !

Dans un mois on peut jouer en concert !

Didier, 10/09/2019 à 19:44

Merci Nico c'est sympa, et de mon coté je voulais vous dire que je ne crois pas avoir jamais joué avec des musiciens de votre niveau même aux meilleurs temps de feu nos anciens groupes à Marc et moi même !...

Je suis tout à fait d'accord avec ton point de vue sur le son, il nous reste qu'à nous en trouver un et ça viendra...

A lundi prochain, et je vous fais passer les morceaux.

Bizz.

Marc, 10/09/2019 à 20:45

Merci les copains, votre optimisme fait chaud au cœur.

J'avais un peu peur qu'à l'écoute, nous décidions d'arrêter d'emblée.

On reviendra donc lundi en 2e semaine.

Bises.

Didier, 11/09/2019 à 15:26

Hello les amis,

J'ai donc planché sur la liste et voici ce que je vous propose pour lundi 16/9 prochain:

- Histoire de se dégourdir :

"Dead Flowers"
"Johnny B'Goode"
"Back in the USSR"

- Histoire de (re)découvrir :

"Hotel California"
"Gimme all your loving"
"Gimme shelter"
"Sarbacane"
"One" (histoire de faire une pause plus douce)

et si vous n'en avez pas marre des Stones, "You got me rocking" ou "It's only Rock n'roll"...

Donnez moi encore un peu de temps pour attaquer plus dur, mais ça viendra.

Et j'ai mis 5 suggestions...

A lundi !

Marc, 11/09/2019 à 15:49

Je m'y mets illico presto.

"Mercury Blues" est déjà dans la liste (ligne 69).

Nico, 11/09/2019 à 21:19

Laurent,

Suite à ta remarque sur les morceaux des 90's, "Come as you are" de Nirvana semble pouvoir s'envisager de même que "Californication" des Red Hot, ce qui serait un très bon début !

J'ai ajouté "Everlong" pour votre évaluation,

A lundi.

Didier, 12/09/2019 à 8:39

Top Nirvana et RHCP !

Je ne connais pas l'autre mais vais écouter ça...

Nico, 12/09/2019 à 9:03

En tant que résident part Time américain, il est possible que tu aies déjà entendu "Everlong" sur les ondes, Didier, tu me diras !

Elle est nettement plus difficile à jouer mais quelle énergie !

Laurent, 12/09/2019 à 10:48

Pour "Everlong", auquel je mets “2“, une petite remarque au sujet de la batterie car Marc pourrait être réticent : point n'est besoin de faire du copier/coller, le maintien du rythme, déjà élevé, me semble tout à fait suffisant. Maintenant, si tu mets “0“, je n'argumenterai pas plus.

Bizatous.

Marc, 12/09/2019 à 10:54

J'avais mis un commentaire à ce sujet.

Je n'ai cependant pas mis "0" car je suis prêt à essayer.

Voilà-t-y pas que je deviens conciliant, maintenant, je vieillis !

Laurent, je me pose par ailleurs une question.

Remplis-tu la même liste que nous ? Je ne vois pas apparaître ton "2" !

Bises.

Laurent, 12/09/2019 à 11:12

Si, c'est la bonne liste mais je ne suis pas encore retourné dessus…

Nico, 12/09/2019 à 15:57

On dirait qu'on va essayer ce bijou... joie !
Les gratteux, ça se joue en drop D comme on dit.

Nico, 15/09/2019 à 11:48

Hello Marc !

Un petit morceau très 90's pour ton écoute et avis: "Plush" de Stone Temple Pilots.

Bon dimanche et bises à Dominique.

Marc, 15/09/2019 à 12:50

J'avoue que STP c'est pas trop ma tasse de thé mais "Plush", c'est pas mal. Donc, pourquoi pas ?

Je le mets sur la liste des morceaux proposés ?

Nico, 15/09/2019 à 14:44

Oui si tu veux, je le fais un peu plus tard sinon, aziouaouiche !

Marc, 15/09/2019 à 14:45

Tu parles berbère, maintenant ?

Nico, 16/09/2019 à 18:58

On se retrouve bien à la pizzeria les gars ?

Philou, 16/09/2019 à 19:02

Je vous rejoins pour la repet !

Nico, 16/09/2019 à 19:03

T'as intérêt à avoir bossé tes morceaux !

Marc, 16/09/2019 à 19:04

Yes, pizzeria !

Nico, 17/09/2019 à 8:25

Bon les mecs il nous faut un nom.

Je remets sur la table quelques idées: "The Stoning Rolls" (hommage of course), "Stone Flowers".

Didier, 17/09/2019 à 8:45

"Broken Flowers", "Sticky Flowers", Frozen Soul"...

Nico, 17/09/2019 à 9:13

"Sticky Flowers" très bon.

Marc, 17/09/2019 à 9:51

Hi folks,

Après avoir écouté ça, le Stade de France est à nous ! Trop bien !

J'ai volontairement omis "Hotel California", pas encore présentable.

J'avais dans l'idée de proposer "Flaming Flowers", mais "Sticky Flowers" me va trop bien (wow, LE clin d'oeil ?)

Le lien pour la répète d'hier soir.

J'attends vos commentaires.

Bises.

Laurent, 17/09/2019 à 11:39

"Stinky Flowers".

Philou, 17/09/2019 à 11:40

"Let it bite".

Marc, 17/09/2019 à 11:41

Pas de ça chez nous ! Je quitte le groupe !

Laurent, 17/09/2019 à 11:42

"Stunning Rolls". Là, ça veut dire qq chose !

Nico, 17/09/2019 à 11:58

Je valide !
Mais "Sticky Flowers" est encore mieux je crois.

Laurent, 17/09/2019 à 12:31

"Running bones".

Nico, 17/09/2019 à 12:38

Bof !

Nico, 17/09/2019 à 13:50

Petite écoute rapide des deux premiers, ça sonne !

Faudra booster le son des guitares en revanche c'est un peu timide tout ça ! :-)

Marc, 17/09/2019 à 14:51

J'aime décidément beaucoup "Sticky Flowers" !

Nico, 17/09/2019 à 15:00

#metoo !

Didier, 17/09/2019 à 15:01

Et moi aussi.

Nico, 17/09/2019 à 15:01

Allez, Philou, valide !!!

Philou, 17/09/2019 à 15:02

Validation.

Nico, 17/09/2019 à 15:03

Laurent, tient-on un nom ? (dépendant de ta validation).

P***, la répète d'hier ça sonne grave !

Didier, 17/09/2019 à 18:26

Encourageant, on peut mieux faire et on va mieux faire; mais son déjà bien meilleur même si on peut aussi améliorer cela !

Bravo les musicos, un vrai bon moment tous ensemble!

Laurent, 18/09/2019 à 12:34

Validé.
Mais là il va falloir jouer "Brown sugar"...

Nico, 18/09/2019 à 12:41

Trois fois oui !

Didier, 18/09/2019 à 13:41

Oh flûte alors ! Jouer "brown sugar" ? C'est pas comme si j'adorais ce morceau et n'imaginez même pas qu'on puisse ne pas le jouer !

Philou, 18/09/2019 à 13:44

Quid des cuivres ? "Sticky fingers" en regorge !

Nico, 18/09/2019 à 13:45

Je la jouais avec mon précédent groupe dans la même formation et ça passait bien, ça vaut le coup de le tenter sauf s'il prend un « 0 » of course.

Laurent, 18/09/2019 à 14:38

J'y pensais tout en l'écrivant...

Didier, 18/09/2019 à 14:56

Pour moi c'est 3 !

Marc, 18/09/2019 à 16:38

Je reviens du golf et je lis tout ça.
Deux choses :
1/ welcome « Sticky Flowers »
2/ le premier qui s'avise de mettre moins de 2 à « brown sugar » c'est plus mon copain !
Je le mets dans la liste si c'est pas déjà fait !
Bises.

Nico, 18/09/2019 à 19:45

Pour moi, c'est un 2 !

Marc, 18/09/2019 à 19:52

Je l'avais mis d'office car j'avais cru comprendre…

Nico, 18/09/2019 à 19:53

Oeuf corse !

Philou, 18/09/2019 à 19:54

(1+1)*2/2

Marc, 18/09/2019 à 19:55

Le compte est bon !

Nico, 19/09/2019 à 8:34

Les SFs, est qu'on est partant pour jouer dans une configuration pub/bar, c'est à dire avec une configuration plus légère que celles qu'on a connues ensemble jusque-là: sono uniquement pour les voix (avec retours) et pour le reste son directement des amplis et de la batterie non sonorisée ? Je l'ai fait souvent dans le passé, ça peut être sympa mais ce n'est pas la même chose que d'avoir Éric et tout son matos évidement. Mais ça peut nous faire de l'expérience et une bonne soirée avec les amis dans Paris. Let me know.

Et on pourrait du coup partager l'affiche avec un groupe (mon ancien groupe par exemple, des mecs très sympas, pas prise de tête, qui ont du matos et qui jouent moins bien que nous évidemment).

Didier, 19/09/2019 à 9:19

Ok pour moi.

Marc, 19/09/2019 à 9:50

Ça me va. C'est à quelle heure ???

Philou, 19/09/2019 à 11:06

P... grève SNCF le 24. Je dois être à Strasbourg à 10h. Je vais partir la veille du coup... jour de notre repet.

Nico, 19/09/2019 à 11:14

T'y es pour rien no problemo. En revanche t'as une grosse pression pour bosser un max pour la repet du 7 octobre !

Marc, 19/09/2019 à 16:41

Pas de problème, Philou.

Exceptionnellement, dimanche 17h-20h ? Il y a de la place.

Philou, 19/09/2019 à 17:15

Je ne peux pas ce week-end:-(

Marc, 19/09/2019 à 17:16

No problem. C'était juste au cas où !

Nico, 19/09/2019 à 17:34

Pas grave on travaillera les structures etc. au calme lundi, et la répète suivante Philou tu nous envoies du fat sound !

Nico, 22/09/2019 à 10:47

Eh les Sticky Flowers, on débroussaillerait pas "Brown Sugar" demain en plus des devoirs de la semaine dernière ?

Laurent, 22/09/2019 à 11:25

Débroussaillons donc !

Marc, 22/09/2019 à 13:56

Ça tombait sous le sens !!!!

Didier, 22/09/2019 à 14:18

Ça me va bien !

Nico, 23/09/2019 à 18:41

Pizza comme d'hab les Sticky ?

Didier, 23/09/2019 à 18:42

Yep !

Marc, 23/09/2019 à 18:42

What else ?

Nico, 23/09/2019 à 18:44

Ouh yeah !

Nico, 23/09/2019 à 19:58

Philou pense au Framadate mon vieux !
Laurent dit « bordel » !

Marc, 24/09/2019 à 9:40

Les amis, merci de compléter DE FAÇON URGENTE les framadates d'octobre et de novembre. Vu le peu de répétitions où nous serons au complet, j'y ai ajouté les jeudis à tout hasard.

Merci et bises.

Nico, 24/09/2019 à 9:40

Hello les Flowers, bonne repet hier, ça promet ! Laurent, si tu as des infos notamment sur la date exacte pour nos amis radiologues je suis preneur. Après vérification j'ai les 40 ans d'un copain le samedi 16 novembre mais bon, si c'est le concert de l'année et qu'on est prêt je vois ce que je peux faire.

Philou, 24/09/2019 à 9:41

Hello, J'ai rempli le framadate novembre !

Marc, 24/09/2019 à 9:42

Merci Philou mais je viens de rajouter les jeudis !

Philou, 24/09/2019 à 9:44

Ok je vais check.

Marc, 24/09/2019 à 11:35

Je précise que j'ai ajouté les jeudis en OCTOBRE et en NOVEMBRE !

Marc, 24/09/2019 à 21:22

Soyez sympas, remplissez complètement les framadates Octobre et Novembre !

Nico, 24/09/2019 à 21:32

Sauf erreur de ma part je l'ai fait...?

Didier, 24/09/2019 à 22:00

Lien please ?
Thanks man !
Et voilou !

Marc, 24/09/2019 à 22:05

Bien joué Nico ! J'ai envoyé en même temps les liens à Didier par mail ! Trop fort !!

Didier, 24/09/2019 à 22:21

Thanks to all of you guys !

Didier, 25/09/2019 à 8:59

Done. Bizz !

Marc, 25/09/2019 à 10:06

Merci Didier, t'as mis "je sais pas" à chaque fois, ça aide bien !

Laurent et Philou, il y a encore des blancs à remplir en octobre et en novembre.

Pour le moment, nous n'avons aucune répète au complet en octobre et pas sûr qu'on puisse encore trouver de la place pour un jeudi.
Nico, top.
Merci et bises.

Philou, 25/09/2019 à 10:11

Done !

Marc, 25/09/2019 à 10:24

Merci Philou, t'es un chef !

Laurent, manque plus que toi pour qu'on essaye de sauver les meubles !!!

Nico, 25/09/2019 à 11:03

Va falloir faire des répétitions à 4 et bosser chez soi, c'est faisable mais ça demande de la rigueur !

Laurent, 25/09/2019 à 11:20

Je n'y comprends rien. J'ai rempli le framadate hier soir. Bug ?

Marc, 25/09/2019 à 11:57

Il y a encore des trous en octobre !

Laurent, 25/09/2019 à 12:41

Voilà j'ai rempli les trous. Quand j'ai mis sous réserve cela signifie que j'ai des réunions pro qui risquent de se prolonger et de me faire arriver tard...

Marc, 25/09/2019 à 13:15

Merci à tous d'avoir rempli les framadates.

Je vous rappelle les réservations à venir, toutes de 21h à minuit :

- lundi 7 octobre, au complet
- lundi 14 octobre, sans Philou
- lundi 21 octobre, sans Philou
- jeudi 24 octobre, Didier sous réserve
- lundi 28 octobre, Didier sous réserve
- lundi 4 novembre, sans moi
- jeudi 14 novembre, Didier sous réserve
- lundi 18 novembre, au complet
- jeudi 21 novembre, Didier sous réserve
- jeudi 28 novembre, Didier sous réserve

J'ai préféré réserver d'emblée car les grands studios sont déjà tous pris. Il sera toujours temps d'annuler le cas échéant.

Notez tout ça dans vos tablettes et rendez-vous le lundi 7 avec au programme ?????

Bises à tous.

Didier, 26/09/2019 à 9:06

Hello les musicos,

Didier étant sous réserve assez souvent, voici mes choix :

- remplacer la répète du Lundi 21 sans Philou, par Jeudi 24/10 en formation complète
- lundi 28/10 OK
- pas de lundi 4 pour Didier
- jeudi 14,21 et 28 novembre en formation complète.

Je ne peux pas faire deux séances par semaine (sauf évènement exceptionnel) les lundi et jeudi, et ne peut donc jamais le mercredi.

Bien à vous tous.

Nico, 26/09/2019 à 9:16

Ça me va parfaitement.

Merci Didier pour la flexibilité !

Laurent tu as des news des analogues... pardon des radiologues ?

Bises.

Marc, 26/09/2019 à 9:42

Merci Didier pour cette mise au point qui va nous permettre d'y voir plus clair. Je mettrai donc à l'avenir dans les framadates les lundis et les jeudis.

Juste une précision, Didier : tu ne parles pas du lundi 18/11, qu'en fait-on sachant que tu seras présent le jeudi 21 et que tu ne peux pas faire deux répètes par semaine ?

Je vais donc annuler le lundi 21/10 (Philou et Didier absents) et le lundi 4/11 (Didier et moi absents).

Quant au lundi 18/11, doit-on le conserver si Didier n'est pas là ?

En fait, c'est pas si compliqué, finalement !!!!

J'attends vos retours.

Bises.

Didier, 26/09/2019 à 9:56

Un peu quand même : puisque jeudi 21/11, pas de lundi 18/11...

Des bizz.

Nico, 26/09/2019 à 10:20

Je confirme, on annule le 18/11 !

Marc, 26/09/2019 à 10:45

OK, je fais le nécessaire !

Laurent, 26/09/2019 à 11:30

Salut à tous,

Compte tenu du fait que nous n'avons qu'une seule répète au complet d'ici le 16/11 je ne me suis pas avancé plus avec mes amis radiologues pour leur soirée. On ne va quand même pas se mettre la pression !! Il sera toujours temps de se positionner si on se sent prêts d'ici là.

Marc, 26/09/2019 à 11:31

Salut les amis,

Les annulations étant faites, voici donc le nouveau calendrier des répétitions :

- lundi 7/10 au complet
- lundi 14/10 sans Philou
- jeudi 24/10 au complet
- lundi 28/10 au complet
- jeudi 14/11 au complet
- jeudi 21/11 au complet
- jeudi 28/11 au complet

On devrait donc largement être prêts pour les radiologues !

Didier, 26/09/2019 à 11:35

Sage décision !

Nico, 26/09/2019 à 11:39

Ben non du coup on a 4 répètes au complet !

Laurent, 26/09/2019 à 11:48

OK j'attends le retour définitif de Marc sur les resa mais ça ne change pas trop le fait de se laisser un peu d'air pour cette soirée éventuelle.

D'ailleurs cette date du samedi 16 /11 ne convient pas forcément à tout le monde cf Nico et anniversaire.

Et...

Nico, 26/09/2019 à 11:59

Génial, merci Marc !

Nico, 26/09/2019 à 12:07

Ça roule on fait comme ça.

Pour que Marc ne se sente pas seul à bosser sur le logo !

Sticky Fingers

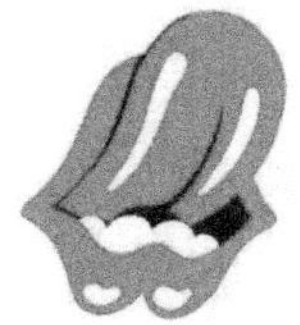

Laurent, 26/09/2019 à 12:18

C'est renversant !

Marc, 26/09/2019 à 12:23

On a un bon avocat ????

Nico, 26/09/2019 à 12:25

On a un statut juridique ?

Marc, 26/09/2019 à 13h51

Et celui-là, vous en pensez quoi ?

Didier, 26/09/2019 à 15:02

J'adore !

Didier, 26/09/2019 à 15:15

Pas besoin pour le moment, on verra par la suite pour le Stade de France !

Laurent, 26/09/2019 à 15:56

Magique.
Pour initiés seulement.
Niveau salle de garde.
Va nous falloir un bon avocat.

Nico, 26/09/2019 à 17:32

Heu, je crois que c'est « a bit(e) strong for me » !

Marc, 26/09/2019 à 18:01

Euh, vous ne croyiez tout de même pas que j'allais coller ça sur ma grosse caisse ? Question de standing ! C'était juste pour me marrer !!!

Nico, 27/09/2019 à 10:49

Non mais seriously, ça ne vous plait pas le plagiat des Stones ?

Moi j'aime bien le côté scandaleusement assumé !

Didier, 29/09/2019 à 11:07

Programme proposé pour lundi 7 octobre (ordre alphabétique):

"Brown sugar"
"Back in the USSR"
"Californication" (un nouveau)
"Dead flowers"
"Gimme all your lovin"
"Gimme shelter"
"Hotel California"
"Johnny b. goode"
"One"
"Sarbacane"

Et pour changer:

"You got me rockin'"
"It's only rock n'roll"

En attendant:

"Midnight rambler" et vos suggestions

Bizz à tous !

Marc, 29/09/2019 à 11:51

Vous retrouverez ce programme dans la playlist.

Bizz et à lundi prochain avec impatience.

NB. Laurent et moi nous sommes retrouvés à l'Olympia vendredi dernier pour le concert des « Analogues », ce groupe hollandais qui joue les Beatles à la note près. Y a pas à dire, les vieilleries du siècle dernier, ça avait du bon !!!! Et putain, quand toute la salle connaît et chante avec, y a comme des frissons un peu partout !!!

Bon, c'était ma séquence « vieux con »...

Laurent, 29/09/2019 à 12:07

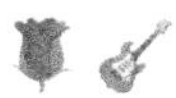

Nico, 29/09/2019 à 12:47

Et bien figurez vous que Philou et moi nous sommes retrouvés par hasard dans le même rade du 18e hier soir (enfin cette nuit plus précisément). Rock n roll !

Laurent, 29/09/2019 à 12:48

Où ?

Nico, 29/09/2019 à 12:49

« Au soleil de la butte » quelque chose comme ça.

Laurent, 29/09/2019 à 12:54

Je vois très bien l'endroit.

Marc, 29/09/2019 à 13:30

Et ça traîne dans les bars louches, maintenant !

OCTOBRE

Philou, 2/10/2019 à 14:03

Hello les gars,
Je retrouve plus le programme de lundi.
Ququ'un peut-il le renvoyer ?
Merci.

Didier, 2/10/2019 à 14:20

Normal c'est sur What's App !
Bizz.

Marc, 2/10/2019 à 15:12

Salut Didier,
As-tu finalement parlé avec Claude ?

Nico, 2/10/2019 à 15:14

Par ici la playlist Philou !
Who's Claude ?!

Marc, 2/10/019 à 15:15

Claude is the piano man ! Didier se proposait de le relancer !

Nico, 2/10/019 à 15:17

Ah oui, le piano Man qui ne voulait pas jouer de piano.

Sinon samedi soir (enfin dans la nuit), j'ai croisé le pote pianiste virtuose de Philou, celui devant lequel les filles se pâment dès qu'ils posent ses mains sur les touches... d'ailleurs Philou il m'a dit en partant qu'il voulait absolument jouer avec nous, mais je le suspecte d'avoir été sous l'influence de psychotropes à la façon de Keith grande époque !

Marc, 2/10/2019 à 15:18

Rien compris !!! Qui est ce pianiste ? Et s'il a tant envie de jouer avec nous, pourquoi n'est-il pas encore venu ?

Didier, 2/10/2019 à 15:22

Quant à Claude pas trop envie et beaucoup de trouille ???!!!

Marc, 2/0/2019 à 15:23

Sacré Claude, il ne changera jamais. Dommage.

Le programme est sur la liste Excel à la rubrique "demandez le programme".

Laurent, 3/10/2019 à 10:42

Salut les SF !

J'ai eu un retour très positif de la part de mes amis radiologues pour la soirée du samedi 16 novembre.

Plusieurs questions donc :

Tout le monde sera-t-il dispo ce soir là ?

Notre ingénieur du son ?

Avons-nous assez de chansons qui font danser ? Car c'est ce qui les branche.

Je pense qu'ils participeront largement à nos frais.

À vous lire. Bises.

Nico, 3/10/2019 à 10:48

Hello ! Pour ma part je me rendrai dispo, la proposition de concert étant tombée avant l'annonce de l'anniversaire de mon pote, music first !

Pour ce qui est des morceaux dansants, pour moi on a largement le temps d'orienter notre répertoire en ce sens et de bosser en priorité les morceaux adaptés. On peut en parler juste avant la répétition de lundi avec la liste de morceaux sous les yeux.

Concernant l'ingé son, là je laisse Marc nous dire.

Bises.

Marc, 3/10/2019 à 11:15

Yesssss !!! Bien joué Laurent !

Je suis of course dispo.

Quelle serait la durée de notre prestation ?

J'attends votre feu vert pour recontacter Eric mais je dois savoir où ça se passe, la surface approximative et dans quel environnement sonore.

Si en plus il y a un défraiement, c'est royal.

Quand à la setlist, briefing devant notre bien-aimée pizza lundi ?

Ça bouge, ça bouge !!!!

Nico, 3/10/2019 à 19:47

Ouh yeah. Enfin pourvu que nos deux stars soient dispos pour le 16 novembre !

Didier, 3/10/2019 à 19:49

Je serai dispo ! On en parle lundi à la pizza.

Nico, 3/10/2019 à 19:52

Top. Suspense total autour de la présence de notre guitar hero !

Marc, 3/10/2019 à 20:20

L'anxiété est à son comble !!!!!

J'ai sensiblement modifié la liste Excel. Il y a en bas un onglet « playlist » qui correspond à la page habituelle et un 2e onglet « setlist » dans lequel j'ai mis mes suggestions pour le 16 novembre avec en italique les titres dont la pertinence n'est pas évidente à mes yeux. À vous de la modifier et/ou de la compléter afin de faire avancer le schmilblick ! Tout ceci bien sûr étant conditionné par la présence de notre Clapton préféré et en espérant que, dans l'affirmative, Eric soit dispo.

Je vais prendre un second Lexomil !!!

Nico, 4/10/2019 à 8:37

En attendant que Philou réponde, j'ai parlé aux copains de mon ancien groupe qui sont plus que partants pour un concert ensemble dans le format que j'avais évoqué. Ils sont en train de se renseigner auprès du bar en question.

Philou, libère nous !!!

Philou, 4/10/2019 à 8:39

Yes go !!

Nico, 4/10/2019 à 8:47

Marc, 4/10/2019 à 10:23

Merci Philou.

Je contacte Eric ou j'attends la confirmation de Laurent ?

Nico, 4/10/2019 à 10:49

Je pense qu'il faut contacter Eric déjà pour savoir s'il est dispo ce jour-là, non ?

Marc, 4/10/2019 à 10:50

Je lui envoie immédiatement un mail.

Laurent, 4/10/2019 à 11:08

De mon côté c'est OK. Il suffit que je leur confirme.

Il faudra juste que j'aie une idée précise de la topographie des lieux mais ce devrait être assez standard.

Pour Éric :

L'endroit est a priori sur le golf de Lésigny en proche Seine et Marne. Accessible en 25 minutes de la porte de Bercy par la A4.

Marc, 4/10/2019 à 11:42

Le golf de Lésigny, super endroit, beau club-house. Il y a de la place.

Si Eric est dispo, il faudra peut-être faire une reconnaissance des lieux avec lui.

Laurent, 4/10/2019 à 11:44

Œuf corse.

Laurent, 4/10/2019 à 11:50

Correctif.
C'est au château de Lésigny, endroit dédié aux réceptions, mariages, etc...

Marc, 4/10/2019 à 11:51

Waouh ! Ce ne peut-être que mieux. Very exciting !!!!!

Laurent, 4/10/2019 à 11:53

Indeed !

Nico, 4/10/2019 à 12:23

Marc, 4/10/2019 à 19:15

Je suis persécuté par Dominique qui insiste pour nous proposer comme nom de groupe "IDEM".
Comme je veux passer un bon WE, je fais suivre mais bon...

Nico, 4/10/2019 à 19:15

Sticky Flowers !

Didier, 4/10/2019 à 19:16

C'est pas mal ! Mais je préfère aussi Sticky !

Marc, 4/10/2019 à 19:16

Ouf ! Merci !

Laurent, 4/10/2019 à 20:48

C'est depuis qu'elle a vu les Analogues. Ça va lui passer.

Marc, 4/10/2019 à 21:00

Bingo, t'as tout compris !!!

Didier, 6/10/2019 à 6:39

Hello les musicos,

La soirée du 16 Novembre ayant été confirmée, Laurent nous ayant expliqué que nos amis radiologues veulent du swing, je propose la setlist suivante - je n'ai aucune idée du temps qui nous est réservé…- :

*** ce que nous avons déjà "abordé" ou "survolé" (11 titres)**

"Back in the USSR"
"Brown sugar"
"Dead Flowers"
"Johny B'Goode"
"Gimme all your lovin"
"I love rock n'roll"
Jumpin Jack Flash
"Rockin in the free world" (Philou & Nico singing)
"Crazy little thing called love" (Philou & Nico singing)
"Sarbacane"
"Twenty flight rock"

*** le panier de propositions (5 titres)**

"Satisfaction" (rolling stones)

"Around and around" (berry)
"Honkey tonk women" (rolling stones)
"It's all over now" (womack)
"Route 66" (troup)

L'idée est que nous fassions chacun une proposition de titres supplémentaires dans le panier de propositions, lesquels doivent avoir de la pêche et être relativement faciles à mettre en place compte tenu du nombre limité de repets tous ensemble en vue.

A lundi à la pizzeria pour en discuter. Des bizz.

Marc, 6/10/2019 à 9:11

Bien joué Didier,

J'ai incorporé tes propositions à celles que j'avais faites dans la liste Excel sous l'onglet "setlist".

Aux autres de la compléter également et nous mettrons à profit le dîner de lundi pour en extraire le nombre correspondant à la durée de notre prestation.

Je n'ai toujours pas eu de réponse d'Eric à mon mail, je vais le relancer aujourd'hui.

Bises et à demain.

Marc, 6/10/2019 à 13:30

Bon, ça ne rigole plus.

Notre ingé son préféré est dispo le 16 novembre et nous remercie de faire appel à lui de nouveau.

Didier, 6/10/2019 à 13:30

Good news !

Laurent, 6/10/2019 à 14:26

Va falloir serrer les boulons !
Countdown !

Nico, 6/10/2019 à 15:45

Bonne nouvelle !

Laurent, 6/10/2019 à 18h40

OK guys.

Je vais tâter un peu plus profondément mes amis radiologues mais je pense avoir déjà un peu compris le truc.

Sans verser totalement dans le genre orchestre de baloche, mariage ou bar-mitsva, il sera pertinent - et vous l'avez compris - que les morceaux soient dansants. Le public sera content... Et nous avec.

C'est une soirée privée dans un local fermé. J'ai déjà assisté à l'une d'entre elles et c'était très sympa. Le thème était "disco" ce qui est plus facile pour tout de suite créer l'ambiance mais on doit pouvoir y arriver de la même façon avec le rock. Et ce sera du live ! Et ce sera pour le 50ème anniversaire de la création de leur groupe (radiologique).

Je pense donc que les vieux rocks sont qualifiés d'office: "Johnny b.goode", "route 66", "20 flight rock", "around and around". Et aussi "crazy little thing called love" et "back in the USSR". Ça nous fait une bonne base. Je vois aussi idéalement 2 Téléphone. Et pour le reste on a tout ce qu'il faut.

A domani.

Nico, 6/10/2019 à 20h36

Tout me va bien et je suis pour le fait de s'adapter au public.

J'ajouterais "tutti frutti" (sauf si ça défrise quelqu'un ?), "jailhouse rock", et peut être "day tripper" qui semblait prometteur l'autre jour.

Je renseigne la liste.

Marc, 7/10/2019 à 0h07

Ça fait plaisir de voir que nous sommes - enfin - tous sur la même longueur d'ondes. C'est tellement plus simple....

Comme le dit Laurent, "le public sera content... et nous avec". C'est pour moi la phrase-clé.

Et si Nico est d'accord, je remplacerais volontiers "tutti frutti" par un medley dont Didier et moi avions le secret : "blue suede shoes" enchaîné avec "tutti frutti", enchaîné avec "whole lotta shakin' goin' on".

La pizza ? Bien cuite !!!

Nico, 7/10/2019 à 8:51

Of course pour le medley !

Philou, 7/10/2019 à 9:43

Ça mérite un "Strange Brew", ce soir.

Philou, 7/10/2019 à 10:39

Hello !
Du coup c'est ça la repet de ce soir ?

Didier, 7/10/2019 à 10:42

On en parle tous, mais oui c'est l'idée...

Nico, 7/10/2019 à 11:30

Mais si tout le monde a bossé "californication" on peut aussi la tenter hein ?

Didier, 7/10/20109 à 13:17

Trop juste à mon avis, et pas dans la cible visée ici... mais bien entendu on en parle...

A ce soir.

Philou, 7/10/2019 à 19:08

Je vous rejoins pour la répète !

Marc, 7/10/2019 à 19:09

T'as intérêt !

Nico, 7/10/2019 à 19:35

Suis en route. Quelqu'un aurait-il la bonté extrême de me commander une 4 ou 5 fromages ?

Didier, 7/10/2019 à 19:36

Pour dans 10mn ?

Bien cuite ?

Nico, 7/10/2019 à 19:36

Yes et yes !

Marc, 8/10/2019 à 10:44

En PJ, la setlist telle que nous l'avons définie hier soir, consultable et modifiable sur la liste Excel dans l'onglet "setlist", en bas.

Le lien pour la répète d'hier soir.

Toujours cette balance pourrie... mais il y a de bonnes choses ! Bises et à lundi.

Nico, 8/10/2019 à 17:15

Les SF, je vous avais parlé d'un concert avec les copains de mon ancien groupe. Voilà un doodle pour donner vos dispos.

Une fois qu'on aura trouvé une date qui convient à tout le monde (si Dieu veut), on lance la machine.

Nico, 8/10/2019 à 17:42

Je vous remets le doodle envoyé sur WhatsApp pour le concert avec mon ancien groupe, ça peut être plus pratique par mail.

Nico, 8/10/2019 à 17:45

Marc si je lis bien le doodle seul le samedi 7 décembre marche pour toi ? Si c'est le cas pour les autres çà simplifie les choses il suffit de me dire si cette date convient pour vous.

Marc, 8/10/2019 à 17:53

Non, j'ai également coché le 14 décembre.

J'ai volontairement omis novembre, trop proche du concert des radiologues, mais je suis dispo si nécessaire.

Nico, 8/10/019 à 17:59

Super merci, les planètes semblent s'aligner sur le 7 décembre pour l'instant.

Laurent, 8/10/2019 à 18:00

Ça devrait le faire pour moi.

Didier, 8/10/2019 à 18:05

Ok pour moi le 7/12.

Laurent, 10/10/2019 à 11:51

Salut à tous,

Vous trouverez ci-dessous les suggestions faites par mon ami radiologue qui organise la soirée. Je vous les reproduis après les avoir triées au pif sans trop réfléchir mais sans rien n'avoir retiré. Finalement, il a des goûts assez proches des nôtres, même s'il ne se rend pas bien compte de ce qui peut être fait avec chant/guitares/basse/batterie... On devrait pouvoir sortir quelques titres de cette liste. Je dirais 6 ou 7. Ce qui mixé avec une bonne dizaine des nôtres déjà acquis ferait le compte.

"Sympathy for the devil" (Stones)
"Gimme shelter" (Stones)
"Jailhouse rock" (Presley)
"You never can tell" (Berry)
"Seven nation army" (White stripes)
"Highway to hell" (ACDC)
"London calling" (The clash)
"Come as you are" (Nirvana)
"Sweet child of mine" (Guns N' Roses)
Thème James Bond
"Misirlou" (Pulp fiction)
"Killing in the name" (Rage against the machine)
"Lonely boy" (The black keys)
"C'est comme ça" (Rita Mitsuko)
"Show must go on" (Queen)
"Girls and boys" (Blur)
"You only live once" (The Strokes)
"Rock this town" (Stray cats)
"1969" (The Stooges)

Voilà. A nous de sélectionner rapidement ce qu'on veut faire. Y'a du taf mais on est cap. Reste à mettre à jour qui est là ou non lors des prochaines répés et faire des listes pour être efficace et ne pas trop errer comme lundi dernier - ce qui était normal.

Bises.

Laurent, 10/10/2019 à 11:52

Salut à tous.

Regardez votre boîte mail, j'ai écrit une bafouille.

Nico, 10/10/2019 à 12:18

Ça me plaît bien tout ça !

Je peux déjà dire que le Black Keys est facile et génial a jouer, idem "you only live once" des Strokes (énorme succès à la fête de la musique).

"Killing in the name", "the show must go on", "sweet child o mine" là faut oublier je pense c'est très très difficile voire impossible à jouer.

Didier, 10/10/2019 à 12:23

Et moi, "Sympathy", "London Calling" et "you never can tell" je suis pour !

Didier, 10/10/2019 à 12:34

J'y travaille...

Marc, 10/10/2019 à 13:01

Résultat de mes cogitations intenses :

<u>OK pour</u>

"Sympathy for the devil"
"Gimme shelter"
"You never can tell"
"Killing in the name"
"Lonely boy"
"Seven nation army"
"Highway to hell"
"London calling"
"Come as you are"
"You only live once"

<u>BOF pour</u>

"Jailhouse rock"
"C'est comme ça"

<u>NIET pour</u>

"Sweet child of mine"
Thème James Bond
"Misirlou"
"Show must go on"
"Girls and boys"
"Rock this town"
"1969"

<u>RAPPEL DES PROCHAINES RÉPÉTITIONS</u>, toutes au complet :

lundi 14/10
jeudi 24/10
lundi 28/10
jeudi 14/11
CONCERT
jeudi 21/11
jeudi 28/11

Bises et à lundi.

Didier, 10/10/2019 à 15:24

Les amis,

Etant d'une nature organisée – mais parfois flemmarde...- je me suis dit que tout cela devenait complexe entre suggestions et : pourquoi pas celle-là ? elle avait bien marché celle-là...et autres ajouts de dernière humeur, et je me suis dit qu'il fallait mettre un peu d'ordre – quelle horreur, c'est pas rock !- dans notre setlist.

Aussi vous prie-je de trouver en pièce jointe un fichier de travail pour mettre cette setlist au point selon le processus fort démocratique que nous avons jusque-là appliqué et qui veut que nous mettions des notes 2,1 ou 0 à chaque morceau proposé !

J'ai donc répertorié ces morceaux en abscisses, et vous prie de bien vouloir voter en ordonnées afin que se dégagent les 25 morceaux qu'il me semble falloir posséder parfaitement pour la prestation du 16 novembre prochain.

Attention cette setlist est tout à fait indépendante de celle que nous pourrions être amener à choisir pour le concert café !...(où je pense par exemple qu'il faudrait rajouter "californication", "one", et autres morceaux n'ayant pas leur place au concert du 16...).

Enfin, j'ai laissé en « blanc » les morceaux que je voudrais (re)écouter ce week-end avant de voter.

Des bizz à tous.

Nico, 10/10/2019 à 16:19

Mes notes.

Attention Didier tu vas te faire engueuler par Marc pour avoir lancé une playlist Excel en dehors du fichier partagé sur Google! ;-)

Didier, 10/10/2019 à 16:28

Mais non tu vas voir, il sera très content : ce sera un classement à part pour les setlists des concerts !

Marc, 10/10/2019 à 18:08

Eh oh ! Me faites pas passer pour ce que je ne suis pas !!! Bravo Didier pour la liste.

Mon problème : je viens d'arriver à Cheverny où je reste jusqu'à dimanche pour photographier quelques châteaux. Je n'ai pas d'ordi à disposition et je ne parviens pas à intervenir sur la liste à partir de mon iPhone.

J'avais envoyé ce matin un mail avec mes choix. Merci donc de les retranscrire pour moi. Je compléterai éventuellement dimanche soir lorsque je serai de retour.

Bises à tous.

Laurent, 10/10/2019 à 19:20

Oui, majesté Tambour 1er.

Philou, 10/10/2019 à 19:23

Ça vous dit d'écouter mon album ?

Nico, 10/10/2019 à 19:25

C'est toi avec le 🐹 ?

Marc, 10/10/2019 à 19:50

Merci mon bon !!!!

Philou, 10/10/2019 à 21:11

Ouais !

Nico, 10/10/2019 à 21:14

Voici un artiste que tu vas aimer... Straight from the Spigot.

C'est ce que tu fais en solo chez toi ? Ça sonne dis donc !

C'est toi qui chante ?

Philou, 10/10/2019 à 21:17

Ouais ouais !

Nico, 10/10/2019 à 21:17

Ben faut chercher une maison de disques mon vieux !

C'est vraiment bien !

Un petit côté Katerine sur « entre lui et elle ».

Pas le même style, mon amour de jeunesse très rock américain.

On peut t'accompagner sur tes tournées.

Philou, 10/10/2019 à 21:34

Ouais si tournée il y a...

Je vais écouter.

Laurent, 10/10/2019 à 22:26

Je n'ai qu'un mot à dire : bravo !

J'aime particulièrement "sans cesse" (et la vidéo of course...) , "dernier rêve" et "tout est pareil".

Philou, 10/10/2019 à 22:42

Merci 🙏 😘

Marc, 10/10/2019 à 23:45

Quelqu'un peut-il m'expliquer ? Je n'ai pas accès à ce dont vous parlez !

Laurent, 10/10/2019 à 23:47

Tape "Edouard Braun" sur YouTube et tu auras la discographie de Philou.

Didier, 11/10/2019 à 8:02

Vous m'avez perdu les gars je ne comprends rien, dans le premier lien c'est Philou ? Et dans le deuxième Nico ? On en parle lundi.

Pour ceux que ça intéresse vous pouvez aller voir sur Spotify, YT et autres un groupe qui s'appelle Øllebirde dont je connais bien la chanteuse, et qui sort prochainement son album chez Polydor !

Des bizz à tous et révisez vos gammes ce week-end !

Marc, 11/10/2019 à 8:24

J'ai tapé sur YT et j'ai vu la discographie de Philou. Qui peut m'expliquer ?

Nico, 11/10/2019 à 8:26

J'ai écouté et regardé les vidéos hier, ta fille a une sacré voix Didier ! J'aime beaucoup ce style, ça me rappelle un peu London Grammar un groupe que j'adore. J'irai voir Øllebirde avec plaisir s'ils passent bientôt à Paris.

Marc, Édouard Braun n'est autre que notre bon philou qui nous avait caché ses talents de compositeur/arrangeur/chanteur/multi-instrumentiste. En tapant Édouard Braun sur YouTube tu devrais tomber sur ses clips. Quant à Straight from the Spigot c'était mon groupe jadis, un tout autre style !

Didier, 11/10/2019 à 8:36

Bien vu Nico on les appelle les Paris Grammar ! Quant à Straight from the Spigot j'aime beaucoup (actually very us rock fm as you pointed out).

Bon ça y est j'ai compris pour Edouard Braun, je vais aller écouter.

Marc, 11/10/2019 à 8:59

Je suis désolé les copains mais je ne suis pas en mesure d'écouter tout ça en ce moment.

Je rattrape mon retard dimanche.

Nico, 11/10/2019 à 9:39

En effet pour SFTS, le chanteur est un vrai ricain de l'Arkansas !

Vraiment superbe Øllebirde.

Nico, 11/10/2019 à 10:21

Avec les inputs de Marc !

Nico, 11/10/2019 à 11:56

Les gars, ce serait cool de remplir le fichier de Didier et qu'ensuite on se dise quoi bosser pour lundi. On pourrait se dire qu'on prend le fichier dans l'ordre et qu'on bosse lundi dans cet ordre donc.

Marc j'ai rempli ta partie et renvoyé le fichier en mettant en rouge les morceaux déjà éliminés.

Didier, 11/10/2019 à 12:18

Cool Nico.

Philou, 11/10/2019 à 12:28

Je fais ça :-)

Par contre vous aviez raison je suis pas là lundi j'ai un concert ...

Marc, 11/10/2019 à 13:11

Pas moyen de reporter la répète à jeudi ?

Laurent, 11/10/2019 à 13:32

Je suis 100% pour !

Nico, 11/10/2019 à 13:33

Ok pour moi aussi pour reporter à jeudi.

Marc, 11/10/2019 à 13:44

Si tout le monde est OK faut que qq'un s'y colle.
La réservation est à mon nom.

Philou, 11/10/2019 à 13:45

Pas à Paris du 16 au 24 octobre les gars.

Nico, 11/10/2019 à 13:53

Tu seras bien là pour la repet du 24 octobre rassure-nous...?

Philou, 11/10/2019 à 13:54

Ouais je suis pas là du 16 au 23 je me suis trompé.

Didier, 11/10/2019 à 13:55

Désolé jeudi 17 je ne peux pas.

Nico, 11/10/2019 à 13:55

On maintient lundi 14, on a du boulot de toutes façons.

Didier, 11/10/2019 à 13:56

Ok pour moi.

Marc, 11/10/019 à 15:11

Of course !

Laurent, 11/10/2019 à 15:38

J'avais applaudi des 2 mains pour le jeudi car je risque d'être en retard lundi...

Je remplis le tableau tt à l'heure.

Nico, 11/10/2019 à 15:41

Le risque est élevé Laurent ? Si on n'est que 3 pour le coup ça se réfléchit.

Laurent, 11/10/2019 à 15:58

J'ai une réunion pro à 18 h à Nogent qui devrait durer 2h - 2h1/2 et à laquelle je ne peux absolument pas me soustraire. Ensuite vous savez ce que c'est...

Nico, 11/10/2019 à 16:00

Didier, Marc, vous en pensez quoi ?

Si Laurent n'arrive qu'à 22h on va un peu tourner en rond à 3. À mettre en balance avec ma sempiternelle remarque sur le fait qu'il n'est pas forcément problématique de faire sauter une repet pourvu que chacun bosse sérieusement chez soi.

Didier, 11/10/2019 à 16:53

Si nous ne sommes que 3 je ne vois pas comment faire autrement mais malheureusement impossible pour moi jeudi...

Laurent, 11/10/2019 à 17:11

Je vais tâter le terrain pour cette réunion et je vous dis.

Nico, 11/10/2019 à 17:12

Ok d'ac !

Marc, 11/10/2019 à 17:36

« Quand j'entends c'que j'entends et que j'vois c'que j'vois, j'peux pas m'empêcher d'penser c'que j'pense » (Lao Tseu).

Si Laurent a 30' de retard et vu qu'il nous faut 15' pour nous installer, on pourrait mettre les 15' suivantes à travailler « seven nation army » en attendant.

Nico, 11/10/2019 à 18:59

Alrighty !

Didier, 11/10/2019 à 19:16

Alright for me too !

Laurent, 11/10/2019 à 19:23

Voilà la setlist avec mes impressions.
Ouais j'espère 21h30.
J'ai pas vu les notes de Philou sur le tableau Excel.

Marc, 11/10/2019 à 19:35

Euh, moi non plus !

Didier, 12/11/2019 à 7:24

Si je ne me trompe pas, cela en fait donc 28 pour le moment en comptant les "absolument" et "Why Not".

Donc on a le programme pour Lundi !

Reste plus qu'à...

La liste donc - il ne manquera plus que les votes de Philou pour sélectionner les 25 morceaux.

Bizz.

Nico, 12/11/2019 à 9:27

Avec un peu de chance on aura les votes de Philou avant le 16 novembre !

Philou, 12/11/2019 à 11:51

Sorry voici mes choix.
Kiss Kiss !

Didier, 12/11/2019 à 12:04

Et ben voilà on est au top ! merci Philou.

Donc en PJ la setlist des morceaux n'ayant pas obtenu de note éliminatoire; reste plus qu'à trouver l'ordre d'enchainement...

Des bizz et bon week-end.

Laurent, 12/11/2019 à 15:51

Bien bien. Alors maintenant qu'on a à peu près les morceaux, pourriez-vous confirmer le planning ci-dessous ? Si c'est OK, je me permettrai si vous êtes d'accord de planifier un peu les répés. Étant le régional de l'étape pour le concert du 16, c'est un peu à moi de m'y coller.

- lundi 7 octobre, sans Philou
- lundi 14 octobre, sans Philou
- jeudi 24 octobre, au complet
- lundi 28 octobre, au complet
- jeudi 14 novembre, au complet

Par ailleurs, j'ai compté 6 titres que nous n'avions pas encore (vraiment) joués et qu'il faudrait faire en priorité. En effet, si ça coince, il faudra trouver des titres à la place et le plus tôt sera le mieux.

"Born to be wild"
"Ça c'est vraiment toi"
"Highway to hell"
"London calling"
"Lonely boy"
"Seven nation army"

Je m'y mets de ce pas.
Bises.

Didier, 12/11/2019 à 21:15

Laurent il s'appelle comment le réseau des radiologues ?

Laurent, 12/11/2019 à 22:34

"IMEF" Imagerie médicale de l'est francilien.
Why ?

Marc, 13/11/2019 à 19:26

Salut à tous,

De retour de mon escapade dans la région des châteaux de la Loire.

Tout d'abord, respect pour Philou, dont je découvre les talents cachés, et pour Nico et son ancien groupe. Je me demande bien quelle place un piètre amateur comme moi peut encore occuper parmi vous ???

Quant à Margot, pour l'avoir déjà vue sur scène, je peux confirmer que c'est une vraie pro !

Pour le 16 novembre, on ne baisse pas les bras. Pour une fois qu'on a l'occasion de passer à la "radio" !!!

J'aimerais simplement qu'une bonne âme me renvoie la liste Excel définitive. J'avais cru apercevoir que "you never can tell" avait été éliminé en raison de mon 0. Il y a maldonne, j'avais donné mon accord pour ce titre.

On se voit à 3 demain soir au resto ? En attendant Laurent qui a intérêt à se magner, le bougre !

Bises et à demain.

Marc, 13/10/2019 à 19:58

Merci Didier pour ton message, qui est vide !
C'est un coup monté ?

Didier, 13/10/2019 à 20:42

Non par email séparé pas reçu ?

Marc, 13/10/2019 à 20:43

Ben non ! Pas reçu ! C'est ballot !

Nico, 13/10/2019 à 20:47

C'est Margot qu'il nous faut sur "Gimme Shelter" !
À demain à la pizzeria.

Didier, 14/10/2019 à 8:16

Renvoyé ce matin...

Marc, 14/10/2019 à 8:37

Merci Didier, bien reçu.

Marc, 14/10/2019 à 17:34

Bonsoir Eric,

Ce petit mail pour te confirmer la soirée du samedi 16 novembre.

Il s'agit d'une réunion organisée par des radiologues, qui se tiendra au CHATEAU DE LÉSIGNY (77).

Nous devrions jouer entre 60 et 90mn puis un DJ prendra le relais.

Je n'ai pas d'autres infos pour l'instant.

A très bientôt.

Amitiés.

Marc, 15/10/2019 à 10:29

Hi folks,

Après la fructueuse séance de travail d'hier soir, place au planning de décembre, à remplir dès que possible.

Au jeudi 24. Bises.

Nico, 15/10/2019 à 12:53

C'est fait !

J'ai vu mon pote ce matin, le 7 décembre est confirmé comme date convenant à tout le monde pour un concert avec mon ancien groupe.

Reste à confirmer le bar (en cours), je vous tiens au courant des détails.

Marc, 15/10/2019 à 17:21

Bon, voici LE lien pour LE groupe qu'il faut absolument (re)découvrir, avec à la gratte "Lolo "Oyster" Bridgida"

Il y avait un "avant" et il y aura fatalement un "après".

Please allow me to introduce to you THE HYÈNES OF LEVALLOIS !!!!!

Laurent, 15/10/2019 à 19:00

C'est écrit petit mais c'est "brigidO". Si vous trouvez pourquoi "oyster", c'est champagne pour vous...

Maintenant vous pouvez vous dispenser d'écouter, je ne serai pas froissé.

Marc, 15/10/2019 à 20:59

Blue Oyster Cult ?

Nico, 15/10/2019 à 23:42

Un petit côté « passionate » de Guy Marchand sur la fin. Culte !

Laurent, 17/10/2019 à 22:21

Salut à tous,
Pour jeudi prochain je vous propose sans surprise :
"Born to be wild"
"Ça c'est vraiment toi"
"Highway to hell"
"London calling"
"Lonely boy"
"Seven nation army"
"You never can tell"
"Day tripper"

Ça fait bcp mais on a pas mal avancé lundi dernier.
Bises.

Marc, 18/10/2019 à 9:08

C'est comme si c'était fait !

Nico, 18/10/2019 à 13:50

Salut les amis,
Merci Marc pour les réservations !

Je suis pour réserver le 16 décembre, lundi dernier a démontré qu'on pouvait mettre à profit une répétition même en l'absence de notre valeureux et talentueux lead guitar.

Top pour le clavier, voyons ce que ça donne !

On est en pleine prospection pour le 7 décembre mais pour l'instant pas de lieu confirmé pour notre mega show !

Top, merci Laurent !

Marc, 18/10/2019 à 15:43

Nico, je suis d'accord avec toi pour le 16.
J'attends la réponse de nos acolytes.

Nico, 18/10/2019 à 17:57

Marc, tu me diras si quelque chose a attiré ton attention à la 30eme seconde de "you never can tell"...

Marc, 18/10/2019 à 20:37

Désolé, rien ne me frappe !!!!

Nico, 18/10/2019 à 20:40

On n'a peut être pas la même version, mais sur la mienne le batteur rate clairement sa frappe sur la caisse claire a cet instant précis. La beauté des enregistrements de l'époque qui laissaient passer quelques imprécisions !

Marc, 18/10/2019 à 20:47

Nous ne devons pas avoir la même version car sur la mienne, c'est nickel !

Je viens d'avoir une réponse négative du clavier : il ne veut pas payer le studio. Encore un taré !!!

Nico, 20/10/2019 à 21:02

Les SF, il nous reste trois répétitions avant le 16 novembre, j'espère que vous trouvez le temps de bosser un peu parce qu'on va devoir être efficaces !

La bise et bonne semaine.

Marc, 20/10/2019 à 21:35

Ben v'là aut' chose !

Un peu qu'on bosse pour la prochaine répète ! On va être au quart de poil !

Laurent, 20/10/2019 à 21:36

Sure !

Marc, 22/10/2019 à 14:35

Je vous propose ça comme nouveau morceau pour le 16 novembre.

Perso, ça me rend dingue !!!

Didier, 22/10/2019 à 18:34

Je reconnais bien là ton sens aigu de la poésie !... Perso je n'ai pas tenu jusqu'au bout j'ai peut être fait une erreur... Dommage j'aimais bien les motos au début.

Bizz.

Marc, 22/10/2019 à 18:52

Pas de problème et pas d'erreur !

Je trouve ça terriblement envoûtant, j'adore la voix de falsetto et j'aime bien le look sympathique voire avenant des protagonistes. On se sent immédiatement en confiance.

Il est vrai qu'on est un peu loin de J.L.Aubert...

Laurent, 22/10/2019 à 18:55

La légende raconte qu'il s'agit des descendants d'un groupe de Hell's Angels qui, remontant de Californie, a franchi sans s'en apercevoir le détroit de Behring.

Ils passent en février à Paris. On y va ?

Marc, 22/10/2019 à 19:00

Je veux rien dire mais les Hell's Angels font figure d'enfants de choeur, à côté !

Aller les voir, je ne suis pas sûr ! Quand ils sont sur scène, on est à l'abri, mais je n'ose imaginer le public.

Laurent, justement, il m'est venu à l'esprit qu'il y a déjà peut-être une sono sur place, à Lésigny. Il serait bon que tu te renseignes à ce sujet histoire de tenir Eric informé. What do you think ?

Nico, 22/10/2019 à 20:32

La version mongole de "born to be wild", génial !

Laurent, 23/10/2019 à 22:30

Oui Marc, il va falloir que je m'en occupe, mais pour l'instant je n'ai pas pu.

A domani.

Marc, 24/10/2019 à 19:37

Une Romana ? Bien cuite ? Dans combien de temps ?

Nico, 24/10/2019 à 19:38

Hello Marc, c'est compromis pour le restau, je suis à la maison avec les enfants et attends que Laure rentre du boulot. Je risque d'arriver que pour le mystère voire la répète.

Marc, 24/10/2019 à 19:39

OK, bon courage !

Laurent, 24/10/2019 à 20:30

J' vais être en retard.

Marc, 24/10/2019 à 20:31

You're fired !!!!

Nico, 24/10/2019 à 20:48

Un peu limite aussi je pense.
Savez vous dans quel studio on est ?

Didier, 24/10/2019 à 20:49

Marc a dit "birdland" !

Laurent, 24/10/2019 à 20:56

Très en retard !

Marc, 25/10/2019 à 8:29

Salut les SF,
Un seul mot pour la répète d'hier : bravo !

Quand les mots "musique" et "plaisir" s'associent, c'est le nirvana.

La seule façon que j'avais de vous remercier, c'était de me lever à 6 plombes et de faire le montage avant de partir à Clairis.

Pas encore eu le temps d'écouter, ce sera dans la voiture, avec Dominique, histoire de voir ce qu'elle en pense. Bises et à lundi.

Didier, 25/10/2019 à 9:34

Des imperfections, des hésitations, bref des trucs à améliorer mais ça sonne et je trouve ça plutôt pas mal et dans tous les cas j'ai pris beaucoup de plaisir hier !

Merci les sticky flowers, vous êtes très bons et ça commence à bien prendre !

Keep on rockin' !

And thanks Marc for waking up so early for us !

Nico, 25/10/2019 à 13:31

Les SF ça sonne grave ! Les gars il faut vraiment qu'on fasse un peu plus de morceaux « récents », on déchire tout sur White Stripes et Black Keys !

Philou, 25/10/2019 à 13:32

J'avais pensé à "Get Lucky" en version mi rock mi funk.

Nico, 25/10/2019 à 13:34

Ah ouais grave !

Didier, 25/10/2019 à 13:45

Tout à fait d'accord sur les morceaux plus récents.

"Lo/hi" black keys.

Marc, 25/10/2019 à 14:42

Salut les SF,

J'ai lu vos messages et j'ai écouté l'enregistrement.

J'écoute en boucle notre "lonely boy" et je n'en crois pas mes oreilles. Voilà un truc qu'on n'avait jamais joué, que perso je ne connaissais pas du tout, et le bidule sort mieux que l'original !!! Les jeunes, dégotez-moi des trucs "récents" de cet acabit, je suis preneur à 300%.

Je fais un mea culpa sur "Ça c'est vraiment toi" : trop marrant à jouer et le résultat est plus qu'honorable, à peine moins bordélique que l'original.

"Seven nation army" est bien structuré et envoie bien. Il me semble peut-être un poil trop aigu pour Didier, what do you think ?

"Born to be wild" ? Un must. C'est dans nos gènes !

"London Calling" : à travailler encore un tout petit peu mais ça roule.

"Around and around" : nickel, parfait pour se chauffer et donner le ton de la soirée.

"Brown sugar" : Didier, les Stones c'est son truc, il est tombé dedans tout petit déjà. A travailler un peu sur le plan des instruments, mais aucun doute, ça va sortir !

"You never can tell" : no comment, standard, à peaufiner, ça fera plaisir à l'auditoire.

"Day tripper" : bon, on ne peut pas faire de l'optimisme béat; je le sens pas, trop difficile, l'original est trop parfait, trop intouchable; je laisserais tomber

"Highway to Hell" : j'avais déjà écrit lorsqu'on discutait du choix des morceaux que je bandais pour AC/DC et que je mettrais un "0" éliminatoire si on le proposait parce que c'est intouchable, pour nous comme pour les autres; je maintiens.

Au total, je suis plus qu'emballé, notre truc c'est de toute évidence le gros son bien crade, concentrons-nous là-dessus et advienne que pourra.

Laurent, sors ton majeur de là et dis-nous !

Je vais de cette oreille écouter ce que proposent Didier et Philou.

Bises, les gars, et à lundi.

Didier, 25/10/2019 à 14:53

Il est clair que jouer des morceaux plus récents serait un vrai plus, je pense que Nico et Philou doivent monter au créneau pour les propositions...

"Basket case" Green Day ?

Bizz à tous.

Marc, 25/10/2019 à 14:54

Philou, "Get Lucky" par qui ? J'ai un titre de Mark Knopfler !

Didier, 25/10/2019 à 14:55

Daft Punk.

Marc, 25/10/2019 à 15:05

Putain, après Téléphone, Daft Punk !
"Lo/Hi" top
"Get Lucky" euh, là, j'crois pas !

Didier, 25/10/2019 à 15:05

C'est un peu mon sentiment aussi…

Nico, 25/10/2019 à 16:20

J'en ai déjà proposé pas mal notamment des Foo Fighters mais je vais en ajouter.

- "Basket case" c'est très bon mais pas évident à jouer. Ça se tente!
- "Song 2" de Blur pour le simple et très efficace.
- "Sex on fire" de Kings of Leon, énorme.
- "Tick tick boom" des Hives.
- "Steady as she goes" des Raconteurs.
- "Banquet" de Bloc party.
- "Digging the grave" de Faith no more
- "My number" de Foals
- "Take me out" de Franz Ferdinand
- "Mr Brightside"de The Killers

Laurent, 25/10/2019 à 17:03

Yes !!!!

Moi je crois tout à fait à une version un peu rock avec une énorme basse un peu funky dont Nico a le secret.

Marc, 25/10/2019 à 18:27

Super Nico, je vais écouter tout ça.

Je viens d'incorporer ces dernières suggestions dans la liste Excel.

Il faudrait se pencher de nouveau sur cette liste pour y faire le ménage car, de sa vocation première d'outil de travail, elle devient un vrai foutoir.

Bons baisers à lundi.

Nico, 25/10/2019 à 18:56

"Lo hi" pas mal mais je préfère "gold on the ceiling" des black keys.

Dans le genre facile et énervé « fight for your right to party » des Beastie boys est redoutable.

"Find me" de Kings of Leon aussi.

Je vais tâcher de mettre tout ça sur la liste.

Laurent, 25/10/2019 à 23:47

Bonsoir à tous !

J'ai appelé au château de Lésigny. La salle prévue fait 80 m^2 ! C'est la taille de 2 studios moyens de chez HF music donc plutôt petit mais si les gens sont les uns sur les autres, ça peut être chaud. Le sol a l'air d'être du parquet. C'est haut de plafond. Il n'y a pas de sono. Donc une configuration totalement différente de Courteline et Clairis.

Je vais tâcher d'y faire un saut mais je ne pourrai pas avant le lundi 4/11. Le type que j'ai eu au fil est sympa et disponible si on l'appelle la veille.

En attendant, voici mes propositions pour lundi :

- "Brown sugar" pour que je fasse mieux que jeudi
- "Jumping Jack flash" parce que c'est aussi en open G pour moi
- "Honky tonk" parce que c'est en open G pour Philou
- "Gimme all your lovin'" pour mettre au point les ta ta poum ta ta poum..
- "Sympathy for the devil" parce que ça fait longtemps
- "Sweet home Chicago pour voir

Et on refait une fois : "born to be wild", "London Calling", "lonely boy", "seven nation army", "ça c'est vraiment toi", "day tripper", "you never can tell"

Sinon pour le 16/11, je vous propose un "noyau dur" de titres auxquels on pourra rajouter certains qu'on a en réserve, en fonction de la façon dont ça se passe. J'avoue que j'ai eu du mal à choisir. J'ai essayé d'imaginer ce qui marcherait le mieux. Choix modifiable œuf corse.

Noyau dur (dans le désordre) :

"Born to be wild"
"Sympathy for the devil"
"Jumping Jack flash"
"Rockin' in the free world"
"London Calling"
"Lonely boy"
"Seven nation army"
"Ça c'est vraiment toi"
"Johnny B Goode"
"You never can tell"
"Day tripper"
"Sarbacane"
"Crazy little thing called love"
"Highway to hell" (sous réserve)

En réserve :

S'ils veulent du Beatles : "Eight days a week" / "Back in the USSR"

S'ils veulent du Stones : "Brown sugar" / "Honky tonk women" / "Satisfaction"

S'ils aiment le gros rock qui tache : "Gimme all your lovin"

S'ils veulent danser le rock, mais il n'y aura pas beaucoup de place... "Around and around" / "20 flight rock" / "Route 66" / "Sweet home Chicago"

Si... j'sais pas : "I love rock n' roll"

Bises.

Didier, 26/10/2019 à 8:44

Hello à tous,

Très bien pour tout ça sauf que je pense qu'il ne faut pas nous enlever "Around & Around", qui est un morceau facile et qui nous permettrait de nous chauffer en intro.

Je cède ma place bien volontiers pour "Highway to Hell" qui n'est pas dans mes cordes (!), par contre je m'essaierai bien avec votre accord à "Rockin in the free world" donc peut-on le rajouter à la repet de lundi?

Enfin 80m^2 petit mais pas le choix, on en prend déjà 25 nous et sans compter sono man...mais connais-tu la largeur, tu nous diras après ta visite.

Bizz à tous et bon week-end.

Marc, 26/10/2019 à 8:57

Merci Laurent, j'ai immédiatement envoyé un mail à Eric pour l'informer de la taille relativement réduite de la salle.

En ce qui concerne la setlist, elle me paraît bien avec non pas un caca nerveux mais juste quelques menues réserves :

- d'accord avec Didier pour conserver voire commencer par "around and around", ça nous chauffe, ça donne le ton et c'est court donc ça mange pas de pain
- toujours d'accord avec Didier pour éliminer, avec gros état d'âme, "highway to hell", on va se ridiculiser
- j'émets, comme je l'ai déjà dit, une réserve sur "day tripper" mais OK pour réessayer lundi

- je regrette un peu la mise en réserve de "gimme all your lovin'", que j'aurais réintégré à la place de "highway to hell"
- et bien entendu, tout à fait d'accord pour remettre "rockin' in the free world" à l'honneur lundi comme le souhaite Didier

Elle est pas belle, la vie ?

Laurent, 26/10/2019 à 11:49

Merci Marc. Je devrais être meilleur lundi. En espérant l'absence d'urgences ce week-end car je suis d'astreinte.

Laurent, 26/10/2019 à 18:01

No problemo bien sûr. Souplesse et décontraction.

Une micro suggestion toutefois : une fois qu'on aura vu l'endroit et en fonction du déroulement de la soirée, on aura peut-être intérêt à entamer notre prestation par un titre plutôt qu'un autre.

Par exemple si au début il y a surtout des quinqua/ sexa qui sortent de table pour nous voir (ça mange moins le soir et ça se couche tôt), on fait un bon vieux rock pour les faire digérer type "around and around".

Si par contre il y a un max de jeunes minettes en folie (elles reviennent de sortir fumer et elles ne prennent pas de dessert pour garder la ligne) alors on leur sort ce qu'on a de plus récent en magasin (non, pas de double sens).

Nico, d'accord pour toutes tes propositions mais peux-tu nous sortir de tout cela un titre ou 2 max que l'on pourrait envisager pour le 16, en choisissant donc ce qui te paraît possible de mettre en place d'ici là ? Ou c'est juste pour plus tard ?

Bises.

Nico, 26/10/2019 à 19:08

Pour plus tard !

Marc, 27/10/2019 à 9:43

Laurent, tout ceci me paraît marqué au coin du bon sens à ceci près que vu le contexte, j'opterais plutôt pour les 50/60 digestivement fragiles que pour les minettes en folie.

Bises et à demain soir, avec impatience !

Eric, 27/10/2019 à 10:36

Bonjour Marc.

J'ai vu les photos du château.

Je ne sais pas s'il y a une scène, un ascenseur, etc. Probablement il faudra monter des escaliers avec du matériel.

Je peux apporter un kit son léger (avec un sub toutefois). Je ne sais pas si tu veux un peu d'éclairage.

Il faudra être très disciplinés par rapport au volume des amplis. L'idée étant que les retours servent aussi de diffusion pour le public. Dans ce cas, certains retours s'appelleront des « sides » et seront placés à hauteur d'oreille.

L'idéal serait d'utiliser des petites baguettes dites « Extra Thin ».

Si j'ai un coup de main sur place au chargement-déchargement, je peux faire la presta tout seul.

La grande question étant s'il faut laisser le son en place jusqu'à la fin pour le DJ.

A bientôt au téléphone si tu le veux.

Marc, 27/10/2019 à 12:18

Je vous transmets le mail de notre ingé son Eric qui fait suite aux renseignements que je lui avais communiqués.

Je viens de l'avoir au téléphone et je lui ai confirmé que nous serions présents pour lui donner un coup de main. Il viendra alors seul ce qui minimisera le coût de la prestation.

Pour diminuer encore ce coût, il a besoin de savoir si le DJ compte sur notre sono ou s'il a la sienne propre. Je pense enfin que nous n'avons pas besoin d'éclairage, confirmez-moi.

Je lui ai indiqué que nous jouerions entre 60 et 90mn, après dîner. Right ?

Il insiste d'ores et déjà sur la nécessité ABSOLUE d'une stricte discipline des guitaristes concernant le volume des amplis.

Quant à moi, j'ai immédiatement commandé les baguettes "extra thin". On est pro ou on l'est pas !!!

Laurent, je te donne son portable (06 75 66 78 24). Soit tu le contactes pour cette histoire de DJ soit tu me communiques l'info et je la fais suivre.

Bises et à demain.

Nico, 27/10/2019 à 15:39

Super merci Marc !!!

Pour les morceaux d'accord avec tout ce qui s'est dit même si je trouve que "Day Tripper" rend pas mal du tout ;-).

Pour le reste on bosse un max de morceaux et on s'adapte le jour J !

À demain.

Marc, 27/10/2019 à 16:14

No problem, on reprend "Day Tripper" à la répétition de demain.

Et on en aligne un max ! Ça va ch… !

Marc, 28/10/2019 à 18:20

Qui dîne avec Didier et moi ?

Philou, 28/10/2019 à 18:28

Je viens pour 21h.

Marc, 28/10/2019 à 18:37

Cool !

Nico, 28/10/2019 à 18:38

Sans moi pour le dîner sorry.

Marc, 28/10/2019 à 18:54

Lâcheur !!!

Laurent, 28/10/2019 à 19:35

Une margherita pour 20h15 svp.

Marc, 28/10/2019 à 19:36

Bien chef !

Didier, 28/10/2019 à 19:36

Ce sera fait !

Marc, 28/10/2019 à 20:13

Dépêche, Laurent, ta pizza est prête !!!

Nico, 28/10/2019 à 20:55

Je vais être un poil short !

Marc, 29/10/2019 à 13:18

Les SF, voici le lien pour la répétition d'hier soir.
Pas encore eu le temps d'écouter.
Vos commentaires ?
Bises et rendez-vous le 14/11 pour un filage dans l'ordre !

Nico, 30/10/2019 à 18:09

Salut les gars. Je me suis fait voler toutes mes affaires ce matin, du coup pouvez vous me redonner vos numéros de tel (je les ai via ce WhatsApp mais ne sais pas qui est qui !).

Didier, 30/10/2019 à 18:15

Ah mince la tuile !
Didier 0617770422

Nico, 30/10/2019 à 18:22

Thanks !

Philou, 30/10/2019 à 18:23

0617383800 :-)

Marc, 30/10/2019 à 18:45

Merde !!!!! Tous tes papiers ??
06 19 06 15 98

Nico, 30/10/2019 à 19:32

Et ouais...

Laurent, 30/10/2019 à 19:33

charbit.laurent @wanadoo.fr
0611798328
Bon courage dans la recup des données. Je compatis.
Bises.

Nico, 30/10/2019 à 19:34

C'est rien, que du matériel tout ça.

Marc, 30/10/2019 à 19:39

Mon mail à toutes fins utiles.
docpelta@orange.fr
Courage et bises.

NOVEMBRE

Nico, 1/11/2019 à 11:39

Marc, j'ai écouté la répète. Bonne énergie même s'il y a pas mal de pains, une petite révision avant la répète du 14 novembre et ce sera nickel !

Didier, 1/11/2019 à 11:40

On est d'accord !

Marc, 1/11/2019 à 11:51

J'ai vraiment du mal avec le son de ma batterie mais c'est vrai que ça déménage pas mal. On sera bons le 16.

Nico, 4/11/2019 à 8:55

Bon les gars pour le 7 décembre c'est foutu le bar en question a dit non....

Didier, 4/11/2019 à 8:56

Ok occasion remise... à 2020 !

Philou, 4/11/2019 à 9:39

Ça me fait un peu penser à Decca qui refuse les Beatles.

Didier, 4/11/2019 à 9:51

Mais qui s'est rattrapé avec les Stones !

Nico, 4/11/2019 à 9:53

Je tente une dernière piste ce soir quand même pour le 7 !

Laurent, 4/11/2019 à 13:35

C'est pas immense mais ça me paraît bien. Plus de détails par mail.

Nico, 4/11/2019 à 13:44

Luxe calme et volupté, j'adore !

Didier, 4/11/2019 à 17:24

Hello les Sticky, je vous ai proposé un ordre pour les morceaux dans la setlist concert du 16/11. Je n'en ai retenu que 19 et laissé 5 en ?.

Allez y de vos commentaires et suggestions !

Des bizz à tous.

Laurent, 4/11/2019 à 17:27

Les grands esprits se rencontrent. C'est exactement ce que j'allais te demander par rapport à tes cordes vocales avant de proposer ma propre liste.

Didier, 4/11/2019 à 17:27

Marc, 4/11/2019 à 19:39

Salut les SF,

J'ai tout lu.

Dommage pour le bar mais en toute honnêteté je le sentais pas trop. Je ne crois pas que nous soyons adaptés à des endroits un peu « feutrés » mais je ne demande qu'à me tromper.

La liste de Didier me va bien et finir par « satisfaction » est l'assurance de satisfaire le public.

J'aurais tout de même gardé « you never can tell » même si c'est un peu ringard, puisqu'on nous l'a demandé, et surtout « sweet home Chicago » qui fera danser les gens. A nous de le faire en nous regardant pour les breaks.

Mais en dernière analyse, le mot de la fin revient toujours au chanteur !!!!

Bises ensoleillées et au 14.

Nico, 4/11/2019 à 21:40

Ok pour moi les gars, avec une réserve quand même sur « I love rock'n'roll » qu'on n'a jamais jouée correctement selon moi. Il faudrait bien le bosser d'ici au 14 novembre.

Pour le reste, ça roule !

Laurent, 4/11/2019 à 22:03

Étant assez lent et occupé, je vous réponds dans les jours qui viennent.

Bises.

Philou, 4/11/2019 à 22:15

Où est la proposition de setlist ? J'ai rien reçu.

Nico, 4/11/2019 à 22:16

Sur Google drive, la liste partagée.

Laurent, 5/11/2019 à 14:57

Salut les SF !

Alors j'ai discuté avec un des organisateurs de la soirée. Il devrait y avoir 180 personnes !!

La salle pour le dîner fait à peu près 140 et celle où on joue dont vous avez vu la vidéo devrait donc être bondée. Ça va sentir le dessous de bras !

Ils sont OK pour participer à l'ingé son mais il leur faut une facture. Ça se comprend.

En tous cas, maintenant je sens bien les choses.

Bises.

Nico, 5/11/2019 à 15:03

Génial !

Marc, 5/11/2019 à 15:40

Laurent, merci pour ces précieuses précisions.

Quand tu dis que tu le sens bien, tu fais référence aux dessous de bras ou à l'organisation ?

Donc si je comprends bien, il va y avoir 180 personnes et seulement 140 vont pouvoir dîner.

La participation à Eric est agréable à entendre. Je viens de l'appeler pour cette histoire de facture mais il ne répond pas. Quelqu'un pourrait-il s'y coller (Eric Donnart, 06 75 66 78 24) ?

D'accord avec Nico pour bosser encore un peu « I love rock'n'roll », ce serait dommage de l'abandonner.

Bises et au 14.

Laurent, 5/11/2019 à 17:12

Tu me stresses un peu avec Éric qui ne répond pas. Il avait au moins donné son accord ferme pour la soirée ? Qu'on ne se retrouve pas en caleçon ! Ou sinon qu'on prévoie un back up.

Didier, 5/11/2019 à 17:18

Nico tu confirmes que ça tombe à l'eau le 7? J'ai besoin de ma soirée...

Nico, 5/11/2019 à 17:19

Oui oui pardon, c'est fichu.

Didier, 5/11/2019 à 17:20

No problem another time

Je vous laisse voir avec Eric, mes dernières relations avec lui remontent à... plus de 10 ans.

Bizz.

Nico, 5/11/2019 à 17:21

J'appelle Eric en sortant du boulot.

Marc, 5/11/2019 à 17:22

Pas de stress, Laurent, il sera là. J'ai simplement essayé de le joindre pour cette histoire de facture et il n'était probablement pas dispo pour répondre.

J'ai par ailleurs peu d'opportunités ici pour téléphoner, raison pour laquelle j'ai demandé l'aide d'un volontaire pour l'appeler en fin de journée ou dans la soirée.

Donc, on se calme !!!

Nico, 5/11/2019 à 19:28

Je viens d'avoir Eric.

Il peut faire une 'note d'honoraires' pour frais associés à la soirée (déplacement/logement) et être payé en chèque, 350 euros.

En revanche s'il faut faire une facture en bonne et due forme avec sa société et déclaration de cachet, ça va coûter le double et ça semble galère pour lui.

Laurent peux-tu voir si ça convient ?

Il dit aussi qu'il faut qu'on soit un maximum au moment où il arrive pour monter le matos rapidement, je ne sais pas à quelle heure on aura besoin d'être sur place, à lui confirmer.

Marc il faut un tapis pour la batterie étant donné qu'il n'y a pas de scène.

Il demande aussi confirmation à nouveau qu'il n'a pas besoin de laisser le matos pour le DJ.

Je lui envoie la vidéo de la salle et précisions.

Ça veut dire quoi la salle pour la réception fait 140 places ?

Marc, 5/11/2019 à 19:33

Bien joué Nico, merci.

En ce qui me concerne, je peux être sur place à n'importe quelle heure, quand Eric le souhaite.

J'ai par ailleurs un tapis de batterie que j'emporte systématiquement.

Bises.

Didier, 5/11/2019 à 19:35

Top Nico, merci.

A mon avis, une note d'honoraires est très bien et servira parfaitement de justificatif. Pas besoin de forcer la formalisation.

Bizz à tous.

Nico, 5/11/2019 à 19:40

Si c'est le commissaire aux comptes qui le dit !

Précision : Eric m'a dit que si on était au complet et vue la configuration petite salle, on pouvait monter le matos en une heure puis faire la balance en une heure.

Fonction de l'heure de début et en prenant la marge nécessaire pour palier les éventuels imprévus, ça doit permettre de déterminer une heure de rendez-vous selon ma bonne vieille technique du rétro planning !

Si on commence à 20h par exemple, 17h sharp sur place devrait suffire.

Marc, 5/11/2019 à 19:53

Oui Nico, sauf qu'il me faut environ une heure pour monter ma batterie et qu'Eric aime bien s'installer une fois que j'ai terminé.

A revoir avec lui.

Didier, 5/11/2019 à 20/13

Quelqu'un peut il me donner le planning des repet novembre ?

Laurent, 5/11/2019 à 20:58

Oui 140 places pour le dîner assis. Je voulais simplement dire qu'il y aura bcp de monde...

Didier, 5/11/2019 à 20:59

Top !

Nico, 5/11/2019 à 21:06

Cool !

Laurent, 5/11/2019 à 22:09

Excellent. Je pense qu'il n'y aura pas de problème pour les 350 euros.

Par ailleurs le mec du château m'a dit qu'il pouvait louer une estrade de 20 cm de haut pour 200 balles. What do you think ?

Vu la taille de la salle, je ne suis pas sûr que ce soit indispensable.

Nico, 6/11/2019 à 9:02

Je dirais que s'ils financent aussi l'estrade ça vaut le coup/coût, sinon probablement dispensable.

On va s'éclater les cocos !!!

Marc, 6/11/2019 à 19:34

Didier, le lien pour le planning de novembre.

Pour l'estrade, c'est toujours plus agréable d'être surélevés mais la pièce est petite et ça va prendre de la place. Ça me paraît superflu dans le contexte. Nous serons plus proches de nos groupies !

Didier, 7/11/2019 à 7:47

Merci Marc,

Pour décembre, je serai vraisemblablement absent la 1ère semaine, puis dispo jeudi 12 et jeudi 19, et ne reviens pas à Paris ensuite avant le 12 janvier…

J'aimerais bien que nous reprenions alors nos répèt le lundi de préférence à compter donc du 13/1…

Des bizz à tous.

Laurent, 7/11/2019 à 10:35

Précision. Le DJ est autonome. Il se situera dans un coin à l'opposé de nous.

Nico, 7/11/2019 à 18:56

Je préviens Eric !

Laurent, 11/11/2019 à 15:25

Salut à tous après une si longue absence ! Nous ne sommes qu'à 3 jours de la prochaine répé et à 5 du concert.

J'ai mûrement réfléchi et je me suis permis de bidouiller un peu la liste de Didier en essayant surtout de me mettre à la place de l'auditoire et de nos hôtes. Didier nous dira si ses cordes vocales pourront le faire mais j'ai peu de doute. Tout cela n'est évidemment pas figé dans le marbre et peut-être la pizza pré-répé nous inspirera-t-elle.

D'ici là, quelques réflexions :

- j'ai fait une liste de 16 titres qui devrait former le noyau dur. Vous la trouverez dans la playlist à "suggestions de Laurent" (onglet en bas de page). Il reste 8 titres en réserve dont au moins 5 de géniaux mais choisir c'est éliminer...

- je me suis permis de réintégrer « You never can tell » parce qu'il fait partie des demandes et « I love rock'n'roll » parce que c'est un morceau qui est original et connu.

- j'ai mis en réserve « Jumping Jack flash » parce qu'il me paraît un peu trop voisin de « Brown sugar" et « Honky tonk women » parce qu'il est un peu lent mais vous avez le droit de me traiter de tous les noms...

Seize titres, cela fait un peu plus d'une heure. Et si l'ambiance s'y prête, on a de la réserve pour tenir encore une bonne demi-heure avec du lourd... Donc jeudi, on joue les 24.

À vous lire. Bises.

Didier, 11/11/2019 à 15:49

Marc, 11/11/2019 à 16:59

Hi folks,

Laurent, j'approuve sans réserves ta liste et j'ai hâte d'en découdre !

Avons-nous prévu une 2ème guitare accordée en open de G ?

A jeudi donc pour une dernière mise au point.

Bises à tous.

Nico, 13/11/2019 à 12:01

Hi guys,

Semaine trop dense pour moi mais je suis de toutes façons toujours d'accord avec Laurent :-).

Est-ce que j'amène ma télé demain soir du coup pour test en open de sol ?

Le cas échéant je devrai repasser chez moi (pas un problème), mais raterai la pizza, j'ai donc besoin de savoir.

Thanks.

Nico, 13/11/2019 à 12:59

Pas question que tu rates la pizza, j'ai déjà commandé ta Romana bien cuite !

Philou, 13/11/2019 à 14:27

Salut les guys,

Je vais essayer d'amener ma TVcaster, au pire on en loue une c'est pas bien cher.

Kiss à demain.

Laurent, 13/11/2019 à 18:54

Oui on en loue une pour demain. C'est pas cher.

Marc, 14/11/2019 à 13:11

Salut les amis,

Je pense qu'en écoutant ça, vous aurez la banane pour samedi.

C'est pas long mais c'est tout de même à écouter avec modération.

Bises et à ce soir, en espérant qu'on pourra passer malgré la manif !

Marc, 14/11/2019 à 19:20

Qui vient dîner ?

Laurent, 14/11/2019 à 19:20

Ich !

Nico, 14/11/2019 à 19:29

En route !

Si vous pouviez avoir la gentillesse de me lancer une Romaine !

Marc, 14/11/2019 à 19:36

Done ! Dépêche, elle arrive !

Philou, 14/11/2019 à 19:47

Rdv au studio 🎸

Didier, 15/11/2019 à 9:54

Très content de la repet d'hier soir!

Ouah ! it's only rock n'roll but is it ? anyway they liked it !

Marc, 15/11/2019 à 10:48

Salut les SF,
Le lien pour la répète d'hier soir.
C'est du lourd, ça rigole plus !!!
Bises et à demain.

Nico, 15/11/2019 à 13:24

Salut les SF: vu avec Éric, il vient à 16h en même temps que Marc pour repérage.

Si l'un de nous en plus de Marc peut être là à 16h au cas où et les autres à 17h c'est l'idéal selon lui.
Laurent tu penses pouvoir y être pour 16h ? Sinon j'essaie de m'organiser !

Marc, 15/11/2019 à 13:27

C'est bon pour moi. Je loue une chambre et je pars ce soir !

Laurent, 15/11/2019 à 17:10

Oui Je devrais pouvoir y être. J'espère que la neige ne va pas trop tomber...

Nico, 15/11/2019 à 17:12

Indeed...

Laurent, 15/11/2019 à 21:26

Bonsoir les SF

Pas eu le temps d'écouter notre prestation d'hier pour cause de jdm/boulot.

Ça ira forcément mieux demain. Donc château de Lésigny, rue de la Croix, 77150 Lésigny, à l'heure dite.

Bizetbonnenuit.

Marc, 15/11/2019 à 21:28

J'espère pour moi que les gilets jaunes ne vont pas bloquer le périph comme annoncé !!!

Nico, 15/11/2019 à 22:04

On croise les doigts ! En tout cas la repet d'hier ça envoie!

"Sympathy" est géniale.

Didier, 16/11/2019 à 9:58

OMG ! Amazing !

Marc, 16/11/2019 à 15:02

Salut les potos,

Parti à 14h because gilets jaunes.

Pas vu la queue d'un, je viens d'arriver et je commence à m'installer.

Bises et à plus.

Didier, 16/11/2019 à 15:03

Ok à tout de suite (figure of speech).

Nico, 16/11/2019 à 15:12

Ah cool ça. 2/3 trucs dont je dois m'occuper pour mes kids et je taille la route !

Laurent, 16/11/2019 à 15:37

Marc sera prêt !

Marc, 16/11/2019 à 15:59

Je SUIS prêt !

Nico, 16/11/2019 à 16:00

Marc was born ready.

Marc, 16/11/2019 à 16:01

J'ai dû être prématuré ! Je ne vois pas d'autre explication.

Je constate simplement que nous avions rendez-vous à 16h et qu'il est 16h01 ! Je n'en dirai pas plus !!!

Didier, 16/11/2019 à 16:02

Nico, 16/11/2019 à 16:04

Attention, les instructions du boss (Éric) étaient d'avoir deux membres du groupes à 16h, le reste à 17h.

Just saying ! Ceci dit je me mets en route dans quelques minutes.

Didier, 16/11/2019 à 16:04

Me too.

Philou, 16/11/2019 à 16:04

Pareil.

Didier, 16/11/2019 à 16:44

Je suis là !

Marc, 16/11/2019 à 16:44

Enfin une bonne nouvelle !

Nico, 16/11/2019 à 16:58

Vous êtes où les mecs ?
Je me suis garé à côté de vos voitures.
Il faut aller au fond ?

Marc, 17/11/2019 à 10:02

Tout le monde bien rentré ?

Un grand merci à Laurent pour nous avoir obtenu cette soirée et un grand merci aux Sticky pour avoir assuré un max !!!

À quand la prochaine ???

Nico, 17/11/2019 à 10:08

Bien rentré, concert topissime ! Vivement le prochain, merci Laurent et les Sticky !

Laurent, 17/11/2019 à 10:12

C'est vrai qu'on a eu un public en or et qu'on a assuré. Merci à tous !

Didier, 17/11/2019 à 11:01

Top les SF c'était bien et bon ! Merci à vous tous.
Bon je reste sur ma position de faire une impasse cette semaine; vous vous passez de moi ? J'appelle pour annuler ? Dites moi.

Des bizz.

Philou, 17/11/2019 à 11:12

Merci les gars c'était génial, toi comme certaines robes.

On annule non ?

Marc, 17/11/2019 à 11:14

Je suis pour conserver cette séance en mode cool, histoire de trouver de nouveaux titres et de faire des mises en place.

Je me rangerai bien sûr à l'avis général.

Didier, 17/11/2019 à 11:21

En ce qui me concerne, une repet jeudi, un gig samedi, je me passerai donc de repet jeudi prochain.

Bizz a todo.

Nico, 17/11/2019 à 11:55

Laurent, il faut récupérer des vidéos, ça filmait à fond hier soir parmi les radiologues !

Marc, 17/11/2019 à 11:57

Bon sang, mais c'est bien sûr !!!

Laurent, 17/11/2019 à 18:20

Bonsoir à tous

Je pense que du fait de l'absence de Didier nous pourrions effectivement ne pas avoir de répète jeudi.

C'est en effet un peu court pour s'atteler à des nouveautés d'ici là et la soirée d'hier nous a démontré que les chansons de notre répertoire sont suffisamment au point. Savourons notre prestation pour laquelle j'ai encore reçu des remerciements et des félicitations que l'on m'a bien demandé de vous transmettre.

Pour les photos ou vidéos ça va se faire.

Nous pourrions penser maintenant à la suite: quels titres ? Quelle forme à donner à nos futures prestations ? Etc...

Bises

Nico, 17/11/2019 à 19:08

So beat it comme disait Michael.. « hi hi ! ».

Marc, 17/11/2019 à 19:22

Salut les SF,

Je me range donc sans problème à l'avis général et annulons la répétition du jeudi 21.

Les réservations suivantes ont été faites selon le framadate :

- jeudi 28/11
- lundi 2/12
- jeudi 12/12

Sachant que Didier vient de se désister pour la répétition du lundi 2, la conserve-t-on ?

Nous passerons ensuite à janvier, après une trêve de Noël bien méritée.

Je mettrai un framadate dans les jours qui viennent.

Bises.

Laurent, 17/11/2019 à 19:35

On pourrait le faire ?

Marc, 17/11/2019 à 19:36

?

Didier, 17/11/2019 à 19:38

Beat it !

Laurent, 17/11/2019 à 20:11

Pour le 2/12 c'est comme vous voulez.

Nico, 17/11/2019 à 21:30

Hi guys,

Tout me va à moi, ben ouais !

Nico, 18/11/2019 à 8:00

Les plusieurs raisons qui font qu'il est impossible de le reprendre tel quel : la voix de Michael, le solo d'Eddie Van Halen. Bon ça fait déjà pas mal.

Mais on pourrait reprendre le riff principal dans un medley diabolique Michael Jackson avec "Billie Jean" par exemple. Mais là pas sûr que tout le monde suive !

Didier, 18/11/2019 à 8:29

Rien à dire donc pour moi...

Marc veux tu que j'annule moi même le studio (au nom de ?) ou cela se fait-il sur internet ?

Bizz à tous et bonne semaine.

Marc, 18/11/2019 à 8:48

Le studio est réservé au nom de Marc Pelta.

Je te laisse le soin de l'annuler, par téléphone.

Bises et à plus.

Marc, 18/11/2019 à 10:24

Les SF,

Je viens de recevoir une alerte de ZikInf sur l'annonce suivante :

"*Hello,*

Suite à split avec mon groupe, je recherche un groupe sympa pour partager de bons moments musicaux et humains (j'insiste sur ce dernier point vu l'expérience que je viens de vivre)...

Pas tout à fait la cinquantaine, mais toujours aussi jeune, j'aime jouer un peu de tout, mes influences musicales, Billy Joël, Peter Gabriel, Toto, Supertramp, Balavoine, Berger, Calogero, Muse, et beaucoup... j'aime le funk, et si je peux trouver un groupe avec des cuivres ça serait le top... je ne suis pas contre plus intimiste genre clarinette ou autre duo...

Mon niveau est moyen mais j'ai la volonté, je pianote depuis mon adolescence en autodidacte et ne peux me passer de musique...

Répétitions seraient idéales les jeudi soirs,

Région paris (je bosse sur Saint Lazare, facilités sur Poissy, Rueil-Malmaison, etc...)...

J'ai pour le moment un Roland Jupiter 80 mais je change souvent...

À bientôt en musique ;-)
Will"
J'ai immédiatement répondu...
Bises.

Didier, 18/11/2019 à 10:29

Tu crois que c'est compatible avec notre style musical ?

Marc, 18/11/2019 à 10:44

Savoir d'abord s'il est intéressé.

S'il peut s'adapter et s'il est bon, c'est un plus appréciable, sinon, on le jette !

Et si vous pensez que ce n'est pas souhaitable d'avoir un clavier, je le jette d'emblée.

Sticky Flowers est autosuffisant, bordel de merde !! Qu'on se le dise !

Nico, 18/11/2019 à 11:39

Ça se tente !!

Marc, 18/11/2019 à 11:47

Nico, je reviens sur ta proposition de medley Michael Jackson.

J'aime bien l'idée mais est-ce à notre portée ? Je ne me rends pas bien compte.

Ceci dit, ce serait succès assuré auprès du public.

Ça ne coûterait pas grand-chose d'essayer !

Nico, 18/11/2019 à 12:02

Sur ce que j'ai en tête, sans aucun problème.
Je vous en parle next week !

Marc, 18/11/2019 à 12:11

Nice !

J'ai adressé ce matin en notre nom un petit mail de remerciement à Eric.

Bises.

Nico, 18/11/2019 à 18:40

Tu as bien fait !

J'espère qu'il a pu enregistrer, j'aimerais quand même bien entendre ce que ça a pu donner même si ça ne changera pas le fait qu'on a mis un putain de feu bordel !

Marc, 18/11/2019 à 18:53

Pas sûr qu'il ait enregistré, il m'aurait déjà envoyé les fichiers.

Mais t'as raison, Nico, on a mis le feu et le public était plus que consentant, c'était vraiment bon !

Marc, 19/11/2019 à 8:35

Hi folks,

Le clavier que j'ai contacté hier m'a répondu par la négative. Je pense qu'il a été effrayé par l'ampleur de sa tâche, à savoir intégrer Sticky Flowers. On peut le comprendre !!!

J'ai relooké notre liste partagée en isolant notre "fonds de commerce" des "nouvelles propositions" dans lesquelles nous devons maintenant piocher pour préparer la répète du 28. Bises.

Nico, 19/11/2019 à 11:57

Lo-lo, des vidéos, des vidéos !!!

Didier, 19/11/2019 à 12:11

"Helter Skelter" c'est injouable ?

Marc, 19/11/2019 à 13:39

It only depends on you, my friend.

Si tu peux le chanter, la partie musicale est assez simple.

Marc, 19/11/2019 à 12:44

Ce n'est qu'un début, continuons le combat !!!

Lo-lo, des vidéos, Lo-lo, des vidéos !!!

Et je suis également preneur de témoignages écrits s'il y en a !!!!

Lo-lo, des vidéos !!!!

Laurent, 19/11/2019 à 12:47

Le montage d'un chef d'œuvre du 7ème art prend toujours du temps. Patience. Patience.

L'écriture d'un chef d'œuvre littéraire prend toujours du temps. Patience. Patience.

Didier, 19/11/2019 à 13:57

Je peux adapter je pense.

Nico, 19/11/2019 à 18:18

Pour rebondir sur une remarque de Didier, "wet sand" des Red Hot est ma-gni-fique ! Mais pas forcément une chanson pour nous, trop lente mais c'est beau !

Marc, 20/11/2019 à 17:39

Salut à tous,

Je viens d'afficher le framadate pour janvier.

Didier a indiqué sa préférence pour répéter les lundis mais j'ai tout de même remis les jeudis en cas de besoin.

Faudrait remplir tout ça assez rapidement histoire de pouvoir lancer les réservations.

Bises et à jeudi 28.

Didier, 20/11/2019 à 17:49

Je ne sais pas si ça a bien pris en compte car je suis sur mon tel mais je viens de remplir !

Bizz à tutti.

Marc, 20/11/2019 à 18:19

Y a peanuts sur le Framadate !!!!

Didier, 21/11/2019 à 8:45

Je viens de refaire !

Nico, 21/11/2019 à 9:09

Fait pour moi !

Marc, 21/11/2019 à 18:45

Allez Philou, un petit effort pour le Framadate !

Nico, 21/11/2019 à 19:08

C'est moins fatigant que de ne pas porter la sono !

Philou, 21/11/2019 à 19:30

Ahah ! Je fais ça.

Marc, 21/11/2019 à 19:39

Merci Philou, je m'occupe des réservations.

Marc, 21/11/2019 à 20:03

Hi folks,

Au vu du Framadate, nous ne serons au complet que le jeudi 16 janvier.

Je vais réserver cette date et vous me direz si vous voulez également répéter à 4 à d'autres moments.

Je vous rappelle que Didier est absent le lundi 2 décembre et que le studio n'a pas été annulé : on conserve la répète ?

Bises et à jeudi prochain, en attente de suggestions de programme !

Laurent, 21/11/2019 à 20:24

Salut les SF,

Je vais devoir être opéré mercredi prochain de hernies inguinales. Quelques jours avant le fameux samedi 16 novembre je n'avais que quelques douleurs mais les choses se sont aggravées et je dois faire vite si je veux sauver ma saison de ski. Je ne pourrai donc pas être là jeudi prochain. Et raisonnablement pas non plus le 2 décembre.

Vous imaginez bien que j'ai les boules à quadruple titre : les hernies, l'intervention et pas de musique avec vous avant je crois le 12 décembre. Mais ainsi va l'usure du corps.

En pensées avec vous le 28.

Bises.

Marc, 21/11/2019 à 20:31

Merde, c'était donc ça ta pubalgie ????

Tu dois être opéré où et quand ?

Tiens-nous au courant !

Bon courage et bises.

Nico, 21/11/2019 à 21:02

Alala pas cool mon vieux!

Bon c'est bien de prendre le problème en charge, j'espère que tu seras débarrassé après ça.

Courage !!

Marc, 21/11/2019 à 21:18

Nico, Laurent ne me parait être dans la liste d'envoi de ton mail. Il lui est pourtant destiné.

J'ai par ailleurs essayé de le joindre au téléphone sans succès.

Bises.

Marc, 22/11/2019 à 9:27

Chers SF,

Nous sommes encore sous le coup de la mésaventure qui frappe notre Laurent préféré. Nous savions qu'il avait un peu les boules mais de là à passer sur le billard…

Je vous confirme que j'ai réservé le studio pour le jeudi 16 janvier et j'annulerai le lundi 2 décembre.

Une petite précision : je vous casse les burnes avec mes framadates précipités mais le 16 janvier, il ne restait déjà plus qu'un seul studio dispo dans la catégorie 30-60m².

A l'attention de Didier : confirme-moi que tu as bien reçu ce mail car les deux précédents que j'ai adressés au groupe me sont revenus avec un message d'erreur te concernant.

Bises et on pense à toi, Lolo.

Didier, 22/11/2019 à 9:47

Oui j'ai bien reçu les emails par contre, je n'ai pas reçu tes deux derniers What's app car ayant changé de tel l'app ne peut décoder ce que tu as envoyé précédemment, peux-tu le renvoyer ?

J'ai rajouté des morceaux à la liste et je pense qu'il faut rester sur du pèchu et très connu!

Des bizz les Sticky.

Marc, 22/11/2019 à 10:15

Didier, les derniers WhatsApp ne concernaient que le Framadate.

Concernant tes derniers apports, OK pour "Shelter Skelter" et "Get Back", je vais prendre le temps d'écouter les Téléphone. "Midnight Rambler" était déjà dans la liste,

Le problème de cette liste est qu'elle devient pléthorique et pratiquement inutilisable.

Il serait souhaitable que TOUS les titres soient notés par TOUT LE MONDE pour que l'on puisse dégager ceux qui n'auront pas obtenu une note suffisante.

Bises.

Didier, 23/11/2019 à 9:15

Ah j'oubliais, il manque "STAR STAR" des Stones !

Marc, 23/11/2019 à 9:35

Done !

Bon, si j'ai compris, le programme de la prochaine répète comprend les 90 titres de la liste ?

Y a du taf !!!

Didier, 23/11/2019 à 9:58

Sans compter que j'aimerais bien vous parler des Sex Pistols mais qu'il va falloir développer...

Nico, 23/11/2019 à 11:08

On en parle à la pizza, liste a l'appui !

Marc, 26/11/2019 à 8:43

Petit contretemps demain

et retour rapide aux affaires

Bon courage à notre Laurent préféré et des bises.

Nico, 26/11/2019 à 8:45

 Laurent !

Laurent, 26/11/2019 à 12:14

Merci les gars ! Je penserai à vous.

Didier, 26/11/2019 à 15:06

Des bizz Mr 🎸

Didier, 27/11/2019 à 8:23

Marc,

Désolé mais je ne retrouve pas le planning de décembre, peux-tu me le donner (j'ai des formations à réserver) ?

Merci d'avance.

Marc, 27/11/2019 à 8:42

La seule date à laquelle nous sommes au complet est le jeudi 12 décembre, qui a été réservé.

A demain.

Didier, 27/11/2019 à 8:43

Thanks !

Laurent, 27/11/2019 à 17:25

Alive and well and living in...

Didier, 27/11/2019 à 17:28

Welcome back !

Nico, 27/11/2019 à 17:48

Great !!!

Philou, 27/11/2019 à 18:21

Nice glad to hear it !
On joue quoi demain ?

Laurent, 27/11/2019 à 18:30

"Alive and well and living in...", Jethro Tull.

Marc, 27/11/2019 à 18:32

Bon retour parmi nous.
Tu dois te sentir un peu plus léger, non ?

Philou, 27/11/2019 à 18:39

Nico, 28/11/2019 à 8:46

Hello les SF. Je dois emmener Jules à un RV médial en fin de journée donc je vais devoir zapper la succulente pizza Romana et vous rejoindre au studio.

En attendant je vais tacher de compléter mes notes sur la liste de chansons. N'ayant par ailleurs pas touché ma basse depuis les radiologues, je propose qu'on amorce la répétition par une petite revue de répertoire et de liste histoire de nettoyer un peu tout ça.

Didier, 28/11/2019 à 8:53

Fine for me !

Marc, 28/11/2019 à 10:16

Nico, nous te regretterons au restau. Rien de grave pour Jules ?

Didier, t'es à la pizzeria, ce soir ?

Évidemment d'accord pour la petite revue de répertoire. Reprenons avec Didier ce qui était musicalement au point avec Claude et faisons ce premier tri.

J'ai vu apparaître sur la liste Excel des 0 attribués par Philou. Je propose que nous sortions sans états d'âme les titres récusés histoire d'y voir un peu plus clair.

Philou a par ailleurs suggéré un nouveau Téléphone (argent trop cher) et il me plait bien, j'ai donc mis un 2 (eh oui !!!).

Une fois tous les titres notés, on pourra dépoussiérer cette foutue liste.

Laurent, tu vas bien ?

Bises et à ce soir.

Nico, 28/11/2019 à 10:31

Merci Marc, tout va bien pour Jules un RV prévu chez la pédopsy mais rien de méchant.

D'accord avec toi pour le reste !

Laurent, 28/11/2019 à 10:32

I'm fine !

Didier, 28/11/2019 à 11:22

Je serai à la pizzeria sauf manif impromptue et oui pour "argent trop cher".

Philou, 28/11/2019 à 13:32

Je vous rejoins pour la répèt !

Laurent, 28/11/2019 à 21:10

Bonne répète, les gars ! Biz.

Marc, 28/11/2019 à 21:12

C'est ballot, t'aurais dû venir !!!

Didier, 28/11/2019 à 21:13

We miss you, man !

Marc, 29/11/2019 à 8:57

Salut les SF,

Après cette répète studieuse d'hier, je vous précise de nouveau le programme du 12 décembre.

Petite remise à niveau :

1. something (beatles)
2. summertime blues (cochran)
3. little wing (hendrix)
4. the wind cries mary (hendrix)
5. dead flowers (stones)
6. midnight rambler (stones)
7. paint it black (stones)
8. sharp-dressed man (zz top)

Nouveautés (Laurent est instamment prié de quémander les tonalités auprès des gratteux) :

1. smoke on the water (deep purple)
2. take me out (franz ferdinand)
3. song 2 (blur)
4. argent trop cher (téléphone)

Bonnes vacances à ceux qui partent, bon rétablissement à ceux qui viennent d'être opérés, bon week-end aux autres.

Bises.

Nico, 29/11/2019 à 9:13

Merci Marc !

Ça commence à ressembler à quelque chose ce répertoire.

Je me dis qu'il ne faudra pas que je tarde trop en janvier avant d'aller voir le patron du bar à côté du kiosque pour la fête de la musique, histoire qu'il ne nous refasse pas le coup de l'an dernier et qu'il nous paie la sono au passage.

Il nous faut des concerts !

Et d'ailleurs, petit projet qui pourrait être sympa : enregistrer 4 ou 5 morceaux pour avoir une petite démo à présenter si on veut faire un peu plus de concerts.

Ils proposent sûrement ça pour pas trop cher au studio HF.

Marc, 29/11/2019 à 10:25

Voilà des idées qu'elles sont bonnes !!!!

DÉCEMBRE

Marc, 2/12/2019 à 23:16

Hi folks,

Didier n'a pas accès à WhatsApp en République Dominicaine et me demande de rajouter au programme de la prochaine répétition « Star Star » des Stones. C'est chose faite.

Nico, 3/12/2019 à 0:17

OK je ne la connais pas et l'écouterai d'ici là !

Marc, 3/12/2019 à 8:59

C'est du Chuck Berry pur jus !

Philou, 3/12/2019 à 9:05

Version "Love You Live" +++

Laurent, 3/12/2019 à 13:22

Pure fucking energy !

Laurent, 5/12/2019 à 18:23

Salut les SF !

Retour aux affaires donc après cette "semaine" de convalescence. En fait, j'ai repris les consults lundi - on est un warrior ou on l'est pas.

Bon. Ça tire un peu partout mais au train où vont les choses, je pourrai porter une gratte sans problème jeudi prochain ou au moins jouer assis.

Alors, quelles sont donc les tonalités des nouveaux morceaux, si différentes des originaux ?

Thx. Bises.

Nico, 5/12/2019 à 23:31

Ça fait plaisir de te savoir remis sur pieds.

Tonalités originales pour les morceaux, qu'il va falloir que je trouve le temps de bosser (je ne garantis pas le 100% de réussite mais je fais au mieux).

A jeudi.

Marc, 6/12/2019 à 7:50

Bon retour parmi nous, Laurent. J'aurais été toi, j'aurais pris un arrêt de travail de 2-3 mois mais t'as raison, t'es un warrior !!!!

Concernant les nouveaux morceaux, j'ai un peu de mal avec "argent trop cher", qui est encore plus bordélique que "ça c'est vraiment toi". Je m'accroche !

A jeudi. Bises.

Marc, 10/12/2019 à 12:40

Comment sentez-vous la répète de jeudi ?

Didier, 10/12/2019 à 12:41

Sans resto! Mais jouable? Les autres?

Marc, 10/12/2019 à 12:42

Ça peut le faire !

Nico, 10/12/2019 à 13:03

A cette heure là j'ai espoir qu'on puisse circuler dans Paris non?

Marc, 10/12/2019 à 13:03

Trop envie de jouer !!!!

Marc, 11/12/2019 à 17:14

Au risque de réveiller Laurent et Philou, auraient-ils l'extrême obligeance de nous faire part de leurs intentions au sujet de la répète de demain sachant que Didier, Nico et moi sommes partants pour nous retrouver directement au studio sans passer par la case pizza.

Vous en remerciant par avance, veuillez agréer….

Didier, 11/12/2019 à 17:14

J'essaierai pizza par contre impossible bosser correctement et pas touché franz ferd

---

Marc, 11/12/2019 à 17:25

Téméraire, le Didier !

Didier, 11/12/2019 à 17:35

Toi pas pizza?

Marc, 11/12/2019 à 17:38

A c't'heure-ci, sur Waze, 1h25 ! Je me tâte !

Didier, 11/12/2019 à 17:42

Ok alors tant pis on se retrouve direct studio mais ça serait bien d'être sûr que Philou et Laurent seront des nôtres sinon je ne suis pas sûr que cela vaille la peine de se taper 2h d'embouteillages...

Marc, 11/12/2019 à 17:47

I agree !!!!

Philou, 11/12/2019 à 17:50

Hello there !
I'll be there demain direct à la repet.

Marc, 11/12/2019 à 18:35

Good news !!!!
La durée de trajet tombe maintenant à 54mn. C'est peut-être jouable pour la pizza demain !

Laurent, 11/12/2019 à 19:19

OK pizza pour moi si pas tout seul et comme je serai donc à côté , OK pour la répète.

Marc, 11/12/2019 à 19:25

Well, va pour la pizza !

Nico, 11/12/2019 à 9:39

J'essaie d'en être aussi pour la pizza !

Didier, 11/12/2019 à 20:13

Ok pizza j'essaye

Marc, 11/12/2019 à 20:24

Alea jacta est !

Philou, 11/12/2019 à 20:39

On essaye de jouer les morceaux qu'on a ajouté ?

Nico, 11/12/2019 à 20:30

Euh oui, c'est l'idée ! Cf mail de Marc + "star star" !

Marc, 11/12/2019 à 20:34

Il me semble effectivement que c'est l'idée !

Philou, 12/12/2019 à 10:49

Ça va être coton "take me out" ...
Laurent, t'as pu regarder ?

Didier, 12/12/2019 à 10:50

En ce qui me concerne j'ai vraiment pas eu le temps de regarder.

Laurent, 12/12/2019 à 10:50

Y a un tuto mais j'ai pas commencé.
Ça n'a pas l'air difficile.

Philou, 12/12/2019 à 11:12

T'auras le temps Didier ? Sinon on attend que tu aies pu regarder.

Nico, 12/12/2019 à 11:14

À mon avis on a assez à faire avec les 12 autres morceaux.

Didier, 12/12/2019 à 11:22

Non non je disais dès hier que je préférerais pour une autre fois si vous voulez bien.

Laurent, 12/12/2019 à 11:25

Alors on take out "take me out" pour cette fois.

Nico, 12/12/2019 à 13:26

Philou, si tu peux prendre un jack en plus, j'ai un petit (pas si petit) truc pour toi.

Philou, 12/12/2019 à 14:20

Oh yeah !

Marc, 12/12/2019 à 20:19

Un bassiste vous manque et la terre est dépeuplée !!!! Where are you ?

Philou, 12/12/2019 à 21:00

Retard.

Marc, 12/12/2019 à 21:15

On est prêts !

Marc, 13/12/2019 à 9:09

Le lien pour la répète d'hier.
Je n'ai encore absolument rien écouté.
Commentaires à suivre.

Marc, 13/12/2019 à 19:30

Salut à tous,

Malgré une lassitude assez palpable hier soir, je trouve que l'enregistrement est assez réconfortant.

Je vous rappelle qu'il s'agissait de titres nouveaux, soit pour nous tous soit pour Didier seul.

Ce qui m'a plutôt interpellé est la réflexion de Nico au sujet de "Star Star", nous disant qu'il s'y ennuyait mais qu'il la jouait pour nous faire plaisir.

Même réaction de Laurent au sujet de "Sharp-dressed Man" ou de "Midnight Rambler".

Ma position là-dessus est extrêmement claire et n'a jamais varié : la condition essentielle pour que SF fonctionne est que chacun y prenne un plaisir égal.

Laissons impitoyablement tomber les titres qui ne remportent pas l'unanimité. Il n'y a pas d'offense personnelle.

Je serais presque sérieusement tenté de réduire notre notation à une formule binaire : 0 ou 1. Après tout, l'art est binaire : on aime ou on aime pas.

Encore une fois, il y a suffisamment de morceaux pour que chacun y trouve son compte.

Nous avons un mois pour :

- noter ou renoter TOUS les morceaux déjà listés,
- proposer chacun de nouvelles choses

A l'issue de la répétition d'hier soir, il est facile de constater qu'un titre qui recueille l'unanimité peut très rapidement être mis en place (cf. "argent trop cher" ou "song 2"). Ne gâchons pas notre enthousiasme avec les autres.

C'était mon ¼ heure de remotivation.

J'attends votre retour pour reprendre mes notations.

Bien entendu, ce n'est que mon opinion et toute autre suggestion est forcément bonne à prendre.

Bonnes fêtes de fin d'année, les copains.

Bises à tous, 2020 s'annonce pleine de promesses !!!!!

Nico, 13/12/2019 à 19:33

J'ai écouté principalement les nouveaux morceaux, et je suis au regret de vous dire que même quand on n'est pas très bons, on est loin d'être ridicules !

Les nouveaux morceaux sont très prometteurs, "smoke on the water" et "argent trop cher" en tête !

"Star star" fait déjà partie des classiques des Sticky !

C'est con qu'on ne répète que trois fois par an parce qu'on pourrait vraiment faire un truc pas mal !

Bonnes fêtes à tous !

Nico, 13/12/2019 à 19:44

Marc, j'apporterais la nuance suivante.

Sur des morceaux relativement faciles, ça vaut le coup de faire un effort pour voir ce que ça peut donner, on peut avoir de bonnes surprises.

"Star star" donne super bien sur l'enregistrement je trouve, alors même si ce n'est pas le morceau le plus éclatant à jouer, je trouve que ça vaut le coup car ça peut mettre le feu, ce qui contribue au plaisir.

"Around and around" ne m'emballait par beaucoup au départ mais j'ai adoré le jouer pour les radiologues !

Bref, pour moi on est sur la très bonne voie, et tout cela n'est pas incompatible avec ce que tu décris of course.

Marc, 13/12/2019 à 19:56

Nico, on est bien entendu d'accord et je suis le premier à dire que Téléphone ne m'emballe pas à l'écoute mais que j'ai du plaisir à le jouer.

Notre sentiment envers un titre n'est pas figé. Je voulais simplement dire qu'il ne fallait pas hésiter à l'éliminer s'il ne passait pas le test de l'écoute et/ou de l'essai. Et il n'est pas interdit d'en discuter, of course !

2020 ? Ça va ch… !

Didier, 14/12/2019 à 9:45

Je suis assez d'accord; hormis un 0 disqualifiant, je pense qu'il faut essayer certains morceaux à priori bof, qui peuvent se révéler sous vos doigts habiles...

J'ai une réflexion d'ensemble plus générale sur notre manière de travailler les répèt: aujourd'hui lorsque nous abordons les morceaux, il faut les mettre dans la boite du premier coup idéalement, mais peut être en deux fois, voire trois... quitte à "travailler" en aparté un ou deux passages tricky; c'est dans mon expérience un peu le défaut de tous les groupes, on s'attend à l'issue de la repet à rajouter un nouveau morceau à la collec, je pense que nous devons accepter que le titre soit travaillé, ait des défauts, des loupés et autres pains, mais que s'il plait à tout le monde, il reste au programme et revienne lors des séances suivantes afin d'y être travaillé puis au final adopté.

Vous jouez ensemble depuis un certain moment, et avant une longue pause j'ai joué avec d'autres un autre certain moment; il faut apprendre à se trouver et "travailler" un morceau ne veut pas dire l'écouter en boucle seul chez soi en faisant ses gammes et en préparant le terrain. L'addition de nos individualités ne suffit pas à produire un collectif qui nous fera plaisir ! La synergie peut se travailler !

En ce sens, une repet classique n'est pas une répet de concert où le mot d'ordre est "config concert, si on se plante on continue et on raccroche !"; nous devrions - à mon humble sens de seul non musicos du groupe - nous arrêter quand nous trouvons le son pourri, quand nous nous plantons ou simplement n'entendons pas ce que nous attendons, etc... et revenir sur la chose pour finir par trouver tous satisfaction.

Je vous embrasse et vous souhaite de belles fêtes !

Remember: "it's only rock n'roll (but I like it)" - on devrait la mettre au programme d'ailleurs celle-là...

Nico, 14/12/2019 à 11:31

Bien dit, je suis tout à fait d'accord, on n'en prendra que plus de plaisir !

A bientôt les SF !

Marc, 14/12/2019 à 15:32

Didier, Nico,

Même si nous l'énonçons avec plus ou moins de nuances, nous disons tous les trois les mêmes choses.

Fidèle à ma réputation de "père ronchon", je dirai tout de même que, s'il est tout à fait légitime de vouloir passer du temps sur chaque titre jusqu'à obtenir satisfaction, cette méthode devient délicate à mettre en oeuvre lorsque nous ne répétons qu'une à deux fois par mois.

Quadrature du cercle ?

Dans tous les cas, vous connaissez mon attachement à Sticky Flowers et nous trouverons forcément l'équilibre qui convient.

Bises à tous et rendez-vous le jeudi 16 janvier...

Laurent, 15/12/2019 à 18:24

Salut les SF,

Sans déc, après la répète de jeudi dernier, j'ai eu le même sentiment que Didier : je suis 100% d'accord avec l'idée de travailler différemment les nouveaux morceaux c'est à dire de s'arrêter dès qu'on sent qu'il y a quelque chose qui cloche et de reprendre uniquement le passage litigieux. Cela nous ferait gagner énormément de temps et compenserait le faible nombre de répétitions. Après tout, les orchestres classiques ne font pas autre chose.

Pour ce qui est des morceaux qui ne plaisent pas (ou plus) totalement à tout le monde, ça ne me pose pas de problème de les jouer si certains d'entre nous le souhaitent vraiment - ce qui se traduit habituellement en positif quand on les joue. Mais abandonnons les canards boiteux sans insister.

Bises.

Marc, 15/12/2019 à 19:21

Hi guys,

Tout ça me paraît frappé au coin du bon sens et partons donc sur ces nouvelles bases en 2020.

Quel sera le programme de la prochaine répète ?

Je vous envoie le framadate de février dès demain.

Bises à tous et à bientôt.

Marc, 16/12/2019 à 12:23

Salut les SF,

Comme prévu, voici le framadate de février.

A remplir assez rapidement, comme d'hab !

Bises à tous.

Nico, 18/12/2019 à 16:44

Hello Marc, je sais plus si je t'ai dit mais j'ai rempli le frama !

Marc, 18/12/2019 à 17:46

Yes Nico, j'ai vu. Il manque juste Philou pour savoir si on aura 0 ou 1 répète en février. Elle est pas belle, la vie ???

Philou, 19/12/2019 à 9:11

Je fais ça ce matin !

Nico, 19/12/2019 à 9:12

Je pense qu'il faut qu'on envisage les répètes à 4 Marc, en particulier sans Didier s'il n'est pas là, ça permet de bosser les mises en place.

Marc, 19/12/2019 à 9:26

Je suis bien évidemment d'accord, Nico.
D'après le Framadate, ça ne change rien pour janvier.
Attendons les choix de Philou pour février.

Marc, 19/12/2019 à 12:39

Merci Philou pour le Framadate.
Je vous propose, au vu des résultats pour février :

- lundi 3 sans Laurent : 19-22 et on peut manger un bout après, ou 21-24 comme d'hab
- lundi 17 au complet : 20-24 et on verra si on reste 3h ou jusqu'au bout.

RÉPONSE URGENTE CAR IL N'Y A PLUS QU'UN STUDIO DISPO LE LUNDI 3 FÉVRIER.
Dans tous les cas, je fais les resas dans une heure.
Bises à tous.

Nico, 19/12/2019 à 12:40

Ok pour moi boss, et encore merci ! Préférence pour 19-22 pour le lundi 3.

Didier, 19/12/2019 à 12:44

Tout me va.

Marc, 19/12/2019 à 12:51

Oublié une possibilité le jeudi 27 sans Didier 20-23 ou 21-24.

Laurent, 19/12/2019 à 13:28

Jeudi 27 OK anytime.

Marc, 19/12/2019 à 13:36

Réservations faites, j'attends confirmation et je vous envoie tout ça.

Bises.

Nico, 19/12/2019 à 14:36

Perfect merci !

Laurent, 19/12/2019 à 14:42

Marc, 19/12/2019 à 14:50

Pour février, ce sera donc :

- lundi 3 : 19h-22h sans Laurent
- Lundi 17 : 20h-minuit au complet
- Jeudi 27 : 21h-24h sans Didier

Chaque fois dans le « Birdland ».
Bises à tous.

Nico, 22/12/2019 à 11:22

Souvenir d'enfance !

C'est le vinyle of course (Francis Cabrel - "sarbacane").

Je les connais encore toutes par coeur !

Didier, 22/12/2019 à 11:26

Je lui dirai ça lui fera plaisir haha.

Nico, 22/12/2019 à 11:34

Pas pris une ride.

Marc, 23/12/2019 à 19:47

Ça peut toujours être pire mais si ça pouvait être un peu mieux en 2020, ce serait quand même sympa !!!

Joyeux Noël, meilleurs voeux (rires) et bises à tous.

Laurent, 23/12/2019 à 21:49

Comme disait l'autre, plus ça va moins ça va, si ça continue il va falloir que ça cesse... Peut être en 2020 ?

Meilleurs vœux.

Bises.

Nico, 24/12/2019 à 1:57

Joyeux noël à Dominique et toi, keep on rockin en 2020 (je vois pas trop ce qu'on peut faire d'autre de toutes façons ! ;-)).

Bises.

Didier, 24/12/2019 à 7:54

Meilleurs vœux à vous aussi les Pelta, à très vite !

Bizz !

à suivre...